In den alten Sklavenstaaten

Das Buch

»Ich begann mich mit dem Gedanken zu tragen, über die Südstaaten zu schreiben. In meinem ersten Reisebuch – das ich auf Anregung von Eric Williams, des ersten schwarzen Premierministers von Trinidad, in Angriff genommen hatte – war es um einige der ehemaligen Sklavenkolonien in der Karibik und Südamerika gegangen. Ich war damals achtundzwanzig Jahre alt gewesen. Es erschien mir angemessen, mich in meinem letzten Reisebuch – eine Reise zu einem bestimmten Thema – den alten Sklavenstaaten des amerikanischen Südostens zu widmen.

Dabei dachte ich, erst in Dallas und dann in New York, wo ich die Reise vorbereitete, vor allem an die Rassenfrage. Ich wußte nicht, daß dieses Thema sich im Verlauf der Reise schnell erledigen und mein Buch sich schließlich um jenen anderen, von Ordnung und Glauben, Musik und Melancholie geprägten Süden drehen würde, von dem ich nichts wußte, in Dallas jedoch eine erste Ahnung bekommen hatte.«

Der Autor

Vidiadhar Surajprasad Naipaul wurde am 17. August 1932 auf Trinidad geboren und lebt seit 1950 in Großbritannien. Der Romancier, Reiseschriftsteller und Journalist gilt als bedeutendster Vertreter der englischsprachigen Autoren aus dem früheren Empire und hat alle nur denkbaren literarischen Auszeichnungen erhalten, zuletzt 2001 den Nobelpreis für Literatur.

In unserem Hause sind von V. S. Naipaul bereits erschienen:

Abschied von Eldorado · Amerika · An der Biegung des großen Flusses · Auf der Sklavenroute · Briefe zwischen Vater und Sohn · Guerillas · Ein halbes Leben · Ein Haus für Mr. Biswas · Herr und Sklave · Eine islamische Reise · Jenseits des Glaubens · Land der Finsternis · Miguel Street · Der mystische Masseur · Wahlkampf auf karibisch · Ein Weg in der Welt

V. S. Naipaul

In den alten Sklavenstaaten

Roman

Aus dem Englischen
von Kathrin Razum

List Taschenbuch

Besuchen Sie uns im Internet:
www.list-taschenbuch.de

Umwelthinweis:
Dieses Buch wurde auf chlor- und säurefreiem Papier gedruckt.

Neuausgabe im List Taschenbuch
List ist ein Verlag der Ullstein Buchverlage GmbH, Berlin.
1. Auflage Februar 2006

Titel der englischen Originalausgabe: *A Turn In the South* (Picador, London)
Lektorat: Karen Nölle-Fischer
Umschlagkonzept: HildenDesign, München – Stefan Hilden
Umschlaggestaltung: Hauptmann und Kompanie Werbeagentur, München – Zürich
Titelabbildung: © C Borland / Photolink / getty (oben);
© W. Cody / Corbis (unten)
Satz: Pinkuin Satz und Datentechnik, Berlin
Druck und Bindearbeiten: Clausen & Bosse, Leck
Printed in Germany
ISBN-13: 978-3-548-60583-8
ISBN-10: 3-548-60583-4

Ein Hergang ist in aller Menschen Leben,
Abbildend der verstorbnen Zeiten Art.

Seepersad Naipaul
14. April 1906
3. Oktober 1953
In steter Verehrung

Prolog

Down Home: Eine Landschaft kleiner Ruinen

Jimmy arbeitete als Designer und Schriftenmaler in New York. Howard war sein Assistent. Jimmy, der depressive Phasen hatte, fragte Howard eines Tages: »Was würdest du tun, Howard, wenn ich mein Geschäft aufgeben müßte und du keinen anderen Job fändest?« Howard, der aus den Südstaaten kam, sagte: »Ich würde heimfahren, zu meiner Mutter.«

Jimmy war darüber genauso erstaunt, wie ich es war, als er es mir erzählte: Howard hatte etwas, das weder Jimmy noch ich hatten, nämlich ein Fleckchen auf dieser Erde, das er als seine Heimat, als sein betrachtete. Und dort, so dachte ich mir – viele Monate nachdem ich diese Geschichte gehört hatte –, sollte ich mein Buch über die Südstaaten beginnen lassen: in Howards Heimat.

Howard arrangierte den Besuch. Jimmy beschloß, uns zu begleiten. Wir fuhren am Osterwochenende, der Termin war reiner Zufall.

Am Flughafen La Guardia sagte Howard: »In meiner Jugend habe ich die Gegend gehaßt – wegen der Kontinuität.«

Ich dachte, er meine die historische Kontinuität, das Fortbestehen der Vergangenheit. Doch aus seinen weiteren Äußerungen gewann ich den Eindruck, er meine bloß, daß es eben eine ländliche Gegend war, wo sich wenig tat und wenig veränderte. Dieses Problem hatte ich öfter bei Howard: Ich war zu schnell geneigt, seinen Worten eine Bedeutung beizulegen, die er gar nicht beabsichtigt hatte.

Howard war über eins achtzig, dabei schlank und behende. Er war Ende Zwanzig oder Anfang Dreißig, ein selbstbestimmter Mensch, der allein lebte und bewußt nicht in Harlem wohnte. Er las regelmäßig Zeitungen und Zeitschriften und interessierte sich besonders für Außenpolitik. Er kochte gern und hielt sich fit, indem er am Wochenende Paddleball spielte. Mit ihm war gut auskommen, er war unkompliziert, was ich nicht zuletzt auf die Heimat zurückführte, deren er sich so sicher und die ihm immer noch so nah war.

Howard sagte: »Man sieht, daß es in die Südstaaten geht. Mehr Schwarze hier im Flugzeug.«

Die meisten der Passagiere waren Schwarze, doch es herrschte eine andere Atmosphäre als unter Afrikanern oder Leuten aus der Karibik. Sie reisten in geradezu gedämpfter Stimmung zu Ostern aus der Großstadt in die Heimat.

Wir landeten in Greensboro. Es war ein großer Flughafen, und wie zum Beleg der hiesigen Dimensionen folgte wenige Minuten später ein weiterer, genauso großer Flughafen. Dort stiegen wir aus. Im Wartebereich stand Militär. Es war wärmer als in New York, ich zog mir eine dünnere Jacke an.

Bald waren wir auf dem Highway.

Howard sagte: »Schaut mal, der Hartriegel und die Kiefern dort – die sieht man in den Südstaaten häufig.«

Der Hartriegel war ein kleiner Baum, der jetzt von weißen, vierblättrigen Blüten übersät war. Ganz anders als der Hartriegel in England, jene rotstämmigen, das Wasser liebenden Sträucher oder kleinen Bäume, die im Herbst und Winter so bunt leuchten. Außerdem gab es – Howard zeigte sie mir – Eichen und Ahorn in frischem Frühlingsgrün.

Das Land war flach, wie die argentinische Pampa oder die Llanos in Venezuela. Doch die Felder waren von Bäumen gesäumt, was dem Ganzen ein menschliches Maß verlieh. Wir kamen an Tabakscheunen vorbei, ziemlich hohen, quaderförmigen Wellblechbauten, in denen früher Tabak getrocknet worden war. Sie waren halb verfallen, das Wellblech dunkelrot verrostet, das Holz grau verwittert. Vor all dem Grün sah das Rostrot des Wellblechs hübsch aus, es trug zur Schönheit der Landschaft noch bei.

Der Highway sah aus wie alle Highways in den USA: Werbetafeln für Motels, Schnellrestaurants und Tankstellen.

Es wurde immer noch Tabak angebaut. Wir sahen, wie die Setzlinge maschinell gepflanzt wurden: Ein Schwarzer saß auf dem Traktor, zwei weitere Männer ließen hinten auf der Pflanzmaschine Setzlinge mit Wurzelballen durch einen Schacht in die Pflanzöffnungen fallen. Früher sei das alles von Hand gemacht worden, erzählte Howard. Er habe in den Schulferien Tabak gepflückt. Das Harz der grünen Blätter habe seine Hände schwarz gefärbt und sei nur schwer zu entfernen gewesen. Ich hatte nichts von diesem schwarz färbenden Harz in den grünen Blättern gewußt, aber es war natürlich naheliegend. Wegen dieses Harzes, dieses Teers wurden die getrockneten Blätter geraucht.

Wir waren auf dem Highway so schnell gefahren, daß wir Howards Gegend erreicht hatten, bevor ich darauf eingestellt war. Ein Ort mit kleinem Zentrum, einem kleinen reichen weißen Vorort und weiter außerhalb einem schwarzen Wohngebiet. Die Unterschiede waren unübersehbar. Doch Howard, jetzt fast daheim, schien sowohl das weiße als auch das schwarze Wohngebiet für sich zu reklamieren.

Er hatte sich schon den ganzen Vormittag gefreut; jetzt freute er sich noch mehr. In der nächsten Ortschaft bekamen wir die Stätten seiner Kindheit zu sehen. Dort drüben habe er den Rasen gemäht, den Swimmingpool gesäubert und die Veranda gewischt, es war das Haus der Bowens, der Leute, denen nach wie vor fast der ganze Ort, der ebenfalls Bowen hieß, gehörte. Und bei den Leuten dort in dem anderen Haus habe er das gleiche gemacht.

Das kleine grüne Holzhaus direkt am Highway, das jetzt verrammelt war, sei das Haus seiner Mutter gewesen. Dort sei er aufgewachsen. Seine Mutter wohne inzwischen woanders; ein anderes – größeres und neueres – Haus sei jetzt sein Zuhause. Wir sahen es vom Highway aus. Es war aus Leichtbausteinen erbaut und stand hinter ein paar anderen Häusern, etwas von der Straße zurückgesetzt; nicht das alte baumbeschattete Haus, das ich mir vorgestellt hatte. Wir hielten nicht an; wir wollten zuerst zum Motel, das ein Stückchen außerhalb lag.

Das Hauptgebäude des Motels war ein Blockhaus. Auf dem sandigen Grundstück inmitten von Bäumen und Büschen befanden sich, zu mehreren barackenartigen Zeilen angeordnet, weitere Zimmer. Ein schwarzer Junge spritzte mit einem Schlauch den Verandaboden des Hauptgebäudes ab. Er wirkte scheu – zum ersten Mal an diesem Vormittag spürte ich eine mit der Rasse verbundene Befangenheit –, und er sagte uns, die Rezeption sei drinnen.

Eine erkennbare Rezeption gab es nicht. Nur einen menschenleeren, niedrigen Raum, in dem zwei oder drei Reihen kleiner Tische mit blau- oder rotkarierten Decken dicht beieinanderstanden. Die Klimaanlage war vor langer Zeit ausgeschaltet worden, und die Luft war muffig und verbraucht.

Howard rief, und nach einer Weile kam ein junger Weißer in Shorts und gelber Plastikschürze mit einem großen Küchenmesser in der Hand durch zwei Türen aus dem hinteren Teil des Hauses. Er war fahl, sein Mund stand offen, und seine Bewegungen waren unkoordiniert. Wenig später kam eine dicke alte Weiße mit verzerrtem Gesicht durch dieselben zwei Türen herein. Ich hatte das Gefühl, daß wir sie nicht hätten stören sollen, die alte Frau und den jungen Mann, der eigentlich noch ein Junge war.

Zwei Zimmer? Ob es Doppel- oder Einzelzimmer sein sollten?

Ich verstand die Fragen der Alten nicht. Aber dann legte der Junge mit den Shorts und der gelben Plastikschürze sein Messer ab, deutete ein Winken an, und wir folgten ihm – er ging mit stampfenden, ungelenken Schritten – aus dem Speiseraum hinaus auf das sandige Grundstück unter den Kiefern zu einem niedrigen Gebäude am Rand. Der Boden dort war feucht, und die kleinen Zimmer, die der Junge eines nach dem anderen aufschloß, hatten die Feuchtigkeit des Bodens angenommen, sie waren vom Geruch alter, abgestandener Luft erfüllt, und die billigen Teppiche waren fleckig.

Doch eine bessere Entscheidung bahnte sich an. Während Jimmy und ich uns mit dem stummen Jungen in der gelben Schürze die Zimmer ansahen, hatte Howard – der uns nicht gefolgt war – von jemandem im Motel (vielleicht der alten Frau mit dem verzerrten Gesicht) erfahren, daß es im nächsten Ort, Peters, ein moderneres Motel gab. (Bowen, Peters: amerikanische Ortschaften, ob klein oder groß, sind oft nach Menschen benannt; und weil es häufig ganz alltägliche Namen sind, liest sich so manche Reiseroute wie eine Mannschaftsaufstellung oder eine Stammrolle.)

Nach Peters also ging es nun, durch die Highway-Landschaft. Das Motel dort war um einiges größer, mehrere zweistöckige Gebäude aus rotem Backstein. Es brüstete sich sogar mit einem Swimmingpool (allerdings stimmte mit dem Filter etwas nicht, und der Pool war grün von Algen).

Howard, der vor uns die Treppe hinaufgegangen war und durch die Doppeltür die Rezeption betreten hatte, wandte sich zu mir um und sagte in geheimnisvollem und nicht ganz ernsthaftem Ton: »Das ist etwas für dich.«

Er spielte darauf an, daß die Dame in der Rezeption ganz unverkennbar Inderin war, obwohl sie keinen Sari trug und ihre Stimme wie auch ihr Verhalten ein eher unindisches Selbstvertrauen ausstrahlten. Ihre Aussprache klang in meinen Ohren vollkommen amerikanisch. Nur einmal nicht, als sie uns in ihrer forschen und undevoten Art mitteilte, Kaffee oder ähnliches gebe es in der Motelanlage nicht, und das Wort *premises* dabei so aussprach, daß es sich auf *vices* reimte. Das war indisch, das gab ihr einen indischen Touch.

Später erfuhr ich von Howard, daß in den Südstaaten seit etwa sechs Jahren die Inder den Weißen nach und nach die Motels abkauften. (Daraus erklärte sich vielleicht auch die große Neonreklame »American owned«, in amerikanischem Besitz, die ich einige Zeit später an einem Motel im Nordwesten Georgias sah.)

In dieser Gegend also, die für Howard Heimat bedeutete: erst die Weißen, die aus einem Roman hätten stammen können, und dann, ganz in der Nähe, Menschen von der anderen Seite der Erdkugel, die sich bereits amerikanisierten, so wie es ihrer Vorstellung von Amerika entsprach.

Der Ehemann der Motelfrau kam in die Rezeption. Auch er war Inder. Er trug ein kurzärmeliges hellbraunes Veloursheмd und sprach mit texanischem Akzent – so schien es mir zumindest. Seine Frau hatte erzählt (und er bestätigte es nun), daß er in Houston als Erdölingenieur tätig gewesen sei. Vor sechs Jahren habe er Houston und dem Öl den

Rücken gekehrt, und er finde (wie es auch seine Frau schon gesagt hatte, wobei sie einräumte, daß Peters, North Carolina, ein sehr ruhiger Ort sei), das sei eine gute Entscheidung gewesen.

Hetty hatte ihr Haus – Howards neues Zuhause – zum Teil mit eigenen Händen gebaut. Es stand hinter ein paar anderen Wohnhäusern, ein Stückchen vom Highway zurückgesetzt, von dem man es über eine Zufahrt erreichte. Der Platz war gut gewählt. Das Haus hatte einen kleinen Portikus mit Stufen auf beiden Seiten, und am Ende der Zufahrt befand sich ein Carport. Hinter dem Haus war Wald.

Das Wohnzimmer mit seinen flauschigen Teppichen und Polstern wirkte einladend. In einer Ecke befand sich ein Küchenbereich mit Eßtheke. Die Schlafzimmer und sonstigen Räume lagen beiderseits eines Flurs, der vom Wohnzimmer abging.

Hetty war eine füllige, aber gutgebaute Frau. Sie war sechzig, hatte aber noch schöne Haut. Sie trug eine Brille. Mit großem Hallo begrüßte sie Jimmy, den sie kannte, derweil Howard den heimgekommenen Sohn gab. Er saß entspannt und in eleganter Haltung auf einem Barhocker an der Küchentheke, das eine Bein angewinkelt, das andere ausgestreckt; in diesem Haus war er Sohn und jetzt ein Stück weit auch unser Gastgeber. An der Wand neben der Tür, die zum Carport hinausführte, hingen Familienfotos, darunter auch eines von Howard in Robe bei seiner Abschlußfeier.

Wir aßen zu Mittag: gebratenen Fisch, eine Art Grünkohl, Süßkartoffeln von der Farbe gekochter Möhren. Zu viert saßen wir in der Eßecke des Wohnzimmers um den Eßtisch.

Während wir dort saßen – ich mit dem Rücken zur Haustür, die auf den Portikus mit den beidseitigen Stufen hinausging –, erhob sich plötzlich ein großes Geschrei. Es war Besuch gekommen: Hettys Schwester aus Augusta, Dee-Anna (so verstand ich den Namen), ihr Mann und ihr Sohn. Dee-Anna sah Hetty nicht ähnlich. Sie war viel dicker, hatte üppigere Rundungen und dunklere Haut (Hettys Haut war braun). Sie war lebhafter – wie um ihrer Figur gerecht zu werden –, hatte jedoch einen forschenderen Blick. Hettys Gemütsruhe ging ihr ab.

Dee-Annas Sohn wirkte auf den ersten Blick schlampig gekleidet, doch dann merkte ich, daß seine Kleidung mit Bedacht und auf Effekt zusammengestellt war: Eine schieferblaue Jacke im modischen formlosen Schnitt, ein glänzendes weißes Hemd aus strukturiertem Stoff, eine Karottenhose mit Flicken und sichtbaren Etiketten und neue Schuhe (jedenfalls nach dem fast weißen Mittelteil zu urteilen). Osterbesuch, Feiertagskleidung.

Sie unterhielten sich eine Weile über einen wichtigen Boxkampf, der vor kurzem stattgefunden hatte. Alle mochten den Gewinner. Howard sagte, er entspreche dem modernen Schwarzen, sei souverän und gebildet; der andere sei groß und stark, aber eher ungeschliffen.

Der junge Mann mit der modischen Kleidung fragte mich, warum ich in North Carolina sei.

Als ich es ihm sagte, wollte er wissen: »Was denn für ein Buch? Was Historisches?«

Und als Howard und ich es erklärten, sagte Dee-Anna mit gerunzelter Stirn: »Ich hoffe, das gibt keine Neuauflage der großen Trostlosigkeit.«

Ihr Sohn – dessen nunmehriger Ernst im Kontrast zu seiner Kleidung stand – erklärte: »Wir haben von der Vergangenheit mehr als genug.« Sie interessierten sich nicht für die Vergangenheit, sie interessierten sich für die Gegenwart.

Mir war nicht in den Sinn gekommen, Howard zu fragen, ob Hetty arbeitete. Er hatte nichts dazu gesagt, und erst als wir bei ihr waren, bekam ich mit, daß sie eine Teilzeitstelle in der Imbiß-Ecke eines 24-Stunden-Ladens hatte, der dem derzeitigen Familienoberhaupt der Bowens gehörte. Nach dem Mittagessen ging sie mit Jimmy und mir zu ihm, damit wir ihn kennenlernten. Sie sagte, er sei ein guter Mann.

Der 24-Stunden-Laden war nur eine von Mr. Bowens geschäftlichen Unternehmungen. Wir besuchten ihn in seiner Möbelfabrik. Er sagte, er sei eigentlich gar kein Bowen. Er habe in die Familie eingeheiratet, doch den Leuten gelte er als Bowen, und mittlerweile habe er sich an den Namen gewöhnt. In der Stadt Bowen sei der Name zum ersten Mal ein paar Jahre vor der Unabhängigkeitserklärung belegt, allerdings habe die Stadt damals noch Lawrence geheißen (was auf irgendeine Form der Enteignung während des Unabhängigkeitskrieges oder danach hinwies).

Doch über Geschichte wollte Mr. Bowen nicht reden. Er war ein korpulenter Mann Anfang Sechzig, und er wollte Jimmy und mir die Möbel zeigen, die er herstellte; er wollte über das Geschäftsleben in Bowen reden; er wollte uns vermitteln, daß in der kleinen Stadt ein reger unternehmerischer Geist herrschte, daß sie zwar nur ein paar tausend Einwohner hatte, auf ihren Banken jedoch viele Millionen lagen. Er war ein waschechter Bowen, und während er uns all die Zahlen nannte, Jimmy und mich durch die Fabrik führte und uns zeigte, was er beziehungsweise seine Maschinen alles mit Furnier bewerkstelligten, stand Hetty in ihrem weiten Jeansrock ein wenig abseits, in einer ähnlich eleganten Körperhaltung, wie Howard sie hatte.

Bowen – bevor Howard mir davon erzählte, hatte ich den Namen des Ortes nie gehört. Und hier tauchte er nun an allen Ecken und Enden in Verbindung mit dem örtlichen Geschäftsleben auf: Landwirtschaftsbedarf, Gemischtwarenhandlung, Videothek, Tankstelle, Möbel, 24-Stunden-Laden.

Er sei ein guter Mann, sagte Hetty noch einmal, nachdem wir Mr. Bowen und seine Möbelfabrik verlassen hatten. Sie habe sich an ihn gewandt, als sie 5000 Dollar für ihr Haus benötigte. Er habe noch am selben Tag mit der Bank geredet und dafür gesorgt, daß man ihr einen Kredit gewährte, und als Sicherheit habe die Bank bloß Hettys Auto und noch irgendeine Kleinigkeit verlangt. Und ein frommer Mann sei Mr. Bowen außerdem. Er habe Land für den Friedhof der Schwarzen gestiftet. Sie hatte dort eine Familiengrabstelle mit gemeißelten Grabsteinen.

Wir fuhren durch bewaldete Vororte zum Friedhof. Wir fuhren fast unmittelbar vor die Grabsteine. Hetty wollte, daß wir sie uns anschauten, ermunterte uns jedoch nicht auszusteigen. Wir blieben im Auto sitzen und sahen uns von dort aus eine Weile um. Es war ein kleiner Friedhof, weder durch einen Zaun noch durch irgendeine Bepflanzung eingegrenzt. Jetzt, inmitten des üppigen Frühlingswuchses, sah er aus wie ein Teil des Waldes.

Einer der Grabsteine war der von Hettys Vater. Als wir wieder bei ihr zu Hause waren, erzählte sie uns von ihm. Er sei ein gescheiter Mann gewesen; dank seiner hätten sie immer reichlich Essen im Haus gehabt. Er habe auf einer Farm gearbeitet, und zwar für einen Weißen – ich begann zu verstehen, wie notwendig es für Hetty war, Menschen auf diese Weise zu definieren. Der Weiße habe kein Interesse an seiner Farm gehabt. Hettys Vater habe alles für ihn erledigt, auch den Verkauf der Erzeugnisse, einfach alles. Heute sei das Farmhaus – in dem Hettys Vater gelebt hatte und gestorben war – verfallen. Es befinde sich noch im Besitz der weißen Familie, die es jedoch nicht verkaufen, sondern zur Erinnerung behalten wolle.

Woher stammte Hettys Vater? Er war 1961 gestorben. Dann war er vielleicht um die Jahrhundertwende geboren? 1894, sagte Howard. Das war die Jahreszahl auf seinem Grabstein, auf dem Schwarzenfriedhof, dem von Mr. Bowen gestifteten Stück Land. Die Geschichte des Vaters war nur in groben Umrissen bekannt. Er war früh verwaist, von einem schwierigen Onkel weggelaufen, hatte Arbeit bei der Eisenbahn gefunden, war irgendwann hier gelandet und Teilpächter von Mr. Smith, dem Weißen, geworden und hatte sein Leben als erfolgreicher Mann abgeschlossen, als einer der ersten Schwarzen in der Gegend, der ein Auto besaß. Es war nicht möglich, mehr über diesen Vater zu erfahren, tiefer in die Vergangenheit zu dringen. Dort herrschten Vagheit und jene Trostlosigkeit, von der Hettys Schwester und deren Sohn, ja vielleicht alle Schwarzen mehr als genug hatten.

Später, nachdem wir – Jimmy in einem, ich in einem anderen Zimmer – einen Mittagsschlaf gehalten und dann Tee getrunken hatten, machten wir eine kleine Rundfahrt. Hetty kannte die Gegend gut, sie wußte, wem was gehörte. Und sie begleitete unsere Fahrt mit einem Singsang:

»Hier Schwarze, da Schwarze, da Weiße. Schwarze, Schwarze, Weiße, Schwarze. Auf dieser Seite nur Schwarze, auf der Seite nur Weiße. Weiße, Weiße, Schwarze, Weiße.«

Manchmal sagte sie: »Dieses Stück Land hat früher Schwarzen gehört.« Ihr gefiel das nicht – daß Schwarze aus Nachlässigkeit oder wegen Familienstreitigkeiten Land verloren hatten. Doch Schwarze und Weiße schienen hier ziemlich dicht beieinander zu wohnen, und Hetty selbst äußerte hinsichtlich des Zusammenlebens der Rassen keine Klagen. Sie sei von den Weißen immer gut behandelt worden. Allerdings liege das vielleicht bloß daran, daß sie Menschen einfach möge.

Es war eine Landschaft kleiner Ruinen. Wohnhäuser, Farmhäuser, Tabakscheunen waren einfach sich selbst überlassen worden. Jedes Gebäude verfiel für sich, und im Nachmittagslicht waren sie alle schön. Einige der Farmhäuser hatten sehr breite, weit nach unten reichende Dachvorsprünge; das Wellblech, das einst Schutz geboten hatte, schien jetzt zu schwer, die Platten waren hie und da eingesackt oder klafften auseinander.

Wir fuhren zu dem nun verlassenen Haus, in dem Hettys Vater während seiner Zeit als Teilpächter von Mr. Smith gewohnt hatte. Das Gestrüpp wuchs bis ans Haus heran, das offenstand. Die noch fast kahlen Pecanbäume mit ihren wenigen Blättern ragten über dem Haus und den Tabakscheunen empor. Die vorherrschenden Farben waren Grau (Baumstümpfe und verwittertes Holz), Rot (verrostetes Wellblech), Grün und das Strohgold des Schilfes. Während wir dort standen, erzählte uns Hetty, wie ihr Vater in diesem Haus gestorben war; sie hatte es noch deutlich vor Augen.

In einem anderen, noch schöneren Haus hatten Hetty und ihr Mann zehn Jahre lang gewohnt. Es war ein Farmhaus mit einem großen grünen Feld, das rings von Bäumen umstanden war.

Heimat war für Howard nicht nur das Haus seiner Mutter, ob nun das kleine grüne, jetzt verrammelte oder das neue, aus Leichtbausteinen erbaute, in dem sie mittlerweile wohnte. Heimat war alles, was wir gesehen hatten. Und wir hatten nur einen Teil gesehen: An diesen Landstraßen gab es im Umkreis von ein paar Kilometern immer wieder Häuser und Felder, die irgendwie mit Mitgliedern von Howards Familie zusammenhingen. Es war eine reichere, kompliziertere Vergangenheit, als ich sie mir vorgestellt hatte, und eine von größerer äußerlicher Schönheit. Die Häuser, die ich hier zu sehen bekam, waren größer als die, in denen die Mehrheit der Menschen in Trinidad oder England wohnte.

Und doch gab es in der Vergangenheit jenen Moment, wo sich Dunkelheit herabsenkte, die Dunkelheit der Geschichte, selbst hier in dieser Gegend, die Heimat war.

Zum Abendessen gingen wir ins Seafood Bar-B-Q. Etwas anderes bot sich schlichtweg nicht an. Es war eine Raststätte, ein großer, trübe beleuchteter Raum mit einer stummen Jukebox und ein paar herausgeputzten weißen Familien. Bier wurde nicht ausgeschenkt. Also tranken wir Eistee, Howard zufolge ein typisches Südstaatengetränk. Er war pappsüß, was zweifellos dem Geschmack der Kellnerinnen entsprach, die weiß und jung und freundlich waren. Eine von ihnen war sogar sehr jung, vielleicht um die zwölf, und offensichtlich begeistert, einer Schwester oder Mutter über die Feiertage im Kellnerinnendreß aushelfen und Leckereien servieren zu dürfen.

Ich fragte Hetty nach ihren Wünschen für sich selbst und ihre Familie. Ihre Antwort war seltsam und anrührend. Was ihre Familie angehe, so sagte sie, wünschte sie, ihr einer Sohn wäre vom Trinken kuriert worden. Das war seltsam, denn es war ein Blick zurück: Der Sohn, von dem sie sprach, war tot.

Was sie selbst betreffe, so wolle sie, wenn möglich, gerne heiraten. Es gehe ihr dabei nicht ums Heiraten an sich. Sie sei alt, das wisse sie, aber genau deshalb wolle sie heiraten. Sie sei zu viel allein; sie wünsche sich Gesellschaft. Howard hatte dafür Verständnis. Aber sowohl er als auch Hetty glaubten, daß es nicht einfach für sie sein würde, jemanden zu finden.

Hetty sagte: »Männer sind hier rar. Es gibt nur sehr wenige. Gehen Sie mal in die Kirche und zählen Sie die Männer. Die guten sind gegangen. Und diejenigen, die geblieben sind, taugen nichts. Vielleicht halten sich ja irgendwo noch ein paar gute versteckt, aber …«

Und wie stand es um die Vergangenheit? Hatte sie ein akzeptables Leben gehabt? Sie sagte, sie bereue nichts. Ob sich ihre Lage denn nicht verbessert habe? Habe sich die Lage nicht in den fünfziger Jahren verbessert?

Sie sagte: »Ich denke kaum auch nur an meine eigene Vergangenheit zurück.«

Und Howard sagte: »Ich kann mich an die Vergangenheit kaum erinnern.«

Sie klangen wie Hettys Schwester beim Mittagessen.

Doch dann sagte Hetty: »Ich mochte den Tabak nicht. Schon nach einer Reihe war mir immer schlecht, von dem Geruch und so. Als ich verheiratet war, sind wir in aller Frühe aufgestanden, wenn der Tau noch auf den Tabakblättern lag, dann hat er nicht gerochen. Mir wird heute noch vom Tabak schlecht. Als Kind habe ich oft auf dem Feld gestanden und bin nach zwei Stunden in Tränen ausgebrochen. Damals habe ich mit meinem Vater zusammengearbeitet.«

Und davor lag die Vergangenheit, über die man nicht sprach.

Am Samstag hatte Hetty voll feiertäglicher Begeisterung von dem Frühgottesdienst um fünf Uhr morgens am Ostersonntag gesprochen. Sie hatte gesagt, sie erwäge hinzugehen. Doch als Jimmy und ich morgens in dem indischen Motel in Peters bezahlten und zum Frühstücken zu Hetty fuhren, trafen wir sie zu Hause an. Die Rundfahrt am Tag zuvor hatte sie zu sehr ermüdet, sie hatte es nicht zum Frühgottesdienst geschafft. Jetzt wollte sie zu dem Gottesdienst um elf Uhr gehen.

Jimmy und ich wollten gern um halb zwölf dazustoßen, um den Gesang und zumindest den Anfang der Predigt zu hören, die Hetty zufolge um zwölf beginnen würde. Das Problem dabei war Jimmys Kleidung. In New York hatte Howard gesagt, Bowen sei ein sehr ländlicher Ort und für unsere Bedürfnisse würden legere Kleidung und Turnschuhe in jedem Fall ausreichen. Die einzige leichte Kleidung, die Jimmy dabeihatte, waren ein paar Sachen im Safarilook von Banana Republic. Hetty meinte, das sei kein Problem, allerdings werde sie an einem bestimmten Punkt in der Kirche aufstehen und sich bei der Gemeinde für Jimmys Kleidung entschuldigen müssen.

In Hettys Wohnzimmer brachte das Fernsehen unablässige religiöse Erregung, Gottesdienste von weißen Kirchen und schwarzen Kirchen, Pfarrer wie Chor immer schick angezogen, jede Kirche mit Gewändern in ihren eigenen Farben, ja geradezu mit einer eigenen Tracht.

Ein Prediger mit ernstem, herrischem Gebaren unterbrach das Geschehen, um Reklame für ein neues Buch über die Bibel und das Leben nach dem Tod zu machen. Das Buch beantworte die Fragen, die alle Menschen stellten. »Werden wir im Himmel fröhlich sein?« Und bevor ich mir das »fröhlich« so richtig auf der Zunge zergehen lassen konnte – ein fröhliches Herz, eine feuchtfröhliche Gesellschaft, O du fröhliche –, folgte die andere Frage, die von dem Buch angeblich beantwortet wurde: »Wird es im Himmel Fortschritt geben?« Denn dieser amerikanische Himmel war ganz offensichtlich eine Kopie der amerikanischen Erde, mit Schwarz und Weiß, Nord- und Südstaaten, Republikanern und Demokraten.

Hetty verschwand in ihrem Jeansrock auf ihr Zimmer, um sich für den Kirchenbesuch umzuziehen, und erschien dann in einem überwältigenden leuchtend pinkfarbenen Kleid, zu dem sie ihren flachen dunkelblauen Hut aufsetzte. Der Hut und ihre Brille gaben ihr etwas Distinguiertes.

Sie fuhr zur Kirche. Howard hatte es versäumt, seinen Führerschein verlängern zu lassen, daher konnte er nicht Hetty hinfahren und uns dann holen kommen. Wir gingen zu Fuß. Die Kirche war ungefähr anderthalb Kilometer entfernt. Jimmy hatte die Sachen von Banana Republic an. Howard war leger gekleidet und trug Turnschuhe, er wollte nicht in den Gottesdienst. Er sagte, er gehe nicht gern in die Kirche, er habe als Kind zu oft gehen müssen.

Die Straße war breit. Ab und zu fuhren ein, zwei Autos vorbei. Das Gras war von lilafarbenen Frühlingsblumen übersät, und gelegentlich war unerwartet schwarzer Sumpf zu sehen (man mußte unwillkürlich an das Land im Urzustand denken, bevor die Siedler gekommen waren, und an die Verzweiflung, die sie gelegentlich ergriffen haben muß).

Wir gingen an Mr. Alexanders Haus vorbei. Ein alter Schwarzer im Sonntagsstaat, mit Jackett, Krawatte und Hut, so stand er auf dem kahlen Fleckchen neben seinem Haus und übte Putten, zumindest hatte er einen Golfschläger in der Hand. Der Bereich vor seinem kleinen Haus quoll über von dekorativen Gartenskulpturen und sonstigem zur Dekoration eines Gartens geeigneten Kram. Er erzählte, sein Großvater habe die Sammlung begonnen; und dann fügte er mit einem ganz eigenen, quecksilbrigen Zeitgefühl hinzu: »Zweihundert Jahre.« Einige der Stücke stammten von den Westindischen Inseln, aus Jamaika; bei Mr. Alexander klang es wie »Jee-maica«.

Als wir weitergingen, sagte Howard: »Man merkt, daß er ein Sonderling ist. Nicht nur an dem Golfschläger. Auch daran, daß er nicht in der Kirche ist.«

Ein Auto hielt neben uns an. Drei Weiße saßen darin – mittlerweile waren Rasse und Hautfarbe die Eigenschaften, die mir unmittelbar ins Auge fielen. Sie wollten wissen, wo der Golfplatz des Country Club sei. Howard sagte, er könne ihnen nicht helfen, er sei selbst nur zu Besuch. Sie fuhren weiter.

Die Kirche war klein und proper, ein rotes Backsteingebäude mit einem weißen Turm und einem Portikus, dessen Ziergiebel auf schlanken Holzsäulen ruhte. Im Hof neben der Kirche standen viele Autos. Ich sagte, sie vermittelten den Eindruck, daß die Stadt reich sei. Howard meinte, ein Auto habe hier jeder; Autos hätten nichts zu bedeuten.

Als wir die Stufen zum Portikus hinaufgingen, sagte Howard: »Sie singen.« Er ging nicht mit hinein. Er sagte – jetzt sehr jungenhaft, ganz der Freiheiten genießende Sohn –, er werde draußen warten.

Eine schlanke, braunhäutige junge Frau begrüßte Jimmy und mich an der Tür und gab uns ein Programm. Wir setzten uns nach hinten. Und mir fiel wieder ein, was Hetty gesagt hatte: »Gehen Sie in die Kirche. Zählen Sie die Männer.« Es waren weniger Männer als Frauen da. Ein paar Kinder mit ihren Müttern saßen hinten. Und alle waren – wie Hetty angedeutet hatte – festlich angezogen.

Im Innern war die Kirche genauso schlicht und proper wie außen. Sie war mit neu aussehenden blonden Hartholzbänken und einem hellbraunen Teppich eingerichtet. Am Ende des Raums stand auf einem Podium der Chor, flankiert von zwei Klavierspielerinnen. Die Männer des Chors, die in der hinteren Reihe standen, trugen Anzüge, die Frauen und Mädchen in den drei Reihen davor goldene Gewänder. Es war wie eine örtliche, kleinere Version dessen, was wir bei Hetty im Wohnzimmer im Fernsehen gesehen hatten.

Hinter dem Chor, hinter den Mädchen in Gold und den Männern im dunklen Anzug, hing ein großes, seltsam transparent wirkendes Gemälde, das Jesu Taufe darstellte: das Wasser blau, die Flußufer grün. Daß Christus und der Täufer weiß waren, überraschte mich. (Genauso, wie mich am Abend zuvor im Haus des pensionierten schwarzen Lehrers das Bild von Jesus Christus überrascht hatte: eine bärtige Gestalt, die an General Custer in *Little Big Man* erinnerte.) Aber vielleicht war das nur in meinen Augen widersinnig und überraschend, vielleicht war die weiße Haut Jesu genauso ein ikonographisches Element wie die blaue Haut der Götter im hinduistischen Pantheon oder wie die Tatsache, daß Daruma, der erste buddhistische Missionar, in der japanischen Kunst immer ein Inder war.

Der Gesang endete. Es war Zeit für die »Berichte, Bekanntgaben und Würdigung der Besucher«. Der kleine Schwarze im dunklen Anzug, der das verkündete – es war nicht der Pfarrer –, sprach das letzte Wort, *visitors*, sehr ungewöhnlich aus, er zerlegte es in die einzelnen Silben und gab dann, wie um dem Wort das volle Aroma abzugewinnen, der letzten Silbe ein ungeheures Gewicht, so daß es klang wie »vee-zee-TORRS«.

Er sprach und wartete dann auf Wortmeldungen. Ein Mann stand auf und sagte, er komme aus Philadelphia, er sei hier, um seine Verwandtschaft zu besuchen. Danach erhob sich Hetty in ihrem pinkfarbenen Kleid und flachen blauen Hut. Sie schaute zu uns herüber und wandte sich dann dem Mann im dunklen Anzug zu. Wir seien Freunde ihres Sohns, sagte sie. Er sei draußen. Sie erklärte, warum Jimmy weder Krawatte noch Jackett trug, und bat um Verzeihung.

Nun standen wir auf, erst ich, dann Jimmy, und stellten uns vor, so wie der Mann aus Philadelphia es getan hatte. Eine hellhäutige Frau in einer der vorderen Reihen drehte sich um und sagte, sie komme auch aus New York; sie heiße uns als Besucher aus New York willkommen. Das hatte etwas Verbindendes, fand ich. Und als der Mann im dunklen Anzug danach von Brüdern und Schwestern sprach, schienen diese Worte nicht nur eine formale Bedeutung zu haben.

Die Messingschale für die Kollekte wurde durch die Reihen gegeben. (Das Ergebnis der vorwöchigen Kollekte, etwas über 350 Dollar, war in dem Programm genannt.) Der Pfarrer, ein junger Mann mit einer klaren, kultiviert klingenden Stimme, forderte uns auf, über das Osterwunder zu meditieren. Er bat den Chor, uns dabei zu unterstützen.

Die Chorleiterin, eine füllige Frau, rückte das Mikrophon zurecht. Und nach dieser kleinen, behutsamen Geste wurde es leidenschaftlich. Das Lied hieß: »What about me?« Der Chor klatschte in die Hände und wiegte sich hin und her. Ein Mann aus der Gemeinde – er trug einen braunen Anzug – stand auf und klatschte und sang. Eine weiß gekleidete Frau mit weißem Hut stand ebenfalls auf und sang. Ich begann die Freuden der religiösen Versammlung zu spüren: die Freuden der Gemeinschaft, Vereinigung, Förmlichkeit, von Ritual, Kleidung und Musik, die alle zusammenwirkten und die Möglichkeit zur Ekstase schufen.

Die Förmlichkeit – die diese Schwarzen aus so vielen Quellen herleiteten – war für mich dabei die Überraschung, und auch die Gemeinschaft als solche.

Nachdem der Schwarze mit dem dunklen Anzug gesprochen hatte, stand ein anderer Mann im Anzug auf und sprach zur Gemeinde. »Heute ist wirklich ein *wunderbarer* Tag«, sagte der neue Sprecher. »Es ist der Tag, an dem der Herr *auferstanden* ist. Er ist für uns *alle* auferstanden.« Aus der Gemeinde kamen immer wieder gedämpfte Rufe: »Amen!« Der Sprecher sagte: »Viele Leute, die besser dran sind als wir, teilen dieses Glück nicht.«

Schließlich sprach der kultivierte junge Pfarrer in dem eleganten Talar mit den zwei roten Kreuzen. »Jesus mußte beten. *Wir* müssen beten. Jesus mußte weinen. *Wir* müssen weinen … Gott ist so gut zu uns. Er hat uns eine zweite Chance gegeben.«

Qualen und Tränen, Glückssegnung und Trauer: Das waren die Motive dieser Religion, dieses Einbindens, dieser tröstenden Vereinigung – wobei die Vereinigung für mich das unerwartete, bewegende Moment war. Und ich begriff, wie schon in islamischen Ländern, welche Macht ein Prediger haben kann.

Wie Howard hinterher sagte, als er, Jimmy und ich zum Haus zurückliefen: »*Alles* spielt sich in der Kirche ab.«

Wir begegneten einem weiteren Sonderling der Gegend, um das von Howard auf dem Hinweg benutzte Wort aufzugreifen: Es war der Trinker der schwarzen Gemeinschaft. Wir waren noch ein Stückchen vom Haus dieses Mannes entfernt, als Howard ihn am Fenster stehen sah. Worauf er sagte: »Schaut nach unten. Redet nicht mit ihm. Ignoriert ihn.« Es war eine der Methoden, die Howard sowohl hier als auch in New York gelernt hatte, um Ärger aus dem Weg zu gehen: den Blickkontakt meiden, da dieser den Straßenräuber, den Bettler, den rassistischen Fanatiker, den Irren, den Alkoholiker ermutige.

Der Trinker betrachtete uns, von seinem Fenster eingerahmt, während wir uns seinem Haus näherten. Als wir vorbeigingen, warf ich aus dem Augenwinkel einen kurzen Blick auf ihn. Wie er da im Unterhemd mit roten Augen am Fenster stand, isoliert in seinem Haus, wirkte er seelisch und geistig weit entfernt.

Ich sagte zu Howard, mein an diesem Vormittag gewonnene Eindruck einer schwarzen Gemeinschaft mit einem eigenen strengen Kodex habe mich überrascht.

Er meinte: »Diese Gemeinschaft, oder das, was Sie hier sehen, wird in zwanzig oder fünfundzwanzig Jahren verschwunden sein.« Die Rassentrennung habe die schwarze

Gemeinschaft erhalten. Doch jetzt unternähmen Schwarze und Weiße, besonders aus der jüngeren Generation, häufiger etwas zusammen. Das unterstrich noch einmal, was Hetty (um einen Sohn trauernd) am Tag zuvor gesagt hatte, daß nämlich schwarze und weiße Jungs jetzt »zusammen tranken«. Und ich war mir nicht sicher, ob Howard und Hetty an diesem neuen Miteinander und dem, was es vorausahnen ließ, wirklich Gefallen fanden. Ich konnte mir nicht vorstellen, daß Hetty ohne ihre Gemeinschaft ihre Gelassenheit bewahren würde.

Beim Mittagessen, als Hetty aus der Kirche zurückgekommen war, unterhielten wir uns ein wenig über die Situation der Schwarzen. Am Tag zuvor hatten wir dieses Thema nicht berührt.

Die Schwarzen hätten die schweren Zeiten durchgestanden. Doch nun, da das Leben für sie eigentlich einfacher sein müßte, gebe es neue ethnische Gruppen im Land: Mexikaner und Kubaner und all die übrigen Ausländer. Die Mexikaner würden bald eine politische Macht im Land darstellen. Und die Asiaten kauften nicht nur Motels, sie seien auch in anderen Bereichen des Geschäftslebens aktiv; dabei seien sie erst seit ein paar Jahren da. In einem Krankenhaus in der Nähe, sagte Hetty, gebe es nur noch zwei *amerikanische* Ärzte.

Und nun erinnerten sich Howard und Hetty gemeinsam daran, was sich alles verändert hatte. Früher waren immer Lastwagen vorbeigekommen, um die Schwarzen zur Obsternte abzuholen. Jetzt kamen keine mehr: Die Mexikaner pflückten das Obst. Und Howard sagte, die Schwarzen hätten sich selbst aus Miami hinausmanövriert. Sie hätten nicht in den Hotels arbeiten wollen, denn sie hätten die Arbeit dort erniedrigend gefunden. Also hätten die Kubaner sie übernommen, und nun lasse man die Schwarzen nicht mehr ran. Auf diese und ähnliche Weise hätten die Schwarzen zugelassen, daß die Kubaner die Stadt unter ihre Kontrolle brachten. In Miami spreche man jetzt Spanisch.

Später, auf dem Weg zum Flughafen, sahen wir weiße Kirchgänger aus der anderen Baptistenkirche von Bowen treten. Sie lag nicht weit von der schwarzen Kirche entfernt, in der wir gewesen waren. Erst jetzt wurde mir klar, daß ich in den letzten Tagen eine Kleinstadt erlebt hatte, in der Rassentrennung herrschte; in der es noch alte, nach Rasse getrennte Institutionen gab.

Hettys Singsang, ihre Worte, während wir übers Land gefahren waren, bekamen dadurch einen tieferen Sinn: »Auf dieser Seite nur Weiße, auf dieser nur Schwarze. Schwarze, Schwarze, Weiße, Schwarze. Schwarze, Weiße.«

Sie interpretierte das vertraute Land auf ihre eigene Weise – wo ich doch nur die Frühlingsfarben sah, die lilafarbenen Blumen am Straßenrand, den Sauerampfer, die Kiefern, den Hartriegel, die Eichen und den Ahorn, das Grau und Grün und Dunkelrot verlassener Farmhäuser und Tabakscheunen. Aber jetzt, auf der Rückfahrt zum Flughafen, sah ich die Vergangenheit ein wenig klarer. Ich sah ein wenig klarer, was ich am Tag zuvor gesehen hatte.

Und ich begann zu begreifen, wie Howard, der seine Heimat verlassen hatte und nach New York gezogen war, sowohl zur Vergangenheit als auch zu der Wut Harlems Distanz halten konnte.

Ich fragte ihn, warum er nicht in Harlem wohne.

»Ich habe einen anderen Rhythmus. Und das fällt den Leuten auf. Rhythmus? Vielleicht ist es der Energielevel. Wie soll ich es ausdrücken? Ich bin nicht zornig. Die meisten Leute in Harlem sind zornig.« Um sich noch besser verständlich zu machen, sagte er: »Ich bin einfach anders. Ich habe mich schon an der Highschool anders gefühlt. Wie man denkt und fühlt – das ist es, was einen von anderen unterscheidet. Ich habe mich immer anders gefühlt. Deshalb glaube ich auch, daß ich am falschen Ort geboren wurde. So wie viele Menschen.«

Zwei Tage später in New York (kurz bevor ich meine eigentliche Reise durch die Südstaaten begann) unterhielt ich mich mit Howard noch einmal über einige Punkte, um mich zu vergewissern, daß ich sie richtig verstanden hatte.

Über die Asiaten, Kubaner und Mexikaner im Land sagte er: »Wenn ich daran denke, werde ich sehr pro-amerikanisch.« Und diese seine pro-amerikanische Einstellung erstreckte sich auch auf die Außenpolitik, der sein besonderes Interesse galt. Aus der kleinen schwarzen Gemeinschaft des Südstaatenorts Bowen stammend, war Howard also zum Konservativen geworden. Er meinte: »Ich glaube, in einer Baptistengemeinde in den Südstaaten aufzuwachsen ist die beste Grundlage dafür, ein Konservativer zu werden.«

Ich fragte ihn noch einmal nach seinen Äußerungen über die schwarze Gemeinschaft auf unserem Heimweg von der Kirche. Er habe gesagt, die schwarze Gemeinschaft werde innerhalb von zwanzig oder fünfundzwanzig Jahren verschwinden, und dabei ganz neutral geklungen. Ob er wirklich eine neutrale Haltung dazu habe?

Er legte sich nicht fest. Er sagte, die Einigkeit innerhalb der Gemeinschaft werde leiden, doch es werde auch Gutes aus dieser Veränderung hervorgehen. Und dann wurde er philosophisch und sagte: »Mit der Veränderung ist es wie mit dem Tod. Es kann Gutes daraus erwachsen. So wie damals, als mit dem Bürgerkrieg eine ganze Lebensform unterging.«

So stellte sich am Ende also heraus, daß seine anfängliche Bemerkung über die Kontinuität seiner Heimat, wie zunächst vermutet, doch mit der Geschichte zu tun gehabt hatte. Ich war davon abgekommen, weil das Wort die Vorstellung von

Gleichförmigkeit und Tristheit in sich zu bergen schien: die immergleichen Gebäude, die Ruinen, die man auf den Feldern stehen ließ, die Tristheit des Kleinstadtlebens. Das hatte er durchaus auch gemeint, doch er hatte ebenso das Fortbestehen der Vergangenheit gemeint. Es war, als habe er im Gespräch mit mir, einem Fremden, eine Möglichkeit finden müssen, über die Vergangenheit zu sprechen, über die man doch eigentlich nicht sprach.

1. Atlanta

Einstimmung

Ich plante meine Reise in New York. Man schlug mir unter anderem vor, nach Tuskegee in Alabama zu fahren und die Gewerbeschule – heute eine Universität – zu besichtigen, die Booker T. Washington mehr als hundert Jahre zuvor für die damals gerade erst aus der Sklaverei entlassenen Schwarzen gegründet hatte.

Der Name Tuskegee war mir geläufig. Er hatte durch meine Erinnerungen an Booker T. Washingtons Buch *Up from Slavery* [dt.: *Ich war ein Sklave*, 1958], das ich als Kind auf Trinidad zu lesen bekommen hatte, fast etwas Mythisches für mich. So fern: Es war schwer, sich vorzustellen, daß dieser Ort mit dem seltsamen Namen immer noch existierte, im ganz normalen Alltag.

Man nannte mir einen Schriftsteller, der in Tuskegee studiert hatte, Al Murray. Er sei ein Schützling von Ralph Ellison – oder sei es vielmehr gewesen – und lebe in New York. Er war freundlich, als ich ihn anrief, zeigte sich an meinem Projekt interessiert und war bereit, unser Gespräch fortzusetzen. Er wollte, daß ich ihn in seiner Wohnung besuchte. Sie lag mitten in Harlem, und er fand, ich solle mir Harlem ansehen. Es werde der Vorbereitung auf meine Reise dienen.

Er wohnte in der 132sten Straße. Ich solle einfach den Madison-Avenue-Bus nehmen, meinte er. Nach seinem Ton zu urteilen, fuhren nur Schwächlinge anders nach Harlem, und ich hatte auch fest vor, den Bus zu nehmen, doch im letzten Moment knickte ich ein und hielt ein Taxi an. Wir waren im Handumdrehen in Harlem. Waren im Handumdrehen – bei grüner Welle – in einer Gegend angelangt, die aussah wie eine Karikatur des südlichen Teils der Stadt.

Es war wie ein Blick nach vorne, ins nächste Kapitel: geschwärzte, scheibenlose Fensterlöcher in warmem rotbraunem Sandstein oder altem rotem Backstein, die Häuser preisgegeben, bloß noch Schlafplatz, die einstige Handwerkskunst und Eleganz nur noch im Mauerwerk erhalten (wie bei einer geplünderten antiken römischen Stätte), manche Hauswände nur noch Erde umschließend, die künftiger Ausgrabungen harrte; keine sichtliche Verbindung zwischen den Menschen und dem Ort, die gemischte Bevölkerung im südlichen Teil der Stadt hier durch eine andere ersetzt, kein geschäftiges Treiben mehr auf der Straße, die Menschen alle schwarz, kaum Frauen unterwegs und die Männer oft in Haltungen, die Untätigkeit vermittelten, auf Treppen sitzend oder an den Straßenecken stehend. Im selben Licht, im selben Wetter wie vor einer Viertelstunde, und nach wie vor auf der Fifth Avenue.

Das hätte nach einer Weile aufhören sollen, doch es ging so weiter. An einer Kreuzung kam ein dünner Junge mit ausdrucksloser Miene zum Auto gerannt und sagte etwas zu dem Fahrer. Dieser, ein dicker Schwarzer, antwortete nicht. Es wurde grün, und der dünnbeinige Junge rannte wortlos wieder fort, zwischen den Autos hindurch. Was hatte er gewollt? Der Fahrer, der nach seinem Akzent zu urteilen von einer der kleineren Westindischen Inseln stammte, sagte: »Er wollte die Windschutzscheibe putzen.« Er lachte nervös und kurbelte – erst jetzt – sein Fenster hoch.

Das Apartmenthaus, in dem Al Murray wohnte, war ganz in der Nähe. Es war eines von drei oder vier hohen Apartmenthäusern an einer Stelle, wo vorher wohl alte Häuserreihen gestanden hatten. In Als Gebäude – das ein wenig vom Bürgersteig zurückgesetzt war und zu dessen verglaster Eingangstür eine geschwungene, sanft geneigte Zufahrt führte – gab es überraschenderweise einen uniformierten Portier, und ein Schild wies darauf hin, daß Besucher angemeldet werden müßten.

Als Wohnung befand sich am Ende eines zentralen, fensterlosen Korridors. Weiter hinten im Korridor wurde es wärmer; das elektrische Licht brannte. Als Al die Tür öffnete, herrschte wieder Tageslicht, und durch das große Fenster in seinem Wohnzimmer erhaschte ich einen Blick auf den New Yorker Himmel. Al war braunhäutig und älter, als ich erwartet hatte. Ich hatte mit einem jungen oder mitten im Berufsleben stehenden Mann gerechnet; am Telefon hatte er jung geklungen. Doch Al war gerade siebzig geworden.

Sein Wohnzimmer war voller Bücher und Schallplatten. Ein Blick auf die Bücher offenbarte, daß es sich um eine ernstzunehmende Sammlung amerikanischer Literatur des zwanzigsten Jahrhunderts in Erstausgaben oder sehr frühen Ausgaben handelte: Al kaufte und sammelte seit über vierzig Jahren. Seine Jazzplatten (die in abgegriffenen Hüllen nebeneinanderstanden und viele Regalbretter füllten) waren gleichermaßen wertvoll. Jazz war eine seiner Leidenschaften, und er hatte sich als Autor zu diesem Thema einen Namen gemacht. Mit das erste, was er mir zeigte, waren private Fotografien von Louis Armstrong – zu meiner Überraschung ein kleiner Mann, vielleicht so groß wie Picasso, und, wiederum zu meiner Überraschung, jemand, der Wert auf elegante Kleidung gelegt hatte: Alles an diesem bedeutenden Mann war bemerkenswert, gleichsam ein Aspekt seiner Begabung, und für Al Grund zur Begeisterung.

Al war ein Mann vieler Leidenschaften, und man war gern mit ihm zusammen, hörte ihm gern zu. Sein Leben schien eine Folge glücklicher Entdeckungen gewesen zu sein. Tuskegee – wo er fünfzig Jahre zuvor studiert hatte – war eine dieser Entdeckungen gewesen. Er fühlte sich mit dem Institut innig verbunden, und er bewunderte dessen Gründer.

Er zeigte mir Fotos: Backsteingebäude im georgianischen Stil, achtzig oder neunzig Jahre zuvor von den Studenten selbst erbaut. Es waren die ersten Bilder, die ich von Tuskegee sah, und sie weckten den Wunsch in mir hinzufahren. Und als Al über Booker T. Washington sprach, wurde auch dieser ein bißchen realer für mich. Er war 1856 als Sklave geboren worden, ganze fünf Jahre vor Ausbruch des Bürgerkriegs; er war also (wie immer seine Erinnerungen aussehen mochten) nicht lange Sklave gewesen. Aufgewachsen war er demnach größtenteils in jener außergewöhnlichen Zeit direkt nach dem Bürgerkrieg, als sich freigelassene Sklaven hier und da behaupteten und einige Begabte sogar zu Wohlstand kamen. Er mußte mit dem amerikanischem Ideengut aufgewachsen sein, mit den großen Ideen des späten neunzehnten Jahrhunderts. Al meinte, man müsse Booker T. Washington, was seine Tatkraft betreffe und seine Auffassung davon, wie das kapitalistische Amerika funktionierte, als einen typischen Amerikaner des späten neunzehnten Jahrhunderts betrachten. Er sei sich mit den sehr reichen und mächtigen Männern, an die er sich erfolgreich um Unterstützung wandte, zweifellos einig gewesen.

Al Murray zog die beiden Bände der Washington-Biographie von Louis R. Harlan aus dem Regal, um mir die Fotos zu zeigen. Sie waren bewegend: diese lang gewahrten Haltungen, Booker T. Washington mit seiner Familie, mit seinem dandyhaften Sekretär, alle in der bürgerlich-ehrbaren Kleidung der Jahrhundertwende – und die Augen des großen Mannes immer müde. Und dann die Studenten von Tuskegee, Männer und Frauen, bei den gleichen Arbeiten, die noch so kurz zuvor von Sklaven erledigt worden waren – Heu zusammenrechen, Wände mauern –, doch dies nun in der Kleidung ehrbarer Menschen, die Männer zum Teil sogar im Anzug, denn für Menschen, die als Sklaven kaum etwas zum Anziehen besessen hatten, bedeuteten Kleider viel.

Tuskegee befinde sich auf dem Land einer ehemaligen Plantage, erzählte Al Murray. Das Herrenhaus habe viele Jahre lang nicht zum Institutsgelände gehört, doch seines Wissens habe man es kürzlich erworben, und der Rektor wohne jetzt dort. Wandel auf die amerikanische Art. Und man könnte wohl sagen, daß Al Murray mit seinen Büchern und Schallplatten selbst ein Repräsentant dieses Wandels war. Er war in Alabama geboren, im tiefsten Süden; hatte das Institut in Tuskegee besucht; hatte in der Luftwaffe gedient und war als Major aus dem Dienst ausgeschieden; hatte schließlich eine zweite Laufbahn als Akademiker und Schriftsteller eingeschlagen.

Nach New York, in dieses Apartment, sei er am Ende seiner Zeit bei der Luftwaffe gezogen. Ob seine Nachbarn der schwarzen Mittelschicht angehörten, gehobene Berufe ausübten? Nein, die Zusammensetzung sei gemischt. Ein Nachbar arbeite zum Beispiel in dem Club in Midtown Manhattan, dem Al angehörte, als Portier. »Dort ist er der Portier. Hier ist er mein Nachbar.« Das gefiel Al. Und ihm gefiel auch die Wohnung an sich.

Doch da war die Umgebung. Als er mich auf seinen schwindelerregend hohen kleinen Balkon führte, um mir die

Aussicht zu zeigen, die Eleganz, in der Harlem ursprünglich angelegt worden war, sah ich die Straßen, die mich auf ebener Erde so bedrückt hatten, von oben. Und ich sah nach Süden hin die Ruinen einer Reihe roter Backsteinhäuser. Vor sechs Jahren habe es dort gebrannt, sagte Al; man habe die Außenmauern einfach stehenlassen. In einem der Häuser war ein großer Baum (der jetzt Frühlingslaub trug) emporgewachsen, ohne die Wände zu beschädigen. Die Szenerie erinnerte ein bißchen an die Kriegsruinen, die man in einigen Teilen Ostberlins als Mahnmale hatte stehenlassen – manche der verwüsteten Straßen in Harlem beschworen tatsächlich den Gedanken an Krieg herauf.

Doch Al lebte schon lange mit den ausgebrannten Ruinen eine Straße weiter. Er schien sie kaum mehr wahrzunehmen, er sah das größere Bild. Richtung Süden lag ganz Manhattan zu unseren Füßen. Wäre nicht das Hochhaus ein paar Straßen weiter im Weg gewesen, so Al, hätten wir das Empire State Building sehen können. Im Westen stand eine Reihe bunter Häuser, die ein berühmter schwarzer Maler, mit dem Al befreundet war, zum Gegenstand eines Gemäldes gemacht hatte. Und wenn Al auf die Straße hinunterschaute, sah er zwei oder drei Kirchen und das Haus des örtlichen Kongreßabgeordneten: Gebäude, die wichtige Aspekte des Lebens in diesem Stadtteil verkörperten.

So veränderte sich mit Als Hilfe mein Blick. Wo ich zunächst nur Harlem und Trostlosigkeit gesehen hatte, begann ich nun, von dem hohen Balkon aus, die in Als Gegend durchaus vorhandene Ordnung zu erkennen. Und die im ursprünglichen Bauplan vorgesehene Pracht: Harlem hatte nach dem Willen der Planer vornehmer werden sollen als sämtliche weiter südlich gelegenen Stadtteile.

Doch die Stadtplaner waren übers Ziel hinausgeschossen. Es gab in den 1890er Jahren nicht genug Menschen für all die neuen Häuser in Harlem. Daher kauften Geschäftsmänner die Häuser auf, um sie an Schwarze aus den Südstaaten zu vermieten. Sie machten Werbung; sie versuchten das Wohlwollen und die Mitwirkung Booker T. Washingtons zu gewinnen, des damals bekanntesten Schwarzen der Vereinigten Staaten. Washington konnte der Idee nichts abgewinnen; sie war ihm zu kommerziell. Doch Washingtons Sekretär, Emmett Scott, einer der drei Großen von Tuskegee (die großen Häuser von Washington, seinem Schatzmeister und seinem Sekretär stehen in Tuskegee noch Seite an Seite), stieg in das Geschäft ein. So begann das schwarze Harlem, wie es auch fortbestehen sollte: mit Armut und Ausbeutung. Und es gab eine, wenn auch schwache Verbindung nach Tuskegee.

Al Murray machte einen kleinen Spaziergang mit mir. Er wies mich auf die sehr breiten Bürgersteige hin: Sie waren Teil der baulich angelegten Eleganz. Er führte mich in eine Buchhandlung, in der es Bücher über die Sache der Schwarzen sowie Plakate und Flugblätter über örtliche Veranstaltungen gab. Ich kaufte eine Taschenbuchausgabe von *The Souls of Black Folk* [dt.: *Die Seelen der Schwarzen*, 2003] von W. E. B. Du Bois, einem zeitgenössischen Kritiker Washingtons (Al hatte eine sehr frühe Ausgabe davon in seinem Regal stehen); und wir tauschten ein paar Höflichkeiten mit der engagierten und kultivierten Frau aus, die den Laden führte. Über das Harlem Hospital – das wichtigste Gebäude im Viertel – sagte Al, dort werde professionell gearbeitet, und das Niveau steige stetig. Und dann – mein »entwirrender« Blick funktionierte immer besser – besuchten wir das Schomburg Center, einen imposanten Neubau, der ganz der Information über Geschichte und Kultur der Schwarzen gewidmet war und sich sowohl durch eine außergewöhnliche Sammlung an Büchern und Dokumenten als auch durch enthusiastische Angestellte auszeichnete, Schwarze wie Weiße.

Das Schomburg Center vergab Stipendien an Leute, die in der Bibliothek wissenschaftlich arbeiten wollten. Die Stipendiatin, die ich kennenlernte, war eine attraktive braunhäutige Frau, die weit gereist war und über die kulturellen Verbindungen zwischen Brasilien und Westafrika forschte. Sie sprach mit der Begeisterung einer Entdeckerin über ihre Arbeit. Für sie glich die Sache der Schwarzen, oder vielmehr diese Seitenlinie davon, einem neuen Land.

Zurück fuhr ich nicht mit dem Taxi. Auf den Straßen waren überhaupt keine Taxis unterwegs. Al leistete mir beim Warten Gesellschaft und erzählte mir von Ralph Ellison, bis ein Bus kam. Und dann sah ich – widerwillig – noch einmal, bloß diesmal langsamer, Haltestelle für Haltestelle, was ich schon auf dem Hinweg gesehen hatte: ein ganzes Viertel einer Weltstadt im Verfall.

Die Idee, durch den amerikanischen Süden oder Südosten zu reisen, kam mir 1984 auf dem Parteitag der Republikaner in Dallas. Ich war noch nie in den Südstaaten gewesen, und obwohl Dallas nicht zu den südöstlichen Staaten gehört, die ich später bereiste, hatte ich auch dort schon hinlänglich das Gefühl, mich in einer Region zu befinden, die sich deutlich von New York und Neuengland unterschied, dem einzigen Teil der USA, den ich kannte.

Mir gefielen die neuen Gebäude, ihre Formen, der Glanz, die architektonische Verspieltheit und der Reichtum, der sich darin ausdrückte. Architektur als Vergnügen – es war interessant zu sehen, wie so etwas aus der Tristheit der älteren, im Lagerhausstil erbauten Stadt erwachsen konnte.

Es war Mitte August und heiß. Mir gefiel der Kontrast zwischen dem gleißenden Licht und dem tiefen Schatten der Hochhäuser im Geschäftsviertel, und das seltsame Gefühl eines anderen, gemäßigteren Klimas, das dieser Schatten vermittelte. Man spielte ständig mit solchen Kontrasten. Die getönten Fensterscheiben des Hotelzimmers milderten die Grellheit des hitzeflirrenden Himmels: die tatsächliche Farbe des Himmels draußen war immer wieder eine Überraschung. Durch die Klimaanlagen in den Hotels, Autos und dem Kongreßzentrum hatte die Hitze, wenn man sie zwischendurch passierte, etwas Anregendes.

Die Hitze glich einer Offenbarung. Sie ließ an die alten Zeiten denken. Zusammen mit den großen Entfernungen vermittelte sie einen ganz anderen Eindruck vom Leben der frühen Siedler. Doch inzwischen war das Südstaatenklima umfunktioniert worden. Die Hitze, die doch eigentlich hätte entkräftend wirken müssen, war in eine Quelle des Vergnügens, eine Stimulation der Sinne, einen eigenen Reiz umgewandelt worden: Es war möglich, mitten im August in Dallas einen Parteitag abzuhalten.

An der Wand hinter dem Podium hingen in alphabetischer Reihenfolge die ausgebreiteten Fahnen der einzelnen Staaten. Die Fahnen der älteren Staaten hoben sich ab, sie erinnerten mich an die britisch-koloniale Flagge (und das von den Briten für die Kolonie gewählte lateinische Motto, ein Vergil-Zitat), die mir aus meiner Kindheit in Trinidad vertraut war. Und mir kam zum ersten Mal der Gedanke, daß Trinidad, eine ehemalige britische Kolonie (ab 1797) und agrarische Sklavenkolonie (bis 1833, als die Sklaverei im britischen Weltreich abgeschafft wurde), wohl mehr mit den alten Sklavenstaaten des amerikanischen Südostens gemein gehabt hatte als mit Neuengland oder den neueren, von europäischen Einwanderern geprägten Staaten des Nordens. Der Gedanke hätte mir natürlich schon viel früher kommen müssen. Doch was ich als Kind über den Rassismus in den amerikanischen Südstaaten gehört hatte, war zu erschrekkend gewesen. Es hatte den USA einen Makel verliehen und dazu geführt, daß ich von den Südstaaten nichts wissen wollte.

Das Kongreßzentrum war riesig. Das Auge konnte gar nicht alles auf einmal erfassen. Über die große Entfernung sahen die Gestalten auf dem Podium winzig aus. Sie hätten leicht untergehen können, doch auf einer großen Leinwand über dem Podium waren sie vergrößert zu sehen, und dieses lebendige filmische Abbild wiederholte sich auf Dutzenden kleinerer Bildschirme im ganzen Raum. Es hatte etwas Hypnotisches, wie einem dasselbe Gesicht oder dieselbe Geste in Nahaufnahme aus so vielen Richtungen entgegenkam. Womöglich sollte das allein der Kommunikation und größeren Klarheit dienen, aber ein bombastischeres Statement zur Vorrangstellung des Menschen hätte man kaum machen können; es war ein kaum zu überbietender Versuch, den Glanz des flüchtigen Moments zu verlängern. Und doch war auf diesem Parteitag wie zum Ausdruck der politischen Tugend der Delegierten ständig von Frömmigkeit und Demut und dem Himmelreich die Rede, und man erniedrigte sich täglich vor Gott.

Ein berühmter örtlicher Baptistenpfarrer erteilte den abschließenden Segen. Seine kirchliche Organisation war immens, der Presse zufolge besaß sie im Geschäftsviertel von Dallas Immobilien im Wert von vielen Millionen. Der Gottesdienst am Sonntag nach dem Parteitag fand vor vollem Haus statt. Er wurde im Fernsehen übertragen, war eine richtige Aufführung mit Kostümen, Musik und Gesang. Doch die Höllenfeuer-Predigt hätte aus einer einfacheren, schwereren Zeit stammen können, als die Menschen über fünf oder sechs Monate hinweg der Hitze nicht entfliehen konnten, als das Reisen mühsam war, man in der Enge der Gemeinschaften lebte, in die man hineingeboren war, und nur absolute religiöse Gewißheiten dem Leben einen Sinn verliehen.

Ich begann mich mit dem Gedanken zu tragen, über die

Südstaaten zu schreiben. In meinem ersten Reisebuch – das ich auf Anregung von Eric Williams, des ersten schwarzen Premierministers von Trinidad, in Angriff genommen hatte – war es um einige der ehemaligen Sklavenkolonien in der Karibik und Südamerika gegangen. Ich war damals achtundzwanzig Jahre alt gewesen. Es erschien mir angemessen, mich in meinem letzten Reisebuch – eine Reise zu einem bestimmten Thema – den alten Sklavenstaaten des amerikanischen Südostens zu widmen.

Dabei dachte ich, erst in Dallas und dann in New York, wo ich die Reise vorbereitete, vor allem an die Rassenfrage. Ich wußte nicht, daß dieses Thema sich im Verlauf der Reise schnell erledigen und mein Buch sich schließlich um jenen anderen, von Ordnung und Glauben, Musik und Melancholie geprägten Süden drehen würde, von dem ich nichts wußte, in Dallas jedoch eine erste Ahnung bekommen hatte.

Von New York aus flog ich nach Atlanta. Man hatte mir gesagt, es gebe dort eine alte schwarze Elite, eine Art schwarzamerikanische Aristokratie, es gebe viele etablierte schwarze Unternehmer und eine Reihe schwarzer Millionäre, und die Stadt werde von Schwarzen regiert. Ich buchte einen Flug; stand in Atlanta auf dem Flughafen vor einer Autovermietung Schlange; fuhr schließlich, an riesigen Straßenbaustellen in der Innenstadt vorbei, zum Hotel. Da war ich nun, ein wenig erstaunt, daß meine so lange geplante Reise auf eine so prosaische Weise begann.

Und wie zur Bestätigung meiner Ängste zerschlugen sich innerhalb kürzester Zeit der Reihe nach all die kleinen Arrangements, die ich von New York aus für Atlanta getroffen hatte. Ein Journalist war in eine andere Stadt gereist, um über einen dortigen Vorfall zu berichten, ein schwarzer Geschäftsmann sagte am Telefon, er sei nicht mehr auf dem laufenden, lebe schon seit zwanzig Jahren außerhalb von Atlanta. Und der Schwarze, an den mich ein Filmemacher verwiesen hatte, erklärte, fast alles, was ich über Atlanta gehört habe, sei falsch.

Das Gerede von einer schwarzen Aristokratie sei übertrieben. Für amerikanische Verhältnisse seien die Schwarzen von Atlanta nicht reich; auf einer Liste der reichsten Männer Atlantas stünde der erste Schwarze vielleicht auf Platz 201. Politische Macht? »Politische Macht ohne die andere Sorte Macht ist nutzlos.«

Er nippte an seinem Wein, mein Gewährsmann, sichtlich zufrieden, daß er mir jeden Wind aus den Segeln genommen hatte.

Und ich glaubte ihm sogar. Ich hatte selbst den Eindruck gehabt, daß die großen neuen Gebäude von Atlanta, die man auf so vielen Fotos zu sehen bekam, genauso wenig mit den Schwarzen zu tun hatten wie etwa die Gebäude von Nairobi mit dem finanziellen oder baumeisterlichen Geschick der Afrikaner aus Kenia. Ich hatte den Eindruck gehabt, es werde etwas zu beflissen und plötzlich von einer schwarzen Aristokratie und der Macht der Schwarzen gesprochen.

Aber ich wollte mich dessen selbst vergewissern und hoffte, die entsprechenden Kontakte vermittelt zu bekommen. Von diesem Schwarzen war jedoch offenbar keine derartige Unterstützung zu erwarten. Ich könne mich mit Andrew Young treffen, meinte er, dem Bürgermeister, aber Andrew Young habe vermutlich schon zweihundert Gesprächstermine. (Ich wäre also Nummer 201 – eine beliebte Zahl.) Mir kam es vor, als ob dieser Schwarze – wie er da an seinem Wein nippte, mich über den Rand des Glases hinweg ansah, sich an meiner Verunsicherung erfreute und auf meine Fragen wartete, nur um sie abzuschmettern – als ob dieser Schwarze zunehmend Widerspruchsgeist, eine Verweigerungshaltung entwickelte, ja als ob er kurz davor wäre, jedes Maß zu verlieren und mir mitzuteilen, daß es nicht nur in Atlanta keine vermögenden Schwarzen gebe, sondern daß es in ganz Georgia nie irgend etwas gegeben habe, keine Plantagen, keine Baumwolle, keinen Mais, keine Kartoffeln, daß es in der Weite des schwarzen Universums von Atlanta nichts gab außer ihm selbst.

Von meinem Zimmer im Ritz-Carlton wirkte der nächtliche Anblick der Fenster in dem großen Gebäude von Georgia Pacific wie ein großformatiger Pop-Art-Druck. Die Fenster, alle gleich groß, waren sämtlich erleuchtet. Jedes Stockwerk glich einem Filmstreifen oder einem Streifen von Kontaktabzügen fast identischer Bilder. Von meinem Zimmer aus änderte sich der Anblick von einem Stockwerk zum nächsten. In den unteren Stockwerken schaute ich auf die Schreibtischplatten und die Fußböden der Büros. Auf Augenhöhe sah ich die Schreibtische als Umrisse vor den Zimmerwänden. Mit jedem weiteren Stockwerk verschwanden die Schreibtische weiter aus meinem Blick. In den oberen Stockwerken sah ich nur noch die beleuchteten Zimmerdecken und ganz oben schließlich nur noch Licht, ein Leuchten hinter der Scheibe. Die Büros waren alle leer, die Leute, die tagsüber dort saßen, waren jetzt irgendwo in den Vorstädten. Die Gemälde, die in den Büros der leitenden Angestellten hingen, glichen willkürlichen Rangsymbolen, aus dieser Entfernung bloße Rechtecke ohne erkennbares Sujet, ja sogar ohne Farbe – ähnlich großen Städten, die aus sehr großer Höhe wie Flecken unter den Wolkenwirbeln aussehen.

Eine streng strukturierte Gesellschaft, private Leben, eine streng strukturierte Fassade – zu jedem dieser Räume war der Zugang nur mit einer offiziellen Einführung möglich, und der Besucher wußte nicht, an welche Tür er klopfen sollte. Wo spielte sich das wahre Geschehen ab? Oder war das alles nur eine Inszenierung, eine Fernsehproduktion?

Doch dann las ich in der Zeitung von der Affäre um Forsyth County. Forsyth County liegt etwa sechzig Kilometer nördlich von Atlanta. In diesem County war 1912 ein weißes Mädchen vergewaltigt und dann so brutal zusammengeschlagen worden, daß sie wenige Tage später starb. Mehrere Schwarze wurden mit dem Verbrechen in Verbindung gebracht. Einer wurde gelyncht; zwei weitere wurden verurteilt und erhängt. Sämtliche Schwarze von Forsyth wurden aus dem County verjagt, und seither, so hieß es, durften keine Schwarzen dort leben.

Letztere Tatsache – daß keine Schwarzen in Forsyth leben durften – war Anfang des Jahres zum Thema geworden, als nämlich Mitte Januar jemand in Forsyth einen »Walk for Brotherhood« veranstaltete, zum Gedenken an den Todestag Mahatma Gandhis sowie den Geburtstag von Martin Luther King. Dieser Gedächtnismarsch wurde von Einheimischen und von Ku-Klux-Klan-Gruppen angegriffen; er geriet in die Schlagzeilen. Ein zweiter Marsch eine Woche später wurde dann – nach all der Publicity – zu einer weitaus größeren Veranstaltung. Zwanzigtausend Leute kamen nach Forsyth, um zu demonstrieren, und etwa dreitausend Nationalgardisten und Beamte der Staats- und Bundespolizei sollten den Frieden wahren. Trotzdem kam es zu Protesten; sechsundfünfzig Menschen, alles keine Demonstranten, wurden festgenommen.

Der Mann, der die Märsche organisiert und solch eine große Sache daraus gemacht hatte, war ein schwarzer Stadtrat, Hosea Williams, den alle, die von ihm sprachen, einfach Hosea nannten. Er war einundsechzig und in der Bürgerrechtsbewegung ein Weggefährte von Martin Luther King gewesen. Mittlerweile hatte Hosea gegen einige der Klan-Gruppen Klage eingereicht, weil sie die Bürgerrechte der Teilnehmer an der ersten Demonstration verletzt hätten; außerdem war er auf die Idee gekommen, daß man Forsyth County im Namen der Schwarzen, die durch ihre Vertreibung 1912 Land verloren hatten, auf Schadenersatz verklagen könne.

Tom Teepen von der *Atlanta Constitution*, mit dem ich eines Tages frühstückte, sprach geradezu mit Zuneigung von Hosea Williams. »Eine treibende Kraft, ein Aufrührer in der Tradition der Pariser Barrikadenkämpfe, und ein schlauer Fuchs obendrein.«

Doch diese Woche könne ich mich nicht mit Hosea treffen.

Tom erklärte: »Er ist im Gefängnis.«

»Im Gefängnis!«

»Das ist schon in Ordnung. Er ist oft wegen irgend etwas im Gefängnis. In ein paar Tagen ist er wieder draußen.«

Als ich mir Hosea Williams' eigenes Werbematerial ansah, insbesondere eine Broschüre mit dem Titel *Wer ist Hosea L. Williams?*, merkte ich, daß ihm seine Gefängnisstrafen wichtig waren. Ein Foto zeigte ihn in einer Zelle. »Rev. Hosea hält den Haftstrafenrekord im Kampf für die Bürgerrechte ... Er war seit Dr. Kings Tod fast genauso so oft im Gefängnis wie zu dessen Lebzeiten (hundertfünfmal).«

Hosea Williams wurde 1926 geboren. Seine Proteste und sein Kampf gegen den Rassismus müssen also über viele Jahre hinweg ein ziemlich aussichtsloses Unterfangen gewesen sein. Doch Hosea hatte seine Schlacht gewonnen; und ich hatte das Gefühl, daß er mittlerweile (auch wenn er immer noch Mut bewies: die erste Forsyth-Demonstration hatte Zivilcourage erfordert) ein Privilegierter war, ein Star, ein Mann, der in die Nachrichten kam, der in einer besonderen Art von elektronischer Wirklichkeit oder Unwirklichkeit lebte. Und sein politisches Leben machte es erforderlich, daß er für sich die Werbetrommel rührte. In der Broschüre *Dimensionen eines Mannes – Dr. Hosea L. Williams – Eine Chronologie*, in der auf einem Foto zu sehen war, wie Hosea in akademischer Robe von einem anderen Schwarzen wohl die Ehrendoktorwürde verliehen bekam, stand auch dies: »Heute reicht es ihm nicht zuzusehen, wie die Verhältnisse sich verändern. ER VERÄNDERT SIE SELBST.«

Die nördlichen Vororte von Atlanta schlossen fast an Forsyth County an. Die Freeways, durch die Georgia wie Connecticut aussah, ermöglichten es den Leuten, in der Innenstadt von Atlanta zu arbeiten, wo die Schwarzen präsent waren, und dann ganz bequem (in klimatisierten Autos) dreißig oder vierzig Kilometer zu ihren Häusern in den Vororten zu fahren, wo es nur wenige Schwarze gab – dieser Teil von Georgia war kein Plantagenland gewesen. In den luxuriösen Einkaufszentren am Stadtrand gab es Filialen berühmter Geschäfte. In den weißen Vororten kam man gut ohne das von Schwarzen regierte Stadtzentrum aus.

In der Zeitung las ich eines Tages, daß sich die Einwohner einiger dieser Vororte gegen eine Anbindung an Atlantas öffentliches Nahverkehrssystem wehrten, weil sie eine Unterwanderung durch Schwarze befürchteten. Keine Proteste wie in Forsyth County, keine Konföderiertenflaggen, keine weißen Gewänder und Kapuzen – das war nicht der Stil dieser neuen Vororte. Ein Vertreter der Verkehrsbetriebe sagte: »Das Ganze läuft so unterschwellig ab, daß man kaum etwas machen kann.«

Ein Anwalt, den ich kennenlernte, erklärte mir, um diese Haltung verstehen zu können, müsse man sich vergegenwärtigen, daß hier vor rund hundertzwanzig Jahren noch Sklaverei geherrscht habe. Für die armen Weißen mache die

Rasse ihre Identität aus. Wer wohlhabend sei, könne diese Frage hinter sich lassen, könne seine Selbstachtung von woandersher beziehen; aber für Leute, denen es an Geld oder Bildung mangelte, sei das nicht so einfach; ohne die Rasse wüßten sie nicht, wer sie seien.

Ich erzählte von meinem Wochenende mit Howard und Hetty. Hetty habe eine klare Vorstellung von ihrer rassischen und familiären Identität; doch zugleich schätze sie Mr. Bowen sehr und betrachte ihn als einen guten Mann. Ob das irgend etwas aussage? Der Anwalt meinte nicht. Weiße Südstaatler täten alles für schwarze Familien, zu denen sie eine Beziehung hätten, aber darüber gehe es nicht hinaus, auf Schwarze schlechthin erstrecke sich diese Einstellung nicht.

Wir aßen zusammen zu Mittag, der Anwalt und ich, in einem großen Club im Zentrum von Atlanta. Der Club war zu einer Zeit massiver Abwanderung aus der Stadt gegründet worden, als unter den Geschäftsleuten das Bedürfnis nach einem Ort aufkam, wo sie sich mittags treffen konnten. Er war Bestandteil der abgeschotteten, künstlichen Welt, in der die beruflich höher qualifizierten Weißen lebten: das Haus, das klimatisierte Auto, das Büro (vielleicht wie eines der Büros im Gebäude von Georgia Pacific), der Club, in dem man zu Mittag aß.

Ich fragte den Anwalt, ob er sich persönlich bedroht fühle. Er sagte, ja, dieses Gefühl habe er manchmal, wenn er draußen auf der Straße unterwegs sei. Er meinte die Angst vor Gewalt. Doch er meinte auch die umfassendere Angst vor einer Welt, die instabil geworden war: Je massiver man sich abschottet, desto größer die Ungewissheit über das, was außerhalb liegt.

Deshalb fand der Anwalt, daß es hilfreich wäre, wenn die schwarze Mittelschicht wüchse, wenn sich die Schwarzen in der Geschäftswelt stärker engagierten. Aber die Schwarzen –

und wie jeder, der heutzutage über Schwarze redet, suchte er nach treffenden und zugleich neutralen Worten – hätten einfach keinen Geschäftssinn, sie seien (was immer sie sich auch wünschen mochten) nicht zu Geschäftsleuten berufen. In einer vom Profitdenken gesteuerten Gesellschaft fehle ihnen das Profitdenken. Doch jetzt gebe es eine neue Sorte Einwanderer in den Vereinigten Staaten – Lateinamerikaner, Asiaten. Wenn die Schwarzen begriffen, was die Anwesenheit dieser Einwanderer für sie bedeutete, würden sich ihre Gefühle gegenüber den anderen Rassen womöglich ändern.

Es war also vorhanden, genau wie Tom Teepen es mir gesagt hatte, schwang, wenn auch unausgesprochen, überall mit: das Bewußtsein der Rasse, die kleine Neurose, das Vermächtnis der Sklaverei.

Das Thema kam erneut auf, als ich die Schriftstellerin Anne Rivers Siddons besuchte. Sie lebte in Nord-Atlanta: hügelige Grundstücke, hohe Kiefern, Hartriegel, Azaleen. Der Frühling, den ich schon in Howards Heimatstadt erlebt hatte, war hier auf dem Höhepunkt, und die Häuser am Rande der kurvigen Vorortstraßen waren üppig umwachsen.

Anne Siddons hatte kürzlich einen Roman veröffentlicht, *Heimwärts*, und war nun mit Werbeaktionen beschäftigt, was ein gewisses Opfer für sie bedeutete, da sie mittlerweile mit einem neuen Buch angefangen hatte. Sie wirkte in sich gekehrt, etwas abwesend, auf ihr neues Buch fixiert. Sie lebte inmitten größter Schönheit, fiel jedoch gedanklich – das merkte ich, als ich mir ihr voriges Buch, *Fox's Earth*, anschaute – leicht in ärmere Zeiten zurück, so wie viele Menschen in den Südstaaten.

Sie sagte, Margaret Mead habe eine wichtige Beobachtung über die Südstaaten gemacht: Die Beziehung zwischen dem weißen Mann und der schwarzen Dienerin, Mann und anspruchsloser Geliebter, habe die weiße Frau und den schwarzen Mann gleichsam ihres Geschlechts beraubt. Die schwarzen Männer, so Anne Siddons, seien diejenigen, die aufbegehrten.

Und die Zeitungen, die *Constitution* und ihre Schwesterzeitung, das *Journal* (mit dem Slogan »Covers Dixie like the Dew« [wörtl.: »Deckt die Südstaaten ab wie der Tau«] auf Kommentarseite und Lieferwagen), waren voller Meldungen um das Thema Rasse, parallel zu den Dauerthemen: Forsyth County und die endlos sich verästelnde Berichterstattung über das Privatleben eines schwarzen Politikers, der des Kokainkonsums bezichtigt wurde.

An einem Tag war zum Beispiel folgendes zu lesen: Die IBM hatte einen schwarzen leitenden Angestellten nach Columbia in South Carolina versetzt, doch man hatte den Schwarzen dort nicht in den Country Club aufgenommen und seine Kinder waren nicht zu Partys eingeladen worden. Am nächsten Tag erschien diese Geschichte: Eine einunddreißigjährige Schwarze, Mutter zweier Kinder im Alter von fünf und zwei, hatte einen Revolver an ihren Arbeitsplatz bei Georgia Power mitgenommen und sich in ihrem Büro erschossen. Sie hatte sich in der Firma diskriminiert und bei der Beförderung übergangen gefühlt. In ihrem Abschiedsbrief hatte sie geschrieben, sie wolle ihre Vorgesetzten und die Manager aufrütteln.

Verzweiflung; doch es gab auch die spielerische Herangehensweise, wie sie bei politischen Themen aufkommt, die ihre Brisanz verloren haben. Es wurde über ein schwarzes Kunstfestival berichtet. Über eine gewaltige Skulptur mit dem Titel *Nelson Mandela muß freikommen, damit er sein Volk und Südafrika in den Frieden und Wohlstand führen kann*, die ein New Yorker Bildhauer für Atlanta angefertigt hatte. Die aus Stein gehauene Skulptur wog sieben Tonnen und war zu schwer für ihren ersten Standort, der nur 450 kg pro qm vertrug. Daher sollte die Skulptur in den Woodruff Park im Zentrum von Atlanta umgesetzt werden. (Woodruff war der große Mann von Coca-Cola gewesen, der die Firma sechzig Jahre lang geleitet hatte – Coca-Cola und *Vom Winde verweht* die beiden legendären Erfolgsstorys von Atlanta in der Zeit nach dem Bürgerkrieg). Ein drei Meter sechzig hoher Eisenzaun mit einem richtigen Tor sollte an den Stein geschweißt werden. Das Tor sollte mit einem echten Schlüssel verschlossen und dieser in die Obhut der Stadt gegeben werden, damit das Tor – vorausgesetzt, der Schlüssel war nicht verlegt worden – geöffnet werden konnte, wenn Mandela freikam.

Aus Tom Teepens Kolumne in der *Constitution*: Der Großraum Atlanta ist eine Metropole mit 2,2 Millionen Einwohnern; Atlanta ist eine Großstadt von 450 000 Einwohnern; das schwarze Atlanta ist eine mittelgroße Stadt von 300 000 Einwohnern. »Die schwarze Führungselite ist eine mittelgroße Stadt.« Ein guter Journalist weiß die Dinge klar auf den Punkt zu bringen. Tom Teepen sagte auch folgendes: Die Weißen in den Vereinigten Staaten haben keine »Führer«; Führer haben nur die Schwarzen. Und mir schien, daß er das sagte, weil (einigen anderen Kolumnisten der Zeitung zufolge) die aktuellen Skandale um schwarze Politiker diverser Staaten dazu benutzt wurden, die Schwarzen grundsätzlich schlechtzumachen.

Die These mit den Führern gefiel mir. Sie paßte in meinen Augen auf viele schwarze oder rückständige oder revolutionäre Länder, in denen der politische Führer alles gilt und Journalisten oder sonstige Außenstehende unbeabsichtigt in die Entdeckerattitüde verfallen (»Bring mich zu deinem Führer«) und allein dem Führer die Achtung entgegenbringen, die sie woanders dem ganzen Land und seinen Menschen entgegenbrächten. Doch dann fragte ich mich, ob man nicht – da die schwarze Politik in den USA immer noch von der Rasse, dem Erlösungsgedanken und einer gewissen Schlichtheit bestimmt wird – tatsächlich davon sprechen konnte, daß die Schwarzen in den USA Führer hatten, Menschen, denen sie einfach folgten. Und ich überlegte, ob es den Schwarzen nicht unter diesen Umständen genausowenig möglich war, sich von ihren Führern zu distanzieren, wie es etwa den Menschen in der Karibik oder in Afrika möglich war, sich von den Rassen- oder Stammesführern zu distanzieren, die sie selbst geschaffen hatten.

Ich bekam mehr über Identität zu hören.

Tom Teepen – er hatte Anzug und Krawatte, die er im Büro tragen mußte, abgelegt und war in einer Weste mit vielen Taschen erschienen – fuhr an einem Samstagvormittag mit mir zu einer hundert Jahre alten Appalachensiedlung im Osten Atlantas: eine große alte Baumwollspinnerei aus rotem Backstein, weiße Holzhäuser, ein Friedhof an einem Hang jenseits einer verkehrsreichen Straße. Der Lohn in der Spinnerei war anfangs sehr niedrig gewesen: 5 Cent die Stunde, so hieß es, doch für die Bergbewohner hatte die Regelmäßigkeit dieses Einkommens eine Art Sicherheit dargestellt, und die Ortschaft, die rund um die Spinnerei entstanden war, hatte überdauert, obwohl zu verschiedenen Zeiten viele Menschen weggezogen waren und die Spinnerei mittlerweile stillgelegt war.

Wir besuchten das Kunsthandwerks- und Gemeindezentrum der Ortschaft. Es wurde von einer Frau mit dem schönen Namen Esther Lefever geleitet. Sie war viele Jahre zuvor als Folksängerin in die Gegend gekommen; ein zehn Jahre altes Foto in der *Constitution* zeigte sie als hübsche junge Frau mit Gitarre. Sie war damals von der Reaktion auf ihren Gesang so berührt gewesen – eine alte Frau war aufgestanden und hatte einen besonderen Tanz dargeboten, andere Leute hatten geweint –, daß sie sich in die Appalachengemeinde eingebracht hatte und sogar Stadträtin geworden war.

Sie war klein und schlank, immer noch attraktiv und hatte eine helle Stimme. Sie stammte selbst nicht aus einem Appalachendorf, doch sie verstand die enge Gemeinschaft dieser Menschen. Sie war eine Mennonitin aus Pennsylvania, das achte Kind eines Predigers. Sie erzählte, was es für sie bedeutet hatte, sich von ihrem strengen mennonitischen Hintergrund zu lösen. Sie habe sich allein gefühlt. Was es bedeutet habe, allein zu sein? Sie habe sich als der letzte Baum auf dem Hügel gesehen, auf dem die anderen Bäume alle gefällt worden waren. Es sei nicht leicht für sie gewesen, die Haube abzulegen, schließlich sei sie ihr Leben lang angewiesen worden, sie aus Respekt vor Gott und den Menschen zu tragen. Noch als über Zwanzigjährige habe sie sich in den Straßen von Chicago unsicher gefühlt. Es sei weniger die Angst vor schwarzen Männern als ein Grauen vor den weißen Männern gewesen, die – nach allem, was sie gelernt hatte – Alkohol tranken und ordinär waren.

Und dann habe sie die Grausamkeit der Welt da draußen entdeckt, die Grausamkeit Amerikas. Wie sie die denn entdeckt habe? Sie erzählte eine Geschichte: Eine ihrer Appalachenfrauen sei eines Tages zu ihr gekommen und habe gesagt, sie suche Arbeit, »irgendwas im Haushalt«. Esther Lefever hatte sie zu jemandem mitgenommen, einer Frau mit viel zurückgekämmtem blondem Haar, die Esther Lefever zufolge sozial nur unwesentlich über der Frau stand, die Arbeit als Haushaltshilfe suchte. Und diese Blondine meinte: »Warum will sie denn im Haushalt arbeiten? Das ist doch Arbeit für Farbige.«

Es war ein unbedeutender Vorfall, fand ich; man hätte

ihn einfach übergehen sollen. Die Blondine war (nach der Geschichte zu urteilen) genausosehr Betroffene wie alle anderen. Aber der Vorfall hatte viele Bedeutungsebenen, und Esther Lefever hatte ihn als verstörend und erniedrigend empfunden. Sie sagte: »Die wollen, daß man schön in der Schublade drinbleibt, in die sie einen gesteckt haben.« Wer »die« seien? Sie dachte nach und sagte dann, das seien die Leute, die das System eingerichtet hätten und jeden in seinen Schranken halten wollten.

Ich fragte sie, in welcher Weise Identität wichtig sei, ob sie einen praktischen Nutzen habe. Sie meinte, wenn man umziehe oder eine neue Arbeitsstelle antrete und die Leute einem nicht besonders wohlgesonnen seien, könne es hilfreich sein, zu wissen, wer man sei; man würde mit der Feindseligkeit dann besser fertig. Wenn man nicht wisse, wer man sei, wenn (so führte ich ihren Gedanken fort) das eigene Selbstwertgefühl von anderen Leuten abhing, dann sah es schlecht für einen aus.

Sie gab die Perspektive von unten wieder, die Perspektive der armen Leute, die ihr am Herzen lagen. Und aus ihren Worten gewann ich den Eindruck, daß diese Menschen ständig in einem Zustand größter Empfindsamkeit und blank liegender Nerven lebten. Ich konnte mir das nur schwer vorstellen.

(Zugleich allerdings – auf einer anderen Ebene und mit einem anderen, halb verschütteten Teil meiner selbst – fand ich es auch einleuchtend. Vielleicht stehen in einer aus vielen Gruppen oder Rassen zusammengesetzten Gesellschaft alle bis auf die absolut Sicheren unter einer besonderen Art von Streß. Als jemand, der im vielrassigen Trinidad als Mitglied der indischen Gemeinschaft aufgewachsen ist – Menschen, die im späten neunzehnten und frühen zwanzigsten Jahrhundert als Landarbeiter áuf die Insel geholt worden waren –, habe ich immer gewußt, wie wichtig es ist, nicht in die Gesichtslosigkeit abzugleiten. Ich erinnere mich noch an meinen Schock, jenes Gefühl des Makels und der spirituellen Auslöschung, das ich 1961 erlebte, als ich, für mein erstes Reisebuch in der Karibik unterwegs, einige der Inder Martiniques sah und begriff, daß sie von Martinique restlos vereinnahmt worden waren, daß ich keine Möglichkeit hatte, die Weltsicht dieser Menschen zu teilen, deren Geschichte in einer bestimmten Phase der meinen geglichen hatte, die aber jetzt, was ihre Rasse und auch sonstiges betraf, zu etwas anderem geworden waren. Und rund acht Jahre später brach sich im mittelamerikanischen Belize, wo mich eigentlich andere Fragen beschäftigten, ein ähnliches Gefühl der Leere Bahn, als ich die verlorene kleine halb-indische Gemeinschaft dieser elenden britischen Kolonie sah, dieses bewaldeten Küstenlandes, das dem einstigen spanischen Weltreich abgeluchst, mit Sklaven und Dienern bevölkert und dann mehr oder weniger sich selbst überlassen worden war: Bodensatz der Neuen Welt.)

Von einem Theologen erfuhr ich mehr darüber, wie sich in den Südstaaten Identität gestaltet. Unter seinen Studenten befanden sich auch Männer und Frauen, die auf ein geistliches Amt studierten. Ich hatte gedacht, daß Leute, die Geistliche werden wollten, womöglich durch eine religiöse Erfahrung dazu bewegt worden waren. Doch diese Sichtweise spiegelte nur mein eigenes Naturell wider, meine Herkunft, meinen mangelnden Glauben und meine über fünfunddreißig Jahre in England, wo die institutionalisierte Religion fast verkümmert ist.

In den USA und ganz besonders in den Südstaaten war Religiosität der Normalfall, und ein geistlicher Beruf war etwas ganz Alltägliches. Man konnte ihn aus den verschiedensten Gründen ergreifen, und der Religionswissenschaftler erzählte mir, daß einige der Menschen, mit denen er zu tun hatte (und er sprach hier von Weißen), sich dem religiösen Leben zugewandt hatten, um ihre Identität zu festigen; Menschen aus armen Familien, die sich durch die neuen Entwicklungen in den Südstaaten in ihrer rassischen Identität bedroht fühlten; Menschen, die im Boom der »neuen Südstaaten« in die Wirtschaft gegangen waren und dann das Gefühl bekommen hatten, sich so weit von der ihnen vertrauten Südstaatenwelt zu entfernen, daß sie wieder ausgestiegen und zu Gott und dem Leben, in dem sie sich wohler fühlten, zurückgekehrt waren.

Ich hörte diese Äußerungen über Religion und Identität fern von Atlanta, bei einer Party im Freien auf einem Anwesen im Nordwesten Georgias: Berge, Wald, weite Blicke, sanfte gestaffelte Höhenzüge, Blau auf Blau.

Die Party fand auf einem unebenen, mit hohem Gras bewachsenen Feld statt, vor einer grauen, ausgebesserten Holzhütte auf niedrigen Pfosten. Angeblich war sie sehr alt. Sie stand am Fuß eines Hanges, und wenn man durch die Hintertür oder das Fenster direkt in das Grün des von Kiefern beschatteten Hanges blickte, spürte man tatsächlich eine uralte schützende Einsamkeit an diesem Ort, ganz anders als jegliche Einsamkeit, die man sich heute selbst einrichten mag.

(Auf der Fahrt von Atlanta ins Bergland, durch kleine Ortschaften hindurch, in denen mir die geringe Anzahl von Schwarzen auffiel, hatte ich das Gefühl gehabt, in die Wildnis zu fahren. Einige Monate später, fast am Ende meiner Reise, sollte ich mich Atlanta aus der anderen Richtung nähern, von Nashville und Chattanooga aus, und dieser Teil von Georgia sollte mir viel verbrauchter und ausgetretener erscheinen.)

Die Party wies die typischen »Südstaaten-Ingredienzen«

auf. Eine Konföderiertenfahne flatterte im Sonnenlicht auf dem von Wald umstandenen ungemähten Feld. Seitlich über einem Feuer aus langsam abbrennenden Hartholzscheiten briet schon den ganzen Tag ein gehäutetes, in Sprunghaltung an Spießen befestigtes Schwein. (Auf einem Tisch standen, etwas zeitgemäßer, Fertiggerichte, Dips und in Wachspapier eingeschlagene Eßwaren.) Und vor der Holzhütte spielte eine Band Bluegrassmusik. Flagge, Schwein, Musik: Relikte aus der Vergangenheit. Die Instrumente waren groß, die Musik schlicht und eintönig. Man sagte mir, bei diesen Liedern komme es auf die Texte an. Wegen des Dialekts konnte ich ihnen nur mühsam folgen, aber Musik und Gesang, beides unverstärkt, hatten auf diesem umschlossenen grünen Platz, besonders aus einer gewissen Distanz, etwas sehr Angenehmes.

Unsere Gastgeberin sagte: »Es könnte sein, daß hier früher Indianer gelebt haben.«

Meine Vorstellung, in der amerikanischen Wildnis zu sein, noch im Kopf, erschauerte ich, als ich mir die Indianer auf diesem grünen Land mit seinen schützenden Hängen, seinem Schatten, seinen Flüssen ausmalte. Später erfuhr ich, daß hier jede Menge Pfeilspitzen aus Feuerstein in der Erde lagen.

In dieser Umgebung, zum Klang der Bluegrassmusik vor der Holzhütte, erzählte man mir von der Gläubigkeit und Identität der Menschen, die nach den Indianern gekommen waren. Und ich meinte, die Geschichte gleichsam in Lagen vor mir zu sehen. Die Indianer, die nach Jahrhunderten verschwunden waren; die armen Weißen; die Schwarzen; der Krieg und alles, was danach gekommen war; und nun bei allen – Schwarzen wie Weißen, Armen wie weniger Armen, bei jedem auf seine eigene Weise – das Bedürfnis, die eigene Seele zu retten.

Die Musiker waren jung und freundlich; es war auch eine Frau dabei. Als sie fertig waren, packten sie ihre großen Instrumente in ihren Pick-up und fuhren davon. Als die Sonne unterging, legte sich der Wind; die Fahne hing schlaff herunter. Es wurde schnell kalt; immerhin war es noch Frühling.

Das Dossier der *Atlanta Constitution* zu den Vorfällen in Forsyth County bestand nicht aus einer Sammlung mit Datumsstempel versehener Zeitungsausschnitte, sondern aus Computerausdrucken. Die Ereignisse des Jahres 1912, so wie einer der Journalisten von der *Constitution* sie rekonstruiert hatte, waren in jeder Hinsicht schrecklich.

Die weiße Frau, die in den Wald verschleppt, vergewaltigt und verprügelt worden war – sie starb zwei oder drei Tage später –, war die Tochter eines bekannten Farmers. Ein in der Nähe des Tatorts gefundener Handspiegel führte die Polizei zu einem mißgestalteten achtzehnjährigen Schwarzen. Er gestand und sagte, daß auch noch andere Schwarze beteiligt gewesen seien. Insgesamt wurden elf Schwarze als Tatverdächtige festgenommen. Zwei Tage nach dem Tod der Frau drang eine Horde in das Gefängnis von Forsyth County ein, erschoß einen der Verdächtigen, schlug mit Brechstangen auf die Leiche ein und hängte sie dann an einem Telegrafenmast auf. Drei Wochen später wurden der Mißgestaltete und ein anderer Schwarzer der Vergewaltigung und des Mordes angeklagt und für schuldig befunden. Die Schwester des zweiten Mannes sagte gegen ihn aus. Beide Männer wurden einen Monat nach der Gerichtsverhandlung öffentlich erhängt – vor zehntausend Schaulustigen. Die paar hundert Schwarzen, die in Forsyth lebten, wurden verjagt.

Die getötete junge Frau, der mißgestaltete Schwarze, der

Lynchmord im Gefängnis und das Aufhängen der entstellten Leiche, die schwarze Frau, die gegen ihren Bruder aussagte, die öffentliche Erhängung (zu der zehntausend Zuschauer kamen – und das in einem Bezirk, der fünfzig Jahre später, vor dem Boom in Atlanta, weniger als zwanzigtausend Einwohner hatte): jedes einzelne Detail dieser Geschichte ist unerträglich. Doch was in Forsyth überdauert hatte, war anscheinend vor allem das Bewußtsein, daß dort – für manche ein Grund zum Stolz – keine Schwarzen lebten.

Der Mann, der diesen Stolz hatte in Frage stellen wollen, war ein weißer Kalifornier, ein Karatelehrer, der seit fünf Jahren in Forsyth County lebte. Er rief aus Anlaß des Todestages von Mahatma Gandhi und des Geburtstages von Martin Luther King zu einem »Marsch der Brüderlichkeit« auf. Nachdem er telefonisch beleidigt und bedroht worden war, nahm er von dieser Idee wieder Abstand. Sie wurde jedoch von einem anderen, ebenfalls weißen Karatelehrer aus dem Nachbarbezirk aufgegriffen. Und in die Organisation dieses Marsches – zu dem man rund fünfzig Teilnehmer erwartete – hatte sich dann Hosea Williams eingeschaltet. Es war der Marsch, der von Ku-Klux-Klan-Gruppen und anderen attackiert worden war und der die Saat für die große Demonstration eine Woche später gelegt hatte, an der zwanzigtausend Menschen teilnahmen, bewacht von dreitausend Nationalgardisten und Staats- wie Bundespolizisten. So hatten also Hosea und ein paar andere innerhalb einer Woche aus einer mutigen und einsamen Aktion eine sichere Sache gemacht, und sie wurde immer sicherer.

Eine Radiosendung wurde von Forsyth aus übertragen. Die berühmte Nachmittags-Talkshow einer geistreichen schwarzen Talkmasterin fand in Forsyth statt, und in einem örtlichen Restaurant wurde eine eigene Sendung aufgenommen. Hosea, der sich der sicheren Sache mit der gleichen

Leidenschaft widmete wie der mutigen, hatte vor Ort gegen diese Sendung protestiert, weil darin nur Einwohner von Forsyth zu Wort kamen, die natürlich alle weiß waren.

Es war Hosea gelungen, festgenommen zu werden und sein Strafregister zu verlängern – hundertfünf Festnahmen zum Zeitpunkt der Drucklegung seiner Broschüre *Wer ist Hosea Williams?*. Dem *Journal* zufolge hatte Hosea, während man ihn in den Mannschaftswagen einsteigen ließ, gerufen: »Das ist Forsyth County! So geht es hier zu!« Und Hoseas verheiratete Tochter, die dabei war, hatte gerufen: »Mein Daddy! Ich will mit!« Woraufhin man sie ebenfalls in den Mannschaftswagen hatte einsteigen lassen.

Als mir Tom Teepen zum ersten Mal von Hosea erzählte, hatte er kein Treffen für mich arrangieren können, weil Hosea gerade für ein paar Tage im Gefängnis war. Und als er dann entlassen wurde, konnte Tom ihn nicht ausfindig machen. Doch eines späten Vormittags rief Tom mich an und sagte, wenn ich mich auf schnellstem Wege zu einem bestimmten Gebäude begäbe, könnte ich Hosea unter Umständen treffen. Er stehe um halb zwölf in einer anderen Sache vor Gericht. Es war schon fast halb zwölf, aber Tom meinte, solche Termine begännen meistens nicht ganz pünktlich.

Ich nahm ein Taxi. Der Fahrer war Afrikaner, ein Ghanaer. Es war eine kurze Strecke für ihn; im Handumdrehen setzte er mich am Ziel ab. Ein offener gepflasterter Hof, das große Gebäude ein wenig zurückgesetzt, eine Sicherheitstür, mit dem Aufzug hoch in den sechzehnten Stock. Edelholztüren, niedrige Decken, ein Korridor mit braunem Teppichboden, ordentliche Namensschilder: förmlich, undramatisch, sicher, fast gemütlich. Doch die Vernehmung war vorbei. Und in einer Ecke des Raums, der an einen kleinen Vortragssaal oder ein Klassenzimmer erinnerte, stand ein Grüppchen, ähnlich jenem, das manchmal nach einer Klassenarbeit noch bleibt und sich gedämpft über die bearbeiteten Fragen austauscht.

Ich machte Dick Gregory in der Gruppe aus, grauer Bart und weißer Anzug, ein Mann, der im Kampf gealtert war und nun wirklich wie ein Heiliger aussah. Und dann war da noch ein gedrungener Mann mit längerem Bart, der kein anderer als Hosea höchstpersönlich sein konnte. Selbst in diesem Moment der Ruhe im Gerichtssaal vermittelte sein Blick Geschäftigkeit – ein Mann, der viel zu tun und wenig Zeit hatte. In seiner Brusttasche hatte er eine Zahnbürste stecken – ein Mann, der darauf vorbereitet war, ins Gefängnis zu kommen.

Er hatte eine Pressesprecherin bei sich, eine schlanke braunhäutige Frau. Sie hatte eine Presseinformation »zur sofortigen Veröffentlichung« parat. Und nach dem, was sie sagte, standen meine Chancen, Hosea kennenzulernen und ein persönliches Gespräch mit ihm zu führen, schlecht. Hosea und Dick Gregory würden nachmittags nach Washington fliegen, um eine Protestaktion vor dem Hauptquartier der CIA durchzuführen. Unmittelbar danach würden sie nach Europa weiterreisen, nach London und zum Vatikan, um sich bei einer Aktion gegen die Apartheid zu engagieren. In der Information der Pressesprecherin ging es um Drogen: Hosea erklärte, daß gewisse Vorfälle der jüngeren Vergangenheit dazu benutzt würden, »schwarze Führer zu diffamieren«, und daß im Drogenhandel, »der unsere Kinder und die Zukunft unseres Landes ruiniert«, die Mafia sowie die CIA Hauptakteure seien. Das war auch der Anlaß für Hoseas und Dick Gregorys Protestaktion vor der CIA.

Und plötzlich, noch bevor ich Hoseas Augen, Bart und Zahnbürste ganz erfaßt hatte, war die kleine Gruppe verschwunden.

Seit meiner Ankunft waren vier oder fünf Minuten vergangen, mehr nicht. Und genauso zufällig, wie sich die Gelegenheit im Gerichtssaal Nr. 1 ergeben hatte, erfolgte nun meine Begegnung mit einem Mann, der wie ich zurückgeblieben war, als die kleine Gruppe ging. Er war Reporter, noch ziemlich jung. Auch er war zu spät zu der Verhandlung gekommen. Auch er war neu in Atlanta und wußte nicht viel über die Vorgänge in der Stadt. Im Gerichtssaal, auf dem Korridor mit dem braunen Teppichboden und im Fahrstuhl unterhielten wir uns über seinen Aufenthalt in England. Er war dort hingefahren, um sich die antiken römischen Wälle anzuschauen, den Hadrianswall und den wenig später erbauten Antoninuswall. Ich hatte sie beide nie gesehen und hörte ihm interessiert zu.

Unten trennten wir uns. Als ich aus der Eingangstür trat, sah ich eine kleine, um einen bärtigen Mann gescharte Gruppe. Der Anblick war dem, der sich mir oben geboten hatte, so ähnlich, daß ich dachte, es handele sich um Hosea, der ein informelles Interview gab. Erst als ich direkt vor der Gruppe stand, sah ich, daß der Sprecher nicht Hosea war, er war schwärzer, anders gekleidet und hatte keine Zahnbürste dabei, nur der große steife Bart war gleich.

Kongresse waren eine wichtige Einnahmequelle für Atlanta, und in der Innenstadt gab es auf ziemlich kleinem Raum viele große Hotels. Es war nur schwer vorstellbar, daß diese Hotels allesamt voll belegt sein könnten. Doch ab und zu war das der Fall. Ein Mädchen im Speisesaal des Ritz-Carlton erzählte mir eines Tages, es finde gerade ein wichtiger Kongreß in Atlanta statt. Nämlich? Der Kongreß der Betreiber chemischer Reinigungen. Die deshalb wichtig waren, weil es so viele waren – nicht weiter verwunderlich, wenn man sich überlegt, wie viele chemische Reinigungen es in den USA geben muß –: die Hotels in Atlanta waren alle ausgebucht.

Kein anderes Hotel vermittelte eine solche Firmenurlaubs- oder Kongreßstimmung wie das Marriott Marquis. Und keines war derart überwältigend. Man meinte einen gigantischen hohlen, in sich gewundenen Kegel zu betreten. Es gab ein siebenundvierzig Stockwerke hohes Atrium: geschwungene Galerien, eine um die andere, immer der Windung des Kegels folgend. Man rechnete nicht mit dieser Windung; sie führte das Auge immer weiter nach oben. Lange rote Bänder, die von einem chinesischen Fest hätten stammen können, hingen in der Mitte des Innenraums herunter. Und unentwegt glitten große verglaste Aufzüge, deren Streben mit Lampen besetzt waren, wie Fahrgeschäfte an den Wänden des Atriums auf und ab.

Doch ein Schwarzer, der im Hilton arbeitete (auch dieses mit Atrium und Galerien, aber nicht so spektakulär) und mit dem ich mich eines Abends über die Hotels in Atlanta unterhielt, meinte, ich hätte gut daran getan, mich für das Ritz zu entscheiden. »Da steigt die Elite ab«, sagte er.

Und wie zur Bestätigung hörte ich eines Tages (ob es stimmte, weiß ich nicht), daß Gloria Vanderbilt im Ritz abgestiegen und in einem der Aufzüge gesehen worden sei.

Sie war zu einer Werbeaktion in Atlanta. Ungefähr zwei Wochen zuvor, noch in New York, hatte ich sie zufällig in einer Talkshow gesehen. Sie hatte über ihr Leben gesprochen und darüber, daß man als Frau durch die Männer, die man liebt, definiert wird. Als ich hörte, daß sie in der Stadt war, nahm ich an, daß sie für ihr Buch werben wollte. Doch bei dieser Werbeaktion ging es um weitaus mehr. »Enchantment ... Heritage ... Prestige ... MACY'S präsentiert Ihnen GLORIOUS von Gloria Vanderbilt ... Nur ein wirklich großer Duft ist imstande, unsere Gefühle anzusprechen.

Glorious von Gloria Vanderbilt ... Gloria Vanderbilt signiert Autogrammkarten und jedes hier erworbene Glorious-Produkt für Sie.«

Das also war bei Macy's im Gange, direkt gegenüber dem Ritz, als Anne Siddons eines Vormittags zu mir ins Hotel kam, um von ihrer Kindheit und Jugend in den Südstaaten zu erzählen. Sie sprach so engagiert und intelligent, wie ich es erwartet hatte, und obwohl sie (wegen des Buches, an dem sie schrieb) eher nach innen orientiert war und die Werbeaktionen, die sie (wenn auch in kleinerem Maßstab als Gloria Vanderbilt) im Auftrag ihres Verlags durchführte, zusätzlich an ihren Kräften zehrten, erzählte sie voller Gefühl und ließ mich ein wenig an ihren Erfahrungen teilhaben: ihrem Kapital als Schriftstellerin.

Sie war Südstaatlerin, stammte aus Georgia, fast aus Atlanta, war im gut dreißig Kilometer südlich gelegenen Fairburn geboren. Fairburn lebte von der Landwirtschaft und der Eisenbahn. Ihr Vater war Anwalt; die Familie war nicht reich, aber gut situiert. Ihr Vater war der erste in der Familie gewesen, der das College besuchte.

»Wir sind um 1820 aus Virginia hierhergekommen. Unser Zweig der Familie hat sieben Generationen lang dasselbe Stück Land bestellt. Ich fühle mich dadurch auf eine sehr schöne Weise verwurzelt. Aber zugleich empfinde ich es manchmal als Joch. Wir Südstaatler sind oft zu intensiv und zu ausschließlich auf das Land fixiert.«

Ich erzählte ihr von meinem Besuch in Howards Heimatstadt und den schwarzen Farmersfamilien, die ich dort gesehen hatte.

Sie sagte: »Das ist etwas, was die weißen und schwarzen Südstaatler gemeinsam haben: Seit der Abschaffung der Sklaverei sind wir alle Landbesitzer.« Und sie erzählte mir, was auch Howard und seine Mutter schon erzählt hatten: Die

Schwarzen hätten oft von den Weißen, für die sie früher gearbeitet hatten, Land geschenkt oder vermacht bekommen. Vor mehreren Jahrzehnten, sagte sie, habe eine Oral-History-Studie zutage gebracht, daß sowohl die Schwarzen als auch die Weißen diese Landschenkungen als einen positiven Aspekt des Verhältnisses von Herr und Sklave betrachteten.

Ich fragte: »Inwiefern kann das Land denn ein Joch sein?«

»Wir neigen dazu, den Blick nicht zu heben, unseren Horizont nicht zu erweitern.«

Die Leute gäben sich zu schnell damit zufrieden, auf dem Land zu bleiben. Sie neigten zu der Haltung: »Leute wie wir gehören nicht aufs College. Wir sind Farmer.«

Anne Siddons sagte: »Ich war ein intelligentes Einzelkind – in einer Grund- und Oberschule, die von den Kindern der umliegenden Farmen dominiert wurde. Und ich schämte mich für alles, was mir in die Wiege gelegt worden war. Ich habe zwölf Jahre lang versucht zu verbergen, daß ich ein intelligentes Mädchen war. Intellektuelle Fähigkeiten haben hier nie gezählt. Die Leute, die bei uns eine Führungsrolle übernommen haben, hatten natürlich intellektuelle Fähigkeiten. Aber sie hatten außerdem noch andere Eigenschaften, die das sozusagen ausglichen. Zum Beispiel großen Charme.«

Bei unserem ersten Treffen hatte sie gesagt: »Wir sind ein Kolonialvolk.« Das wiederholte sie jetzt noch einmal. Die Südstaatler, meinte sie, seien unsicher.

»Ich rede von den Weißen. In meiner Kindheit und Jugend haben sich die weißen Südstaatler in den ländlichen Gebieten und den Kleinstädten durch die Schwarzen bedroht gefühlt. Man haßt nur das, was einen bedroht. Solange man jemanden unter sich hatte, wußte man, daß man Macht besaß. Denn letztlich ging es nur um Macht. Wir waren ein Volk in einem besiegten und besetzten Land, was es sonst in den Vereinigten Staaten nirgends gab. Und nur so – durch unser Verhalten gegenüber den Schwarzen – konnten wir unsere Macht spüren oder Macht ausüben. Wir waren eine arme agrarische Gemeinschaft, und die Erinnerung an das Besiegtwerden, die Besatzung und unsere totale Demütigung saß uns noch tief in den Knochen.

Wir waren kaum gereiste Menschen, zumeist ungebildet. Unsere einzige Möglichkeit, mit Veränderung umzugehen, bestand darin, sie zu ignorieren. Als die Bürgerrechtsbewegung begann, und zwar gleich nebenan, in Alabama, konnten wir sie dennoch ignorieren. Und als die Veränderungen dann tatsächlich kamen, wurden sie uns von ebenden schwarzen Händen serviert, die wir mehr als alles andere auf der Welt haßten und fürchteten. Diese Gefühle sind immer noch da. Welcher aufmerksame Südstaatler könnte das verkennen? Man muß vieles, was hier gedacht wird, vor diesem Hintergrund sehen.«

»Ist es nicht ermüdend, immer mit dem Gedanken an die Rasse zu leben?«

»Vielen von uns schnürt das fast die Luft ab.« Deshalb seien nicht wenige Südstaaten-Intellektuelle weggezogen.

Ich fragte nach den Protesten gegen die Rassendiskriminierung. Waren sie nicht zu einer Konvention, einem Ritual geworden? Zum Beispiel die Demonstrationen in Forsyth. Aus den Zeitungsberichten ging deutlich hervor, daß nur die ersten Demonstranten etwas riskiert hatten. Danach hatten sich Stimmung und Tonart des Protests verändert. Er war zu einer öffentlichen, geschützten Angelegenheit geworden; einige Kommentatoren hatten eine gewisse Selbstgerechtigkeit an den Tag gelegt.

»Natürlich muß gegen diesen Schwachsinn in Forsyth etwas unternommen werden. Aber es kann passieren – und es ist passiert –, daß die Reaktion ins Banale umschlägt.«

Die ersten Meldungen über Forsyth hätten sie entsetzt. Doch dann habe sie – als über Fünfzigjährige, die morgens inzwischen manchmal in dem Bewußtsein erwachte, daß der Tod unabwendbar war – ihre persönlichen Grenzen zur Kenntnis nehmen müssen.

»Für die Jungen ist es romantisch, aktiv Revolution zu machen. Die Frage ist bloß: Wie geht man im mittleren Alter mit seiner Leidenschaft um, in einem Alter, wo man mit Leidenschaft haushalten muß? Es gibt da einfach keine Patentlösung. Und ich wüßte nicht, wie man anders als über Demonstrationen und die Wahrnehmung durch die Medien etwas tun sollte. Nur ist die Form des Protests zum Klischee geworden – die Amerikaner würden ja nun wirklich gegen alles auf die Straße gehen.«

Aber die Rassenfrage sei ein unausweichliches Thema. »Ich befasse mich in jedem Buch, das ich geschrieben habe, in irgendeiner Form mit der Rassenfrage. Das ist wohl mein großer Kampf. Ich schreibe, um herauszufinden, wo ich jetzt stehe, was ich denke, um in meiner eigenen Welt für Ordnung und Einfachheit zu sorgen. Aber das ist unmöglich. Man kann das alles nicht vereinfachen. Man kann nur einzelne Aspekte klären.«

Ich sagte, es sei schon sehr eigenartig, wie die Sklaverei in der Neuen Welt zwei so weit voneinander entfernte Rassen zusammengebracht habe, die Schwarzen aus Afrika und die Weißen aus Europa. Jetzt hätten sie eine gemeinsame Sprache und sogar eine gemeinsame Religion.

»Ich denke oft, daß sie uns mehr bereichert haben als wir sie. Vielleicht ist uns irgendwo tief in unserem Innern bewußt, wie ähnlich wir uns doch sind.«

Etwas später sagte sie: »Was die Bürgerrechtsbewegung angeht, habe ich ein ausgesprochen schlechtes Gewissen. Ich bin damals nicht auf die Straße gegangen, zu einer Zeit, als das ein leidenschaftlicher, authentischer und spontaner Akt gewesen wäre. Ich war eine junge Frau, war neu in Atlanta und noch völlig in diesem Gespinst von Schicklichkeit und Unschicklichkeit befangen.«

Wann diese authentische und leidenschaftliche Zeit denn gewesen sei?

»Ich glaube, die großen Demonstrationen in Selma fanden um 1965 statt. Wobei ich wegen einer Kolumne, die ich für unsere Studentenzeitung geschrieben hatte, sogar Ärger bekommen habe. Ich war auf einem kleinen College. Das war Mitte der Fünfziger, als Autherine Lucy versuchte, an der University of Alabama das Studium aufzunehmen. Die Leute kamen in Konvois von überallher, um die beiden armen Schwarzen zu beschimpfen und bedrohen. Von meinem College ist niemand hingefahren. Aber letztlich nur, weil sie alle zu lasch waren. Ich schrieb eine Kolumne, in der ich die Nichteinmischung pries und ein paar dieser etwas simplen, schülerhaften Statements zur Rassenfrage abgab und was weiß ich noch ...«

»›Was weiß ich noch‹?«

»Daß wir Ruhe bewahren und die Angelegenheit positiv betrachten sollten. Ich wurde vor den Studiendekan geschleift, der mich aufforderte, noch einmal in mich zu gehen und die Kolumne doch nicht zur Veröffentlichung einzureichen. Aber dazu war ich nicht bereit.«

Ich fragte, wie sie mit ihrem familiären Hintergrund zu solch einem Standpunkt gekommen war.

»Ich weiß noch, daß ich in der Highschool eine richtige kleine Offenbarung hatte. Wir nahmen irgend etwas durch, was mit Schwarz und Weiß zu tun hatte. In amerikanischer Geschichte. Ich komme nicht mehr darauf, was es genau war. Aber ich weiß noch, daß ich das ganz intensive Gefühl hatte: Das ist nicht recht. Dieses Gefühl hatte ich noch nie gehabt. Ich platzte heraus: ›Das ist doch nicht recht!‹ Woraufhin einer dieser großen schlaksigen Jungs vom Land, er muß etwa zwanzig gewesen sein, aufstand und mich eine Niggerfreundin schimpfte. Das hatte ich natürlich schon tausendmal gehört, aber ich hatte dabei noch nie auf der anderen Seite gestanden. Ich habe diesen Moment als einen schlichten, absoluten Schock in Erinnerung.

Das hat mich ein bißchen wachgerüttelt. Aber eben nur ein bißchen. Ich war immer noch an Studentenverbindungen und Tanzveranstaltungen interessiert. Wir wurden alle zu Südstaaten-Schönheiten erzogen, wissen Sie.

Wir wußten alle – keiner hatte es uns gesagt, aber es war eine Einsicht, die tiefer war als Worte –, daß es für uns nichts Erstrebenswerteres gab, als einen Mann zu ergattern, der für uns sorgen würde. Und wir glaubten das auch. Mit vierzehn war ich ständig verliebt. Unsere Mütter und Großmütter glaubten, der Schutz eines Mannes sei das Beste, was sie uns wünschen konnten. Ich habe ja die Theorie, daß die Irrenanstalten der Südstaaten voll begabter Frauen sind, die ihre Begabung nicht ausleben durften.«

»Eine pastorale oder agrarische Gesellschaft, die in einer industriellen Welt fortdauert?«

»Ja, ich denke schon.« Aber ich hatte sie unterbrochen. Sie fuhr fort: »In der Highschool habe ich alles getan, was ich meinte, tun zu müssen. Ich war Homecoming Queen.«

»Homecoming Queen?«

»Das gibt es bei großen Footballspielen. Wenn die Ehemaligen wiederkommen, hält eine Königin hof, und in der Halbzeit bekommt sie Rosen und wird ihrem Hofstaat präsentiert. Ich war auch Cheerleader, alles, was halt so dazugehörte. Ich war beliebt. Wir glaubten, das alles sei nötig, um einen Mann zu finden und ein schönes Leben zu haben.

Und die meisten von uns konnten es durchaus lernen,

diese Dinge zu tun. Doch für die andere Seite in uns, die wirklich *lernen* wollte – für die haben wir uns immer geschämt. Wir haben nie etwas auf unseren Verstand gegeben. Wir haben nie etwas auf unsere Individualität gegeben. Es war in Ordnung, gute Noten zu kriegen. Das gehörte dazu, wenn man ein braves Mädchen war. Aber eine wirkliche Denkerin zu sein, eine besondere Begabung zu haben und ihr nachzugehen, bedeutete, von der Herde abgesondert zu werden. Und das war das, wovor wir am meisten Angst hatten. Es konnte dazu führen, daß man allein durchs Leben ging. Und das meine ich zum Teil ganz wörtlich.

Ich kannte auf dem College ein Mädchen, das außerordentlich gut malen konnte – sie war wirklich hervorragend. Sie hat ihre gesamte Arbeitszeit in der Kunstwerkstatt des College verbracht und gemalt, sie tat nichts anderes. Sie lebte vollkommen zurückgezogen. Sie war die einzige Frau im ganzen College, der ein Einzelzimmer zugestanden wurde. Und sie wurde grausam stigmatisiert.«

Ich wollte mehr über dieses »von der Herde abgesondert werden« wissen. Mir fiel ein, wie Esther Lefever ihre Erfahrung beschrieben hatte, die mennonitische Gemeinschaft zu verlassen, sich »allein« zu fühlen: der letzte Baum auf einem Hügel, nachdem alle anderen gefällt worden waren.

Anne Siddons meinte: »Man hat das Gefühl, vollkommen exponiert, dem Chaos ausgeliefert zu sein.

Ich glaube, der Schlüsselbegriff ist Sicherheit. Ich glaube, ich kann Ihnen erklären, warum die Südstaaten-Frauen ihren Töchtern so etwas vermitteln, warum sie ihnen beibringen, daß sie einen Mann brauchen, der sie beschützt. Diese Frauen hatten nach dem Sezessionskrieg ihre ganze Welt verloren. Ihre Häuser waren abgebrannt, ihre Sklaven (wenn sie welche gehabt hatten) waren in alle Winde zerstreut, ihre Männer waren womöglich gefallen. Und ich glaube, sie erkannten, daß das alles nur deshalb geschehen war, weil ihre Männer so borniert und kindisch gewesen waren. Es war ein richtig dummer Krieg. Ein Kampf gegen Windmühlenflügel, romantisch bis zum Gehtnichtmehr. Tolldreist. Wir führten einen lächerlichen Krieg, den wir realistisch betrachtet niemals gewinnen konnten.

Und diese Frauen, die alles verloren hatten, beschlossen, dafür zu sorgen, daß ihre Töchter und Enkelinnen niemals ihre Macht an Männer abgeben würden, die sie so leichtfertig vergeudeten. Niemals wieder würden sie ihren Männern erlauben, ihr Leben einfach wegzuwerfen. Und sie beschlossen, diese Männer mit List und Charme und weiblicher Raffinesse zu beherrschen, denn das waren die einzigen Waffen, die sie besaßen.

Hätten wir im Osten – der Vereinigten Staaten – gelebt, dann hätten wir vielleicht unseren Verstand eingesetzt. Im Westen wären wir womöglich mit körperlichem Einsatz und Mut vorgegangen. Aber wir waren nun mal hier, und viele von uns saßen aufgrund wirtschaftlicher Zwänge hier fest. Außerdem kann man nichts erstreben, was man sich nicht vorstellen kann. Also mußten wir uns, um zu überleben, mit einem Mann zusammentun. Meiner Mutter wäre es bis heute lieber, wenn ich eine Lehrerinnenausbildung hätte und mit einem Anwalt verheiratet wäre. ›Du solltest dich zur Lehrerin ausbilden lassen. Dann hast du etwas, worauf du jederzeit zurückgreifen kannst.‹

Anne Siddons war selbst immer noch nicht ganz frei von ihrer alten Angst vor dem Chaos. »Am meisten Angst habe ich davor, schutzlos irgendwelchen Kräften ausgesetzt zu sein, die ich nicht kontrollieren kann. Das mit der Kontrolle ist sehr wichtig für mich.«

Sie sprach noch einmal über die Konventionen in ihrer Jugend. »Alles, was uns hätte bereichern und von anderen abheben können, gab man uns – durch schlichtes Ignorieren – als falsch zu erkennen. Wir wuchsen auf, ohne das, was echt war, zu würdigen. Die Südstaatenkultur ist den Frauen gegenüber sehr hart, und was wir uns hier gefallen lassen … Wahrscheinlich kann man das auch von anderen Regionen sagen, aber auf die Südstaaten trifft es ganz besonders zu. Es wäre interessant zu wissen, warum wir dem Exzentrischen so mißtrauisch gegenüberstehen.«

»Hat sich das alles auf Ihr Gefühlsleben ausgewirkt?«

»Ich begreife erst allmählich, wie massiv es sich auf mein Gefühlsleben ausgewirkt hat. Es hat mich davon abgehalten, mich mit mir selbst auseinanderzusetzen. Es hat mir angst gemacht. Dementsprechend hat diese Auseinandersetzung bei mir zwanzig Jahre später stattgefunden als bei vielen anderen. Und es ärgert mich, wenn ich daran denke, welche Kräfte diese Auseinandersetzung früher hätte freisetzen können. In meiner Arbeit und in meinem Leben.

Mich reuen die vergeudeten Jahre. Ich versuche zur Zeit, die Wut, die ich auf meine Eltern habe, weil sie mich so erzogen haben, in den Griff zu kriegen – wobei diese Wut in dem Wissen wurzelt, daß sie aus tiefster Liebe gehandelt haben.

Und darüber bin ich froh. Ich hätte auch eine dieser tragischen schönen betrunkenen Frauen hier im Süden werden können, auf der Terrasse irgendeines Country Club. Es gibt viele betrunkene Frauen in den Südstaaten.«

Was ihr Halt gab, war das Land, das ihre Familie seit sieben oder acht Generationen bewirtschaftete, seit ihre Vorfahren 1820 aus Virginia gekommen waren.

»Ich bin froh, daß ich diese Bindungen habe. Das Gefühl, frei zu schweben, macht mir angst. Ich fahre fast jedes Wochenende hin und esse mit meinen Eltern zu Abend.«

Und dann kam die Erklärung für das »Haushalten« mit

Leidenschaft, von dem sie zuvor gesprochen hatte: das Bedürfnis nämlich, sich gefühlsmäßiges Engagement für ihr Privatleben, für private Bindungen zu bewahren, zumindest einen Teil ihrer Leidenschaft von gesellschaftlichen Problemen abzuzweigen.

»Ich habe mich mit zwei, drei Freundinnen darüber unterhalten. Wir haben alle festgestellt, daß wir eine irrationale Wut auf unsere Eltern haben. Und zwar, glaube ich, weil wir spüren, daß der ursprüngliche Kontrakt – der Kontrakt zwischen Eltern und Kind, der lautet: ›Ich werde immer für dich sorgen‹, eine Selbstverpflichtung, die natürlich unerfüllbar ist – daß dieser Kontrakt bald gebrochen wird und sie sterben werden. Das meine ich, wenn ich sage, wir müssen unsere Leidenschaft auf bestimmte Ziele konzentrieren.«

Doch was war nun aus ihrer Perspektive über die Schwarzen zu sagen, die ja genauso geplagt waren?

»Wenn wir, die Frauen der Südstaaten, uns derart eingeschränkt fühlen, dann frage ich mich, wie sich die Schwarzen der Südstaaten fühlen, die ja so viele weit offenkundigere Einschränkungen haben hinnehmen müssen. Wobei ich die Gefühle, die sie womöglich dazu haben, vermutlich stark romantisch verkläre – dazu neige ich nämlich.«

»Glauben Sie, die Proteste sind inzwischen so konventionalisiert, daß selbst die Schwarzen langsam die Verbindung zu ihren Gefühlen verlieren und oft einfach sagen, was sie glauben, sagen zu müssen?«

»Meiner Meinung nach haben Routine und Phrasendrescherei die Empörung abgelöst. Das erste, was nach dem sehr konkreten Schock über die Vorfälle in Forsyth County – dem Schock darüber, daß es das noch gibt, diese spezielle Südstaatengewalt –, was da also in die Wege geleitet wurde, war der perfekte Protestmarsch. Wir wußten ganz genau, wie man das macht. Als hätte irgendein kosmischer Protestmarsch-

Präsident die entsprechenden Hebel betätigt – innerhalb von einer Woche hatten wir den perfekten Protestmarsch organisiert.

Wir hatten das richtige Maß Sorge um die öffentliche Sicherheit, das richtige Maß an Medieninteresse. Wir hatten genau die richtige Zusammensetzung: eine ausgewogene Mischung aus jungen Schwarzen und prominenten alten Haudegen, und das richtige Maß an liberalen Weißen. Bei der ersten Bürgerrechtsdemonstration wäre kein Ex-Präsident mitmarschiert. Alles eine Frage der Organisation! Die Busse sind wie aus dem Nichts aufgetaucht. Das ist typisch Hosea. Junge, Junge, wie der mittlerweile den zivilen Ungehorsam inszenieren kann!«

Aber war das nicht gut, daß Proteste in den USA derart ritualisiert werden konnten?

»Ich will nicht abwertend klingen. Hätte ich es anders haben wollen? Ich bin ausgesprochen dankbar dafür, daß es in Forsyth County keine Toten gab, daß kein Schaden entstanden ist. Was mir fehlt, ist dieser aus tiefster Seele kommende empörte Aufschrei, wie er auf den Mord an den drei Bürgerrechtsaktivisten in Mississippi folgte, damals in den Sechzigern. Aber diese Empörung war eine Reaktion auf das Blutvergießen. Und dazu darf es nicht kommen.«

Doch die Konventionalisierung des Protests habe auch folgenden Aspekt: Es gebe inzwischen eine Orthodoxie hinsichtlich der Rassenfrage und der Bürgerrechte. Und die Leute übten womöglich manchmal Selbstzensur, um den richtigen Eindruck zu vermitteln.

Anne Siddons meinte: »Wahrscheinlich passiert das bei allen Revolutionen. Sie enden nicht, sondern werden im Laufe der Jahre zur Karikatur. Und dadurch verlieren sie ihre Glaubwürdigkeit. Auch die Bürgerrechtsbewegung wird ihre Kraft verlieren und zu einer Reihe sporadischer Buschfeuer abflauen, wenn andere Themen stärker in den Vordergrund treten. Der Niedergang der Bürgerrechtsbewegung hat in den Sechzigern begonnen, als die Friedensbewegung und die Frauenbewegung aufkamen. Wie gesagt, die Amerikaner gehen gegen alles auf die Straße. Wir sind die großen Protestierer. Aber dieses Land ist durch Protest entstanden. Das ist etwas, was wir beherrschen.«

Wir hatten uns zwei Stunden unterhalten. Und gegenüber vom Ritz, im Erdgeschoß von Macy's, schritten lächelnde uniformierte junge Männer und Frauen leichtfüßig – so leichtfüßig wie Tänzer – gleich einer Art zeremonieller Designerwache für Gloria Vanderbilt zwischen dunkelroten Kordelabsperrungen auf und ab, während eine kleine Band spielte und Gloria Vanderbilt höchstpersönlich – unvorstellbar, daß ein echter Mensch diesen Namen trug und dem Ruhm, den Waren, den Büchern, der Talkshow ihre Daseinsberechtigung gab – und Gloria Vanderbilt höchstpersönlich, dunkle Augen in blasser, blütenfrischer Haut, das Neonlicht des Kaufhauses passend zur klimatisierten Luft, die künstliche, abgeschottete Welt perfekt, Gloria Vanderbilt dasaß und Produkte für Menschen signierte, die dafür Schlange standen.

Tom Teepen führte mich zum Kapitol mit der goldenen Kuppel. In der zentralen großen Halle, an deren Wänden die Porträts berühmter Personen des politischen Lebens von Georgia hingen, waren Flaggen aus dem Bürgerkrieg ausgestellt. Tom Teepen sagte: »Jede Menge Geschichte hier.«

Und Zell Miller, der Vizegouverneur, saß in seinem holzgetäfelten Amtszimmer. Er stammte aus dem Nordosten Georgias, einem Indianergebiet, wie er sagte, bis die dort ansässigen Cherokee Ende der 1830er Jahre auf dem »Trail of Tears« nach Oklahoma vertrieben wurden. Der Weg der

Tränen – ob dieser Weg damals auch schon so geheißen habe? Wahrscheinlich nicht; es sei schmerzlich, heute daran zu denken. Die Siedler, die das Land der Indianer übernommen hätten, seien Schotten und Iren sowie ein paar Deutsche gewesen, die aus Carolina und Virginia kamen. Und bis zu den 1930er und 1940er Jahren blieb der Nordosten des Staates isoliert – die amerikanische Geschichte spielte sich damals in anderen Gegenden ab, die Appalachen und die Dorfgemeinschaften in den kleinen Tälern und Senken wurden übergangen oder übersprungen. In dieser Gegend habe es kaum Schwarze gegeben, es sei keine »rassistische Gesellschaft« gewesen. Jetzt allerdings machten sich angesichts der Zuwanderer aus anderen Regionen, vor allem aus Florida, Vorurteile unter den Einheimischen breit.

Aus diesem Umfeld also stammte der Vizegouverneur. Seine Mutter war 1942, als er zehn Jahre alt war, nach Atlanta gekommen und hatte zwei Jahre lang bei Lockheed gearbeitet. Sie sparte und lud ihre Kinder einmal zum Mittagessen im Biltmore Hotel ein. Zwei Jahre blieben sie in Atlanta, dann kehrten sie in die Berge zurück. Und nun saß der Vizegouverneur in diesem holzgetäfelten Amtszimmer.

In die getäfelte Bar des Ritz-Carlton wiederum kam später am selben Abend der Vorsitzende des Stadtrats von Atlanta, Marvin Arrington, der sich ebenso mit seiner Vergangenheit befaßte wie der Vizegouverneur.

Doch Marvin Arrington war schwarz. Er war ein schwerer, kräftiger Mann mit unübersehbaren O-Beinen. Er war sechsundvierzig, von Beruf Anwalt. Und er sprach – offen und ungeniert und immer noch sehr lebendig, obwohl er das alles sicher schon tausendmal gesagt hatte – über den Unterschied zwischen heute und gestern; einem Heute, wo man ihm jede Ehre erwies, und einem Gestern, als in Atlanta eine so strikte Rassentrennung geherrscht hatte, daß der einzige

Ort in der Stadt, an dem die Schwarzen die Toilette benutzen durften, der Busbahnhof war. Weshalb seine Mutter, wenn sie mit den Kindern in die Stadt gefahren sei, sie immer gedrängt habe, dort auf die Toilette zu gehen, damit sie später nicht kilometerweit würden zurücklaufen müssen.

Die schwarzen Bedienungen in der Bar, alles Frauen, freuten sich, Arrington zu sehen. Sie lächelten bei seinem Anblick, obwohl er keine besondere Ausstrahlung besaß und ein fleischiges, langes Gesicht hatte. Er trug einen hellbraunen Anzug; er schien tief in seinem Sessel zu sitzen. Er erzählte Tom Teepen, er habe neun Kilo abgenommen. Sein langer Arbeitstag – er war relativ spät zu unserer Verabredung erschienen – hatte ihn ausgelaugt, und er trank zwar nur einen Preiselbeersaft, versenkte aber seine große Hand immer wieder in der Schüssel mit den Nüssen und schöpfte händeweise.

Wir redeten über die reichen Schwarzen in Atlanta – ob es die wirklich gebe? Er sagte (wie schon in einem Artikel in der *Atlanta Constitution*, den ich als Nachdruck gelesen hatte), sein Gehalt bewege sich im sechsstelligen Bereich. Er glaube jedoch nicht, daß es unter den Schwarzen von Atlanta tatsächlich übermäßig viele Reiche gebe; und die Zahlen, die er in bezug auf Gehälter und Ausgaben nannte, waren wirklich eher bescheiden.

Er bedauerte, sich nicht länger mit mir unterhalten zu können, wollte sich aber gern noch einmal mit mir treffen und gab mir einen Termin für ein zweistündiges Gespräch einige Tage später in seiner Kanzlei.

»Von der Herde abgesondert zu werden« – so hatte Anne Siddons eine der Ängste beschrieben, die ihre Südstaatenerziehung hervorgebracht hatte. Fast die gleiche Formulierung hörte ich von einer Frau an einem theologischen Seminar, wo ich hinfuhr, um der Vorstellung, die man mir in Nordwest-Georgia von Religion und Identität vermittelt hatte, weiter nachzugehen.

Die Frau, die diese Formulierung benutzte – »Ich wollte auf keinen Fall *nicht* zur Herde gehören. Daraus habe ich meine Identität bezogen« – stammte wie Anne Siddons aus einer alten Familie, allerdings nicht in Georgia, sondern in Mississippi. Mississippi habe eine 250jährige Geschichte; ihre Familie wohne seit fast zweihundert Jahren in demselben Haus.

»Meine Identität ist durch meine Familie geformt worden und durch unsere Position in Jackson und in Mississippi. In der presbyterianischen Kirche hatten wir unsere eigene Kirchenbank. Das war unsere Identität. Meine Tante war entsetzt, als sie eines Tages in die Kirche kam und jemand Fremdes auf ihrer Bank saß.«

Ob denn der Vorstellung von Frömmigkeit und Korrektheit nicht auch die Idee des Dienens innewohne?

Nein, sagte sie, diese Idee gelte in ihrer Familie nichts. Der Idee des Dienens hingen andere Leute an; das sei etwas für andere Leute. Trotzdem habe sie sich in Atlanta lange dem Dienst an der schwarzen Bevölkerung gewidmet.

»Es gab das Prinzip ›noblesse oblige‹, das einen von anderen absetzte, aber zugleich eine Verpflichtung bedeutete, allerdings nicht auf der persönlichen Ebene. Daß ich mich so viel mit den Schwarzen in Atlanta befaßt habe, lag, glaube ich, daran, daß ich nach etwas hungerte.«

»Wonach?«

»Nach ...« Sie hatte Mühe, die passenden Worte zu finden. »Nach Kontakt. Mit Menschen, die irgendwie näher am Leben dran waren als ich. Wir waren richtig kalte Menschen.«

Sie meinte die Etikette, die Rigidität, die Umgangsformen innerhalb der Familie. Als sie sich davon lossagte, waren ihr selbst Tränen eine willkommene Vorstellung. Jetzt hatte sie mit der Idee des Dienens und ihrem Traum, Pfarrerin zu werden, zu einer neuen Auffassung von Gemeinschaft gefunden.

»Aber Sie dürfen nicht vergessen«, sagte sie über ihre frühere und wahrscheinlich fortbestehende Identität, »es geht hier um eine sehr spezielle ›Herde‹. Um Angehörige der weißen Oberschicht in Mississippi.«

Während sie also die Hand nach einer neuen Gemeinschaft ausstreckte, veränderten sich die alten, vertrauten Verhältnisse. Ihre Familie sei jetzt über die ganzen Vereinigten Staaten verstreut, und das alte Haus der Familie, die »Plantage«, werde sich wahrscheinlich »auflösen«. »Meine Mutter ist in einem Maße verstört, wie ich es noch nie erlebt habe. Denn für sie geht ein großer Teil ihrer Identität verloren. Dieses Haus war immer der Ort, wo alle zusammengekommen sind; es bietet vielen Leuten Raum. Für meine Mutter geht es um die Verbundenheit mit diesem Ort: Dieses Haus, diese Bäume, dieser Boden. Meine Tanten haben vom Bürgerkrieg gesprochen, als hätte er erst gestern stattgefunden. Und die Leute führen diese alten Häuser vor, wissen Sie. Das ist in dieser Gegend ein Wirtschaftsfaktor. Sie ziehen alte Kostüme an und zeigen ihre Häuser.«

Ich sagte: »Eine Art Maskenspiel.«

Worauf sie, aus der Gewißheit ihre neuen Auffassung von Gemeinschaft, erwiderte: »Es ist eher wie eine Religion.«

Identität als Religion, Religion als Identität: Das war auch das Thema eines anderen Theologiestudenten, eines jungen Mannes, der aus einem ganz anderen Umfeld stammte, einem Bergdorf im Norden Georgias.

Er erzählte: »Wenn ich an meine Kindheit und Jugend zurückdenke, sind Familie und Kirche mehr oder weniger eins. Die Kirche war klein, sie hatte rund fünfundvierzig Mitglieder, die alle miteinander verwandt waren. Vor sieben oder acht Generationen ist jemand aus unserer Familie in die Gegend gezogen und hat vierhundert Morgen Land gekauft, auf dem wir bis heute leben. Es ist keine Plantage. Kann sein, daß es ganz am Anfang mal Sklaven gegeben hat, aber das war schnell vorbei. Wir waren eine Familie von kleinen Farmern. Mein Großvater hatte fünfzehn oder sechzehn Brüder, deren Nachkommen alle in einem Umkreis von fünf Kilometern leben. Es zieht nur sehr selten mal jemand weg. Wenn man da oben hinkommt, kennt man die Leute, und man kennt sie als seine Verwandten.

Gleichzeitig kann es allerdings sehr leicht passieren, daß die eigene Identität verlorengeht. Aber eine herzliche, liebevolle, offene Familie, nicht nur Vater, Mutter und Geschwister, sondern auch Cousins und Cousinen, Tanten und Onkel, das habe ich inzwischen als etwas ganz Wunderbares zu schätzen gelernt.

Und mit der Kirche ist es im Prinzip genauso. Lauter Familienmitglieder. Die Holiness Church ist eine sehr emotionale Glaubensgemeinschaft, und mir ist schon früh aufgefallen, daß sich die Leute in der Kirche völlig anders verhalten als zu Hause. Die Gefühle, die sie in der Kirche zum Ausdruck brachten, waren anders. Es ging ziemlich lautstark zu. Der Prediger hielt ihnen die Sündigkeit der menschlichen Natur vor und peitschte sie damit auf. Während des Gottesdienstes standen immer wieder Leute auf und redeten in Zungen, und die anderen versuchten dann zu deuten, was gesagt wurde. Und manchmal wurde jemand errettet.«

»Es ist also keine weltzugewandte Religion?«

»Es ist eine Religion, die einen von der Welt abruft, die die Welt ausschließt. Ich habe immer noch Mühe, mir darüber klarzuwerden, wie ich heute zu alldem stehe. Mein erstes Jahr am College habe ich allein auf meinem Zimmer verbracht. Ich hatte Angst rauszugehen. Und dann habe ich angefangen, mich über einzelne Aspekte dieses Glaubens, der eine so rigide Weltsicht vertritt, zu ärgern.«

Aber inzwischen veränderte sich das Leben in den Bergen (genau wie das Leben auf der Plantage in Mississippi und aus den gleichen, wirtschaftlichen Gründen). »Viele Leute müssen weggehen, um Arbeit zu finden.« Zwar kämen sie wieder; die Verbindung verlören sie nie. Aber: »Das zwanzigste Jahrhundert dringt über den Berg.«

Eine Familie aus den Bergen, eine alte Pflanzerfamilie: Die alten Vorstellungen von Gemeinschaft trugen nicht mehr, und die Nachkommen dieser Familien fanden eine neue Art von Gemeinschaft im geistlichen Leben. Bei Frank war es anders gewesen. Er war in einem weißen Arbeiterviertel in der Stadt aufgewachsen. Das Viertel war nicht ethnisch geprägt, und ein Gemeinschaftsgefühl gab es dort nicht. Es war in den Südstaaten, aber die Geschichte und Vergangenheit der Südstaaten, die der Junge aus den Bergen und das Mädchen von der Plantage mit der Muttermilch eingesogen hatten, mußte der Junge aus der Stadt erst lernen und studieren. Da er in die Masse hineingeboren worden war, hatte er zunächst ganz andere Ziele gehabt.

»Ich wollte individuell sein, ein Nonkonformist, ein Mensch mit eigenen Rechten und Meinungen. Aber zugleich habe ich nach einer Identität gesucht. Und die fand ich in der Demokratischen Partei. Das fing an der Highschool an. Ich habe mich der demokratischen Gruppe dort angeschlossen und bin schnell in die Führung der Teen Democrats aufgestiegen, der Jugendorganisation der Partei. Die Partei wurde zu meiner Religion – ich beurteilte alles entsprechend ihren Erfolgen beziehungsweise Mißerfolgen. Als ich mit der Schule fertig war, bin ich direkt in die Parteiarbeit gegangen. Die Partei wurde zu meiner Gemeinschaft. Aber es war keine wirkliche Gemeinschaft. Da fehlte die menschliche

Anteilnahme, die es in einer christlichen Gemeinschaft geben sollte. Als ich dann bei der Kriegsmarine war, hatte ich das Gefühl, bei der Bibellektüre Christus zu begegnen, und das berührte mich. Aber es war eine isolierte Angelegenheit, bis ich hierher kam, wo auf Erden diese Beziehung zu Gott verwirklicht wird. Hier, am theologischen Seminar, habe ich wirkliche Gemeinschaft gefunden.«

Stadtpolitik war in Atlanta vornehmlich schwarze Politik, und Michael Lomax war einer der aufstrebenden schwarzen Politiker. Obwohl er erst achtunddreißig war, hieß es, er wolle 1989 für das Bürgermeisteramt kandidieren. Er stammte nicht aus Atlanta, sondern aus Los Angeles, und er hatte Stil. Er war groß und schlank, gut gekleidet, gebildet und sprach mit leiser Stimme. Und er war hellhäutig. Er galt nicht als schwarzer »Mann des Volkes«; doch der Einsatz für die Sache der Schwarzen war in seiner Familie Tradition. Seine Kenntnis der schwarzen Literatur war beeindruckend; der frühe schwarze Radikale William Du Bois, Kritiker von Booker T. Washington, war sein Held. Und er war Politiker mit Leib und Seele.

Alles an ihm war wohlüberlegt. Er hatte die für Politiker typische Selbstbewußheit, wie mir auffiel, als wir nach unserem Gespräch ein Stückchen zusammen durchs Stadtzentrum und dann auf der Seite von Macy's die Peachtree Street entlanggingen. Er war bekannt und zog die Blicke auf sich. Er machte eine scherzhafte Bemerkung darüber, aber diese Art von öffentlicher Wahrnehmung war ihm wichtig.

Wir trafen uns in der Bibliothek, für die er als Vorsitzender der Fulton County Commission zuständig war. Die Leute, die er im Hof so freundlich grüßte, waren Architekten. Er sagte gewichtig, aber mit einem Lächeln: »Ich betätige mich gern als Bauherr.« Oben im Konferenzraum der Bibliothek tranken wir Tee: ein silbernes Teeservice, weiße Wedgwood-Tassen und eine Auswahl kleiner Gebäckstücke, aufgetragen von jemandem aus der County Commission, einem lächelnden jungen Weißen, der seinen eleganten Vorsitzenden offensichtlich gerne bediente.

Schwarze müßten nach innen schauen, sagte Michael Lomax. Im Moment seien nicht Demonstrationen vonnöten, sondern eine innere Revolution.

»Die Bürgerrechtsbewegung hat unser Bild von der zwischenmenschlichen Beziehung verzerrt. Wir betrachten sie als grundsätzlich antagonistisch. In einer antagonistischen Beziehung gibt es den Guten und den Bösen, es gibt Opfer und Täter. Und wir waren immer die Guten, die Opfer.« Keiner der derzeit führenden schwarzen Politiker spreche von der Verantwortung der Schwarzen.

Und doch sei es trotz der Position, die er erlangt habe, trotz seiner Zukunft auch für ihn nach wie vor eine Last, schwarz zu sein. Er beschrieb diese Last folgendermaßen (und hatte es wahrscheinlich schon oft getan): »Es vergeht kein Tag, kein Moment in meinem Leben, an dem ich nicht an meine Hautfarbe denken müßte. Dabei geht es nicht nur um das, was ich sehe. Es geht um das, was ich von mir selbst denke. Es ist genausosehr etwas Innerliches wie Äußerliches.

Manchmal denke ich, wir müßten uns alle einem Exorzismus unterziehen, damit uns die Dämonen der Rasse ausgetrieben werden. Die haben wir nämlich immer noch in uns, und sie bekämpfen sich gegenseitig.

Vor zehn Jahren war ich mal in Brasilien. Ich bin in einen Ort im Norden gefahren, nach Salvador, wo die Bevölkerung sehr gemischt und eine Hautfarbe wie meine nichts Ungewöhnliches ist. Das war ein unglaubliches Gefühl der Befreiung, der Freiheit. Aber zugleich fehlte mir auch etwas, weil mich niemand aufgrund meiner Hautfarbe schlecht behandelte. Das war genau die Freiheit – aber ich trug als Schwarzer so viele Erwartungen in mir, daß ich das schlichte Ignorieren von mir als einem Schwarzen nicht akzeptieren konnte – es war wie eine andere Art von Unsichtbarkeit.

Man muß sich seinen eigenen Dämonen stellen. Für mich heißt das, mich der Tatsache zu stellen, daß ich ein Schwarzer bin und daß ich von einem Weißen, der mich sieht, womöglich nie anders wahrgenommen werde als wie ein x-beliebiger Säufer auf der Straße. Und das hat Einfluß darauf, wie ich mich selbst sehe. Ich bin manchmal wütend darüber, schwarz zu sein, manchmal traurig. Aber ich kann weder mit dem Weißen noch mit dem Schwarzen richtig umgehen, solange ich nicht den Mann akzeptiere, den ich im Spiegel sehe.«

Man war sich allgemein einig, daß das korrekte Verhalten des Sheriffs von Forsyth County viel dazu beigetragen hatte, die Situation gleich am Anfang zu entschärfen. Als ich am Telefon mit ihm sprach, war er entspannt und geschäftsmäßig; es waren schon viele Leute bei ihm gewesen. Er erklärte mir den Weg zu seinem Büro. Es befinde sich im Gefängnis, dem Forsyth County Jail. Ich mußte sofort an einen Western denken.

Forsyth lag ungefähr eine Stunde von Atlanta entfernt. Es war nicht leicht, das Urlaubsambiente – Wald, gute Straßen und ein riesiger, vom Ingenieurskorps der Armee angelegter künstlicher See – mit den Rassenaggressionen von 1912 in Verbindung zu bringen: mit dem Lynchmord an einem Mann im Gefängnis, der öffentlichen Erhängung zweier weiterer Männer, den umherziehenden Horden, die die Schwarzen vertrieben. Und die Stadt inmitten dieses Frühlingswaldes war ausgesprochen amerikanisch: Fastfood-Restaurants, Banken, die wie Kirchen aussahen, Reklametafeln – das Übliche.

Eine Frau trat aus ihrem Lebensmittelladen, um mir den Weg zum Büro des Sheriffs zu erklären. Über die Hauptstraße, am Friedhof vorbei und dann weiter bis zu einem niedrigen Backsteinbau. Da war es, inmitten dieser geschäftigen kleinen backsteinroten Bezirksstadt: nicht mehr das Gebäude von 1912, sondern ein Neubau, aber genauso flach und aufs Wesentliche beschränkt wie das Sheriffsbüro in einem Western; klar und deutlich als FORSYTH COUNTY JAIL ausgewiesen (wie im Film), aber mit einem großen asphaltierten Hof voll geparkter Autos – das Gefängnis und das Büro des Sheriffs standen, genau wie die Fastfood-Restaurants, im Dienste einer motorisierten Gesellschaft. Die Flagge der Vereinigten Staaten und die Flagge von Georgia hingen nebeneinander an Fahnenmasten.

Durch zwei Glastüren gelangte man in einen Empfangsraum, wo auf niedrigen Stühlen zwei weiße alte Leute saßen. An einem von Papieren bedeckten Schreibtisch saß eine Sekretärin. Und hinter ihr, an einer Wand aus Leichtbausteinen, hing eine Plakette mit dem Wappen von Georgia: kunstlos dargestellte Symbole der Bildung und Kultur aus dem Jahr 1776: ein auf drei klassischen Säulen ruhender Bogen, und lose um die Säulen geschlungen drei Schriftbänder mit den Worten, aus denen sich das Motto von Georgia zusammensetzt: WEISHEIT, GERECHTIGKEIT, MÄSSIGUNG.

Die Sekretärin sagte, der Sheriff sei in einer Besprechung. Ein Mann in Jeans kam herein und wollte über einen Strafzettel oder irgend so etwas reden – ein Einblick ins tägliche Geschäft eines Sheriffsbüros. Nach einer Weile kam der Sheriff heraus, im weißen Hemd mit Paisleykrawatte und ohne Jackett. Er sagte: »Ich bin gleich für Sie alle da.«

Wenig später wurde ich in sein Büro gerufen, wo ganz oben auf einem altmodischen Hutständer ein schwarzer Cowboyhut mit Sheriffstern lag. Der Sheriff sagte, er habe diesen Hut nur einmal getragen, nämlich am Tag der großen Demonstration. Außerdem hing an dem Ständer sein pieksauberes hellblaues Jackett.

Er war vielleicht Mitte Vierzig. Er sagte, er lebe seit zwanzig Jahren in Forsyth County. Eine Weile lang sei er Lehrer gewesen, und seit elf Jahren sei er nun Sheriff.

Früher, so erzählte er, sei Forsyth County eine abgeschiedene Gegend gewesen, und die Leute hätten ein ausgesprochenes Klanbewußtsein gehabt. Was man überhaupt vom gesamten Norden Georgias sagen könne. »Ein paar Leute haben schwarz gebrannt, da die Gegend so abgeschieden war. Das war die einzige Einkommensquelle. Dann hat sich die Spirituosenindustrie hier niedergelassen.« Später seien die Fabriken von Lockheed und General Motors gebaut worden; außerdem kam die Geflügelindustrie. »Die Geflügelindustrie hat die schlechten sozialen und wirtschaftlichen Verhältnisse verbessert. Die Straßen wurden ausgebaut, es gab einen beträchtlichen Kapitalzufluß.« Zur gleichen Zeit habe der Boom Atlantas stattgefunden. »Jetzt zieht die Gegend hier viele Menschen an.« Die Grundstückspreise hätten sich verdreifacht. 1973 habe der Bezirk sechzehntausend Einwohner gezählt, 1986 seien es an die vierzigtausend gewesen. »Wir entwickeln uns zu einem wohlhabenden Randbezirk von Atlanta. Wir befinden uns in einer Phase rapiden Wirtschaftswachstums.«

Und auch wenn bei dem ersten Marsch Leute »mit Steinen geschmissen« hätten, so hätten diese Steinewerfer mit ihrer Linie im neuen Forsyth kaum Chancen. Bei der zweiten Demonstration, dem Marsch der zwanzigtausend, habe die Rasse keine Rolle gespielt. Die Demonstranten seien Weiße und Schwarze gewesen, und sie hätten klar zum Ausdruck gebracht, daß sie keine Gewalt wollten. »Die amerikanische Öffentlichkeit toleriert Gewalt nicht.«

Was die Rasse als solche angehe, meinte der Sheriff, könne man nichts tun. »Das eigentliche Problem ist ein sozioökonomisches ... Und da kann man nichts machen, denn die Leute ziehen dahin, wo sie sich wohl fühlen. Sie wählen ihren Wohnort entsprechend ihrem sozioökonomischen Status.« Ein schwarzer Arzt, der nach Forsyth County ziehen wolle, mochte dort noch hinpassen. Aber bei einem Schwarzen aus der Unterschicht wäre das anders. Die Leute müßten sich miteinander wohlfühlen. »Wenn zwei elende Schwarze und zwei elende Weiße aufeinandertreffen, gibt es Zoff, die kommen nicht miteinander aus.«

Was die große Demonstration angehe, so sei sie von Anfang an ein Medienspektakel gewesen. Viele Leute hätten deshalb daran teilgenommen, weil es die erste Demonstration seit zwanzig Jahren gewesen sei. Leute, die bei den Protestmärschen der Bürgerrechtsbewegung nicht dabeigewesen seien, hätten jetzt endlich an einer Demonstration teilnehmen wollen. »Die Demonstration hat einer Menge Leute die Gelegenheit gegeben, bei etwas mitzumachen, was sie für ein historisches Ereignis hielten.« Es habe also diese beiden »explosiven« Gruppierungen gegeben, die Demonstranten und ihre Gegner. »Was waren die Gegner für Leute?« »Zum Großteil waren es dieselben, mit denen ich samstags immer zu tun habe. Bei der Polizei bringt man neunzig Prozent seiner Zeit mit zehn Prozent der Bevölkerung zu.« So drückte sich der Sheriff aus – er war genausosehr Soziologe (und ehemaliger Lehrer) wie Polizeibeamter. So wie er sie darstellte, erschienen die Ereignisse von Forsyth County wesentlich leichter handhabbar.

Und obwohl er es nicht direkt sagte, entstand aus seinen Äußerungen der Eindruck, daß hier zwei Personenkreise hatten die Aufmerksamkeit auf sich lenken wollen: zum einen die Bürgerrechtsgruppen, die sich, nachdem sie ihre großen

Schlachten geschlagen, ja ihren Kampf schon lange gewonnen hatten, jetzt zankten und nach neuen Inhalten suchten; zum anderen die weißen Suprematisten, die fast auf die gleiche Weise Öffentlichkeit und politische Einflußnahme erlangen wollten. In der Beschreibung des Sheriffs glich die große Demonstration von Forsyth einem rituellen Konflikt, der vor laufenden Kameras und nach bestimmten Regeln ausgetragen wurde. Durch diese Konventionalisierung war das Thema, um das es eigentlich ging, völlig in den Hintergrund getreten. Ein typisch amerikanischer Aspekt, wie ich fand, war die exzessive Medienberichterstattung. Alle Beteiligten waren endlos interviewt worden, alle, einschließlich des Sheriffs, waren zu bekannten Persönlichkeiten geworden, alle hatten die Aufmerksamkeit nun restlos erschöpft.

Wie der Sheriff es sagte: »Das Thema ist durch.«

Und noch etwas merkte der Sheriff an. Die Demonstranten hätten gesiegt, aber in den seither vergangenen drei Monaten sei kein einziger Schwarzer nach Forsyth gezogen. Das County sei nach wie vor vollkommen weiß, was seine vorherige Anmerkung bestätigte: daß nicht die Rasse das Problem war, sondern die sozialen und wirtschaftlichen Verhältnisse.

Ein beeindruckender Mann, dieser Sheriff Walraven. Er war ein gewählter Beamter, und er betrachtete sich als jemanden, der den Willen des amerikanischen Volkes vertrat – das sich von der Gewalt abgewandt habe. Und ohne diesen Aspekt hochspielen zu wollen, tue er doch auch seine Christenpflicht, schließlich sei das Christentum eine Religion, die Liebe und Frieden predige. (Früher einmal hatte das Christentum in dieser Gegend für anderes gestanden; noch heute durfte man das Christentum des Ku-Klux-Klan nicht unberücksichtigt lassen. Aber für den Sheriff waren die Vorfälle von 1912 Geschichte, sie lägen fünfundsiebzig Jahre zurück. Er vertrete den heutigen Willen des amerikanischen

Volkes. Es dürfe nicht zu Gewalttätigkeiten kommen; dafür zu sorgen sei seine Pflicht.)

Ob er sich eine Situation vorstellen könne, wo das anders war?

Er überlegte eine Weile und sagte dann: »Wenn das System versagt.« Doch fast umgehend fügte er hinzu: »Das System kann nicht versagen. Nur Individuen können versagen.«

Die Begegnung mit diesem gebildeten Mann, der eine geradezu philosophische Auffassung von seinen Pflichten hatte, illustrierte, wie weit die Ku-Klux-Klan-Gruppen in Forsyth von der Mitte entfernt waren. Auch der schwarze Bürgermeister von Atlanta, Andrew Young, hatte das schon angemerkt.

»Ich betrachte die Aktionen des Klan nicht allein als einen Ausdruck von Rassismus«, hatte er dem *Journal* zufolge drei Tage nach der großen Demonstration gesagt. »Das sind die verzweifelten Handlungen von Menschen, die feststellen, daß sich das Rad der Geschichte ohne sie weiterdreht. Was wir brauchen, sind vor allem berufliche Ausbildungsprogramme, die den Leuten helfen, sich wieder in die Gesellschaft zu integrieren. Unser Problem hier in Georgia ist die unterste Unterschicht – die schwarze wie die weiße. Die schwarze Unterschicht gerät in den Sog von Drogen und Kriminalität. Die weiße Unterschicht gerät in den Sog von Drogen und Kriminalität und unter den Einfluß des Klan. Da kann man demonstrierten, bis einem die Füße abfallen – daran wird man so nichts ändern.«

Dieser Denkansatz wurde damals nicht weiterverfolgt. Und er wurde auch kein zweites Mal vorgebracht, er ging in der sicheren guten Sache unter.

In gewisser Weise war ein Sieg errungen worden. Aber es hatte sich kaum etwas verändert. Die Botschaft von Forsyth

County war auch die Botschaft des schwarzen Atlanta. Von dieser speziellen Frustration sprach, so schien es zumindest, Marvin Arrington, der Vorsitzende des Stadtrats von Atlanta.

Unser Treffen verlief nicht gut. Ich hatte kurz davor in seiner Kanzlei angerufen, und er hatte gesagt, ich solle gleich kommen. Doch als ich eintraf, war er nicht da. Seine Sekretärin – die mir eine Cola gab – sagte, er sei nur einen Moment hinausgegangen. Er blieb eine halbe Stunde fort. Die Büroräume seiner Kanzlei waren beeindruckend. Sie befanden sich in einem sehr schön renovierten alten Haus in der Innenstadt von Atlanta; einem Artikel der *Constitution* zufolge hatte es eine Million Dollar gekostet.

Als er zurückkam, führte er mich in sein eigenes Büro. Es war sonnig, mit Blick auf die Straße, und wärmer als die weiter innen gelegenen Räume. An den Wänden hingen zahlreiche Diplome und Familienfotos, und auf den Fensterbrettern standen afrikanische Skulpturen, Kuriositäten für Touristen.

Daß das Treffen mißglückte, war zum Teil meine eigene Schuld, denn als Arrington seine Jacke auszog und mich völlig unvermittelt anwies, zu beginnen, fiel mir kaum etwas ein. Ich hatte auf ein bißchen Smalltalk vorneweg gehofft, hatte gehofft, daß sich ein paar Ideen und Themen daraus ergeben würden, denen ich nachgehen könnte. Aber auf seine barsche Aufforderung hin kamen mir nur die naheliegendsten Fragen in den Sinn. Seine Unrast machte es nicht besser. Er stand häufig auf und ging umher; redete häufig durch die offene Tür mit seiner Sekretärin; sah Papiere auf seinem Schreibtisch durch. Er sagte, er tue vierzig Dinge auf einmal.

Und was aus diesem unbefriedigenden Treffen herauskam, hätte ich auch dem Dossier der *Constitution* und des *Journal* sowie Arringtons eigenem Werbematerial entnehmen können: Er war ein Mann aus der *inner city*, aufgewachsen zu einer Zeit, als in den öffentlichen Einrichtungen überall Rassentrennung herrschte; der Vater Lastwagenfahrer; der Ehrgeiz der Kinder größtenteils auf die Mutter zurückzuführen. »Ich bin ausgebrochen.« Ein Leichtathletikstipendium half ihm dabei; er dachte an all jene, denen solche Stipendien nicht zugänglich waren. Und es hatte sich wenig verändert. Mit der politischen Macht, die die Schwarzen gewonnen hatten, ging kaum wirtschaftliche Macht einher; selbst die schwarze Geschäftsstraße, Auburn Avenue, war heute heruntergekommen. Die Schwarzen brauchten Perspektiven, doch Perspektiven konnte nur das System schaffen. Er schien die Verantwortung also immer noch bei anderen zu suchen. Kein Gedanke an die innere Revolution, von der Michael Lomax geredet hatte. Immer noch die Wut.

Als ich meinte, daß sich für die Schwarzen doch einiges bewegt habe, sagte er: »Sollen wir noch mal dreihundertfünfzig Jahre warten?«

Er rauchte eine dicke Zigarre; er drückte sie aus, und eine Wolke aromatischen Rauchs stieg ganz in meiner Nähe auf. Er entschuldigte sich dafür; bei all seiner Brüskheit gab es immer wieder diese kleinen Momente der Rücksichtnahme auf seinen Besucher. Ein Kollege Arringtons kam herein und zeigte mehr Interesse an mir als er. Arringtons Sohn kam herein, und beim Anblick des großen, selbstbewußten Jungen, der mir erzählte, er sei zweieinhalb Wochen in England gewesen, wurde Arrington einen Moment lang weicher. Nach einer Weile ging der Junge wieder. Arrington sprach später von ihm. Für Menschen wie seinen Sohn, meinte er, werde die Welt anders aussehen. Doch das war ein einsamer Moment der Weichheit und des Optimismus inmitten seiner sonstigen Reizbarkeit.

Einer Reizbarkeit in bezug auf die Rassenfrage. In bezug auf jene Zeitung aus Atlanta etwa, die versucht habe, ihn politisch zu ruinieren – er führte mich in einen Nebenraum und zeigte mir den Artikel aus der *Constitution*, in dem er attackiert worden war: Er hatte ihn rahmen lassen, zusammen mit einem gedruckten Protestschreiben, in dem es um die Haltung der Presse gegenüber gewählten schwarzen Beamten ging und das unter anderem von Martin Luther Kings Vater unterzeichnet war. Vor allem aber bezog sich seine Reizbarkeit auf Michael Lomax, der in so vieler Hinsicht genau das Gegenteil von ihm war: Arrington groß, schwer, kräftig, von braunschwarzer Hautfarbe, ein Selfmademan; Lomax schlank, hellhäutig, aus einer gebildeten Familie, charmant und sich dessen wohl bewußt.

Arrington hatte Lomax sechs Jahre zuvor bei der Wahl zum Stadtratsvorsitzenden besiegt. Und angeblich plante er, gegen Lomax anzutreten, falls dieser 1989 bei der Bürgermeisterwahl kandidierte. Er wollte, daß ich ein Porträt von Lomax las, das für eine der Zeitungen Atlantas geschrieben worden war. Er rief irgend jemanden in seiner Kanzlei an und verlangte geschäftsmäßig nach einem »Exemplar des Lomax-Porträts«. Später telefonierte er abermals mit jemandem in der Kanzlei und verlangte nach einem Exemplar seiner eigenen Werbebroschüre, *Arrington – Das Programm*. Acht Seiten, sechzehn Fotos, professionell gemacht.

Er führte weitere Telefonate. Und einmal – ich las gerade etwas an der Wand, wo in Form von Diplomen, Fotos und Zeitungskolumnen seine Vergangenheit ausgebreitet war – hörte ich, wie er in sehr bestimmtem Ton am Telefon mit jemandem redete, vielleicht über das, was ihn aus dem Büro getrieben hatte, nachdem er mir gerade gesagt hatte, ich solle kommen. Es schien, als habe er einen besonders nervenaufreibenden Tag.

Er sprach noch einmal von seinem Sohn. In dieser weichen Stimmung wandten sich seine Gedanken London zu, wo sein Sohn gewesen war. Aber: Es habe Krawalle gegeben. Und: »Ich habe mich in London nicht wohlgefühlt.« Er fügte hinzu: »Ich bin ins Theater gegangen, Shakespeare. Verstanden habe ich es nicht, aber es ging mir um die Kultur.« Ich hätte gerne nachgehakt. Doch dies war einer der vielen Gesprächsfäden, die dadurch rissen, daß Arrington aufstand und umherging, nach Unterlagen suchte, rauchte oder eine seiner plötzlichen Anwandlungen von Höflichkeit hatte. Auf seine Reise nach London – es wäre interessant gewesen, das Land mit Arringtons Augen zu sehen – kamen wir nicht mehr zurück.

Ich hatte bald das Gefühl, nichts Neues fragen zu können – jede Frage, die ich anschneiden mochte, würde am Thema der Benachteiligung der Schwarzen scheitern.

Es war eine meiner Sorgen gewesen: Daß diese bekannten Persönlichkeiten Atlantas, weil sie schon so oft interviewt worden waren, dem auswärtigen Besucher zwar neu erscheinen mochten, tatsächlich aber mittlerweile auf eine gewisse Anzahl von Haltungen und Meinungen reduziert worden, gleichsam zu ihren eigenen Interviews geworden waren. Genau wie manche Schriftsteller – Borges etwa, um ein berühmtes Beispiel anzuführen, der Unmengen von Interviews gegeben hatte, sowohl Journalisten als auch anderen, die in typischer Interviewermanier unbedingt das Standardinterview haben wollten, das eine im Dossier, und nichts von dem, was in allen anderen Interviews aufgetaucht war, auszulassen bereit waren, so daß er, Borges, schließlich nichts anderes mehr war als sein Interview, ein paar Geschichten, ein paar Meinungen, eine Kurzbiographie, eine Persönlichkeit im Taschenformat. Auf die gleiche Weise, so hatte man mir erzählt, prägten die Medien für einen Politiker zwei oder drei Slogans und reduzierten ihn dann auf diese leicht zu äußernden Worte. Das hatte mir Sorgen gemacht: daß ich nicht durch die Publicity würde dringen können, und bei Arrington war das tatsächlich eingetroffen. Es war mir nicht geglückt, über das Dossier hinauszugelangen.

An der Wand hing ein gerahmter Ausspruch von Abraham Lincoln: »Zeit und Rat gehören zum Kapital des Rechtsanwalts.« Ich stand auf, um zu gehen. Er war höflich, und als kleine Geste zum Abschied führte er mich noch durch seine Kanzlei. Die Leute, denen ich begegnete, waren freundlich und ansprechend, der Bürochef war ein Weißer. Die Wesensart und die Stimmung der Menschen in einem Büro oder einer Organisation geben unmittelbar Aufschluß über ihre Arbeitgeber oder die Geschäftsleitung. Arrington hatte offenbar noch eine weitaus angenehmere Seite als die, von der ich ihn an diesem Nachmittag kennengelernt hatte.

Als ich auf die Straße hinaustrat, wo die Passanten schwarz waren, so daß Atlanta anders wirkte als in den Gegenden, die ich bisher gesehen hatte – die Leute hatten etwas Karibisches, Lateinamerikanisches, ja das galt sogar für die Stadt selbst, denn die Innenstadt von Atlanta besteht nicht aus eng stehenden, massiven Häuserblocks, sondern aus Hochhäusern und leeren Flächen, Parkplätzen, wodurch sie schnell ein wenig heruntergekommen wirkt –, als ich auf die Straße trat, überfiel mich ein sehr altes Gefühl der Schwermut und Beklemmung.

Es war ein Gefühl aus meiner Kindheit in Trinidad. Zwar waren die meisten meiner Lehrer dort Neger gewesen (eher braunhäutig als schwarz), für die ich (genau wie für die Polizisten, ebenfalls Neger) als Kind nur den größten Respekt und die größte Ehrfurcht empfand, zwar hatten außerdem Leute wie Lehrer in meinen Augen eigentlich keine Rassenzugehörigkeit, sondern waren einfach nur ihre Berufe, doch sobald ich außerhalb der Schule mit ihnen zu tun hatte, wurde ich mir – als Kind einer indischen Familie von Ritualen erfüllt, die vom Haus der Familie nicht nach außen übertragen werden konnten, Ritualen und Haltungen, die man Tag für Tag, wenn man in die Schule ging und wieder heimkam, ablegen und wieder annehmen mußte – wurde ich mir der Körperlichkeit der Neger und der Andersartigkeit, ja für mich sogar Unwirklichkeit ihres häuslichen Lebens bewußt.

Etwas Ähnliches war mir nun in Arringtons Kanzlei passiert. Seine Reizbarkeit, der Akzent, den er auf die Rassenzugehörigkeit und die *inner city* legte (»die *inner city* ist mein Ding«), und die Kraft, die er aus dem armen Segment der schwarzen Bevölkerung bezog, hatte diese alte Barriere um ihn herum errichtet.

Die Reizbarkeit war verständlich, die Wut war verständlich. Doch zugleich hatte ich das Gefühl, daß diese Wut und Reizbarkeit anderen Menschen Unmögliches abverlangen könnten. Er hatte gesagt: »Ich wäre gern frei. Ich kann nicht fliegen wie ein Vogel.« Viele konnten so etwas sagen, nicht jeder konnte es zu einer politischen Aussage machen. Und mir schien, besonders draußen in den karibisch anmutenden Straßen, während ich zum Hotel zurückging, daß man hier geradezu von zwei Weltsichten sprechen konnte, zwei Arten zu fühlen und zu erleben, die nicht miteinander in Einklang zu bringen waren. Und das war deprimierend.

Ich hatte mehr oder weniger bewußt versucht, bei den Politikern von Atlanta Grundzüge der schwarzen Politiker der Karibik wiederzufinden. In Arrington glaubte ich nun zum ersten Mal jemanden gefunden zu haben, der auch von karibischen Verhältnissen hätte geschaffen worden sein können. In der Karibik hätte ein solcher Mann, der seine Herkunft aus dem Volk geltend machte (wie etwa Bradshaw aus St. Kitts oder Gairy aus Grenada) und der behauptete, aufgrund seiner eigenen einstigen Not die Nöte seines Volkes zu verstehen, zu absoluter kolonialer Macht aufsteigen, ein altes System stürzen und etwas anderes, selbst Geschaffenes an dessen Stelle setzen können.

Doch hier in Atlanta – wo Arrington als Stadtratsvorsitzender durchaus über eine gewisse Macht verfügte: die nämlich, nein zu sagen – waren die Machtbefugnisse begrenzt. Und vielleicht nahm ein Schwarzer gerade durch die Würde, die er in der Stadtpolitik erlangen konnte, den großen Reichtum und die tatsächliche Macht des ihn umgebenden weißen Atlanta um so deutlicher wahr. So daß die Politik in Atlanta wie ein Spiel anmuten mochte, durch das den Schwarzen die Wut genommen wurde. Doch so wie die Bürgerrechtsgesetze Rechte ohne Geld oder Anerkennung gewährleisteten, verlieh die Stadtpolitik in Atlanta womöglich Rang ohne Stärke und erzeugte dadurch eine andere, nicht zu beschwichtigende Wut.

Hosea Williams hatte nach der Protestaktion gegen die CIA in Washington eigentlich nach Europa fliegen wollen, um sich im Kampf gegen die Apartheid zu engagieren. Entweder war er jedoch nicht geflogen, oder es war eine sehr kurze Reise gewesen. Denn ein paar Tage später arrangierte Tom Teepen für mich ein Treffen mit Hosea in Atlanta. Das Treffen sollte in Ost-Atlanta stattfinden, in einem der Schwarzenviertel, und Tom fuhr mich selbst hin, um mich vorzustellen.

Das Gebäude, vor dem wir anhielten, sah aus wie eine kleine Fabrik oder ein Lagerhaus und stand neben einem ramponierten, nach einer Seite hin offenen Schuppen. In einem zentralen Korridor saßen zwei Leute an einem Schreibtisch. Aufkleber mit der Aufschrift HOSEA prangten an Wänden und Türen und verliehen dem Raum etwas von einer Wahlkampfzentrale. Man führte uns in ein Büro, durch ein Vorzimmer hindurch, wo eine Sekretärin an einem vollen Schreibtisch saß.

An den Wänden des Büros hingen viele große Schwarzweißfotos von den Protestmärschen der Bürgerrechtsbewegung: auf manchen Bildern Hosea, viel jünger, mit seiner erstaunlich jungen Leitfigur Martin Luther King. Es gab Bilder von polizeilichen Festnahmen. Doch am bewegendsten waren die Fotos, die einfachere Dinge hervorhoben: die Latzhosen der Demonstranten, die Maultierkarren – die beiden Symbole der Bewegung, anrührend, unvermeidlich und richtig, so wie die Gandhi-Kappe und das Homespun Indiens. Tom Teepen, der sich die Bilder mit mir zusammen anschaute, sagte, nach der Ermordung von Martin Luther King habe man beschlossen, dessen Sarg auf einem Maultierkarren zu transportieren, doch der einzige solche Karren, den man habe finden können – und prompt requirierte –, habe in einem Museum oder auf einem Rummelplatz gestanden.

An der Wand hingen außerdem zahlreiche Abzeichen und Plaketten, die Hosea aus unterschiedlichen Anlässen erhalten hatte. Und dann war da noch ein Poster mit einer Black-Power-Variante des Aunt-Jemina-Motivs. Die schwarze Frau lächelte nicht, sie reckte eine große schwarze Faust, und der zugehörige Text lautete »Nie wieder« und »Eigengewicht 500 kg«.

Schließlich kam Hosea herein (er war in einem anderen Teil des Gebäudes beschäftigt gewesen), jetzt auf seinem eigenen Terrain, wo man sich ihm fügte, und stiller als an dem Tag, als ich ihn im Gericht gesehen hatte.

Tom Teepen stellte mich vor und erzählte von meinem Interesse an Forsyth County. Ich sah sofortige Billigung in Hoseas Blick. Und er begann auf der Stelle zu erzählen, noch ehe sich Tom verabschiedete, um in die Redaktion zurückzukehren, gab die Geschichte in einer völlig unaffektierten

Weise wieder, wobei er auf und ab ging, Energie verströmte, gelegentlich direkt vor mir stehenblieb, während ich an einem langen Holztisch saß, der zusätzlich zu dem Schreibtisch in dem großen Büro stand.

Er setzte mit seiner Darstellung der Ereignisse von Forsyth zu Jahresbeginn an, als der Karatelehrer aus Kalifornien beschlossen hatte, aus Anlaß des Geburtstages von Martin Luther King in Forsyth einen Marsch für die Brüderlichkeit zu organisieren. Hosea hörte im Fernsehen davon und war gleich interessiert.

»Er wußte nicht, daß es da oben einen brutalen, fanatischen Rassismus gibt. Und ihm wurde dermaßen übel zugesetzt, daß er irgendwann dachte: ›Womöglich komme ich hier nicht mehr lebend raus.‹ Die Hauptwaffe in solchen Gegenden ist das Feuer: Man räuchert die Leute aus, brennt ihre Häuser ab. Ein Kampfsport-Schüler aus dem Nachbarbezirk kam dem Mann zu Hilfe. Dieser Kampfsporttyp gilt als harter Bursche. Er sagte zu dem Kalifornier: ›Wir sind weiße Männer. Mit uns können sie das nicht machen.‹ Ein harter Bursche. Aber an so einem vergreifen sich diese Leute auch nicht. Sie vergreifen sich an seiner Familie. Also suchte er Hilfe bei den Schwarzen. Ihm war nicht mehr so richtig wohl zumute.

Als ich davon hörte, war mein erster Gedanke: ›Bei all unseren Aktionen hat es immer ein paar Weiße gegeben, die uns zur Seite gestanden haben. Jetzt haben diese weißen Jungs Ärger. Was würde Dr. King tun, wenn er noch am Leben wäre?‹ Ich habe mir gesagt: ›Hosea, pack deine Sachen. Wir müssen nach Forsyth.‹

Über eine Zeitung fand ich schließlich den Namen von diesem Kampfsportmenschen heraus. Ich habe ihn angerufen und gesagt: ›Mein Name ist Hosea Williams. Ich biete Ihnen meine Hilfe an.‹ Er war überwältigt. Er sagte: ›Ich habe von

Ihnen gehört. Bevor ich Ihre Hilfe annehme, möchte ich gern persönlich mit Ihnen reden.‹ Aber ich wollte an dem Abend nicht nach Forsyth fahren. Also sagte er: ›Ich komme nach Atlanta.‹ Ich hatte Angst vor ihm. Ich wußte ja nicht, wer er war. Er hätte auch vom Klan sein können. Also arrangierte ich ein Treffen im Foyer eines großen Hotels. Er kam noch am selben Abend, zusammen mit seinem Schwiegervater. Er sagte: ›Ich kenne Sie. Ich kenne Ihren Ruf. Ich weiß, daß Sie hart im Nehmen sind. Aber ich sage Ihnen eins: Wenn Sie mit mir nach Forsyth kommen und an dem Marsch teilnehmen, kommen Sie nicht mehr lebendig zurück.‹

Ich weiß, daß Forsyth ein übles Terrain ist. Aber ich fand, daß er zu pessimistisch war. Ich berief eine Pressekonferenz ein. Ich gab bekannt, daß wir um neun von Dr. Kings Grab aus in Richtung Forsyth losmarschieren würden. Ich habe nicht damit gerechnet, daß irgend jemand mitkommen würde. Die Schwarzen haben Angst vor Forsyth. Sie kennen den Ruf dieser Gegend. Schwarze halten da nicht mal gern an, um zu tanken.

Dean Carter, der Kampfsportmensch, sagte: ›Diese Leute sind Ignoranten. Sie lernen, daß sie die Nigger fernhalten müssen, und zwar um jeden Preis. Das kriegen sie von Kindesbeinen an eingebleut: haltet bloß die Nigger fern. Und dafür tut man, was immer man eben tun muß – man verprügelt sie, man bringt sie um, Hauptsache, die Nigger bleiben weg. Das ist sozusagen die Kultur dieser Leute.‹ So hat Dean Carter das ausgedrückt: ›Das ist sozusagen die *Kultur* dieser Leute.‹

Ich hatte geglaubt, ich wüßte, was für eine üble Gegend das ist. Aber wie übel sie wirklich ist, war mir nicht klar.

Am nächsten Morgen waren etwa fünfunddreißig oder vierzig Leute da.

Ich spürte eine tiefe Frustration bei diesen Menschen, während wir da hochfuhren. Ich habe geredet und erklärt, geredet und erklärt und gepredigt, die ganze Strecke lang. Als wir ankamen, erwarteten uns zwanzig oder dreißig Leute, die sich uns anschließen wollten. Ein oder zwei davon waren Ku-Klux-Klan-Leute, die sich einschleusen sollten. Aber gleichzeitig standen ringsum etwa fünfzehnhundert Leute – in den Zeitungen steht zweihundert, aber ich sage, es waren fünfzehnhundert –, es war eine Massenversammlung des Ku-Klux-Klan, und die haben gebrüllt: ›Bringt die Nigger um! Bringt die Nigger um! Zurück mit ihnen nach Atlanta, aufs Melonenfeld!‹ Fünfzehnhundert. Ringsum.

Der Sheriff versuchte uns davon abzubringen, aus dem Bus auszusteigen. Ich habe gesagt: ›Wir sind Amerikaner. Demonstrationen sind ein Bestandteil der Redefreiheit.‹ Ich war entschlossen, unsere Demonstration von niemandem verhindern zu lassen.

Diese Leute ringsum waren dermaßen aufgeputscht, die sind wie die Topathleten über ein Meter zwanzig hohe Zäune gesprungen oder gehechtet, und dabei haben sie gebrüllt: ›Bringt die Nigger um! Bringt die Nigger um!‹«

Als ich Hosea im Gerichtssaal gesehen hatte – wo er nichts tat und wenig sagte –, hatte er gequält und erregt gewirkt. Jetzt hingegen, als er diese Geschichte in Szene setzte, um meinen Stuhl herumlief, mit den Füßen aufstampfte und mit der Faust auf den Tisch schlug, wirkte er vollkommen klar. Was er erzählte, erschien mir weder schrullig noch übertrieben. Und es wurde immer deutlicher, wie pragmatisch er vorgegangen war. Wie der indische Mahatma war er ein Meister der Organisation, wußte die gesellschaftlichen Institutionen zu nutzen: das Gesetz, die Presse.

Auch die Gegner der Demonstration waren durchorganisiert. Hosea zufolge hatten sie sich jede Menge Wurfgeschosse bereitgelegt.

Hosea sagte: »Immer wieder sind Presseleute zu mir gekommen« – eigenartig, diese Schilderung einer gefährlichen Demonstration, bei der zugleich die Presse zur Stelle war: wie hatte er sie dort hingelotst? – »Immer wieder sind Presseleute zu mir gekommen und haben gefragt: ›Ist es schlimm, Hosea? Ist es schlimm?‹ Und ich habe ihnen etwas vorgespielt und gesagt: ›Nein, so schlimm ist es nicht.‹ Aber dann kam einer meiner eigenen Leute zu mir und sagte: ›Reverend, es *ist* schlimm.‹ Und er hatte recht. Es war schlimm.

Ein Mann, einer von denen aus Forsyth, rannte neben dem Bus hin und her – dem Bus, der uns nach Forsyth gebracht hatte, dem Bus, den ich gemietet hatte –, er rannte vom vorderen Ende zum hinteren Ende, immer hin und her, und versuchte mich nervös zu machen. Mir war klar, was er im Sinn hatte. Er schien einer von den Anführern zu sein, und ich beschloß, über die Augen mit ihm zu kommunizieren.« (Mir fiel wieder ein, was Howard mir geraten hatte: in gefährlichen Situationen auf der Straße den Blickkontakt meiden. Es war Howards Strategie, um Ärger zu vermeiden; und bei den schwarzen Kellnern in Atlanta erlebte ich sie ständig.) »Als er dann wieder vorne am Bus war, lächelte ich ihn an. Er ist völlig ausgerastet. Hat angefangen rumzubrüllen: ›Der Nigger hat mich angelächelt! Diese Nigger gehören umgebracht! Ich will nicht, daß diese Nigger demonstrieren. Und dieser Nigger hat mich *angelächelt*!‹«

Dann hatte der Sheriff Hosea gebeten, dafür zu sorgen, daß seine Leute wieder in den Bus einstiegen.

»Ich habe die Leute wieder in den Bus einsteigen lassen, und wir sind ein Stückchen weitergefahren, damit der Sheriff den Ku-Klux-Klan unter Kontrolle bringen konnte.«

Hosea zog ein Hosenbein hoch und zeigte mir die dunkelroten Male auf seinem hellbraunen Unterschenkel. Er sagte, sie stammten von einem Ziegelstein, den jemand während des Marsches geworfen hatte.

Das war das Ende der Demonstration. Im Bus auf dem Rückweg nach Atlanta sei ihm ein Gedanke gekommen, und er habe lächeln müssen. Sein Sohn habe gefragt, warum er lächle, und er habe geantwortet: »Ich habe das Gefühl, heute habe ich Dr. Kings Geburtstag wirklich gefeiert!«

Es war die erzählerische Abrundung seiner Geschichte, die er mit harschen Worten über die verlogene Art und Weise begonnen hatte, in der viele Leute, auch Schwarze, mittlerweile den Geburtstag von »Dr. King« feierten, wie Hosea Martin Luther King durchweg nannte.

Hosea erzählte: »Im Bus auf dem Heimweg habe ich zu meinem Sohn gesagt: ›Das waren mit die schlimmsten Weißen, die ich je erlebt habe.‹

Es war nicht das erste Mal, daß ich mit so einem Mob konfrontiert war. Aber meistens waren das ältere weiße Männer gewesen. Wenn Frauen dabei waren, dann vielleicht ein oder zwei, und die waren ruhig. Aber in Forsyth waren jede Menge Frauen dabei, viele sogar mit einem Baby im Arm, und sie haben die ordinärsten Haßtiraden abgelassen. ›Bringt die Nigger um! Nigger kriegen AIDS!‹ Und es waren so viele junge Leute dabei, Teenager! Ich habe mir gedacht: ›Mein Gott, dieser junge Kerl da drüben bleibt uns noch sechzig Jahre erhalten!‹«

Nach diesem ersten Marsch, so Hosea, hätten einige Zeitungen berichtet, daß man ihn aus Forsyth County verjagt habe. Das habe ihn dazu angeregt, die zweite Demonstration zu organisieren, und an der hätten vierzigtausend Leute teilgenommen. Die Presse spreche von zwanzigtausend, aber seiner Ansicht nach seien es vierzigtausend gewesen.

»Der Rassismus ist wieder im Kommen, Mann. Genau wie nach dem Bürgerkrieg. Damals war vom Ende der Reconstruction die Rede. Tja, heute stehen wir am Ende einer zweiten Reconstruction.«

Aber das Thema Forsyth war durch, wie der Sheriff es ausgedrückt hatte. War das Ganze denn nun zu irgend etwas nutze gewesen?

Hosea meinte, auch wenn kein Schwarzer nach Forsyth gezogen sei, sei doch viel Gutes aus der Sache hervorgegangen. Er zählte mehrere Punkte auf. Erstens: Die guten Weißen von Forsyth hatten sich gegenüber dem Klan behauptet. Zweitens: Die zersplitterten Bürgerrechtsgruppen hätten wieder zusammengefunden, wie seit Dr. Kings Tod nicht mehr.

»Drittens: Forsyth zwingt die Leute in den führenden Positionen dazu, nicht mehr nur große Reden zu schwingen, sondern wirklich die Führung zu übernehmen, statt darauf zu warten, daß von selbst etwas passiert. Es zwingt die sogenannten Führer, die Initiative zu ergreifen, die Konfrontation zu suchen. Viertens: Das Allerbeste – Forsyth hat bewiesen, daß Dr. Kings Strategie nicht mit seinem Tod hinfällig geworden ist, wie manche Leute behaupten. Diese Leute sagen zu mir: ›Hosea, du bist ein alter General mit Frontneurose. Es ist an der Zeit, mit den Demonstrationen aufzuhören und die Verhandlungen aufzunehmen.‹ Sie haben die Bewegung von der Straße in den Salon geholt. Von der Straße in den Salon. Darauf verwenden sie ihre Energie. Aber jetzt sind sie zu meiner Sichtweise zurückgekehrt und geben zu, daß sich der Kampf auf der Straße abspielt.«

Eine treibende Kraft hatte Tom Teepen Hosea genannt. Mir war das nicht so vorgekommen. Vielmehr war er mir wie ein Darsteller erschienen, der seiner selbstgeschaffenen öffentlichen Rolle entspricht. Doch jetzt sah ich das anders. Hoseas Engagement in der Stadtpolitik machte es erforderlich, daß er sich bis zu einem gewissen Grad in Szene setzte; hinter diesem Verhalten jedoch erkannte ich – hier, im geschützten Raum seines Büros – seine Klarheit und Güte, und ich dachte mir, daß der Mahatma höchstpersönlich – bei all seiner Unbeholfenheit – etwas Vergleichbares ausgestrahlt haben mochte.

Wie es der Zufall wollte, befand sich unter den Büchern in dem Regal an der Wand eines, auf dessen Rücken *Gandhi* stand. Und als Hosea das Büro kurz verlassen mußte, um mit jemandem zu reden, der gerade gekommen war, trat ich ans Regal und schaute genauer hin. Es war ein Taschenbuch. Doch es war nicht die Autobiographie des Mahatma, wie ich geglaubt hatte; es war das Drehbuch des Films *Gandhi*, und auf dem Vorsatzblatt stand eine Widmung des Autors, Jack Briley, für Hosea: von einem Mann, der Worte schreibe, so die Widmung (wenn ich mich recht entsinne), für einen Mann, der die Hiebe einstecke. Die Widmung gereichte beiden Männern zur Ehre, fand ich, und sie ließ einen Grund (von vielen) für die außergewöhnliche Wirkungskraft dieses Filmes ahnen. Und die Geschichte, die Hosea erzählt hatte, die Energie, die dabei von ihm ausgegangen war (und das mit mir als einzigem Zuhörer), verlieh den großen Fotos an der Wand eine zusätzliche, neue Bedeutung – den Maultierkarren und Latzhosen und dem jungen Martin Luther King, den Hosea ehrte und bewunderte.

Als er ins Büro zurückkam, war die Energie, die er beim Erzählen der Forsyth-Geschichte entwickelt hatte, verebbt. Autorität war an ihre Stelle getreten; und in meinen Augen war er jetzt so klar, wie man es nur sein konnte.

Ich fragte ihn nach seiner aktuellen Kampagne gegen Drogen und nach seiner Protestaktion vor dem Hauptquartier der CIA.

Er sagte: »Diese Drogengeschichte ist wirklich ganz übel. Die Drogen wirken sich auf unser Volk zerstörerischer aus als alles andere – die Rassentrennung, der Rassismus – seit der Sklaverei. Und die Angst vor den Drogenhändlern, die Angst, die der Drogenhandel schürt, ist schlimmer als die Drogen selbst. Solche Angst wie jetzt vor den Drogenhändlern hatten die Leute noch nie. Ich bin auf der Straße geboren, ich bin auf der Straße aufgewachsen, und ich lebe immer noch auf der Straße. Aber sogar ich habe erst vor kurzem entdeckt, wie übel diese ganze Drogengeschichte wirklich ist.«

Es gab also eine innere Logik in seinem Verhalten, genau wie in dem des Mahatma: bei beiden wechselte das reformerische Augenmerk zwischen gesamtgesellschaftlichen Problemen und dem Persönlichen hin und her, zwischen dem äußeren und dem inneren Feind. Und das Bild eines ausgesprochen praktisch orientierten Mannes, das Hosea vermittelte, festigte sich, als ich ihn nach dem Gebäude fragte, in dem wir uns befanden. Ob das sein politisches Hauptquartier sei, hier in diesem Schwarzenviertel? Er sagte, es sei sein Betrieb. Er stelle Chemikalien her. Das kam unerwartet. Ich hatte garantiert irgendwo davon gelesen, aber es war nicht hängengeblieben.

Er sagte ebenso sanft wie stolz: »Kommen Sie, ich zeige es Ihnen.«

Wir gingen in den Korridor hinaus und an dem Schreibtisch vorbei, an dem, schon seit ich gekommen war, zwei junge Leute saßen, ein junger Mann und eine junge Frau, die still wie Studenten in irgendeiner von Hoseas Angelegenheiten für ihn tätig waren. Am Ende des Korridors stieß Hosea eine Tür auf, und dort befand sich, an das Gebäude seines Büros anschließend, ein Lager mit Fässern und, auf der einen Seite, einem Stapel großer Pappen, die sich zu Kartons falten ließen.

»Ich stelle Chemikalien für Gebäudereinigungsmittel her«, sagte Hosea. »Bodenreiniger, Fensterputzmittel, alles, was man zur Gebäudereinigung braucht. Ich mußte mich von den Leuten im Stadtzentrum unabhängig machen.«

Er beschäftigte zwanzig Leute. Der Betrieb war größer, als ich gedacht hatte, und diese geschäftsorientierte Seite des Mannes erinnerte wiederum und mehr denn je an den indischen Mahatma, der sein Berufsleben als Anwalt begonnen hatte; der es mit Rechnungen immer sehr genau nahm, seine Presseverlautbarungen stets genauestens plante und 1910 mit dem Ziel wirtschaftlicher Unabhängigkeit und der Verwirklichung Ruskinscher Ideale in Südafrika eine Farm gegründet hatte. Seltsam, wie das Credo des Mahatma hier sechzig Jahre später umgesetzt worden war – und vielleicht hatte man hier mehr erreicht als der Mahatma in Indien: Vor dem Hintergrund von Gewalt und Sklaverei waren für ein lange erniedrigtes und entrechtetes Volk Rechte erstritten worden.

Hosea begleitete mich nach draußen, um mit mir auf ein Taxi zu warten. Es schien kein einziges zu geben. Er sagte: »Ich werde jemanden anhalten und ihn bitten, Sie zurückzubringen.« Doch es kam niemand vorbei, den er kannte. Schließlich bat er zwei seiner eigenen Leute, die wartend in einem schäbigen Lieferwagen saßen, mich zurückzufahren. »Geben Sie ihnen was fürs Benzin«, sagte er. Als ich dann in der Gesellschaft dieser Anhänger Hoseas, armer Leute, in deren unordentlichem Lieferwagen (bei laufendem Radio) auf dem Highway 20 nach Atlanta unterwegs war, hatte ich das Gefühl, mich in einer anderen Sphäre zu befinden, und während in der Ferne über den Freeways die Bürohochhäuser der Innenstadt sichtbar wurden, spürte ich die Distanz zwischen den Menschen, deren Führer oder Fürsprecher Hosea war, und dieser Umgebung.

Von sporadischen Eindrücken ausgehend (tatsächlich allerdings wohl eher von Geschichten über die Shango- und Shoutersekten in Trinidad und meinen Erinnerungen an schwarze Straßenprediger und Strandtaufen dort), hatte ich mir die

Religion der amerikanischen Schwarzen als eine Religion der Trance und Ekstase vorgestellt. Auf ihre förmliche oder ihre gemeinschaftlich-soziale Seite, wie etwa in Howards Heimatort, war ich nicht vorbereitet gewesen. Und genausowenig war ich auf ihre Reinheit vorbereitet gewesen, so wie ich sie bei Hosea erlebte. Oder später bei Robert Waymer.

Er war ein gutaussehender Schwarzer von neunundvierzig Jahren; förmliche Kleidung stand ihm gut. Er war in der Schulbehörde von Atlanta tätig, stammte aus South Carolina. Seine Familie besaß eine Farm von fünfzig Morgen – nicht groß, aber sie hatte viele Familienmitglieder ernährt. Und die Familie war in South Carolina, in Orangeburg, seit drei Generationen wohlbekannt.

»Vielleicht sogar seit vier.«

Ich sagte ihm, in meiner Vorstellung vom Leben der Schwarzen in den Südstaaten habe diese Art von familiärer Kontinuität keinen Platz gehabt.

Er sagte: »Das war auch geheim.«

»Geheim?«

»Man erzählt den Weißen nicht alles.« Und das klang aus seinem Munde wirklich eigenartig, wie er da so selbstbewußt im getäfelten Foyer des Ritz-Carlton saß, im Einklang mit seiner Umgebung.

Er sagte: »Sie waren uns feindlich gesonnen. Wer um seine Lage wußte und stolz darauf war, etwas für sich zu tun, dem war klar, daß man als Schwarzer in einer feindlichen Umgebung lebt.«

Er erzählte mir von seiner Verwandtschaft. »In unserer Verwandtschaft herrschte eine Art Gleichgestimmtheit. Und aus dieser Gleichgestimmtheit, diesem Gemeinschaftssinn heraus heirateten die beiden ältesten Schwestern meines Vaters Brüder, die Tabakfarmer, Viehhalter, Gemüsegärtner waren. So, mit der Landwirtschaft, haben wir angefangen. Und wir waren, glaube ich, ganz geschickt. Wir waren zu sechzehnt. Meine Mutter war die älteste Tochter eines A.-M.-E.-Predigers.«

Er erklärte mir die Initialen: African Methodist Episcopalian. Die Kirche feiere in diesem Jahr ihr zweihundertjähriges Bestehen. African? Ob sie etwas mit Afrika zu tun habe? Nein. Sie sei von einem ehemaligen Sklaven, Richard Allen, gegründet worden, als dieser feststellen mußte, daß er aus den weißen Kirchen ausgeschlossen wurde. Und das war Bob Waymers Thema: Die Solidarität, die den Schwarzen daraus erwachsen war, daß sie ausgeschlossen wurden, die Not, die sie dazu getrieben hatte, ihre eigenen Institutionen zu gründen – und der Zusammenbruch, der mit dem Ende der Rassentrennung erfolgte.

Sein Vater war der älteste Sohn eines Farmers. Es gab also eine Tradition in seiner Familie. Doch sie ging mit einer gewissen Bescheidenheit einher.

»Wir sind keine Führungspersönlichkeiten. Wirklich nicht. Sie wie auch andere haben bisher keine Gelegenheit gehabt, etwas über die Schwarzen zu erfahren, so wie sie wirklich sind. In meiner Familie hält sich niemand für etwas Besonderes. Wir sind aufrechte, engagierte Menschen, wir setzen uns füreinander ein. Es ist eine Art von Engagement, die mit meinem Großvater begann und mit meiner Mutter weiterging.

Sie müssen sich klar darüber sein, daß Sie nichts über Schwarze wissen.

Die Bürgerrechtsbewegung war für alle gut. Aber sie hat eher die Weißen als die Schwarzen befreit. Wir waren eine geschlossene, abgetrennte, verfolgte Gruppe in Amerika, und das wußten wir. Was immer wir lernten, wir – meine Altersgenossen – wußten, wir müssen gut sein. Wir mußten neugierig sein. Patriotisch. Besser als die andern. Gebildet. Und fromm. Und außerdem *vorsichtig*. Wir mußten vorsichtig sein, weil wir uns in diesem feindlichen System bewegen mußten, um unser Brot zu verdienen, um zu überleben und uns im Leben wohl zu fühlen. Wir haben uns, als Gruppe betrachtet, gut geschlagen. Wir haben unsere Bildungseinrichtungen aufgebaut, für die Ausbildung der Unsrigen gesorgt. Das öffentliche Bildungswesen ist eine relativ neue Angelegenheit. Die erste Highschool in Atlanta, die Booker T. Washington Highschool, wurde in den 1940er Jahren gebaut.«

»Reden Sie heute oft über diese Dinge?«

»Nein. Kaum. Es gibt nichts zu sagen. Man will ja nicht damit angeben, wie gut man es hingekriegt hat, zu überleben. Das ist nichts. Oder gar sich selbst rühmen. Das ist Eitelkeit, und die kommt in meiner und auch in anderen Familien einer Sünde gleich.«

Ich fragte ihn nach der Stellung der Kirche.

»Die Kirche ist absolut grundlegend. Dabei bin ich nicht einmal sonderlich religiös. In der Kirche habe ich gelernt, mich und andere zu achten. Das zum Beispiel ist grundlegend. Und die zehn Gebote, die sind Gesetz. So einfach ist das. Als Kind dachte ich immer, diese Regeln stammten von meiner Mutter, und ich habe mich gefragt, wie es kommt, daß die anderen Kinder sie auch kennen.«

Er war ein ruhiger Mensch. Doch es gab andere – ich erwähnte Marvin Arrington –, die nicht so ruhig waren. Er sagte, Leute wie Arrington seien »Schauspieler«. Er betonte dieses Wort und erklärte es dann.

Arrington sei Anwalt. »Es gibt einen Unterschied zwischen dem Verhalten der Schwarzen, die ihre Ausbildung ausschließlich in schwarzen Einrichtungen erhalten haben, und dem Verhalten derer, die an weißen Hochschulen studiert haben.

Jeder will in seinem Beruf erfolgreich sein. Bildung ist mit einer sehr schmerzhaften Veränderung der eigenen Persönlichkeit und Geisteshaltung verbunden. Wer in Amerika ein erfolgreicher Anwalt sein will, schafft das nur, indem er den Weißen nacheifert, selbst ein weißer Anwalt wird. Der ganze Berufsstand – und das gilt nicht nur für Juristen – weist einen in diese Richtung. Man wird zum Werkzeug seiner eigenen Vernichtung, seines eigenen Todes.«

Tod. Das war ein starkes Wort. Aber er sprach vom seelischen Tod, und dieser hatte die Schwarzen in Waymers Augen mit dem Ende der Rassentrennung und dem daraus folgenden Verlust von Gemeinschaft ereilt. Genau dieses Thema hatte auch Howard angesprochen, als wir – es schien schon so lange her – von der Kirche zum Haus seiner Mutter zurückgegangen waren.

Bob Waymer sagte: »Ich meine wirklich Vernichtung. Ich will es Ihnen erklären. Wenn man Lehrer oder Jurist wird oder irgendeinen anderen akademischen Beruf ergreift, lernt man an den weißen Hochschulen gewisse Dinge über die Schwarzen. Und die sind zu neunzig Prozent abwertend. Frederick Douglass, er ist einer meiner Helden, hat gesagt – wie schon andere vor ihm –, daß man nicht pflanzen kann, ohne vorher den Boden zu bereiten. Die Liebe und das Mitgefühl, die Dr. King zu vermitteln wußte, führten dazu, daß eine Weile lang viele Menschen auf der Welt der Ansicht waren, in der Rassenfrage, mit der Behandlung der Schwarzen liege etwas grundsätzlich im argen. Aber diese aufrechten Menschen wußten das ohnehin. Sie hatten es schon immer gewußt. Dr. King hat bei den Weißen eine regelrechte Katharsis bewirkt. Er war das beste Heilmittel für die seelische Gesundheit der weißen Amerikaner. Für die Schwarzen hat er bewirkt, daß ihre Rechte gesetzlich verankert wurden und daß zahllose Schwarze begannen, sich für ihr Volk und für sich selbst zu engagieren.

Aber sobald die Schwarzen weiße Bildungseinrichtungen

besuchen durften, stellten sie fest, daß es ihnen in ihren eigenen Einrichtungen viel besser ging und daß es gar nicht so toll war, ein weißer Amerikaner zu sein. Wir dachten, wenn wir erst dieselben Rechte hätten, wären unsere Probleme vorbei. Tatsächlich aber blieb unser historisches Problem zu achtzig Prozent bestehen, nur mußten wir uns jetzt auch noch zusätzlich mit alldem herumschlagen, was mit dem Weißsein verbunden war.

Ich will Ihnen ein amüsantes Beispiel nennen: Eine Hausangestellte, die für eine weiße Familie kochte, wußte ungefähr, wieviel gegesssen wurde und daß sie, wenn sie ein bißchen mehr kochte, etwas mit nach Hause nehmen konnte. Das wurde immer so gemacht. Es war Teil einer eingebauten Ökonomie, einer verborgenen Ökonomie.«

Und es gab andere, weniger amüsante Beispiele, die noch immer etwas Demütigendes hatten. Zur Zeit der Rassentrennung konnten Schwarze nicht in Hotels oder Motels übernachten und wurden in Restaurants nicht bedient. In manchen Restaurants allerdings wurden sie an einem rückwärtigen Fenster bedient; und wenn der Koch wußte, daß eine Bestellung von diesem Fenster kam, gab er oft, wenn er etwa einen Hamburger zubereitete, ein zusätzliches Stück Fleisch dazu. So entstand der Cheeseburger. Und da es keine Hotels für Schwarze gab, entstand die Institution des *tourist home*: Schwarze auf Reisen konnten in den Häusern bestimmter schwarzer Familien unterkommen. Die einheimischen Schwarzen wußten meistens, welche Häuser das waren, und konnten den Reisenden den Weg weisen. Das *tourist home* war für gewöhnlich ein Zimmer bei jemandem zu Hause; manche Leute verdienten sich damit ihren Lebensunterhalt.

»Durch die Bürgerrechtsbewegung wurden wir gleichberechtigt. Erfindungsreichtum war nicht mehr vonnöten. Wir brauchten nur eine Kreditkarte und eine gute Arbeitsstelle. Was ist uns verlorengegangen? Mrs. Smith, die ihr *tourist home* betrieben hat, kann nicht mehr davon leben. Und wir bezahlen jetzt statt vier Dollar pro Nacht für eine ganze Familie – Frühstück, ein Sandwich zum Mitnehmen und Kommunikation einbegriffen – vierzehn Dollar pro Nacht im Holiday Inn.«

Die Kommunikation mittels der *tourist homes* war eine der unerwarteten Früchte der Rassentrennung und ein Punkt, den Bob Waymer besonders hervorhob. Neue Tänze etwa hätten sich über diesen Kommunikationsweg sehr schnell unter den Schwarzen verbreitet. In jener fernseherlosen Zeit sei das wie Zauberei gewesen: Wenn sich Schwarze aus unterschiedlichen Teilen des Landes begegneten, konnten sie dieselben neuen Tänze miteinander tanzen. Nach dem Ende der Rassentrennung war es damit vorbei.

»Hotels wie das Holiday Inn erlebten damals in den gesamten USA einen enormen Aufschwung. Ich weiß noch, daß Leute, die gar nicht auf Reisen waren, ins Stadtzentrum fuhren und sich im Holiday Inn einmieteten, einfach nur, weil sie das Recht dazu hatten.«

Die Religion war wie etwas, das in der Luft lag, ein Gefühlsreservoir, auf das die Leute je nach Bedarf zurückgreifen konnten. Eine religiöse Berufung konnten viele verspüren. Für manche beinhaltete diese Berufung die Idee des Dienens und der Gemeinschaft. Für andere, die ein stärker ausgeprägtes Ichbewußtsein hatten, von Siegeswillen erfüllt in die Welt gezogen waren, sich dann aber aus verschiedenen Gründen wieder zurückgezogen hatten, nahm die Berufung die Form des Wunsches an, die Schrift auszulegen, zu predigen, Gott und den Menschen das eigene, frühere Leben als Opfergabe darzubieten.

Der weiße ehemalige Geschäftsmann, den ich in einer Gruppe älterer Studenten an einer Religionsschule kennenlernte, hatte sich »von Gott erniedrigt« gefühlt. Erst nachdem er sich für die Religion entschieden hatte, bekam er das Kapital angeboten, das er benötigte, um sein Geschäft am Laufen zu halten. Dieses Angebot hatte eine Versuchung dargestellt, doch er war ihr nicht erlegen. Er war ein attraktiver Mann mit frappierenden blauen Augen; er muß sich seines guten Aussehens bewußt gewesen sein; womöglich hatte er mit einem einfacheren Lebensweg gerechnet. Das gleiche galt vermutlich für die umwerfende Schwarze aus Alabama. Sie sprach von ihrer Schönheit, als sei diese selbstverständlich und nach wie vor ein Vorteil. Doch nachdem sie aus den Südstaaten weggegangen war, hatte sie in Armut und ungeordneten Verhältnissen gelebt. Und dann war da noch Danny, ein Musiker. Auch er hatte sich, genau wie der ehemalige Geschäftsmann, von Gott erniedrigt gefühlt – er benutzte den gleichen Ausdruck.

Danny sagte: »Ich habe mein Leben wie einen zerbrochenen Spiegel vor mir gesehen – hier eine Scherbe, da eine Scherbe.«

Dieses Bild war so bestechend – genau die Sorte Chaos, von der Anne Siddons geredet hatte –, und ich fand das, was er über die Entwicklung seines religiösen Lebens zu erzählen hatte, so interessant, daß ich mich noch einmal mit ihm unterhalten wollte. Wir vereinbarten einen Termin. Er kam nicht. Ich rief ihn an. Er aß gerade, ich hörte es; er sagte, er habe viel mehr zu tun gehabt als erwartet. Wir vereinbarten einen weiteren Termin. Und diesmal kam er.

Er war ein stämmiger Schwarzer, der in seinem offenen kurzärmeligen gelben Hemd sehr lässig gekleidet wirkte dort im Foyer des Ritz, wo an diesem Vormittag mit einem männlichen Model ein Video über das Hotel gedreht wurde und man grelle Scheinwerfer herumschob. Vor diesem Hintergrund führten wir unser Gespräch über Religion und die Eitelkeit der Welt.

Ich fragte ihn nach seinem Gefühl, von Gott erniedrigt worden zu sein. Und damit begann seine Geschichte.

»Ich war ein Gewinner, mein Leben lang, immer auf Ruhm und Ehre aus, schon in der Highschool. Ich war in allem die Nummer eins. Beim Musikmachen mußte ich der Leader sein. Ich war Kapitän der Footballmannschaft, der Basketballmannschaft. Ich war der Abschiedsredner meiner Klasse – ich hatte die besten Abschlußnoten meines Jahrgangs. Selbst wenn ich irgendwelche Arbeiten im Haus erledigte, gab ich mein Bestes, weil ich wußte, daß meine Eltern mich dafür loben würden. Ich fand es einfach toll, wenn die Leute mit mir prahlten. Ich hielt mich für etwas ganz Besonderes – ich glaube, es hatte viel mit Gnade und natürlicher, gottgegebener Begabung zu tun.

Meine Eltern arbeiteten beide in gehobenen Berufen. Mein Vater war Prediger und Lehrer, und meine Mutter auch. Und der kleine Ort, in dem wir lebten, war dadurch, daß sie beide dort in diesen Berufen arbeiteten, in gewisser Weise einmalig. Darauf war ich stolz, schon als kleines Kind. Wir haben in einem kleinen Ort in Texas gewohnt.

Ich konnte mir sogar etwas darauf einbilden, daß wir bereits eine Innentoilette hatten, was sonst noch fast niemand im Ort von sich sagen konnte. Und obwohl ich nie mit so etwas angab, hatte es immer eine Wirkung auf mich. Wir waren die ersten oder zweiten, die einen Fernseher hatten. Mein Vater war überhaupt die führende Persönlichkeit im Ort. Der erste Schwarze, der nach der Aufhebung der Rassentrennung im Schulamt saß.

Mir war klar, daß es Abneigung oder Groll hervorruft, wenn man prahlt oder seinen Stolz zur Schau trägt. Deshalb habe ich es stets verstanden, mich bescheiden zu geben. Aber immer mit dem Ziel, gelobt zu werden.

Ich bekam ein Musikstipendium, ein Footballstipendium und ein Basketballstipendium. Aber ich habe letztlich keins davon angenommen, weil ich nicht wußte, was ich wollte. Irgendwann kam ich dann zu dem Schluß, daß die Musik für mich wohl der beste Weg wäre. Meine Mutter hatte mich in der ersten und zweiten Klasse unterrichtet, und meine Schwestern und ich waren in der Kirche immer am Programm beteiligt – wir schauspielerten oder sangen vor. Musik war also für mich immer etwas gewesen, wo sich die Aufmerksamkeit auf mich richtete. Das war kein bewußter Gedanke. Ich wußte es einfach – wenn man sang, setzten sich alle hin und hörten zu, widmeten einem ihre Aufmerksamkeit. Ich bin sogar manchmal in den Lebensmittelladen gegangen und habe für den Mann dort gesungen, um ein paar Süßigkeiten zu kriegen.

Als ich dann ans College kam, habe ich mir die Footballspieler angeschaut – und da habe ich mich für die Musik entschieden. Diese Kerle auf dem Footballfeld waren so groß und brutal. Es wäre ein mühsamer Weg gewesen.

Dann sollte am College ein Talentwettbewerb stattfinden. Ich ging durch den Schlafsaal, hörte unten jemanden Gitarre spielen und ging runter, um zu gucken. Und dann bin ich wieder hoch in mein Zimmer, habe meine Klarinette geholt und angefangen, mit diesem Typ zusammenzuspielen – Songs. Das hat einen Haufen Leute angelockt. Sie kamen von oben runter, um zuzuhören. Andere Musiker stießen dazu. Und wir beschlossen, für den Talentwettbewerb ein paar Nummern perfekt einzustudieren. Wir hatten Erfolg an dem Abend. Im Publikum saß auch der Besitzer eines Nachtclubs, und der lud uns ein, noch am selben Abend in seinem Nachtclub zu spielen. Wir spielten nicht für Geld, wir spielten für Doughnuts. Wir fanden es toll, dabei konnten wir nur diese beiden Stücke. Das war der Anfang. Die Band wurde zur beliebtesten Band der Stadt. Wir nahmen uns einen Manager. Wir gingen auf Tour. Wir machten uns einen Namen.

Ich verdiente viel und war beliebt, und obwohl ich erst neunzehn und noch am College war, lebte ich schon in einer superschicken Wohnung – ich hielt mich für den absoluten Traummann. Und plötzlich wurde die Schule uninteressant für mich. Sie schien mir schlichtweg überflüssig, denn ich war ja schon auf dem Weg zu Ruhm und Reichtum – wobei der Ruhm für mich an erster Stelle stand.

Also bin ich vom College abgegangen und habe mich darauf konzentriert, ein Star zu werden. Und nach siebzehn Jahren bei verschiedenen Plattengesellschaften und Touren durch die USA, Kanada und Afrika ist mein Leben in die Brüche gegangen.«

Das kam in seiner Erzählung ziemlich unvermittelt. Doch was Danny indirekt damit sagen wollte, war, daß er die Musikwelt und seine Rolle darin falsch eingeschätzt hatte. Er hatte immer nur eine ergänzende, unterstützende Rolle gespielt. Er hatte sich zu schnell als Star gesehen, sich Illusionen hingegeben.

»Ich bekam das Gefühl, daß ich mein Leben nicht selbst in der Hand hatte. Ja sogar, daß Gott mich ungerecht behandelte. Denn ich wußte, daß ich genauso viel oder sogar noch mehr Talent hatte als die anderen im Busineß. Aber ich wurde ständig ausgebeutet. Die haben Ideen aus meinen Songs übernommen, aber meine eigenen Sachen wurden nie landesweit veröffentlicht.«

»Wollen Sie damit sagen, daß Sie keinen Manager hatten? Während all dieser Jahre?«

Es stellte sich heraus, daß sein erster Manager, den er während seiner Zeit am College gehabt hatte, nicht lange überdauert hatte. »Es war einfach so, daß alles in meinem Leben immer *ich* gewesen war. Ich war alles. Ich dachte mir, daß ich auch mein eigener Manager sein könnte, alles. Ich war kein Typ, der sich unterordnet. Mein Stolz blendete mich, so daß ich nicht erkannte, wie klug das war, was mein allererster Manager mir gesagt hatte – er bot mir an, mich finanziell zu unterstützen, wenn ich bei seiner Band blieb. Aber ich wollte, daß mein eigener Name im Vordergrund stand. Und so haben wir uns dann jahrelang treiben lassen. Die Plattengesellschaften und Veranstalter wußten genau, daß Livemusiker nach einer Sache süchtig sind: danach aufzutreten. Also haben sie uns ausgebeutet, und wir haben es zugelassen.

Ich verlor meine Gruppe. Das war der Moment, wo es zur Krise kam. Ich war in einem Club, und ich weiß noch, daß ich dachte: ›Am erfolgreichsten war ich zu der Zeit, als ich noch ein Lehrling war.‹ Das war das Wort, das mir in den Sinn kam: *Lehrling*. ›Der Lehrling von jemandem, der Geld und Verbindungen hat.‹

Wenn ich heute daran zurückdenke, erkenne ich, daß Gott sein Werk an mir tat. In gewisser Weise wurde ich damals erniedrigt – schon allein durch die Erkenntnis, daß ich jemandem folgen mußte, statt selbst am Hebel zu sitzen. Aber ich dachte dabei noch rein musikalisch – vielleicht, dachte ich, sollte ich mich einer Band anschließen, die irgendwas macht, sich irgendwo hinbewegt, und mich führen lassen, statt selbst zu führen.

Dann tat sich eine große Gelegenheit auf. Ich weiß noch, wie ich im Tonstudio stand, um einen Song für ein Album bei der Plattengesellschaft einzuspielen, die mir das Angebot gemacht hatte – es war wie ein Vorspieltermin. Und ich war *grauenhaft*. Ich bin im Studio zusammengebrochen und habe geheult wie ein Baby.

Ich erinnere mich noch daran, wie ich im Studio gebetet habe. Ich habe gefragt: ›Lieber Gott, warum läßt du das zu? Wie soll ich meiner Familie beibringen, daß ich meine große Chance vertan habe?‹ Ich hatte in ganz Amerika herumtelefoniert und den Leuten gesagt, paßt auf, das ist es – jetzt werde ich wirklich ein großer Star. Und obwohl meine Eltern mit dem, was ich tat, nie einverstanden gewesen waren, spürte ich, daß sogar sie hofften, ich würde es schaffen, meine Träume würden in Erfüllung gehen. Es war mein größter Traum, meine Mutter mit einem Rolls-Royce und einer superteuren Villa zu überraschen.«

»Warum, glauben Sie, haben Sie im Studio dermaßen versagt?«

»Irgendwie ging einfach gar nichts mehr. Ich habe mich geniert. Ich war deprimiert. Hatte das Gefühl, mein Leben ist vorbei. Das Gefühl, das sei meine letzte Gelegenheit gewesen. Es hat einfach alles kaputtgehauen. Wenn man sein Leben lang in seinem Stolz bestätigt und dann plötzlich schlechtgemacht wird, ist das, als würde man als Schwindler bezeichnet. Vielleicht war ich ja nie das gewesen, was ich zu sein glaubte.

Während dieser Zeit begann ich über einen anderen Weg nachzudenken. Ich hatte nämlich mein Leben lang so eine kleine Stimme in mir gehabt, die sagte: ›Du solltest in erster Linie Songs *schreiben*. Laß *andere* Leute deine Songs einspielen. Das wäre der richtige Weg für dich.‹ Ich spürte das einfach. Aber ich war zu stolz. Ich wollte nicht als Songschreiber erfolgreich sein. Ich wollte meine Songs selber singen. Doch jetzt war ich an einem Punkt angelangt, wo das eine letzte Möglichkeit für mich war. Denn obwohl ich wirklich am Boden war, habe ich nie restlos aufgegeben. Das war also ein Moment der Demut – der Gedanke, daß ich es vielleicht als Songschreiber versuchen sollte. Ich habe einem Musiker aus der Gegend, einem hervorragenden Sänger, einen meiner

Songs gegeben, und dann wurde ich zu seinem Produzenten und Manager. Und auf der lokalen Ebene waren wir auch durchaus erfolgreich.

Zu der Zeit lernte ich dann einen Mann kennen, der mir von Christus erzählte. Er war Pfarrer. Ein schwarzer Pfarrer. Anfang Sechzig. Und Musiker war er außerdem. Ich bin ins Büro gegangen, um meine Frau abzuholen, und da begegnete ich diesem Mann. Und bei dieser Begegnung war sein Gesicht – es war, als strahlten seine Augen Licht aus, sie leuchteten unglaublich. Und sein Lächeln ging mir durch und durch. Er schaute mich mit solcher *Liebe* an. Und zugleich hatte ich das Gefühl, dieses Gesicht zieht mich regelrecht zu ihm hin. Doch innerlich fühlte ich mich schmutzig und unrein, und ich schämte mich. Ich wollte in eine andere Richtung gehen. Das alles spielte sich im Büro der Versicherung ab, für die meine Frau arbeitete und für die auch er arbeitete.

Er sagte bloß: ›Ich freue mich schon lange darauf, Sie kennenzulernen. Ich habe so viel von Ihnen gehört.‹ Er war Saxophonist, aber er erzählte mir, daß er nur *Kirchenlieder* spielte, und er fragte, ob wir uns nicht mal treffen und zusammen Kirchenlieder auf dem Saxophon spielen wollten. Ich hatte dazu eigentlich keine Lust, hatte nicht die Absicht, es zu tun. Aber ich sagte ja.

Bevor er kam, ungefähr eine Woche später, schickte er mir eine Bibel. Es war eine besondere Bibel, in der vorne ausgewählte Texte zu bestimmten Fragen aufgelistet waren. Eine davon war: Was sagt uns die Bibel über den Erfolg? Es wurden alle Texte aufgezählt, in denen es um Erfolg ging und darum, was man tun muß, wenn man unglücklich und frustriert ist. All diese Texte handelten vom Vertrauen in Gott. Vertraue, und Er wird walten. Die Betonung lag auf *Er*. Mein Leben lang hatte die Betonung auf *Ich* gelegen. *Ich* werde oder *ich* kann walten. Oder *ich* habe gewaltet.«

Und beim Gedanken an dieses *Ich* lachte Danny, als hätte er einen Scherz gemacht.

»Als ich mich dann mit diesem alten Musiker traf, nahm ich Christus an. Er brachte mir Christus nahe. Er eröffnete mir die Heilige Schrift.

Eine Woche nachdem er mir die Bibel geschickt hatte, kam er zu mir nach Hause. Meine Frau war zu dem Zeitpunkt nicht da. Er hatte sein Saxophon dabei. Wir spielten ein bißchen. Er interessierte sich sehr für meinen Gesang. Und er brachte mir Christus nahe. Wir beteten. Und ich erkannte – allerdings vor allem dadurch, daß ich selbst in der Bibel las und begriff, daß die Last, die ich ganze Zeit allein auf meinen Schultern getragen hatte, die Last, zu leben, erfolgreich zu sein, glücklich zu sein – ich erkannte durch die Heilige Schrift, daß uns Gott durch Jesus Christus all das gegeben hat, wonach ich so lange gesucht hatte.

Ich betete also und lud Christus ein, in mein Leben zu kommen. Ich glaube, daß Gott Menschengestalt angenommen hat, um unsere Sünden auf sich zu nehmen, damit wir in Gottes Gerechtigkeit leben können. Es gab da einen Bibeltext, der mich wirklich beeindruckte. Galater 5.22. Meine Bibel drückt das so aus: Der Heilige Geist will Frucht in dir erzeugen. Frucht. Singular, aber Plural: Liebe, Freude, Frieden, Geduld, Güte, Sanftmut und Selbstbeherrschung. Das hat mich wirklich beeindruckt. Erfolgreich sein hieß, das alles lebendig in mir zu haben – weil mein Glück nicht mehr durch die äußeren Umstände bestimmt wurde, sondern durch meine Beziehung zu Gott. Erfolg war also nicht mehr von der persönlichen Leistung abhängig, sondern erwuchs einfach aus dem Frieden und der Freude, zu wissen, daß Gott mich liebt. Und zwar so sehr, daß er mir alles vergab, was ich getan hatte.

An diesem Abend begleitete ich den alten Musiker, nachdem wir bei mir zu Hause zusammen gebetet hatten, in ein Gefängnis und wirkte dort an einem Gottesdienst mit. Und das haben wir dann jeden Abend gemacht, daß wir in ein Gefängnis gegangen sind. Er hat gepredigt, und ich habe gesungen.«

»Wie standen Sie zu den Leuten im Gefängnis, den Häftlingen? Und was hielten die von Ihnen?«

»Ich habe sie *geliebt*. Ich fing an, die Menschen wirklich zu *sehen*. Mein Leben lang hatte ich immer nur mich selbst gesehen. Meine Liebe war auf mich selbst gerichtet gewesen. Ich begriff, daß andere Menschen mir viel mehr zu bieten hatten als ich ihnen. Mit anderen Worten, ich begann die Menschen so zu sehen, wie ich Gott sehe.

Ich trat damals an den Wochenenden noch mit einer Band auf. Aber meine Lieder veränderten sich. Ich begann, die weltlichen Texte in Lieder über Jesus umzuschreiben. Ich begann, auf der Bühne zu predigen.«

»Wie haben die Leute darauf reagiert?«

»Sie hielten es für einen Witz.«

»Waren das Schwarze oder Weiße?«

»Gemischt. Ich fing dann an, auf dem Weg zum Gig, wie wir das nannten, in der Bibel zu lesen. Mit den anderen Musikern zusammen. Und in den Pausen auch. Und unsere Band wurde beliebter als je zuvor. Gleichzeitig erklärte mir der Mann, der mich zu Christus geführt hatte, geduldig und liebevoll immer wieder, daß der Moment kommen würde, wo ich eine Entscheidung treffen mußte – mich Christus voll und ganz hinzugeben.

Und das war der Punkt, wo ich rang, wo ich mich quälte. Tag für Tag, Abend für Abend erklärte ich Gott, daß ich auch in einem Nachtclub Zeugnis ablegen konnte, weil die Leute dort nicht in die Kirche gehen und auch nicht in die Kirche gehen wollen. Aber dabei las ich weiterhin in der Heiligen

Schrift, und im Kopf hörte ich immer wieder: ›Geht fort aus ihrer Mitte und sondert euch ab. Was haben Gerechtigkeit und Gesetzlosigkeit miteinander zu tun? Was für eine Gemeinschaft besteht zwischen Licht und Finsternis?‹

Dann eines Nachts waren meine Frau und ich zu Hause. Und ich hatte eine Vision. Ich war in meinem Heimatort in Texas. Ungefähr zweihundert Meter von unserem Haus entfernt gibt es einen kleinen See. Es ist mein Lieblingsplatz, auch heute noch. Da gehe ich hin, um zu angeln, zu schießen, zu schwimmen. Ich sah mich durchs Feld gehen, auf dem Weg zum See. Und da hörte ich eine Stimme, die mich Moses nannte. Ich schaute auf, nach oben. Und ich erkannte die Stimme. Ich wußte, daß es die Stimme von Gott war, der sagte: ›Du bist so weit gegangen, wie du gehen kannst.‹ Ich schloß sofort die Augen und legte mich ins Feld. Plötzlich stieg aus meinem Abbild auf dem Feld ein anderes, zunächst noch transparentes Abbild empor. Dieses Abbild war muskulös. Ich konnte die hervortretenden Venen auf meinen Armen sehen, auf den Muskeln, als das Hemd aufplatzte. Und in meinem Gesicht stand Selbstbestimmtheit, Ehrgeiz, ein mächtiger Stolz. Ich ging weiter auf den See zu, mit jedem Schritt leidenschaftlicher, ehrgeiziger, selbstbewußter. Da hörte ich plötzlich wieder eine Stimme, dic sagte: ›Moses, weiter kannst du nicht gehen.‹ Diesmal blickte ich voller Groll auf. Und in Gedanken sagte ich: ›Nein, jetzt kannst du mich nicht mehr aufhalten. Ich bin fast da. Ich schaffe es.‹

Die Macht von oben drückte mich in das Feld, diese Macht, gegen die ich schon die ganze Zeit ankämpfte. Während ich auf den Knien lag und immer noch kämpfte, begann meine Haut zu schmelzen, und meine Knochen schmolzen auch, bis ich zu einer scheußlichen Kreatur geworden war, wie aus einem Horrorfilm. Aber ich leistete weiter Widerstand, bis nur noch Flüssigkeit von mir übrig war – ich war nur noch ekelhafte Flüssigkeit. Und dann stieg aus dem Abbild auf dem Boden ein weiteres, zunächst wieder transparentes Abbild auf. Diesmal war ich friedvoll – dieses Abbild trug Frieden im Gesicht, in meinem Gesicht, und Liebe und Freude erfüllten mein Herz. Ich war bereit, mich unterzuordnen, zu gehorchen, der Stimme zu vertrauen, die mir den Weg wies.

Als ich erwachte, berührten – in der Vision – meine Füße gerade das Wasser. Meine Frau wachte auf, als ich da neben ihr im Bett saß und die Tränen wie Wasser über meine Wangen rannen und Kälteschauer über meinen ganzen Körper jagten. Die Macht, die gegenwärtig war, weckte meine Frau, als ich mich im Bett aufsetzte. Und meine Frau erwachte voller Angst, sie weinte. ›Was ist denn los, Schatz? Was ist denn los?‹ Ich fing an zu singen: ›Alles ist gut. Gott ruft mich.‹ Da legte sie sich auf der Stelle wieder hin und schlief ein.

Kurz danach gab ich mich endgültig hin und entschloß mich, Geistlicher zu werden. Kehrte einem potentiellen Hit den Rücken. Denn ich wußte, Erfolg heißt, von Gott geliebt zu werden und sich Seinem Willen unterzuordnen.

Etwas später, an meinem vierunddreißigsten Geburtstag, gelobte ich dem Herrn, hinzugehen, wohin er mich sandte, und zu tun, was er von mir verlangte. Und er führte mich zur methodistischen Kirche, wo ich zum Kandidaten für das geistliche Amt wurde. In der methodistischen Kirche ist es Vorschrift, daß man ein Seminar besucht. Das Seminar, das ich auswählte, es liegt in meinem Heimatort, ist sehr, sehr teuer. Und ich hatte keinen Cent. Ich ging hin. Man lehnte mich ab. Man sagte mir, daß ich Geld brauchte, um dort zu studieren. Der Mann, der mich ablehnte, war ein Geistlicher, der im Kirchenrat saß. Er sagte: ›Sie sind ja ganz schön unverfroren. Ohne einen Cent hierherzukommen.‹ Und ich sagte: ›Gott hat mich geschickt.‹«

Danny lachte, als er erzählte, wie man ihn abgelehnt hatte. Ich fragte: »Was hat er denn darauf geantwortet?«

»So was im Sinne von: ›Lassen Sie sich doch von Gott Geld geben, und dann kommen Sie wieder.‹« Danny lachte erneut, als verstünde er, wie verlockend es für jemanden in der Position dieses Geistlichen gewesen sein mußte, so eine Antwort zu geben.

Danny sagte: »Er war grob. Das war an einem Freitag. Am Sonntag leitete ich bei uns in der Kirche den Chor und spielte ein Lied auf dem Saxophon. An diesem Sonntag war auch der Superintendent da. Er war beeindruckt, als er hörte, daß ich Kandidat auf das geistliche Amt war. Am Montagmorgen rief mich dann der Mann an, der mich abgewiesen hatte. Er sagte: ›Gott muß Sie wirklich geschickt haben. Sie werden bei uns studieren.‹ Meine gesamten Studiengebühren waren übernommen worden. Bisher sind das schon über zwanzigtausend Dollar. Das war vor drei Jahren.«

Ich fragte ihn nach dem alten Musiker.

»Er ist immer noch mein engster Freund. Ich *liebe* ihn. Ich nenne ihn meinen Vater, meinen Bruder, meinen Freund. Ich erzähle diese Geschichte und möchte auch gern, daß sie bekannt wird, damit vielleicht ein paar Menschen zu Jesus finden.«

2. *Charleston*

Die Vergangenheit als Religion

Die Interstate führt direkt auf die Halbinsel von Charleston. Man gelangt also mühelos in den historischen Stadtkern. Und nach Atlanta kam es mir vor, als gelangte ich in eine Spielzeugstadt. Die Leute im Foyer des Hotels trugen Touristenkleidung; ihre Schritte und Stimmen wurden von den Wänden und dem Marmorfußboden zurückgeworfen und schwebten als Dröhnen über dem extravaganten Lüster, auf den von Zeit zu Zeit ein Neuankömmling seine Kamera richtete, als sei auch dieser Lüster Bestandteil des touristischen Charleston, zusammen mit den vielen Geschäften im Hotelfoyer; dem Sklavenmarkt und dem Confederate Museum in den Straßen aus dem 18. und 19. Jahrhundert; dem renovierten alten Markt mit seinen vielen Ständen und Boutiquen, wo schwarze Frauen würdevoll auf dem Bürgersteig saßen und Körbe flochten. Denn nicht nur der Stadtkern aus dem 18. Jahrhundert, die Sklaverei und der Bürgerkrieg machen das touristische Charleston aus, sondern auch ein Flair von heutiger Karibik.

In der Altstadt waren unablässig Pferdekutschen mit

Touristen unterwegs, die Pferde mit »Windeln« ausgerüstet, in denen ihr Kot aufgefangen wurde. Andere Besucher sahen sich zu Fuß um. Und wieder andere fuhren jeweils zu zweit – in einer eigenartig rituell anmutenden Haltung, den Oberkörper scheinbar leicht nach hinten geneigt – in kutschenähnlichen Tretmobilen herum, eine neue touristische Mode.

Die Altstadt ist klein. Es scheint unmöglich, daß hier irgend etwas Echtes überdauert haben kann, doch Charleston besitzt tatsächlich schöne Straßen, Kirchen und Friedhöfe aus dem 18. Jahrhundert, und in der Altstadt wohnen noch Menschen mit ebenden Namen, die in den Straßennamen verewigt sind. (»Was machen diese Leute eigentlich jetzt?« fragte ein Tourist eines Vormittags seinen Kutscher. Er fragte – noch im naiven Glauben an die Vollständigkeit der Welt, zu der er eine touristische Eintrittskarte erworben hatte – nach den alten Familien in den alten Häusern, an denen sie gerade vorbeifuhren. Und der Kutscher entsprach seiner Rolle als Lieferant von Staunenswertem und erwiderte: »Die sind noch gar nicht aufgestanden.« Dieser Wortwechsel wurde zufällig in einem der Häuser aufgeschnappt. Und dort bekam ich ihn dann zu hören – als Beispiel dafür, wie gering im Stadtkern von Charleston manchmal die Entfernung zwischen den Touristen und dem ist, was sie besichtigen.)

Der Tourismus hält das historische Charleston am Leben, er sorgt dafür, daß die alten Familien bleiben, wo sie sind; allerdings könnte es sein, daß er die eine oder andere in absehbarer Zeit doch vertreiben wird, da er die Bodenpreise in die Höhe schraubt. In Charleston kommen nämlich einige der alten Familien allmählich wieder zu Geld, und das Geld ist inzwischen angeblich für manchen, der früher mit einem alten Namen zufrieden war, zur Triebfeder geworden. Namen – um sie vor allem geht es auf den Gedenktafeln an den

Häusern. Die Ereignisse sind unbedeutend, kolonial, für einen Besucher wenig beeindruckend.

Das touristische Charleston empfindet der Besucher bald als beklemmend. Doch es gibt noch eine größere Stadt. Es gibt die reichen Vororte jenseits der Halbinsel. Den Marinestützpunkt Charleston. Und diverse schwarze Wohngebiete. Ein großes und schönes bürgerliches Viertel etwa, in dem sich in Zeiten weißer Panik die schwarze Mittelschicht dauerhaft etabliert hat. Im Zentrum befindet sich an einer Stelle, wo früher vermutlich alte Häuser standen, eine Sozialsiedlung für Schwarze, kahle Backsteinbauten, kahl bis zur zerschrammten Erde hinunter, Gebäude, die die Menschen ins Freie treiben, die sie und ihre Kinder und ihre Wäscheleinen den Blicken preisgeben, so daß sich der Eindruck eines Slums, der Eindruck von vielen ohne Privatsphäre auf engem Raum zusammenlebenden Menschen genauso aufdrängt wie die Allgegenwart schwarzer Gesichter. Auch der Osten Charlestons ist schwarz. Die Häuser dort – einige gut erhalten, viele nicht – sind alt, im alten Charlestoner Stil erbaut, doch Touristen sieht man hier nirgends. Nach der Spielzeugstadt-Atmosphäre der restlichen Altstadt erscheinen einem die Schwarzen hier wie unrechtmäßige Siedler, wie ungeladene Gäste auf dem großen Ball von Charleston. Dabei leben sie schon genauso lange hier wie die alten Familien.

Erst wenn man die Halbinsel von Charleston verläßt und sich in das ausgedehnte Hinterland der Stadt begibt, wo einst die Sklavenplantagen waren, wird – obwohl heute dort größtenteils Wald steht – die Zeit der Sklaverei lebendig.

Das Land ist flach und sumpfig und erstreckt sich über viele Kilometer. Der Wald – Eichen, Tupelobäume, Ahorn, Pinien, Platanen: hohe Bäume – zeugt von der Fruchtbarkeit des Bodens. Die Flachheit, Zugänglichkeit und Ausdehnung des Landes machen begreiflich, warum hier früher so ein gewaltiger Bedarf an Sklavenarbeit herrschte; zugleich lassen sie die Qual dieser Arbeit erahnen.

Jetzt ist es hier friedlich. Ab und zu sieht man im Wald ein Tor, das darauf hinweist, daß irgendein großes Unternehmen hier Land erworben hat; eine alte Kirche; Schwarzensiedlungen. Diese Siedlungen haben eine Geschichte. Die meisten befinden sich auf dem Gelände einstiger Plantagen, die nach dem Bürgerkrieg von der Unionsregierung in Parzellen zu je vierzig Morgen aufgeteilt und an ehemalige Sklaven vergeben wurden. Heute ist es alter Besitz, historisch, die Häuser teils ansehnlich, teils schäbig; doch nachdem das Land hundertzwanzig Jahre lang ohne Testament oder Übertragungsurkunde weitervererbt wurde, sind die meisten der Rechtstitel schwer nachweisbar.

Ich war an einem Sonntagvormittag in diesem Wald an der Küste von South Carolina. Mein Führer war Jack Leland, ein ehemaliger Journalist aus Charleston, der aus einer der alten Familien stammte. Dieses ganze Land, dieser Wald – für einen Besucher sah alles mehr oder weniger gleich aus – waren ihm bis ins kleinste Detail vertraut. Er kannte diese Pflanzenwelt seit seiner Kindheit, und sie übte nach wie vor einen Zauber auf ihn aus. Nur auf sehr wenigen der Plantagen wurde noch etwas angebaut. Auf einigen wurden Rinder gezüchtet. Andere waren von reichen Yankees gekauft und in Jagdreviere umgewandelt worden.

»Diese zweite Yankee-Invasion, wie mein Vater sie immer nannte, begann in den 1880er Jahren und dauerte bis in die 1930er an. Und es war gut, daß es sie gab, denn dadurch wurden die alten Gebäude erhalten, die Neger aus der Gegend hatten Arbeit, und die Wirtschaft kam in Schwung.«

Das Land und die Schwarzen, die darauf arbeiteten, das ehrende Gedenken an die Vergangenheit – das alles war Jack

Leland immer noch wichtig, obwohl die Plantage seiner Familie vor mehr als fünfzig Jahren veräußert worden war. Unser Ausflug an diesem Sonntagvormittag war nicht zuletzt eine Gedenkfahrt.

Wir waren auf dem Weg zur Middleburg Plantation. Es gab dort eine über zweihundert Jahre alte Kapelle, deren Fundament, da es unterspült zu werden drohte, mit Hilfe eines staatlichen Zuschusses befestigt worden war. An diesem Vormittag nun sollte in der Kapelle ein Gottesdienst abgehalten werden – ein spezieller Frühlingsgottesdienst, doch zugleich auch eine Dankandacht. Die Middleburg Plantation hatte bis vor sechs Jahren der Familie Gibbs gehört, und der alte Mr. Gibbs, Jack Lelands Schwiegervater, hatte an Leute, von denen er glaubte, sie könnten am Besuch des Gottesdienstes interessiert sein, Einladungen verschickt. Hinterher sollte auf dem Grundstück des Herrenhauses ein Picknick stattfinden. Das Haus war von dem Makler, der den Besitz gekauft hatte, restauriert worden.

Die Kapelle lag am Ende eines langen Waldwegs. Der Weg war ungepflastert und weich, auf dem Boden leuchteten helle Sonnenflecken. Im Schatten des Waldes war es kühl; in der Sonne traf einen ganz unvermittelt die Hitze. Die Kapelle hieß Pompion Hill Chapel – in der flachen Küstengegend von South Carolina galt alles, was ein paar Meter hoch war, als Hügel. Die Kapelle stand neben einem Sumpf, in dem früher Reis angebaut worden war. Die Wasseroberfläche war an manchen Stellen giftgrün. Die Reisfelder in diesem Teil von South Carolina waren ursprünglich von Niederländern angelegt worden, die ihr Wissen über Reis und Wassergräben aus Indonesien mitgebracht hatten. Mittlerweile war durch einen etwas weiter entfernt gelegenen Staudamm oder eine sonstige hydrotechnische Anlage der Wasserspiegel im Sumpf gestiegen, und ebendieser Pegelanstieg hatte die 1763 erbaute Kapelle gefährdet. Mit dem staatlichen Zuschuß hatte man rund um den »Hügel« zum Wasser hin eine Futtermauer gebaut.

Die Autos holperten über den unbefestigten Weg zur Kapelle. Der alte Mr. Gibbs, der ein großkariertes Jackett trug, nahm uns in Empfang und dirigierte jeden Wagen an seinen Parkplatz.

Die Kapelle war ein einräumiges Backsteingebäude, das man durch zwei Seitentüren betrat; der Innenraum war weiß getüncht, schmucklos und bis auf die barocke Kuppel und die Pilaster an dem einen Ende auch architektonisch schlicht. Der Boden war gefliest; Bodenfliesen waren Jack Leland zufolge zur Kolonialzeit besonders schwer herzustellen gewesen. Der einzige bemerkenswerte Bestandteil der Einrichtung war die Kanzel aus einheimischem Zedernholz, die aus der gleichen Zeit stammte wie die Kapelle und von einem Kunsttischler aus Charleston gebaut worden war, dessen Namen man noch kannte. IHS, die Frömmigkeit des Pflanzers und Sklavenbesitzers; jetzt Zeichen einer anderen Frömmigkeit. Und tatsächlich ging es in der Predigt – zunächst hatte der alte Mr. Gibbs das Wort erteilt bekommen und war über die Fliesen nach vorne geschlurft, um allen, die bei der Erhaltung des Gebäudes mitgewirkt hatten, seinen Dank auszusprechen –, tatsächlich ging es in der Predigt, während der ab und zu ein Motorboot geräuschvoll durch den Sumpf raste, die Wellen jedoch nun, ohne Schaden anzurichten, gegen die Futtermauer aus grauem Stein schlugen, um Religion im Sinne einer verbindenden Kraft zwischen den Menschen. Gemeinschaft in einer besonderen Bedeutung: eingeschränkt und zugleich erhabener.

Dann begaben wir uns zum Herrenhaus. Backsteinpfosten, grüne Torflügel, ein Tor ohne Mauern markierten den Übergang von der Straße auf eine sehr breite Eichenallee.

Die Eichen waren hundertfünfzig Jahre alt, und diese Eichen hier in South Carolina hatten die gleiche Form, die gleichen ausladenden Wipfel wie die Samaanbäume in Mittelamerika, die auf den karibischen Inseln als Schattenspender für bestimmte Nutzpflanzen – Kakao und Kaffee – eingeführt worden und von dort aus in so ferne Gegenden wie Malaysia gelangt waren: durch die Pflanzen, die aus verschiedenen Teilen der Welt zusammengetragen wurden, nahmen die tropischen Plantagen und Siedlungen der Kolonialzeit ein ähnliches Aussehen an. Hier in South Carolina gab es etwas, das den Samaanbäumen auf Trinidad glich.

Wieder funkelte das Sonnenlicht durch das Laub und warf helle Flecken auf den schattigen Boden. Das restaurierte Herrenhaus am Ende dieser langen und breiten Allee wirkte im Vergleich zu ihr bescheiden, ein weiß gestrichenes Holzgebäude mit je drei Zimmern im Erdgeschoß und im ersten Stock. Das vertrug sich nun gar nicht mit der üblichen Vorstellung vom feudalen Plantagenleben. Jack Leland erläuterte, das Haus sei so klein, weil ein Hugenotte es erbaut habe. Die englischen Pflanzer hätten zu einem prunkvollen Lebensstil geneigt, wenn die Geschäfte gut gelaufen seien, die Hugenotten dagegen seien sparsam und spartanisch geblieben und hätten ihr Geld wiederum in Land und Sklaven investiert. (Das erste Herrenhaus war laut der Broschüre über die Restaurierung sogar noch bescheidener gewesen, es hatte im Erdgeschoß nur ein Wohn- und ein Eßzimmer und weder vorne noch hinten eine Veranda gehabt.)

Abseits vom Haupthaus befand sich ein Nebengebäude, das einigermaßen gut erhalten war, ein Küchenhaus mit einem aus Backstein gemauerten Kamin. Ein weiteres Nebengebäude war abgebrannt, nur der Backsteinkamin stand noch. Die schwarzen Bediensteten seien oft achtlos gewesen, erzählte Jack Leland. Wegen dieser Achtlosigkeit habe man in Charleston das Verbot erlassen, hölzerne Nebengebäude zu bauen. Das Haupthaus durfte aus Holz sein, Nebengebäude mußten aus Backstein gebaut werden.

Es gab noch weitere Nebengebäude auf dem Grundstück des Herrenhauses – Stallungen am Ende eines freien Feldes, ein Lebensmittelmagazin. Jack Leland meinte, das Lebensmittelmagazin solle ich mir ansehen. Es war ein zweistöckiges Gebäude, der obere Teil mit Holzschindeln verkleidet, der untere aus Backstein. Reis sei im oberen Stockwerk gelagert worden. Im unteren Stockwerk gebe es zwei Zellen mit vergitterten Fenstern. Sie seien für Sklaven bestimmt gewesen, nicht zu deren Bestrafung, sondern nur zur »Verwahrung«: dort wurden neue, schwierige Sklaven einzeln eingewöhnt und zum Plantagenleben hingeführt.

Der schwierige Sklave wurde in der einen Zelle verwahrt. In der anderen befand sich ein alter Sklave, einer, der mit dem Plantagenalltag vertraut war. Der Alte – der nicht in seiner Zelle eingeschlossen wurde, sondern nach Belieben kommen und gehen durfte – redete mit dem Neuen und versuchte ihn zu beruhigen; er aß vor seinen Augen, um ihm zu zeigen, wie gut das Essen war, und bot ihm ebenfalls welches an; so wurden die Ängste und der Groll des neuen Sklaven allmählich beschwichtigt.

Ich ging über das sonnige Feld zum Lebensmittelmagazin. Es herrschte eine brütende Hitze, nicht wie auf einem Feld im Frühling. Am Rand des Feldes befanden sich grünliche Tümpel – als trete dort der Sumpf an die Oberfläche –, die voller weißer Wasserlilien waren. Lotos, hatte Jack Leland gesagt. Aber es war nicht der zarte rote Lotos Indiens. Diese weißen Wasserlilien, die so problemlos in South Carolina heimisch geworden waren, hatten etwas von Sumpfgewächsen angenommen, sie wuchsen dicht gedrängt, zwängten sich geradezu aus dem Wasser empor. Und am hinteren Ende des Lebensmittelmagazins waren die beiden Sklavenzellen, nur durch ein Gitter voneinander getrennt, der Boden blanke Erde und die kleinen vergitterten Fenster weit oben, außer Reichweite.

Es waren sehr kleine Räume, kaum mehr als hohe Boxen. Man konnte sich leicht in die schreckliche Angst des Neuen aus Afrika versetzen, des »neuen Negers«, wie er auf den Westindischen Inseln genannt wurde, der womöglich Wochen oder Monate zuvor mitten in Afrika eingefangen und an die Küste verfrachtet worden war, dort dann an einem Ort wie auf der Dakar vorgelagerten Insel Gorée im Pferch oder Lager eines Sklavenhändlers festgehalten und schließlich für die Passage über den Atlantik auf ein Schiff gebracht worden war. Es war leicht, sich in seine schreckliche Angst zu versetzen, die Angst des Mannes, der Schritt für Schritt seiner Realität entrissen wurde. Und ebenso leicht, sich in die Gefühle des anderen Mannes zu versetzen, des treuen Sklaven auf der anderen Seite des Trenngitters, der bei ihm saß, mit ihm redete und versuchte, ihm sein neues Leben als eines der Sorglosigkeit und Fülle darzustellen, als das einzig richtige Leben.

Beim Mittagessen wollte die alte Mrs. Gibbs wissen, ob ich die Zellen gesehen hätte, in denen die neuen Sklaven »akklimatisiert« worden seien. (Mir war dieses Wort bisher nicht untergekommen; später stellte ich fest, daß es in den Südstaaten allgemein gebräuchlich war.) Es lohne sich, meinte sie; man sehe daran, was die Plantagenbesitzer alles getan hätten, um ihren Sklaven das Leben zu erleichtern; diese Seite des Plantagenlebens sei nur wenig bekannt.

Das Picknick war auf Klapptischen im Schatten der Bäume ausgerichtet worden. Und ringsum unter den riesigen Eichen der Plantagenallee hielten weitere Gruppen

Picknick – die Gemeinschaft des Gottesdienstes wurde mit diesem großen Picknick-Lunch auf dem Grundstück des restaurierten Herrenhauses fortgesetzt.

Im Speisezimmer des Hauses war ein Tisch für Besucher gedeckt. Auf einem anderen Tisch lagen Fotos von den Restaurationsarbeiten; außerdem Fotos von alten Schwarzen, die im Haus gearbeitet hatten. Bei dem Picknick waren keine Schwarzen dabei, aber dieser Bediensteten wurde gedacht. Und Mr. Hill – ein Angehöriger der Familie, die die Plantage von den Gibbs' gekauft und, als Geste gegenüber der Gemeinschaft, der Geschichte und dem Land, mit solchem Einsatz restauriert hatte – Mr. Hill erzählte mir, daß sich unter den Papieren des Hauses auch Dokumente befanden, mit deren Hilfe sich die Vorfahren vieler Schwarzen identifizieren ließen. Er trug einen blaugestreiften Seersuckeranzug, ein großer, freundlicher, etwas molliger Mann, der die Besucher offiziell im Haus willkommen hieß.

Viele Firmen und Einzelpersonen hatten sich mit Schenkungen an der Restauration beteiligt. Die Zimmer waren von verschiedenen Ausstattern hergerichtet worden. Das erklärte auch die rätselhafte Beschreibung des Hauses in den Werbeanzeigen, die ich gesehen hatte: »Middleburg Plantation Designer House 1987«. Das »Prunkzimmer« aus dem 19. Jahrhundert beispielsweise war von »Lowcountry Decorators and Lowcountry Antiques« ausgestattet worden. Sie hatten sich für »auffällige, fröhliche Stoffe auf traditionellen Polstermöbeln« entschieden. An Accessoires hatten sie unter anderem »ein schönes Ölporträt einer jungen schwarzen Dienerin, ca. 1894« sowie »neuartige Seidenbäume und -pflanzen – die ideale Lösung für das ewige Zeitproblem der modernen Hausfrau« ausgewählt.

Die Zimmer waren letztlich Ausstellungsräume, die die Atmosphäre einer bestimmten Zeit einfangen wollten; das restaurierte Haus war nur zur Besichtigung gedacht. Und für die erwarteten Besucher hatte man an dem einen Ende der hinteren Veranda einen Souvenirladen und am anderen eine Küche eingerichtet.

Die Restauration war sehr sorgfältig vorgenommen worden. Man hatte nicht versucht, das Haus vornehmer erscheinen zu lassen, als es gewesen war; und man ging davon aus, daß durch die getroffenen Vorkehrungen die Zukunft des Hauses erst einmal für eine Weile gesichert war. Die herrlichen Anlagen blieben erhalten. Jack Lelands alter Schwiegervater, der einige Zeit in dem Haus gewohnt hatte, war tief gerührt, daß es weiterbestehen würde. Ebenso seine Tochter Anne, Jack Lelands Frau. Sie war als Kind hergekommen, um Zeit »auf dem Land« zu verbringen. Es gab damals noch keine Elektrizität, und sie hatte mit einer Öllampe zu Bett gehen müssen.

Das Land und die Vergangenheit wurden gewürdigt, die Plantage und der dahinter liegende Fluß, der die Anlage von Reisfeldern wie in Indonesien begünstigt hatte. Was fehlte, waren die Hütten der Sklaven. Selbst mit seinen noch erhaltenen Nebengebäuden stand das Herrenhaus doch ohne das da, was eigentlich sein wichtigstes – und augenfälligstes – Attribut gewesen wäre. Von Jack Leland erfuhr ich, daß die Hütten der Sklaven wohl neben der Eichenallee gestanden hätten. Die Hütten seien als »die Unterkünfte« oder »das Dorf« bezeichnet worden. Sie seien nie außer Sichtweite des Herrenhauses gebaut worden. Und angesichts der sanitären Verhältnisse jener Zeit hatte die Sklavenplantage fraglos ihre schmutzige, elende Seite gehabt.

Doch jetzt war die Plantage von den Hütten gesäubert. Was blieb, war die wundervolle, immer weiter wachsende Eichenallee. Nicht einfach, die Sklavenhütten im Geiste in diese Pracht zu integrieren, die eher an alte europäische

Landhäuser erinnerte. Nur die Hitze des Sumpflandes und das grelle Licht, das einem entgegenschlug, sobald man aus dem Schatten des Waldes trat, ließen an schnell wachsende tropische Nutzpflanzen denken, an Schinderei, Schweiß, Menschen, Schmutz und Elend.

Auf der sonntagnachmittäglich leeren Straße ging es wieder durch den Wald, den ich nun mit etwas anderen Augen sah, und durch vereinzelte schwarze Siedlungen, von den Sklaven begründet, die vor gut 120 Jahren vorübergehend über ihre Herren triumphiert hatten.

Indigo, Reis, Baumwolle – die Kultur all dieser mit Hilfe von Sklavenarbeit in großem Stil angebauten Nutzpflanzen war hier komplett zusammengebrochen, so wie in der Karibik die Kokosnuß von einer Art Rost befallen und der Kakao, der auf manchen Inseln »König« gewesen war – so der Pflanzerausdruck –, durch den sogenannten Hexenbesen fast ausgerottet worden war. Es schien, als würden bestimmte Nutzpflanzen, wenn sie über ein menschliches Maß hinaus angebaut wurden, in irgendeiner Weise heimgesucht, ob wirtschaftlich oder durch eine Krankheit, die das Gleichgewicht wieder herstellte; so wie Seuchen die menschliche Bevölkerung dezimieren und die Myxomatose die Zahl der Kaninchen reduziert, wenn es so viele geworden sind, daß man sie nicht mehr niedlich findet.

Nicht weit von der Stelle, wo die Landstraße auf den Highway traf, strömten Schwarze aus einer großen Kirche. Anzüge, Kleider, Hüte, Autos. Nach dem Picknick auf der Middleburg Plantation hier eine entsprechende Vorstellung von Gemeinschaft; die verschwundenen Sklavenhütten jetzt in etwas anderes verwandelt: nicht nur die alten ländlichen Ortschaften im Wald, sondern auch die schwarzen Wohngebiete in Charleston, zum Teil bürgerlich, zum weit größeren Teil Sozialbausiedlungen, oder die alten Häuser im Osten der Stadt, die von den Touristen in den Pferdewagen und Tretmobilen gemieden wurden.

Eine ältere Dame, die in einem der Häuser in der Altstadt wohnte, sagte, als sie erfuhr, daß ich aus Trinidad stamme: »In meiner Familie erzählt man sich, daß Vorfahren von uns, die Burkes aus Philadelphia, die Insel Trinidad geerbt hätten.«

Wir saßen draußen in dem kleinen Garten und tranken Limonade. Das Nachbarhaus wirkte, obwohl aus Backstein, auf skurrile Weise altertümlich – schief und krumm, klein, malerisch.

Ich fragte: »Die ganze Insel?«

»Die ganze Insel. So heißt es. Hier in den Südstaaten denken die Leute gerne, sie wären zumindest früher einmal reich gewesen. Aber sie sind auf der Schiffspassage ums Leben gekommen, die Burkes, auf Höhe der Kleinen Antillen, als sie ihren Anspruch auf das Land geltend machen wollten.«

Ich fragte nach einem Datum.

Sie ging hinein und kam mit einem Stammbaum wieder heraus, der wie ein richtiger Baum gezeichnet war. Ihre Mutter hatte einige Zeit darauf verwendet. Da war der Eintrag zu den Burkes, auf einem niederen Ast auf der linken Seite: »Umgekommen im Mai 1795; unterwegs nach Trinadad, um ihren Anspruch auf das Land geltend zu machen«. *Trinadad* – so die verkehrte Schreibweise auf dem Familienstammbaum, die darauf hinwies, in welch romantischer Entfernung von Charleston und Philadelphia Trinidad in den Erzählungen der Familie lag.

Ich fand die Geschichte interessant. Trinidad war nach seiner Entdeckung knapp 300 Jahre lang ein fast vergessener Teil des Spanischen Weltreichs gewesen. Ende des 18. Jahrhunderts hatten die Spanier dann aus dem Wunsch heraus, ihren südamerikanischen Besitz zu sichern, beschlossen, die Insel für die Einwanderung zu öffnen und nach dem Vorbild von Santo Domingo, Jamaika und Barbados aus einer Urwaldinsel eine von Sklaven bewirtschaftete Zuckerkolonie zu machen. Aber die Spanier konnten die Einwanderer nicht selbst stellen. Sie hatten nicht genug Menschen, ihr Reich war zu groß. Um sich so weit wie möglich abzusichern, machte es die spanische Regierung zur Bedingung, daß die Einwanderer römisch-katholischen Glaubens waren; im Gegenzug versprachen sie ihnen kostenloses Land entsprechend der Menge der mitgebrachten Sklaven. Die Siedler, die sie im Sinn hatten, und die Siedler, die vorwiegend kamen, waren Franzosen von den französischen Westindischen Inseln, die sich nach der Französischen Revolution, der Revolution der Schwarzen unter Toussaint L'Ouverture in Saint Domingue sowie all den Umwälzungen und Machtwechseln, zu denen es in der Karibik während der Eroberungen und Rückeroberungen der Napoleonischen Kriege kam, im Aufruhr befanden.

Daß 1795 Leute nach Trinidad aufgebrochen sein sollten, um »ihren Anspruch auf das Land geltend zu machen«, war daher keineswegs an den Haaren herbeigezogen. Sogar daß auf die ganze Insel Anspruch erhoben werden sollte, ergab in gewisser Weise einen Sinn. Neu für mich war allerdings, daß Iren aus Philadelphia – die nicht viele Sklaven gehabt haben konnten und für kostenloses Land nicht in Frage gekommen wären – sich zur Umsiedelung entschlossen hatten.

Doch die Burkes aus dieser Erzählung hatten es nicht geschafft. Sie ertranken, und Trinidad wurde zu ihrem mythischen Reichtum. In der Familienchronik gab es dazu noch eine Fortsetzung. Der Anwalt der Familie Burke, so erzählte die alte Dame aus Charleston, hatte die Kinderfrau der Familie geheiratet. Zusammen brachten sie die Waisen der

Burkes um ihr väterliches Erbe. Generationen später kam diese Schändlichkeit ans Licht. Eines Tages nämlich war ein Nachkomme einer der Waisen bei einem Nachkommen des Anwalts eingeladen. Letzterer zeigte einige geerbte Porzellanteller vor. Es waren nur elf. Der Nachkomme der Waise sagte: »Ich habe den zwölften. Es ist einer meiner größten Schätze. In meiner Familie ist überliefert, daß die anderen elf gestohlen wurden.«

Eine Südstaatengeschichte: die Geschichte einer alten Familie, der Traum von einstigem Reichtum. Sie interessierte mich jedoch noch aus einem anderen Grund. Eines der allerersten Bücher, das über die Verhältnisse in Trinidad geschrieben wurde, stammt von einem Flugschriftenverfasser aus Philadelphia. Sein Name war Pierre Franc MacCallum. Er war ein Mann von radikalen, ja revolutionären Ansichten; ihm war seiner eigenen Schilderung zufolge jede Autorität verhaßt. Nach Trinidad reiste er 1803, sechs Jahre nach der Eroberung durch die Briten. Er verhielt sich dem britischen Gouverneur, ja überhaupt der britischen Herrschaft gegenüber feindlich – so feindlich sogar, daß er schließlich deportiert wurde; man beförderte ihn aus dem üblen Gefängnis von Port of Spain an den Hafen und verfrachtete ihn auf ein Schiff nach New York.

MacCallums französische Vornamen legen nahe, daß er teilweise französischer Abstammung war. Das mag bis zu einem gewissen Grad seine radikale oder anti-britische Einstellung erklären. Doch in seinem Buch wird außerdem deutlich, daß er in seiner Kampagne gegen den britischen Gouverneur und die britische Herrschaft auf Trinidad vor allem von seinem Zorn darüber angetrieben wurde, wie man die armen Leute aus Schottland und Irland nach North und South Carolina abgeschoben hatte. Er war mir immer ein Rätsel gewesen, dieser Flugschriftenverfasser aus Philadelphia mit dem halb französischen Namen. Jetzt war er es nicht mehr ganz so sehr. Ich glaubte, in dieser Charlestoner Erzählung von einem zweihundert Jahre zuvor verlorengegangenen Familienvermögen auf Trinidad eine Erzählung von erneuter Migration und der Suche nach dem Glück zu erkennen: eine Art Wanderbewegung verarmter Menschen aus dem kärglichen Philadelphia nach Trinidad, das gerade für die Einwanderung geöffnet worden war.

Es gibt immer Ereignisse, die nicht in die Geschichte eingehen. Nur die grundsätzlichsten Strömungen und Themen können aufgezeichnet werden. Die mannigfaltigen Höhen und Tiefen, die zahllosen persönlichen Risiken, Wagnisse und Mißerfolge lassen sich nicht alle festhalten. Die Geschichte ist voller Geheimnisse, wie ja schon Familiengeschichten voller Lücken und Ausschmückungen sind. Manches geht verloren, so daß etwa für mich, den Enkel von nach Trinidad eingewanderten Indern, bereits nahe Vorfahren wie meine Großeltern ein unbeschriebenes Blatt sind; anderes ist schlicht nicht bekannt, so daß man ganze hundert Jahre später unter Umständen keine ordentliche Antwort auf die Frage geben kann: »Woher genau stammt deine Familie?«

Man macht sich kaum bewußt, wie eng in den Tagen der Sklaverei die Verbindung zwischen den Sklavenhaltergebieten der Karibik und den amerikanischen Südstaaten war. Als die französischen Pflanzer von den Westindischen Inseln mit der spanischen Obrigkeit die Bedingungen für ihre Ansiedlung auf Trinidad aushandelten, übten sie unter anderem durch die Drohung Druck aus, mit ihren Sklaven in die amerikanischen Südstaaten zu gehen. Das sei für sie als Pflanzer günstiger, insbesondere weil nach dem Krieg – dem Unabhängigkeitskrieg – damit zu rechnen sei, daß den Vereinigten Staaten in der westlichen Hemisphäre einiges politische Gewicht zukommen werde (und sie daher besseren Schutz würden bieten können). Und wie reich und verlockend muß das gut bewässerte Tiefland an der Küste von South Carolina Menschen erschienen sein, die nur die Inseln kannten!

Wie seltsam wiederum, sich vorzustellen, daß die Schwarzen von Trinidad, unter denen ich aufgewachsen bin, durch eine kleine Wendung des Schicksals hätten in North oder South Carolina geboren sein und eine ganz andere Geschichte haben können. Der Unterschied liegt vor allem in der zeitlichen Distanz der jeweiligen Gesellschaft zur Sklaverei. In den britischen Kolonien wurde die Sklaverei 1834 abgeschafft, und die Kolonien in der Karibik wurden danach vernachlässigt. Die Schwarzen der britischen Karibik trennen also hundertfünfzig Jahre von der Sklaverei. In Amerika endete die Sklaverei mit dem Bürgerkrieg. Doch man kann wohl sagen, daß die Schwarzen erst 1954 die Freiheit erlangten; die amerikanischen Schwarzen haben den Punkt, an dem sie heute stehen, innerhalb von dreißig Jahren erreicht. In diesen dreißig Jahren haben sich ihnen zunehmend Möglichkeiten aufgetan; wohingegen die größeren unabhängigen Gebiete der britischen Karibik – Trinidad, Jamaika, Guyana – auf verschiedenerlei Weise geplündert und zugrunde gerichtet worden sind.

Vielleicht gewöhnte ich mich einfach nur an den Südstaatendialekt. Doch dann und wann meinte ich bei den Schwarzen in Charleston die charakteristische barbadische Artikulation herauszuhören, die ich aus meiner Kindheit kannte. Seltsam, dieser Nachhall des winzigen Barbados im großen South Carolina! Aber im 18. Jahrhundert war Barbados, an Zucker und Sklaven reich geworden, das koloniale Land der unbegrenzten Möglichkeiten. In Benjamin Franklins Autobiographie ist Barbados das Ziel derer, die sich aufmachten, um als Angestellte oder Anwälte ihr Glück zu versuchen, war doch

Philadelphia selbst so arm, daß es dort zuweilen nicht einmal Münzgeld gab. Ebenso diente Barbados als Vorbild für die Plantagenkolonie South Carolina. Und selbst Jack Lelands vornehme Abkunft als Sproß einer alten Charlestoner Familie ließ sich bis nach Barbados zurückverfolgen.

Zwei seiner größten Schätze stammten aus Barbados. Es waren Seekisten, die einer seiner Vorfahren 1685, fünfzehn Jahre nach der Gründung der Kolonie South Carolina, aus Barbados mitgebracht hatte. Sie befanden sich seit vierzig Jahren in Jack Lelands Besitz; eine Tante hatte sie ihm vererbt. Er hatte mit einem Historiker darüber gesprochen und erfahren, daß solche Seekisten üblicherweise für die Schiffsreise maßgetischlert worden waren, damit sie genau zwischen die Balken des jeweiligen Schiffs paßten. Sie seien von einem Zimmermann oder Bauschreiner hergestellt worden, nicht von einem Möbeltischler. Sie waren hoch und schmucklos, an den Ecken verzapft, ohne vorstehende Teile, vollkommen schlicht; sie dominierten sein Eßzimmer.

Er wohnte in einem alten, sehr schmalen »Einzelhaus« im Zentrum des alten Charleston. Das Haus war ungefähr fünf Meter breit; das Grundstück war klein; es war ein Haus, an dem man normalerweise achtlos vorbeigegangen wäre. In dieser Hinsicht – als Bewohner eines sehr schlichten Hauses in einer engen Straße – war Jack Leland typisch, ja repäsentativ für die alten Charlestoner: stolz weniger aufs Geld als auf die Familie, stolz auf das Land und seine alte Verbindung dazu.

Er trug die Geschichte des Landes in sich. Und als ich ihn nach unserem Sonntag auf der Middleburg Plantation besuchte, zeigte er mir gleich am Anfang eine vor mehreren Jahren erstellte Karte des Bezirks, auf der alle alten Plantagen verzeichnet waren. Es waren viele. Die Straße, die wir entlanggefahren waren, hatte nur einen Bruchteil des Vorhandenen gezeigt, mochte sie auch viel länger und gerader sein als irgendeine Straße auf Barbados. Jede Plantage war eine Einheit für sich gewesen, ein kleines Königreich, das von einem Pflanzer regiert wurde; auf jeder hatte es ein Herrenhaus und Sklavenunterkünfte gegeben; und auf jeder hatten diese Sklavenunterkünfte laut Jack Leland in der Mitte gestanden, um die Kommunikation zwischen den Sklaven verschiedener Plantagen zu verhindern.

Die Karte hing auf dem Treppenabsatz. Die Treppe befand sich in der Mitte des schmalen Hauses und trennte das vordere vom hinteren Zimmer. Der Hauseingang war an der Seite. Dieser seitliche Eingang und die Treppe in der Mitte waren Grundbestandteil des Charlestoner »Einzelhauses«, wobei ein Einzelhaus hier nicht, wie ich gedacht hatte, ein für sich stehendes kleines Holzhaus war, sondern ein Haus, dessen Eingang sich eben nicht vorne, sondern blickgeschützt an der Seite befand und das seitlich von Eingang und Treppe jeweils ein Zimmer hatte. Ein Doppelhaus hatte zwei Zimmer auf jeder Seite der Treppe.

Angeblich war die Idee des Einzelhauses zusammen mit der Idee der Sklaven- und Plantagenkolonie aus Barbados beziehungsweise ganz allgemein von den Westindischen Inseln importiert worden. Auf Trinidad hatte ich Häuser wie diese hier in Charleston nie gesehen. Aber Trinidad war eine späte westindische Gründung, und es hatte spanische und französische Wurzeln. Die westindischen Kolonien, an denen sich Charleston orientiert hatte, waren die älteren, britischen.

Das mutete mich in Charleston immer wieder seltsam an, dieser Rückbezug auf die kolonialen britischen Westindischen Inseln zum Beleg des edlen Geblüts und der langen Tradition einer Familie. Diese Vorstellung einer kolonialen Aristokratie, die auf die Gründungsjahre zurückgeht, gab es zu meiner Zeit in Trinidad nicht, und es gibt sie auf den ehemals britischen Westindischen Inseln auch heute nicht. Das hat einen einfachen Grund: Die britisch-westindischen Kolonien stellten in den 1830er Jahren mit der Abschaffung der Sklaverei mehr oder weniger den Betrieb ein und stagnierten fortan. Das Britische Weltreich verlagerte sich nach Osten, dann nach Afrika. Und auf den ehemals britischen Westindischen Inseln heute für sich zu beanspruchen, daß man dort unter den ersten war, wäre sinnlos. Vielleicht kann man in einer Gegend, die völlig bedeutungslos geworden ist, ohnehin nicht von einer Aristokratie sprechen – es sind einfach nur Menschen, die (wie Robinson Crusoe) am falschen Ort gelandet sind. Wohingegen Charleston in die großen Ereignisse der kontinentalen Geschichte einbezogen wurde und seine bescheidenen Anfänge, als es auf einer Ebene mit Sklavenkolonien wie Antigua, Jamaika oder Barbados stand und sich von diesen Handel und Unterstützung erhoffte, heute unbeschreiblich romantisch erscheinen.

Die Bedeutung einer Kolonie hängt in erster Linie von ihren ökonomischen Möglichkeiten ab. Die Franzosen tauschten Kanada (beziehungsweise ihre Vorstellung von Kanada) gegen die sehr kleine westindische Zuckerinsel Guadeloupe. Die Niederländer überließen den Briten 1667 New York im Tausch gegen die an der südamerikanischen Küste gelegene Kolonie Surinam. (Als ich 1961 in Surinam war, erzählte mir eine niederländische Lehrerin, in den niederländischen Schulen werde gelehrt, daß die Niederländer das bessere Geschäft gemacht hätten, denn die Briten hätten New York verloren, während die Niederlande über Surinam – damals – nach wie vor verfügten.) Ohne die Vereinigten Staaten im Rücken hätte sich das Charleston der Nach-Plantagenzeit womöglich genauso entwickelt wie Surinam oder Guyana in Südamerika oder wie Belize in Mittelamerika, ehemalige

Sklavenkolonien, aus denen die Sklavenhalter beziehungsweise ihre Nachfolger schließlich abziehen mußten, als dort kein Geld mehr zu holen war, so daß das Land den Sklaven und den Menschen, die an ihre Stelle traten, überlassen blieb. Das heutige Charleston dagegen, das Charleston der alten Familien und der Romantik, das die Touristen besuchen, ist eine weiße Stadt, in der die Schwarzen (obwohl sie in der Überzahl sind) wie Eindringlinge wirken.

Nur fünf Stunden südöstlich von Atlanta (das 1837 als Endstation der Eisenbahnlinie entstand) hatte die Geschichte also eine ganz andere Entwicklung genommen. Allerdings konnte man auch die hiesige Geschichte, so wie die Atlantas und des nördlichen Georgia, gleichsam lagenweise betrachten: die Touristenstadt, die Zeit der Rassentrennung, der Bürgerkrieg, die Plantagenkultur mit ihren zahlreichen Sklaven, der große Reichtum, die Kolonie des achtzehnten Jahrhunderts.

Die ersten Vermögen, so erzählte Jack Leland, seien hier mit Indigo gemacht worden.

»Als die Revolution losging, zahlte Großbritannien noch eine Exportprämie auf Indigo. Indigo war ein guter Farbstoff. Indien war noch nicht auf den Plan getreten. Den größten Teil seines Indigos bezog Großbritannien von hier. Nach der Revolution fiel der britische Markt aus, und der Anbau der Indigopflanze wurde eingeschränkt. Nach 1800 wurde überhaupt kein Indigo mehr angebaut. Die Pflanzer konzentrierten sich auf Reis und Baumwolle. Das hatten sie beides auch vorher schon angepflanzt, parallel zum Indigo.

Die Reispflanzer standen ganz oben. Die Baumwollpflanzer direkt unter ihnen. Die ganz normalen Farmer dagegen standen unten, zusammen mit den Ladenbesitzern. Es war wie ein Kastensystem. Man hört auch jetzt noch manchmal

Leute sagen, allerdings nicht mehr so oft wie früher: ›Der betreibt ein Gewerbe.‹ Und das heißt, er ist nicht ganz akzeptiert. Zur Zeit ändert sich das allerdings rapide. Geld ist ein wichtiger Faktor geworden. Früher war die Familie immer wichtiger als das Geld.«

Die gesellschaftlichen Vorurteile aus England, verstärkt durch den kolonialen Reichtum – man gewann aus dieser Darstellung den Eindruck, daß sich auf den Plantagen von Charleston der Erfolg (selbst unabhängig von der Sklaverei betrachtet), kaum daß er sich eingestellt hatte, selbst zu demontieren begann. Doch das Land war gesegnet: es war fruchtbar und wasserreich, flach und leicht zu bestellen.

»Nach dem Ende des Indigoanbaus wurde diese Gegend sehr wohlhabend. Der Streifen Land von North Carolina bis nach Florida hinunter wurde vermutlich zur reichsten landwirtschaftlichen Region der Erde. Auf die damaligen Pflanzer geht übrigens auch Newport in Rhode Island zurück. Sie haben sich dort ihre Sommerresidenzen gebaut.

Der Bürgerkrieg war dann der erste schwere Schlag. Durch den Krieg wurden die Sklaven befreit, und die Pflanzer mußten sie für ihre Arbeit bezahlen. Nach dem Krieg sind die Plantagen im wahrsten Sinne des Wortes auseinandergefallen.«

Das konnte ich mir jetzt gut ausmalen. Ich mußte nur an die Eichenallee der Middleburg Plantation denken, sie im Geiste um Sklavenhütten unter den Eichen ergänzen und mir vorstellen, daß die Sklaven nicht mehr arbeiten wollten oder in Urlaub waren; ich mußte nur an den schnell wachsenden Reis auf den unter Wasser stehenden Feldern denken, an die großen Entfernungen und die Hitze, an die vielen Schwarzen und wenigen Weißen. Es war leicht nachzuvollziehen, wie schnell die kleinen Königreiche, die ein paar Generationen lang solchen Reichtum und all die

Häuser in Charleston und Sommerhäuser in Rhode Island hervorgebracht hatten, zusammenbrechen konnten.

»Die großen Hurrikane haben den Plantagen dann den Todesstoß versetzt. Es gab drei – 1885, 1893, 1912. Sie haben die Dämme zerstört, es war unmöglich, sie noch zu reparieren. Gleichzeitig begannen Mississippi, Louisiana, Arkansas und das östliche Texas, Reis anzubauen. Er wurde trocken angebaut, und das war das Aus für die hiesigen Pflanzer: 1920 war es mit dem kommerziellen Reisanbau hier vorbei. Ein bißchen wurde noch angebaut, aber nur für den Eigenbedarf.

Um 1915 kam der Baumwollkapselkäfer, und der hat innerhalb von drei Jahren die Baumwollpflanzen der Sea Islands zerstört. Dann sind die Farmer zum Gemüseanbau übergegangen. Sie haben Gemüse – Kartoffeln, Bohnen, Tomaten, Kürbis – für den Markt von New York und der Ostküste angebaut. Das ging so lange gut, bis Kalifornien auf der Bildfläche erschien – als man anfing, die Wüste zu bewässern. Wüstenboden ist fett, er brauchte bloß Wasser.«

»Das heißt, von einem gewissen Zeitpunkt an ist die Geschichte der Plantagen eine Geschichte von Pech und Niedergang?«

»Mich macht das sehr traurig. Meine Familie besaß Sklaven. Und ich glaube, daß meine Vorfahren sehr gütige Sklavenhalter waren. Vor ein paar Jahren habe ich einige der ehemaligen Sklaven befragt – mittlerweile sind sie alle tot –, die auf dem Land meiner Familie gelebt hatten. Und was sie über ihre Behandlung sagten, war sehr schmeichelhaft. Die Sklaverei war falsch. Ich will sie nicht rechtfertigen. Aber es gab sie. Sie wurde benutzt, um die agrarische Wirtschaft aufzubauen, die wir hier hatten, und sie war eine durchaus praktikable Einrichtung.«

»Gab es einen bestimmten Moment, in dem Sie sich der Plantagenvergangenheit bewußt wurden?«

»Ich bin auf einer Plantage aufgewachsen, auf der es noch zwanzig ehemalige Sklavenhütten gab, und in allen wohnten Neger. Mir war von Anfang an klar, daß diese Leute meiner Familie früher einmal richtig gehört hatten. Wir hatten ein freundschaftliches Verhältnis.«

»Um das Familienvermögen stand es damals schon nicht mehr so gut?«

»Zuerst war es mit dem Reis vorbei, dann mit der Baumwolle, dann mit dem Gemüseanbau. Und dann kam die Weltwirtschaftskrise. Mein Vater mußte verkaufen. Das war das Ende.«

Zu dieser Zeit, so erfuhr ich später, waren auch viele der Möbel aus den alten Häusern Charlestons an Händler übergegangen. Möbel aus Charleston sind heute über die ganzen USA verteilt und sehr wertvoll, besonders die Stükke, die von Charlestons Kunstschreinern angefertigt wurden (wie etwa dem, der die Kanzel der Pompion Hill Chapel gebaut hatte). Diese Geschichte des Verlusts erinnerte mich an das, was Parkman in den 1840er Jahren auf dem Oregon Trail gesehen hatte, als die nach Westen ziehenden Siedler, von den Gefahren des Weges und den Härten des Trecks erschöpft, unterwegs die kostbaren Möbelstücke zurückließen, die sie in ihr neues Zuhause hatten mitnehmen wollen.

Obwohl das Land der Familie verloren war, hatte Jack Leland noch eine romantische Einstellung dazu.

»Das Land gehört mir nicht. Aber ich empfinde es als mein Erbe.« Dieses Wort, Erbe, sollte ich noch mehr als einmal von ihm hören, es schien ein Schlüsselbegriff zu sein, was seine Haltung zu Charleston, seiner Familie und seinen Vorfahren betraf. »Diese Plantage, die, auf der ich geboren wurde, hat meine Familie 1832 gekauft. Und mein Vater hat sie 1935 verloren. Sie war also hundertdrei Jahre im Besitz unsere Familie. Doch es gab anderen Grundbesitz, der länger in der Familie war.

Einer der ungewöhnlichen Aspekte meiner Familie ist, daß meine Vorfahren auf der Lelandschen Seite eigentlich aus Neuengland stammten. Der erste Leland in South Carolina war Aaron Whitney Leland« – er legte Wert auf alle drei Namen, wiederholte sie langsam, damit ich sie aufschreiben konnte –, »er kam aus Massachusetts. Er hatte gerade seinen Abschluß am Williams College in Massachusetts gemacht und war als Hauslehrer der Familie Hibben hierher gekommen« – wieder war der Name der Familie wichtig –, »der damals das heutige Mount Pleasant gehörte, das östliche Ufer des Hafens. Und als schlauer Yankee-Händler wechselte er die Religion und heiratete eine der Töchter. Das war der Anfang der hiesigen Familie Leland. Er wechselte vom unitarischen zum presbyterianischen Glauben über, und er wurde sogar presbyterianischer Pfarrer.

Aber meine Mutter und mein Vater gehörten beiden Familien an, die in der Anfangszeit der Kolonie hierhergekommen waren, 1670.« Aus einer dieser beiden alten Familien kamen auch die beiden geerbten Seekisten, die in seinem Wohn- und Eßzimmer auf der anderen Seite der Treppe standen.«

Wie ihm denn die Armut seiner Familie bewußt geworden sei?

»Wir hatten ein sehr gutes Leben. Es gab immer genug zu essen. Mir war gar nicht klar, daß wir arm waren. Natürlich ging es uns auch besser als den Negern und denjenigen Weißen, die wir als Hinterwäldler bezeichneten. Mir war nicht klar, daß es uns finanziell schlechtging, daß sehr wenig Geld hereinkam.

Ich habe ein Jahr lang das College of Charleston besucht. Das war damals ein privates College, meine Großmutter zahlte die Gebühren. Dann starb sie. Ich hielt nach einem Ferienjob Ausschau und fand Arbeit auf einem norwegischen Frachter, der Bananen von Kuba nach Charleston und Jacksonville, Florida, schaffte. Dann nahm der Kapitän, dem das Schiff zu zwei Dritteln gehörte, eine Ladung Kohlen über, die er nach Argentinien bringen sollte. Und als wir in Argentinien waren, bekam er das Angebot, nach Australien zu fahren. So landete ich in Australien, auf einer Dreiecksroute von Sydney nach Singapur, von Singapur nach Manila und dann wieder zurück nach Australien. Im August 1939 kamen wir dann hierher zurück, wir nahmen in Honduras eine Ladung Bananen über und fuhren nach Mobile, Alabama. An dem Tag, als wir in den Hafen einfuhren, erklärte Hitler Norwegen den Krieg – wodurch das Schiff zum Schiff eines kriegsführenden Staates wurde. Die U.S. Border Patrol riet mir abzumustern. Ich bin nach Hause gefahren und wieder ans College of Charleston zurückgekehrt. Im darauffolgenden Jahr begann dann die Einberufung, und ich war einer der ersten Männer aus Charleston, die eingezogen wurden.«

Was seine reguläre Ausbildung betraf, war ihm also einiges entgangen. Die Jahre, die er an der Universität hätte verbringen können, hatte er auf See verbracht. Ob er nicht manchmal seinesgleichen vermißt habe?

»Viele der Leute auf dem Schiff sprachen englisches Englisch. Britisches Englisch. Das war auch eine Art von Bildung. Und der Krieg hat ebenfalls zu meiner Bildung beigetragen. England, Nordafrika, Sizilien, Italien. Und dann mein familiärer Hintergrund – meine Eltern waren große Leser, und sie hatten mir die Fähigkeit und den Wunsch, zu lesen und zu lernen, eingepflanzt.

Ich kam 1945 zurück und ging abermals ans College. Ich fing an, für die Lokalzeitungen zu schreiben, und dabei bin ich dann geblieben.«

»Sie haben also miterlebt, wie es mit Charleston wieder aufwärtsging?«

»Und wie die Stadt sich verändert hat. In meiner Kindheit gab es in Charleston keinen schwarzen Stadtbezirk und auch keinen weißen. Schwarz und Weiß lebten Seite an Seite. Angefangen hat die Veränderung während der Weltwirtschaftskrise, als massenhaft Farmen und Plantagen pleite gingen und die Neger, die dort gearbeitet hatten, nach Charleston oder auch in den Norden zu ziehen begannen. Dann kam der Zweite Weltkrieg, und der brachte einen enormen wirtschaftlichen Schub, denn Charleston war ein wichtiger Marinestützpunkt, und ein Flughafen wurde außerdem gebaut, so daß noch einmal eine Menge Neger aus den ländlichen Gebieten in die Stadt kamen.

Nach dem Krieg kehrten dann sukzessive die jungen Männer zurück. Die Teile der Stadt, wo die meisten der im 19. Jahrhundert gekommenen Einwanderer gelebt hatten – Deutsche, Iren, Italiener und Griechen –, also, diese Familien wohnten immer noch da, wo heute der schwarze Bezirk ist. Eine Wohngegend für mittlere und niedrige Einkommen. Die jungen Männer, die aus dem Krieg zuückkehrten, bekamen keine Kredite von den Banken, um alte Häuser in der Innenstadt zu kaufen. Sie mußten neue Häuser auf parzelliertem Land bauen. Und während sie das taten, wurden die Häuser ihrer Eltern nach und nach frei, und die Schwarzen zogen ein. Heute haben wir massenhaft Schwarze hier. Das alte Charleston, der auf der Halbinsel gelegene Teil der Stadt, ist zu sechzig Prozent schwarz und zu vierzig Prozent weiß. Und die staatlichen Schulen sind zu fünfundneunzig Prozent schwarz.«

»Was für ein Schicksal für eine Stadt, die von den Plantagen lebte!«

»Es ist wirklich eine enorme Umwälzung gewesen. Nehmen Sie etwa dieses Haus hier, das Haus, in dem ich jetzt wohne. Vor sieben Jahren ist es restauriert worden. Es wurde in den 1840er Jahren von einem irischen Zimmermann gebaut, der möglicherweise gekommen war, um der großen Hungersnot zu entfliehen. Die Zimmer sind furchtbar klein. Der Architekt, der das Haus umgebaut und geöffnet hat, war sehr gut, er hat jedes bißchen Raum genutzt. Und im Moment sind wir die einzige weiße Familie ringsum – die einzige in der ganzen Straße. Wobei die Straße nicht sehr lang ist. Die anderen hier sind alle Neger.

Unser Nachbarhaus zum Beispiel – ich weiß nicht, ob Sie das interessiert: Vor ein paar Jahren hat meine Schwiegermutter, Mrs. John E. Gibbs, erfahren, daß einige alte Gibbs-Faktoten, wie sie es nannte, übervorteilt wurden. Sie kaufte dieses Haus, ließ es restaurieren und zu zwei Wohnungen umbauen, mit einem kleinen Nebengebäude hinten im Garten. Und jetzt wohnen die alten Bediensteten der Gibbs' dort, und sie nimmt nur soviel Geld von ihnen, wie sie für Steuern und Versicherung braucht. Es ist wunderbar, diese Leute hier zu haben. Sie haben ein Auge auf uns.

Gleich am Ende der Straße steht einer dieser Blocks mit Sozialwohnungen. Und die Leute dort sind furchtbar. Es sind alles Schwarze. Das ist ein Nest der Kriminalität. Da passieren ständig irgendwelche üblen Sachen – entweder bei den Leuten oder durch die Leute, die dort wohnen.«

»Ist es schwierig für Sie, mit Negern zusammenzuleben, ohne über sie bestimmen zu können?«

»Ich habe immer mit Negern zusammengelebt. Immer. Und sie haben mir geholfen. Wir gehen freundschaftlich miteinander um. Aber gesellschaftlich sind wir getrennt. Da führt kein Weg dran vorbei. Als meine Stieftochter allerdings letztes Jahr in der Saint Philip's Episcopal Church geheiratet hat, der Mutterkirche der anglikanischen Religionsgemeinschaft im Südosten der Vereinigten Staaten – eine große, förmliche Hochzeit mit anschließendem Empfang in der South Carolina Hall –, da kamen auch die Bediensteten, und es war, als gehörten sie zur Familie. Gar keine Frage. Es gibt da einen alten Mann, der genauso alt ist wie mein Schwiegervater, zweiundachtzig. Er ist in einem Nebengebäude des Gibbsschen Hauses in der Logan Street aufgewachsen. Und dieser alte Bedienstete kann weder lesen noch schreiben. Er ist blind. Meine Schwiegermutter besorgt ihm seine Lebensmittelgutscheine und löst die Schecks von der Sozialhilfe für ihn ein. Und er hält sich wirklich für einen Gibbs, für einen von der Familie. Ich empfinde es als ein großes Glück, sie zu haben.« Die alten Bediensteten der Familie, die in dem restaurierten Haus nebenan wohnten. »Sie haben ein Auge auf uns.«

»Wenn Sie sehen, wie sich die Rassenfrage entwickelt hat, erscheint Ihnen die Sklaverei dann manchmal als eine Katastrophe für die Südstaaten?«

»Die Sklaverei *war* eine Katastrophe. Und das Ergebnis war praktisch unvermeidlich. Allerdings dürfen Sie nicht vergessen, daß auch die Leute in Neuengland Sklaven hatten. Nicht sehr viele, die Farmen dort waren klein. Die Wirtschaft der Südstaaten dagegen war auf die Neger angewiesen. Der Anfang vom Ende kam kurz nach 1800, als Großbritannien den Sklavenhandel verbot. Und dann verabschiedeten auch die Vereinigten Staaten ein Gesetz gegen die Einfuhr von Sklaven.«

»Das heißt, als die Plantagen auf dem Gipfel ihres Wohlstands waren, war das Ende bereits in Sicht?«

»Der große Reichtum war noch im Entstehen begriffen.«

»Würden Sie angesichts der Auswirkungen sagen, daß durch die Sklaverei das Land geschwächt wurde?«

»Auf jeden Fall. Die jüngeren Neger, die unter Sechzigjährigen, haben nie eine richtige Verbindung zur Lebensweise der Weißen herstellen können.« Er meinte, daß Schwarze dieser Altersgruppe unter sich blieben und nicht bei Weißen dienten, wie es ihre Eltern und Großeltern getan hatten. »Sie stehen draußen und schauen herein. Und sie übernehmen die Maßstäbe der Weißen nicht.

Nehmen Sie zum Beispiel das Kinderkriegen. Wie Sie wahrscheinlich wissen, hält bei den Negern die Frau die Familie zusammen. Und die kriegen unglaublich viele Kinder. Zumindest hier in South Carolina ist der größte Teil der unehelichen Kinder schwarz. Und die Unehelichkeit gilt nicht als Stigma – wobei sich das in den weißen Familien heute ja auch verändert. Diese Leute sind gern bereit, von Sozialhilfe zu leben – das heißt, sie leben von Sozialhilfe; inwieweit sie es gern tun, weiß ich nicht. Die Negerkirchen, die bei den Negern früher im Mittelpunkt standen, haben die Unehelichhkeit nie stigmatisiert. Sie akzeptieren sie. Das ist wirklich eine tragische Situation, diese schwarzen Mädchen, die mit dreizehn oder vierzehn ein Kind kriegen, ohne einen Mann, der Geld verdient.«

Ich fragte ihn nach den Bürgerrechten und der Nachkriegspolitik.

»1947 hat ein Bundesrichter, Julius Waties Waring« – er betonte die drei Namen und buchstabierte den mittleren, schwierigen; ich erfuhr erst später, wie berüchtigt dieser Name in Charleston war –, »Julius Waties Waring – er stammte aus einer sehr alten Charlestoner Familie. Er hat die Entscheidung gefällt, daß Neger nicht mehr von den Vorwahlen der Demokratischen Partei ausgeschlossen werden durften. Und diese Entscheidung war richtig. Man hätte die Neger nicht ausschließen dürfen. Damals waren die Vorwahlen der Demokraten die eigentliche Wahl im Staat, denn eine Opposition existierte nicht. Und ab 1952 begannen die

Neger dann auch in großer Zahl zu wählen. Heute sind sie eine entscheidende Kraft bei den Wahlen. Da hat sich viel getan. Leider sind ihre politischen Führer ziemlich unfähige Gestalten. Sie sind in erster Linie negativ; Politiker, die große Reden schwingen, aber nur sehr wenig Ahnung davon haben, wie Regieren wirklich funktioniert.«

Diesen Punkt hob er hervor: wie Regieren wirklich funktioniert. Charleston habe einen »Aufwiegler«, unter den schwarzen Beamten allerdings seien einige gute Leute. Und er selbst sei mittlerweile, nachdem er so viele Veränderungen miterlebt habe, ganz gelassen: »Ich finde, wir machen wunderbare Fortschritte.«

Ich wollte wissen, wie sich seine Haltung in der Rassenfrage entwickelt habe.

»Ich bin in einer Familie aufgewachsen, wo wir gesagt bekamen, wir könnten freundschaftlichen Umgang mit Negern haben, müßten sie respektieren und dürften sie nicht ausnutzen. Aber sie könnten uns niemals sozial gleichgestellt sein. Ich bin im festen Glauben daran aufgewachsen.«

Als ich an einem anderen Tag noch einmal über das nachdachte, was er mir gesagt hatte, und auf diesen Punkt zurückkam, meinte er: »Die Neger hatten ihr eigenes Kastensystem. In Charleston gab es früher mal einen Bauunternehmer, einen Maurer namens Pinckney. Er war Mulatte. Als die alten Häuser von Charleston restauriert wurden, hat er einen Großteil der Maurerarbeiten übernommen. Er wußte, daß er väterlicherseits aus einer der hochgestellten Familien von South Carolina stammte, und er hat seine Arbeiter immer ›meine Nigger‹ genannt. Das hat mich richtig geschockt, denn mein Vater hatte uns eingeschärft, dieses Wort niemals zu benutzen.

Die im Haus beschäftigten Neger schauten auf die Feldarbeiter hinunter. Sie nannten sie abfällig die ›Maisfeldnigger‹.

Dieses Wort wurde von den Hausbediensteten geprägt. Die Hausleute blieben unter sich.

Ich war erst siebzehn, als ich auf dem Schiff anfing. In dem Alter macht man sich noch um nichts groß Gedanken. Doch als ich dann Hafenstädte in der Karibik und Südamerika, in Manila und Singapur kennenlernte, begann sich meine Einstellung zu Menschen anderer Rassen ein bißchen zu verändern. Hier zu Hause waren die Chinesen immer nur die ›Chinks‹ gewesen. In Singapur hatten sie das Sagen. Sie gaben den Ton an.

Ich erzähle Ihnen mal eine Geschichte. Als ich bei der Luftwaffe war, habe ich in Chanute Field in Illinois Meteorologie studiert. In meiner Klasse waren vier Neger, die in Tuskegee studiert hatten, und die hatten Riesenprobleme mit der Mathematik. Beim Meteorologiestudium befaßt man sich mit allem möglichen, all den verschiedenen Naturkräften, und es ist auch eine Menge Mathematik dabei. Und diese jungen Neger verstanden nur Bahnhof. Die meisten Leute an dieser Fachschule waren Yankees. Ich war einer der wenigen Südstaatler, und ich erkannte, was für ein Problem diese Neger hatten. Ich bot ihnen meine Hilfe an, half ihnen dann auch tatsächlich, und sie konnten ihren Abschluß machen. Ich werde das nie vergessen: Ich war im Begriff, nach Florida zu fahren, wohin man mich abkommandiert hatte, mußte von Chanute Field aus den Bus nehmen, und da tauchten diese vier Neger auf und brachten mir eine Flasche Whiskey als Abschiedsgeschenk. Die Yankees an dieser Schule waren mit den Negern befreundet, aber sie haben nicht gemerkt, daß die Neger Hilfe brauchten, und nichts unternommen, um ihnen zu helfen. Ich dagegen hatte gelernt, daß man Negern *helfen* muß. Es gehörte zu unseren Pflichten, unserem Erbe.

Wahrscheinlich gehört es einfach zu unserem Leben.

Wenn ich heute zum Beispiel durch die Straßen gehe und mich ein Weißer anbettelt, ignoriere ich ihn einfach. Wenn es ein Schwarzer ist, bleibe ich stehen und rede mit ihm, um herauszufinden, ob er wirklich Hilfe braucht oder nur genug für einen Drink zusammenschnorren will. Ich glaube, viele Schwarze – diejenigen, die ich gut kenne – verstehen diese Seite an mir. Aber für die anderen bin ich nur ein mieser Weißer, der Feind, der Erzdämon in Person. Und ich gebe gerne zu, daß sie durchaus Anlaß haben, Weiße nicht zu mögen.

Es ist ausgesprochen schwierig, einen Schwarzen dazu zu bringen, sich hier hinzusetzen.« Er deutete auf das Sofa an der Wand seines Einzelhauses, neben der Tür, auf deren anderer Seite die beiden Seekisten aus Barbados standen, die 1685 in seine Familie gekommen waren und Zeugnis seines Charlestoner Adels waren, Zeugnis seiner kolonialen Vorfahren aus Barbados. »Schwierig, einen Schwarzen dazu zu bringen, sich hier hinzusetzen und mit mir zu reden. Die sagen nicht, was sie denken. Sie trauen den Weißen nicht. Und die Onkel Toms sind einfach nicht ehrlich. 1952 bekam ich den Auftrag, in den südlichen Counties des Staats zu recherchieren und herausfinden, wie die Neger dort wählen würden. Diese Wahl 1952 war die erste, bei der eine nennenswerte Anzahl von Negern wählen würde. In Beaufort County, unten an der Küste, staunte ich selbst. Die Republikanische Partei war die Partei von Lincoln. Aber ich stellte fest, daß von den rund hundert Schwarzen, mit denen ich redete, fast alle demokratisch wählen wollten. Ich lieferte einen entsprechenden Artikel ab, aber mein Redakteur, der eine Menge Onkel Toms als Freunde hatte, weigerte sich, es zu glauben.«

Ich fragte Jack Leland, ob er sich für die karibischen Inseln interessiere und ob das seine Sicht der amerikanischen Schwarzen in irgendeiner Weise beeinflusse.

Er antwortete: »Na ja, schauen Sie doch, was in Santo Domingo passiert ist. Die Insel wurde in zwei Hälften geteilt, auf der einen Seite Haiti, auf der anderen die Dominikanische Republik. In Haiti wurden alle Weißen umgebracht. Wenn man heute nach Santo Domingo fährt, ist das ein Unterschied wie Tag und Nacht. Die Dominikanische Republik hat eine stabile Wirtschaft. In Haiti verhungern die Leute. Mir wurde das sehr eindrücklich vor Augen geführt, als ich damals auf diesem Schiff war – wir fuhren zur Dominikanischen Republik, um eine Ladung Bananen zu übernehmen. Bei der Gelegenheit lernte ich ein paar Engländer kennen, und die nahmen mich nach Haiti mit. Es war ein Unterschied wie Tag und Nacht. Ich denke nur ungern, daß das so ist, weil in Haiti die Verbindung zu den Weißen fehlt, in der Dominikanischen Republik dagegen nicht. Irgendwann ist da jedenfalls etwas schiefgegangen. Und wenn ich mir ansehe, was heute in Afrika los ist – aber ich habe nicht den Eindruck, daß mein Standpunkt irgendwo Gehör findet. Die Amerikaner verschließen sich gegenüber solchen Gedanken. Sie denken global. Ihr Denken ist auf *eine* Welt, *eine* Bevölkerung ausgerichtet. Aber das ist praxisfern, unrealistisch. Ich denke einfach nicht so, wie ein Nigerianer denkt, und er denkt nicht so wie ich. Wir sind unterschiedliche Menschen.«

Mir war schon am Tag unseres Kennenlernens aufgefallen, daß Jack Leland humpelte. Bei unserem dritten oder vierten Treffen schien ihm sein Bein besonders starke Beschwerden zu bereiten, und ich fragte ihn danach. Er sagte, er habe sich im Februar 1943 beide Beine verletzt, in Nordafrika. Er habe an einem Bombenangriff auf Sizilien teilgenommen, und die letzte Bombe habe sich nicht ausgeklinkt. Auf dem Rückweg habe die Besatzung Order bekommen abzuspringen, also sei er abgesprungen; es sei das erste Mal gewesen, daß er einen

Fallschirm benutzt habe. Er sei auf einem Stein gelandet und habe sich an beiden Knöcheln Bänderrisse zugezogen; es habe zweieinhalb Monate gedauert, bis das geheilt sei. Die Ironie an der Sache sei gewesen, daß der Pilot, der die Order zum Abspringen erteilt habe, das Flugzeug letztlich ohne Unfall habe landen können.

So also war der Krieg für ihn verlaufen. Und doch hatte er den Krieg als eine lehrreiche, abenteuerliche Zeit beschrieben und von dem bleibenden Schaden, den er davongetragen hatte, erst gesprochen, als ich ihn danach fragte. Es kam mir vor wie ein Aspekt seiner Ausbildung, seiner guten Manieren, seines »Sir?«, wenn er nicht ganz verstanden hatte, was ich sagte: der Manieren, die zum Selbstbild der Südstaatler gehörten.

»Es ist eher wie eine Religion«, hatte die Frau aus Mississippi gesagt, als es um eine bestimmte Haltung ihrer Familie (und anderer, ebenso der Oberschicht angehörender Familien in Mississippi) zum Bürgerkrieg und zur Vergangenheit ging, um die Häuser der alten Familien, um das Tragen historischer Kostüme an den Tagen, an denen die Häuser vorgeführt wurden. Kein Maskenspiel, keine Eitelkeit: eher wie eine Religion. Und auch in Charleston gewann man diesen Eindruck von der Vergangenheit als einer Religion.

Es waren nicht nur die alten Häuser und die alten Familien, die alten Namen, die museale Seite der lokalen und staatlichen Geschichte. Es war auch die Vergangenheit als Wunde: die Vergangenheit, von der die nicht mehr bewirtschafteten oder veräußerten Plantagen zeugten, viele davon noch mit konkreten Erinnerungen an die alten Zeiten, den Häusern, Nebengebäuden, Eichenalleen. Die Vergangenheit, von der die heute mehr schwarze als weiße Stadt zeugte; die Vergangenheit von Sklaverei und Bürgerkrieg.

Seit meiner Ankunft im Süden war kein Tag vergangen, an dem ich nicht in Zeitung oder Fernsehen etwas über General Sherman gelesen oder gehört hatte. Oft wurde er dabei – wie in Zeitung und Fernsehen üblich, wenn ein bekannter Name hervorgehoben werden soll, ob ironisch oder sonstwie – bei seinem vollen Namen genannt, mitsamt dem seltsamen indianischen zweiten Namen: William Tecumseh Sherman.

Charleston hatte den Krieg überstanden. Für Columbia, die Hauptstadt des Staates, galt das nicht. Columbia war 1865 von Sherman niedergebrannt worden. Von diesem verheerenden Feuer erzählte mir die ältere Dame, die in der Kathedrale neben dem Parlamentsgebäude in Columbia Führungen veranstaltete; und sie erzählte, als wäre es erst kürzlich geschehen. Vielleicht hat man sich ja in Italien und Rom auf ähnliche Weise auch nach hundert Jahren noch an Hannibal erinnert. Die Kathedrale, sagte die Dame, sei eines der wenigen Bauwerke in Columbia, das nicht von Sherman niedergebrannt worden sei. Womöglich deshalb, weil er sie für katholisch gehalten habe; seine Frau sei Katholikin gewesen. Gegen Ende der Führung, als wir uns über die farbigen Glasfenster unterhielten (zerbrechliches Gut in einer Stadt, die dem Erdboden gleichgemacht werden sollte), brach sie plötzlich ab und erklärte, wie um noch einmal Dank zu sagen: »Es ist ein Wunder, daß die Kathedrale nicht niedergebrannt wurde.«

Ich hatte gelesen, daß Columbia niedergebrannt worden war. Doch an diesem Nachmittag war mir das nicht präsent gewesen. Auf diese Weise von dem großen Brand zu hören – in der Kathedrale, aus dem Munde einer älteren Dame –, hatte etwas ungeheuer Beeindruckendes. Ich hatte die Kathedrale gar nicht angesteuert. Ich war hineingegangen, weil mir der Friedhof ins Auge gefallen war. Eigentlich war ich auf dem Weg zum Parlamentsgebäude, um mir das Confederate Memorial anzuschauen, das Bürgerkriegsmahnmal. Ein Richter, den zu besuchen ich hergekommen war, hatte mich darauf hingewiesen. Er hatte gemeint, die Inschrift verdiene genauere Betrachtung. Sie sei poetisch und vermittle einen guten Eindruck vom Selbstbild des Südens.

Auf einer Seite des Mahnmals war eingemeißelt: *Den Gefallenen der Konföderiertenarmee von South Carolina, 1861–1865.* Auf der anderen Seite stand: *Errichtet von den Frauen South Carolinas. Enthüllt am 13. Mai 1879.* Dieser Bezug auf die Frauen hatte etwas sehr Effektvolles. Mahnmale, die von Leid und Rache oder von Leid und Frömmigkeit künden, wirken am verstörendsten, wenn sie gramgebeugte Frauen zeigen.

Auf der dritten, der verkehrsreichen Straße zugewandten Seite stand: *Dieses Mahnmal verewigt die Erinnerung an jene, die getreu den ihrer Abkunft entsprechenden Instinkten, im festen Glauben an die Lehren ihrer Väter und in unerschütterlicher Liebe zu ihrem Staat bei der Ausübung ihrer Pflicht zu Tode kamen: die durch ihre schlichte Mannhaftigkeit, ihr geduldig ertragenes Leid und ihren heldenhaften Tod eine verlorene Sache verklärt haben und die in den dunklen Stunden der Gefangenschaft, in der Hoffnungslosigkeit des Lazaretts, in den kurzen, furchtbaren Qualen des Feldes Trost und Beistand in dem Glauben daran fanden, daß sie zu Hause nicht vergessen werden würden.*

Auf der vierten, dem Parlamentsgebäude zugewandten Seite stand, nur mühsam aus spitzem Winkel lesbar, wenn man nicht den Rasen hinter dem Mahnmal betreten wollte: *Möge der Fremde, der dereinst diese Inschrift liest, erkennen, daß Macht diese Männer nicht korrumpieren, der Tod sie nicht schrecken und die Niederlage sie nicht entehren konnte, und mögen diese ihre Tugenden ein gerechtes Urteil über die Sache, für die sie ihr Leben ließen, befördern. Mögen künftige Gene-*

rationen South Carolinas dessen eingedenk sein, daß der Staat diese Männer leben und sterben gelehrt hat. Und daß South Carolina seinen Kindern aus den Trümmern seines Glücks den unbezahlbaren Schatz der Erinnerungen geborgen, der alle, die das gleiche Geburtsrecht für sich geltend machen, lehrt, daß Wahrhaftigkeit, Mut und Patriotismus ewig währen.

Auf der einen Seite: Geburt, Treue, Pflicht, Leid und Tod. Auf der anderen Seite: die namenlose, nicht definierte Sache, durch diese Tugenden geadelt. Es waren erhabene Worte, trotz alledem. Den Schmerz der Niederlage kann jeder nachvollziehen, denn jeder erlebt irgendwann in seinem Leben irgendeine Art von Niederlage und wünscht sich tief in seinem Herzen, er könnte sie ungeschehen machen oder zumindest erreichen, daß seine Sache richtig gesehen wird. Doch der Schmerz, den das Confederate Memorial vermittelt, ist gewaltig; die Niederlage, die es bezeugt, ist absolut. Eine solche Niederlage gebiert Religion. Sie kann selbst zur Religion werden: Die Kreuzigung ein ewiger Schmerz für die Christen, wie der Tod Alis und seiner Söhne für die islamischen Schiiten. Leid und die Überzeugung, eine gerechte Sache zu vertreten; die Niederlage, die jeder Vorstellung von Moral zuwiderläuft, jeder Vorstellung von der guten, der richtigen Geschichte, wie sie sich hätte zutragen sollen: die Tränen des Confederate Memorial sind der Religion nahe, hilflose Trauer und Wut (wie die Schiiten sie kennen) über eine Ungerechtigkeit, die nicht oft genug benannt werden kann.

Und davon gab es noch mehr auf diesem zentral gelegenen Platz in South Carolina, dem Staat, der den Bürgerkrieg begonnen hatte: weiteren Schmerz, weitere Erniedrigung, eine weitere Veranschaulichung eines Unrechts, das der Wiedergutmachung harrte. Auf dem unteren Absatz der Granittreppe stand eine lebensgroße Statue von George Washington. Eine Gedenktafel war daran befestigt: *Während der Besetzung*

Columbias durch Shermans Armee vom 17. bis 19. Februar 1865 bewarfen Soldaten diese Statue mit Ziegelbrocken und brachen den unteren Teil des Spazierstocks ab. Man hatte den Spazierstock in der Luft hängen lassen. An der Säule am Fuß der Treppe hing eine weitere Gedenktafel: *Der Bau dieses Parlamentsgebäudes wurde 1855 begonnen und ohne Unterbrechung bis zum 17. Februar 1865 weitergeführt, als Sherman Columbia niederbrannte. 1867 wurde die Arbeit wieder aufgenommen und in unregelmäßigen Abständen bis 1900 fortgesetzt.*

Das von den Frauen South Carolinas errichtete Confederate Memorial war 1879 aufgestellt worden, als die Besatzungsarmee der Nordstaaten abgezogen und der Staat von der Reconstruction erlöst war. Die Gedenktafel am Parlamentsgebäude mit all ihrem Schmerz über die von Sherman niedergebrannte Stadt war mehr als zwanzig Jahre später aufgehängt worden, als die Welt sich noch weiter verändert hatte. Ein Beleg für diese Veränderung fand sich an Ort und Stelle: das andere Denkmal, das auf dem gepflasterten Hof vor dem Parlamentsgebäude stand, feierte unbeschwert den Spanisch-Amerikanischen Krieg von 1898 und war mit einer kiplingesken Inschrift versehen.

Es war, als sei das Leid des Confederate Memorial mit der Unbeschwertheit des anderen Denkmals gesühnt worden; als hätte die nicht erwähnte Sache der Südstaaten fortgelebt und in dem späteren, imperialistischen Krieg ihre Rechtfertigung gefunden; als wäre die nicht erwähnte Angst in den Rassenbeziehungen nach dem Bürgerkrieg, die spätere Härte gegenüber den Schwarzen in etwas eingegliedert worden, das weit weniger elend war als die Sklavenhütten mit den tiefschwarzen und zerlumpten Sklaven South Carolinas, eingegliedert, wie einige Südstaatler es ausgedrückt hatten, in die umfassendere Sache der weißen Zivilisation, die sich nach Afrika, Australien und Indien ausbreitete.

Die wahre Vergangenheit South Carolinas aber war das, was verloren war: die Welt vor dem Krieg und der Krieg selbst. Dieses Leid war etwas Besonderes, es war wie eine Religion; es sollte den Niedergang der Weltreiche des 19. Jahrhunderts, ja die Idee des Weltreichs an sich überdauern. Mochte das Denkmal für den Spanisch-Amerikanischen Krieg hier auf dem Gelände des Parlamentsgebäudes heute auch peinlich und die Episode selbst fast in Vergessenheit geraten sein, so war die Inschrift auf dem Confederate Memorial nach wie vor bewegend, kam spürbar aus tiefstem Herzen. Was blieb, war das Problem der Sache an sich.

Wie ließ sich eine solche Sache rechtfertigen?

1952 war ich in der Bibliothek meines College in Oxford zufällig auf ein kleines Buch gestoßen, einen Privatdruck, ein Geschenk des Autors, womöglich eines alten amerikanischen Mitglieds des College. Das in den 1920er Jahren gedruckte Buch handelte von der Sklaverei. Der Autor wollte die falschen Vorstellungen korrigieren, die die restliche Welt von der amerikanischen Sklaverei hatte – zumindest behauptete er das. Doch die kleine Abhandlung, die er im Alter geschrieben hatte, handelte tatsächlich von seiner Kindheit und ihren Freuden. Die Sklaverei war ein Bestandteil seiner Kindheit gewesen; seine Kindheit war ohne den Hintergrund der Sklaverei und ihrer speziellen Rituale nicht vorstellbar. Weiße Kinder hätten, so berichtete der Autor, oft gleichaltrige Sklavenkinder zugewiesen bekommen, mit denen sie spielen und ihr Unwesen treiben konnten. Auch er habe seinen »eigenen Negerjungen« gehabt. Die Tatsache, daß er seinen eigenen Sklavenjungen gehabt hatte, wurde als ausreichende Erklärung für die Praxis präsentiert.

Und etwas ähnlich Schlichtes und aufrichtig Empfundenes lag dem schönen, hymnischen Buch *A Carolina Rice Plantation of the Fifties* [*Eine Reisplantage im Carolina der fünfziger Jahre*] zugrunde, das 1936 in New York bei William Morrow erschienen war.

Die fünfziger Jahre aus dem Titel waren die des 19. Jahrhunderts, die Zeit vor dem Bürgerkrieg, als die mit Sklavenarbeit bewirtschafteten Plantagen noch florierende Betriebe waren. Das historische Herzstück des Buches war eine Erinnerung an jene Zeit von D. E. Huger Smith (Huger war einer jener alten Charlestoner Namen, die auf besondere Weise ausgesprochen werden: Ju-dschie). Ergänzt wurde der Text durch dreißig – siebzig oder achtzig Jahre später entstandene – Aquarelle von Alice R. Huger Smith sowie eine »Erzählung« – tatsächlich eher ein historischer Essay – von Herbert Ravenel Sass (noch so ein alter Name, wobei »Sass« deutschen Ursprungs war und »Ravenel« wiederum französisch ausgesprochen wurde, letzterer ein Name, der in Charleston auch 1987 noch auf Schildern zu finden war).

Die Aquarelle waren romantische Plantagenszenen: teils Darstellungen der Arbeit, etwa ein Trupp schwarzer Männer, die einen geborstenen Damm ausbesserten, oder Frauen, die Reis auf einen flachen Plantagenkahn luden; teils stimmungsvolle Studien von Wasser und Wald; teils klischeehafte (oder propagandistisch anmutende) Bilder, der Pflanzer und seine Frau, weiß und huldvoll inmitten der lächelnden Schwarzen (wie Vater und Mutter in einem Kinderbuch), und bei ihnen – auf einem anderen Bild – ein blondes kleines Mädchen, das von einem schwarzen Kind einen Blumenstrauß überreicht bekam.

Eine große Reproduktion der Dammausbesserungs-Szene sollte ich später in einem Restaurant in Charleston sehen – als romantischer Gruß aus den alten Zeiten gedacht, passend zu der Touristenstadt. Und die Romantik der Bilder war ernst gemeint. Sie waren nicht in den 1850ern entstanden, der Sklavenzeit. Sonst wären sie vielleicht anders gewesen – klarer lokalisierbar und anschaulicher, und mithin verstörender. Die Bilder waren von einer Frau gemalt worden, die (wie sie im Vorwort erklärte) eine verschwindende Welt festhalten wollte; einer Frau, die in den 1870ern geboren war, gegen Ende der Reconstruction, als die riesige Plantagenwelt, die Strukturierung so vieler Millionen Morgen Land, auf den Kopf gestellt worden war. Scham und Wut angesichts der Reconstruction, Trauer über die Niederlage, Sehnsucht nach der Welt, die einmal gewesen war, oder nach einer bestimmten Vorstellung von der Vergangenheit; das alles verwoben – in diesen Aquarellen – mit der Freude am Gebrauch von Pinsel, Farbe und Papier, der Freude an der Natur und dem spürbaren Stolz der Malerin auf ihr Einfühlungsvermögen.

Eine vergleichbare Stimmung schwang auch in Herbert Sass Ravenels Essay mit. Auch dort ging es um Romantik: die Eichenalleen; die Schönheit des Flusses, an dem die Herrenhäuser standen; die Organisation des Lebens auf den riesigen Plantagen; die technischen Fertigkeiten, die in Verbindung mit dem Überfluten und Entwässern einer den Tidenhub nutzenden Plantage erforderlich waren; die Eigenständigkeit der einzelnen Plantagen, jede für sich fast ein eigener kleiner Staat mit einem eigenen Herrn, der gewisse Rechte zur Bestrafung seiner Untertanen besaß.

Es war zweifellos die Idee des Plantagenstaats, die den Autor zu seiner Einschätzung der Reisküste brachte: »... im Grunde der Versuch, in Amerika das klassische griechische Demokratieideal zu verwirklichen.« Und in einem merkwürdigen Abschnitt, in dem Afrikaner, Sklaven oder Schwarze mit keinem Wort erwähnt werden, wird die Plantagensklaverei als »die umfassendste ›ökonomische Sicherheit‹«, die bestimmten Menschen in Amerika je gewährt worden sei, in dieses griechische Ideal integriert. »Für diese Sicherheit, die sich über ihre gesamte Lebenszeit von der frühesten Kindheit bis ins hohe Alter erstreckte, wurde ein Preis bezahlt.« »Ein Preis« – so umschreibt der Autor, um die Vorstellung einer klassischen Welt bewahren zu können, die Sklaverei. Und dieser »Preis«, so fügt er hinzu, sei »vielleicht nicht einmal überhöht gewesen«, bedachte man, welchen – nach wie vor nicht erwähnten – Menschen diese Sicherheit geboten wurde.

Wurde der griechische Aspekt beiseite gelassen, gab es allerdings auch noch eine andere Art, von der Sklaverei zu sprechen. »Für die Südstaaten wurde aus dem Sklavereiproblem das Negerproblem, und tatsächlich galt der erbitterte Kampf des Staates Carolina in den Jahren 1831 bis 1865 der angedrohten ›Lösung‹ des Negerproblems, die den Ruin bedeuten mußte.« Der Staat brauchte Sklaven; ohne Sklaven kam er nicht aus; doch zugleich drohte dem Staat eben durch die Sklaven stets der Untergang. Also wurde die spezielle Lebensweise des Pflanzers in den Reisgebieten von Carolina zur »weißen Zivilisation« erklärt; diese galt es zu bewahren.

Es lag etwas Quälendes in dieser Argumentation, dieser Unwilligkeit gebildeter und religiöser – und durchaus sensibler – Männer, auch nur einmal auszusprechen, daß sie einfach die ihnen vertraute Welt verteidigten. Da ist jedesmal dieses Schweigen – die ausbleibende Erwähnung der Neger, der Sklavenhütten unter den Eichen –, wenn die Plantage zu etwas Edlerem erhoben wird, etwas wie dem griechischen Stadtstaat. Es war das gleiche Schweigen wie siebenundfünfzig Jahre zuvor beim Confederate Memorial von Columbia: die Tugenden der Toten adeln die Sache; die Sache selbst wird nie definiert. Doch wie hätten 1879 oder selbst 1936, in jener Zeit des extremen Imperialismus, gebildete Männer die Sklaverei anders rechtfertigen können?

Auf das Buch über die Reisplantagen war ich in der Sammlung einer Dame mit berühmtem Namen gestoßen. Sie lebte außerordentlich bescheiden in einem alten Haus in Charleston, dessen *piazza* (wie man in Charleston die Veranda nannte) auf einen grünen, von einer alten Eiche beschatteten Garten hinausging, einen Garten, der weder ordentlich noch verwildert war. An der Grundstücksgrenze (beziehungsweise hinter dem Zaun) befand sich die fensterlose Rückwand des Nachbarhauses. Es war der typische Charlestoner Stil, die Veranda blickgeschützt an der Seite. Doch das Nachbarhaus bebte von lauter Musik; dagegen gab es keinen Schutz.

Und dort auf der Veranda mit ihren einfachen, verwitterten Möbeln, in die sich feinster Staub eingegraben hatte (Jack Leland zufolge kam der Wind in Charleston von Süden oder Westen, und die Leute bauten ihre Veranden in der entsprechenden Richtung, um in seinen Genuß zu kommen), dort also lernte ich dank der Vermittlung dieser Frau den Sohn des Mannes kennen, der die »Erzählung« in dem gut fünfzig Jahre zuvor erschienenen Plantagenbuch geschrieben hatte.

Marion Sass war zwischen fünfzig und sechzig, groß, dünn, gebeugt und für diesen heißen Charlestoner Nachmittag übertrieben warm angezogen: ein braunes Tweedjackett über einem Pullover, ohne Anspruch auf Eleganz. Er hatte kleine, traurige blaue Augen in einem schmalen, sanften Gesicht. Er wollte nicht mit dem Rücken zum Wind sitzen; er setzte sich mit dem Rücken zur Hauswand. Die Luft war von Pollen gesättigt. Meine Augenlider waren schwer; ich spürte, daß sich ein Husten anbahnte; wie Marion Sass trug auch ich ein Jackett. Dort auf der Veranda mit ihrem schiefen Boden, vor uns den ungepflegten Garten, saßen wir wie im Bühnenbild eines Theaterstücks über die Südstaaten und unterhielten uns, während nebenan das Radio lief.

Er war scheu; er sprach leise; er schaute nach unten oder zur Seite. Seine Ahnenreihe in Charleston ging auf Henry

Woodward zurück, der das Land für die Siedlungsgründung im Jahr 1670 erkundet hatte. Ich fragte, ob solch eine Ahnenreihe in Charleston nicht eine Last sei, ob man sich dadurch nicht eingeengt fühle. Er sagte, sie sei tatsächlich eine Last. Seine Abstammung sei einer der Gründe, warum er in Charleston bleibe. Es ziehe ihn (ungeachtet seines deutschen Nachnamens) eigentlich sehr nach England; seine verstorbene Frau sei Engländerin gewesen. Über England und dessen eigenartige Wirkung – sehr viele Menschen, so sagte er, hätten gleich bei ihrem ersten Aufenthalt in England das Gefühl, dort zu Hause zu sein – redete er dann eine Weile; und über England, so schien mir, hätte er am liebsten auch weiter geredet, wenn ihm denn etwas so Einfaches, so Unkompliziertes offengestanden hätte. Doch da war die Last seiner Abstammung; und da war sein Südstaatentum. Und ohne daß ich ihn dazu veranlaßt hätte, lenkte er unsere Unterhaltung schließlich darauf.

Sein Vater, Herbert Ravenel Sass, war 1884 geboren worden und 1958 gestorben. Als 1936 das Buch über die Reisplantagen erschien, war sein Vater zweiundfünfzig Jahre alt. Achtzehn Jahre später, sein Vater war siebzig, war eine der Hauptforderungen der Bürgerrechtsbewegung erfüllt worden. Marion Sass war 1930 geboren. Er hatte also mit seinem Vater zusammen einige politische Niederlagen hinnehmen müssen, doch die Sache der Südstaaten, so wie er sie verstand, lebte in ihm fort.

Er erzählte mir, daß sein Vater zu der Zeit, als in den Schulen die Rassentrennung aufgehoben wurde, den »papiernen Vorhang«, durch den die Nordstaaten Meinungsäußerungen aus den Südstaaten abblockten, durchbrochen und einen Artikel in der Zeitschrift *Atlantic* veröffentlicht habe, in dem er schrieb, daß gemischte Schulen zur Rassenvermischung führen würden. Das habe sich als falsch erwiesen; tatsächlich seien die Rassen nach der Integration mehr als zuvor unter sich geblieben. Doch mindere das nicht die Notwendigkeit seiner politischen Arbeit, der er inzwischen mehr Zeit widme als seiner Tätigkeit als Anwalt.

Wenn er von politischer Arbeit rede, klinge das vielleicht so, als setze er sich dafür ein, daß bestimmte Leute in bestimmte Ämter gewählt würden. Auch das habe er schon getan. Im Moment aber gehe es ihm vor allem um »Widerstand«. Widerstand gegen die Eroberung durch den Norden und Widerstand gegen die Amerikanisierung, die letztlich nichts anderes als eine Vernordstaatlichung sei. Wobei ja ironischerweise einige der wichtigsten »amerikanischen« Dinge – Coca-Cola, die Countrymusik, ja selbst die Idee des Supermarkts – aus den Südstaaten kämen. (Genau so, wie manche Schweden jederzeit die fünf – oder sechs oder sieben – technischen Erfindungen aufzählen können, durch die ihr Land reich geworden ist, schien Marion Sass alles parat zu haben, was die Südstaaten zum Phänomen Amerika beigesteuert hatten.)

Es sei nicht nötig, bestimmte, für die Südstaaten typische Werte zu definieren. »Südstaatenkultur bedeutet nicht einfach nur eine agrarische im Gegensatz zu einer industriellen Gesellschaft, oder das Ideal der Ehre im Gegensatz zu den knallharten Werten der Geschäftswelt. Die Südstaatenidentität ist schlichtweg deshalb wichtig, weil sie Teil der Südstaaten ist. Wir sind Südstaatler. Das reicht völlig. Es ist wie bei den Iren. Bloß haben die – die Iren – nicht die schreckliche Last einer fremden Bevölkerung in ihrer Mitte zu tragen.«

Da war sie wieder, gut fünfzig Jahre nach dem Essay seines Vaters in dem Buch über die Reisplantage, diese Vagheit im Zusammenhang mit dem »Problem«. Wie ging er als denkender Mensch mit der Frage der Rasse um?

Er antwortete: »Wie wir damit umgehen? Ich versuche, mit dem Rassenproblem so wenig wie möglich in Berührung zu kommen. Die weißen Suprematisten sitzen zum Großteil im Norden, sie haben mit den Südstaaten nichts zu tun. Die Sache des Südens und das Problem des Südens sind ganz unterschiedliche Dinge. Die Nordstaaten instrumentalisieren die Schwarzen ständig, um gegen die Südstaaten vorzugehen. Sie haben es 1860 getan, und sie haben es auch in diesem Jahrhundert getan.«

Der Norden sei derzeit sehr mit all seinen Minderheiten beschäftigt. Nun könnte man ja meinen, daß auch die Südstaaten als Minderheitengegend gälten. Doch dem sei nicht so. Der offizielle Standpunkt der Nordstaaten sei: »Die weißen Südstaatler sind keine Minderheit. Sie sind zurückgebliebene Amerikaner, die eine Minderheit unterdrücken: die Neger.«

Ob er sich in letzter Zeit mal das Buch seines Vaters über die Plantagen angeschaut habe?

Nein, in letzter Zeit nicht. Aber er kenne das Buch gut und teile die Gefühle hinsichtlich des einstigen Plantagenlebens durchaus.

Ich fragte: »Aber man kann sich doch nicht nach etwas sehnen, was man nie erlebt hat?«

»Ich bin zwar aufgewachsen, ohne das Arbeitsleben auf der Plantage zu kennen, aber es ging auf den Plantagen – wenn wir sie in meiner Kindheit besuchten – doch sehr ähnlich zu wie früher in den Südstaaten auf dem Land, auch wenn es die Sklaverei damals nicht mehr gab. Es war das alte, unbeschwerte Landleben, und die Beziehungen zwischen den Rassen waren viel eher so wie früher. Ich kann mich also durchaus nach der Vergangenheit zurücksehnen.«

Was ihn genauso wie seinen Vater bekümmerte, ja nicht mehr losließ, war die äußerliche Zerstörung der Südstaaten – die Straßen, die Fastfoodrestaurants –, und genau wie sein Vater empfand er die Veräußerung der Plantagen an auswärtige Privatpersonen oder Firmen als schmerzlich.

Die Vergangenheit als Traum von der Reinheit, die Vergangenheit als Grund zur Trauer, die Vergangenheit als Religion: Das ist der Antrieb der islamischen Schiiten zu Edelmut und Opferbereitschaft, der Traum von jener guten Zeit des Propheten und der ersten vier Kalifen, bevor Gier und Ehrgeiz die gerade erst errettete Welt zerstörten. Es war der Antrieb für das Confederate Memorial in Columbia. Und diese ganz besondere Vergangenheit der Südstaaten, die Sache der Südstaaten, konnte nur rein sein, wenn sie von der Schmutzigkeit der Rassenfrage befreit wurde.

Als wir uns – wiederum wie in einem Bühnenbild – aus unseren Sesseln erhoben und hineingingen, um einen von unserer Gastgeberin zubereiteten Salat zu essen, sagte ich zu Marion Sass, ich habe den Eindruck, bei ihm gehe es um Gefühle, zu denen er jedoch kein Programm habe. Er stimmte mir zu, doch dann sagte er, das Programm sei in der Planung.

Die Unterhaltung wandte sich Allgemeinerem zu. Wir schauten uns ein paar alte Bücher unserer Gastgeberin über South Carolina an. Wir schauten uns Abschriften ihrer Familienbriefe an, viele davon aus der Plantagenzeit, die fast zweihundert Jahre alt waren: die Briefe waren abgetippt und zu schweren Foliobänden gebunden worden. Wenn die beiden – Marion Sass und unsere Gastgeberin – die Namen von Plantagen nannten, Fairfield, Oakland, Middleburg, Middleton, Hampton House, schien es, als redeten sie von Landhäusern. Doch dann begriff ich, daß sie indirekt auch von den vielen Familien sprachen, mit denen sie verwandt waren.

Er fuhr mich in seinem unordentlichen alten Wagen zurück zum Hotel. Was ich über Gefühle ohne Programm gesagt hatte, fuchste ihn, und am nächsten Morgen schickte er mir die Kopie eines Briefes, den er 1983 an eine Lokalzeitung geschickt hatte, sowie die Kopie einer Anzeige, in der eine

Publikationsreihe zu den Südstaaten angekündigt wurde. Er hatte die Kopien im Hotel für mich hinterlegt, in einem sehr großen, gebrauchten Umschlag, auf dem in sehr kleiner Schrift mein und sein Name standen; auf den Umschlag war der Name einer Gesundheitsorganisation aufgedruckt.

Dann rief er mich an, und während er sprach, sah ich sein schmales, empfindsames Gesicht vor mir. Er habe die in der Anzeige angekündigte Publikationsreihe letztlich nie verwirklicht, doch die Anzeige sei auf Resonanz gestoßen; er habe das Gefühl, eine Saite angeschlagen zu haben. Er erzählte, daß sein Vater aufgrund der Entwicklungen in den Fünfzigern schließlich zum Südstaaten-Separatisten geworden war, und er selbst sei das mittlerweile auch. Die Niederlage der Südstaaten, Lees Kapitulation, schien für ihn ein nicht linderbares Leid zu bedeuten.

Ich fragte ihn, ob er das Confederate Memorial in Columbia kenne. Er sagte, er habe in Columbia Jura studiert und er möge die Stadt, im Gegensatz zu anderen Leuten. Er kannte die Inschrift auf dem Mahnmal sehr gut, zitierte einen Teil davon am Telefon. Seiner Vermutung nach stammte der Text von W. J. Grayson, der in den 1850ern ein Epos mit dem Titel *The hireling and the slave* [*Der Mietling und der Sklave*] geschrieben habe, ein Gedicht in Reimpaaren im Stile Popes. Thema des Gedichts sei die Lage des Sklaven in den Südstaaten, die besser sei als die des Industriearbeiters in Massachusetts. Er habe das Gedicht nicht ganz gelesen.

Die Sache, für die er sich einsetzte, war aus einem nicht linderbaren Leid entstanden. Und mir schien, daß sie nur zu weiterem Leid führen konnte: Er wußte selbst, daß es im Denken der Südstaaten jetzt eine andere, wahrscheinlich sogar vorherrschende Richtung gab. Mir fiel ein, was Anne Siddons in Atlanta gesagt hatte: daß es in einem bestimmten Alter notwendig werde, mit seinen Gefühlen hauszuhalten, einen Teil seiner Leidenschaft von gesellschaftlichen Problemen für die eigenen spirituellen Bedürfnisse abzuzweigen, seinen Frieden mit dem Alter und den Schwächen des eigenen körperlichen Zustandes zu machen. Ich gab das, so gut ich konnte, am Telefon wieder. Er sagte, er verstehe das schon, trotzdem gefalle es ihm überhaupt nicht, daß er manchmal vollkommen in sich selbst versinke und die Sache, für die er kämpfe, vergesse.

Dann sagte er, wieder auf die Etikette bedacht, daß er gern einmal etwas von mir lesen würde. Doch er habe Probleme mit den Augen – jenen Augen, deren Kleinheit und empfindliche Ränder mich so beeindruckt hatten. Er müsse an beiden wegen Grauem Star operiert werden. Angeblich sei das heutzutage ein Routineeingriff, aber in dem Informationsblatt, das man ihm geschickt habe (vielleicht ja in dem übergroßen Umschlag, in dem er mir die Kopien seines Briefes an die Zeitung und seiner Anzeige hinterlegt hatte), habe er von möglichen Komplikationen gelesen. Und er wolle so lange wie möglich auf seine eigenen Linsen vertrauen.

An einem heißen Morgen – heiß für Mai, wie alle sagten, und ohne den Regen, den die Gärten brauchten, den Regen, der zu manchen Zeiten jeden Nachmittag fiel –, an solch einem Morgen also machte Jack Leland mit mir eine Tour durch sein »Territorium«, wie er es nannte.

Zuerst fuhren wir nach Mount Pleasant, auf der östlichen Seite der Bucht von Charleston. Hier hatten früher die Pflanzer den Sommer verbracht; jetzt war es ein reich wirkender Vorort mit alten Bäumen, sehr schattig. Nicht weit unter uns lag das Meer. Wir sahen einen Trawler ausfahren. Die Portugiesen, erzählte Jack Leland, seien 1920 die ersten gewesen, die in Charleston solche Trawler verwendet hätten; er führte über alles, was mit seiner Stadt zu tun hatte, Buch.

Wir waren nach Mount Pleasant gefahren, um uns das Haus der Hibbens anzuschauen, jener Familie, in die Jack Lelands Vorfahr aus Neuengland als Privatlehrer gekommen war und dann eingeheiratet hatte. Es stand am Ende einer Sackgasse, ein zweihundert Jahre altes Haus mit Säulen: das Haus der Leute, die einmal das gesamte Land dieses Vororts besessen hatten – hier wurde eine Familiengeschichte überraschend konkret.

Wir machten uns wieder auf den Weg, und er zeigte mir einige schwarze Siedlungen, die auf Land entstanden waren, das die Neger nach dem Krieg, dem Bürgerkrieg, geschenkt bekommen hatten. »Die kommen auf keinen grünen Zweig. Bis zum Zweiten Weltkrieg haben diese Neger Land besessen, und alle hatten Gärten. Sie haben einen Großteil ihrer Nahrungsmittel selbst angebaut. Jetzt sieht man auf dem Land nur selten eine Negerfamilie, die einen Gemüsegarten hat.«

Wir fuhren durch eines dieser schwarzen Dörfer, und Jack Leland zeigte mir die Häuser zweier seiner schwarzen »Freunde«. Diese Freunde waren Leute, von denen er Sachen kaufte; es war die in South Carolina übliche Definition »schwarzer Freunde«. Einige der Häuser ließen darauf schließen, daß ihre Bewohner wohlhabend waren. Ich fragte, ob es Geschäftsleute seien. Er sagte, nein, die Schwarzen in diesen Häusern arbeiteten wahrscheinlich in der Marinewerft oder seien anderweitig beim Staat angestellt. Die örtliche schwarze Bevölkerung habe ihre ehrgeizigsten Vertreter durch Abwanderung in die Städte im Norden verloren; fast jeder ehrgeizige Neger sei gegangen.

»Sagt Ihnen der Name Stepin Fetchit etwas?«

Und ob er mir etwas sagte. Die Schwarzen in meiner Kindheit auf Trinidad liebten Stepin Fetchit. Sie liebten ihn nicht nur deshalb, weil er witzig war und mit seinem scheinbar knochenlosen Körper wunderbare Dinge tat, weil er einen wunderbaren Gang und eine wunderbare Stimme hatte und extravagante Dinge zu sagen bekam; die Schwarzen von Trinidad liebten ihn auch, weil er zu einer Zeit in Filmen auftrat, als Hollywood für einen schier unvorstellbaren Glamour stand; vor allem aber liebten sie ihn, weil er zu einer Zeit, als auf Trinidad die verschiedenen Rassen strikt voneinander getrennt lebten und die Welt auf ewig so festgeschrieben schien – im Norden die USA mit ihrer Rassentrennung, Afrika unter europäischer Herrschaft, Südafrika so, wie es damals war (was die Schwarzen bei uns herzlich wenig interessierte), Australien und Neuseeland wiederum in ihrem damaligen Zustand –, weil er also zu dieser Zeit auf der Leinwand in der Gesellschaft von Weißen zu sehen war. Und für die Schwarzen von Trinidad, die damals auf die Afrikaner hinunterschauten und im Kino jedesmal lachten, schrien und buhten, wenn tanzende oder Speere tragende Afrikaner gezeigt wurden, war der Anblick von Stepin Fetchit in Gesellschaft von Weißen wie der Traum von einer glücklicheren Welt.

Doch von dieser heißgeliebten Figur sprach Jack Leland nicht. Er hatte eine andere, sachliche, ortsbezogene Sichtweise. Er sagte: »Die Ehrgeizigen sind alle in den Norden gegangen, und uns sind die Stepin Fetchits geblieben.« Allerdings finde mittlerweile eine Rückwanderung statt; nicht massiv, aber merklich.

Ich sagte – etwas später –, daß mir die Schwarzen von South Carolina sehr schwarz vorkämen, nicht so gemischt wie die Schwarzen in der Karibik. Er meinte, die Rassen hätten sich hier auch kaum vermischt. Die Pflanzer hätten Beziehungen zu Sklavinnen als erniedrigend empfunden. Man erzähle sich zwar, daß die Unionssoldaten nach dem Krieg keine solchen Skrupel gehabt hätten. Aber es gebe nicht viele gemischtrassige Menschen.

Ob das die Beziehungen zwischen den Rassen verkompliziere?

Nein, es vereinfache sie sogar. »Mulatten und Terzeronen und so weiter, das sind die Leute, die wütend sind.«

Später bogen wir vom Highway ab, um uns eine spektakuläre alte Eichenallee anzuschauen, die halb verkommen war: die Sorte Allee, mit der Marion Sass' Vater seine nostalgische Erinnerung an die Plantagenzeit eingeleitet hatte. Und als wir weiterfuhren, lag das Meer, von Wald verborgen, zu unserer Rechten, und der Fluß lag zu unserer Linken. Salz- und Süßwasser: Wo der Boden salzig war, hatte früher Baumwolle gestanden, wo Süßwasser war, hatte man Reis angebaut. Jetzt wurde die Straße von einer großen Kiwiplantage gesäumt.

Wir bogen in eine Seitenstraße ab, und plötzlich hatten wir das zugewachsene Grundstück einer presbyterianischen Kirche aus dem Jahr 1696 vor uns, mit einem kleinen Friedhof, auf dem Jack Leland zufolge einige der ersten Siedler begraben lagen.

Wir betraten heiligen Boden.

Jenseits eines Bachs begann die alte Plantage Walnut Grove. Es war der Besitz seiner Vorfahren, 1832 erworben und 1935 während der Depression wieder verkauft. Am Straßenrand nach wie vor Wald. Und dann das schwarze Dorf, wo Schwarze nach dem Bürgerkrieg Parzellen vom Land der Plantage geschenkt bekommen hatten.

»Als die Kinder noch klein waren«, erzählte Jack Leland, »habe ich immer angehalten, wenn wir diesen Bach überquert hatten, und dann mußten sie aus dem Auto aussteigen und sich dreimal in Richtung Osten verbeugen. Heiliger Boden.«

»Wie fanden die Kinder das?«

Er lachte. »Denen hat das einen Riesenspaß gemacht. Sie

machen es immer noch, wenn sie herkommen. Und ich mache mit. Manchmal sehen Leute, wie wir uns verbeugen. Die halten uns wahrscheinlich für Spinner. Und wahrscheinlich sind wir das auch. Aber es ist eine schöne Art zu spinnen.«

Und als wir nun durch sein Territorium fuhren und ihn hier und da Erinnerungen überkamen, ergänzte er einiges von dem, was er mir bereits erzählt hatte. Sie seien arm gewesen, hätten kaum Einkünfte gehabt. Aber an Essen habe es ihnen nie gemangelt. »Garnelen, Krabben, Austern. Muscheln. Fisch. Wild. Wilder Truthahn. Enten, Hirsche, Waldhühner. Es gab eine Unmenge an Eßbarem draußen in freier Wildbahn. Und natürlich hatte mein Vater auch die Farm, wo er alles mögliche anbaute.« Und wenn er, Jack Leland, morgens mit seiner Schrotflinte losgezogen sei, habe er Vögel fürs Essen geschossen. Das Jagdleben spiele hier eine wichtige Rolle (auch für die Schwarzen), und wenn man das Land sah, verstand man das. Doch das Land verbarg noch etwas anderes. Es gab hier einen Bach mit außerordentlich klarem Wasser. Er sei der Kristallbach genannt worden; Besucher hätten immer »Bourbon mit Kristall« angeboten bekommen.

Wir bogen in eine schmalere Straße ein. Passierten ein Haus in einem baumbestandenen Garten.

»Das ist ein Haus von armen Weißen, von ›Crackers‹, wie man sie hier nennt, weißen Hinterwäldlern. Und das Haus da drüben wohl auch. Es ist vielleicht siebzig Jahre alt. Man kann sie nicht außen vor lassen, sie gehören zum Gesamtbild.«

Er hatte den Blick des Einheimischen; so wie in Malaysia die Einheimischen allein aufgrund der Art und Weise, wie ein Grundstück genutzt wird, ein malaysisches von einem chinesischen Haus unterscheiden können. Mir hatten die Häuser, die er den Crackers zugeschrieben hatte, mit ihren

Bäumen und Sträuchern und dem vielen Schatten durchaus gefallen.

Er sagte: »Sie haben einen gewissen Charme. Aber es liegt immer ein Haufen Schrott herum. Man erkennt die Häuser der Crackers an dem herumliegenden Plunder und einer gewissen Verwahrlosung. Ein halbes Dutzend Autowracks zum Beispiel, das war mal eine Weile lang typisch.«

Die Crackers hatten, genau wie die Schwarzen, ihren eigenen Platz im örtlichen Kastensystem.

»In meiner Kindheit und Jugend sind wir mit denen zusammen auf die Grundschule und die Highschool gegangen. Aber privat hatten wir nichts miteinander zu tun. Wir verkehrten in völlig unterschiedlichen Kreisen. Die Crackers waren meistens Baptisten, Methodisten, oder sie gehörten der Pentecostal Holiness Church an – das sind die, bei denen es so lautstark zugeht. Wohingegen meine Familie und die anderen Familien hier oben größtenteils Episkopale waren, oder Presbyterianer, und die gaben den Ton an.

Ich erzähle Ihnen mal eine Geschichte. Wir hatten in Walnut Grove ein kleines Gartenhaus, in dem die jüngeren Brüder meines Vaters im Sommer mit ihren Freunden wohnten. Ein Vierzimmerhaus am Fluß. Es war kurz nach 1902 – mein Vater hatte gerade geheiratet und seine Braut mit nach Hause gebracht. Er war der Älteste von elf Kindern.

Eines Tages stand mein Vater früh um sechs auf, um seine morgendliche Tasse Kaffee zu trinken. Und da sah er einige seiner Pferde am Tor stehen, gesattelt, aber mit durchgeschnittenen Zügeln. Nach einer Weile tauchten auch seine jüngeren Brüder und ihre Freunde auf, zu Fuß. Sie waren auf einem Square Dance im Sumpfgebiet gewesen, wo die Crackers lebten. Hinterher hatten sie ihre Pferde nicht mehr gefunden und waren deshalb zurückgelaufen. Mein Vater riet ihnen, nicht noch einmal hinzugehen, denn mit den durchgeschnittenen Zügeln gäben ihnen die Crackers zu verstehen, daß sie die Finger von ihren Frauen lassen sollten. Das nächste Mal würden sie zu drastischeren Maßnahmen greifen.

Aber die jungen Männer hörten nicht auf ihn. Sie gingen wieder hin. Und als sie dann durch den Sumpf zurückritten, sprangen plötzlich die Crackers mit Messern in den Händen aus den Bäumen über ihnen. Wie die Indianer. Einer der Männer, die meinen Onkel begleiteten, wurde umgebracht. Es war nachts. Man hatte keinerlei Beweise. Niemand wurde vor Gericht gestellt. Es war das Gesetz der Sümpfe. Man verkehrte einfach nicht mit diesen Leuten. Mein Vater hat immer gesagt, ihm seien die Neger, die auf seinem Land wohnten, lieber als diese armen Weißen.«

Die Schwarzen schauten auf die Crackers hinunter, und die Crackers haßten die Schwarzen, weil sie eine direkte Konkurrenz für sie darstellten. Aber die Crackers seien genauso ausgebeutet worden wie die Schwarzen, meinte Jack Leland, ja sie seien von den weißen Arbeitgebern wahrscheinlich noch schlechter behandelt worden, weil diese sich ihnen gegenüber kaum verantwortlich fühlten.

»Nach dem Bürgerkrieg nahm die Zahl der Crackers stark zu. Vor dem Bürgerkrieg gab es nur die Pflanzer und die Neger, dazwischen nichts, bis auf die Aufseher vielleicht.«

Jack Leland wollte mir eine Kirche zeigen, die Familienkirche, die zu Walnut Grove gehörte: St. James, im Pfarrbezirk Santee, nach dem gleichnamigen Fluß benannt. Sie lag am King's Highway, dessen Name wiederum aus der Kolonialzeit stammte und auf eine Straße hinwies, die auf Befehl des Königs gebaut worden war, zu einer Zeit, als die meisten Leute noch auf dem Wasser reisten. Die Straße war ungepflastert. Wäre im Mai die übliche Menge Regen gefallen, wäre sie schwer befahrbar gewesen, so aber war es kein

Problem. Und wenig später waren wir da: eine aus rotem Backstein erbaute alte Kirche mit einem Portikus. Am hinteren Ende des Gebäudes befand sich ein weiterer Portikus. Die Kirche hatte sowohl den Franzosen als auch den Engländern dienen sollen, doch der Portikus für die Franzosen, der hintere, war jetzt verrammelt. Dem roten Backstein sah man an, daß er dem feucht-tropischen Klima lange ausgesetzt gewesen war.

»Kommen Sie«, sagte er dann plötzlich und ging, trotz seiner lädierten Knöchel mit energischem Schritt, durch das Zauntor. »Kommen Sie, ich zeige Ihnen, wo man mich einmal begraben wird.«

Es war heiß, windstill, man hörte das Sirren von Moskitos. Und ringsum in den Kiefern das Geschrei verschiedener Vögel. Auf dem kleinen Friedhof, der ausgedörrt war, voll brauner Blätter und heruntergefallener Kiefernnadeln, standen Grabsteine.

»Das sind alles Verwandte von mir.« *Jonah Collins Geboren 1723 Gestorben 1786.* »Das ist der Sohn des Mannes, der die Seekisten aus Barbados mitgebracht hat.« *William Toomer 1866–1955.* »Der Onkel meiner Mutter. Ein Anwalt und Richter.« Seine Munterkeit in der Nähe seiner eigenen Grabstelle verblüffte mich, dann erfüllte sie mich mit Ehrfurcht.

»Da.«

Ein unauffälliges kahles Stück Erde, eine kleine freie Stelle inmitten der Grabsteine. Dort würde er einmal begraben werden.

»Ich möchte ein Grab mit Marmorplatte, hier neben Jonah Collins. Auf dem Grabstein sollen mein Name, mein Geburtsdatum und mein Todesdatum stehen. Und darunter die Zeile: *Jack spendiert euch einen.* Ich werde der Kirche zweitausend Dollar vermachen, damit die Leute jedes Jahr beim Frühlingsgottesdienst Wein oder Whiskey oder was weiß ich was trinken können. Ich denke, dafür wird man mich in Erinnerung behalten.«

Die Moskitos und sonstigen Insekten waren ausgesprochen lästig. Er hatte mit ihnen gerechnet; er hatte eine Dose Insektenspray dabei. Ohne Wind war die Hitze sengend, sie drückte einem auf den Schädel. Aber er sagte, hier gehe oft ein Wind.

»Das Rauschen des Windes in den Kiefern, das ist einfach etwas ganz Besonderes. An so einem Ort will ich begraben sein, damit ich das immer hören kann.«

Das Kircheninnere war sehr schlicht, es hatte den muffigen, dumpfen Geruch eines Raums, der nicht oft von Menschen genutzt wird; ihm fehlte die entsprechende Wärme. Die Kirche war 1763 erbaut worden. (Die Pompion Hill Chapel stammte also aus demselben Jahr.) Sie hatte einen einfachen gefliesten Boden und bestand ansonsten aus Backstein, Stuck und Holz. Es gab in dieser Gegend kaum Steine, und die Fenster hatten Holzumrandungen, die wie Stein behauen waren; das Werk hiesiger Arbeiter, hiesige Bäume, womöglich die Arbeit von Sklaven. Die Kirchenbänke waren umschlossen; eine auf ihrer Kirchenbank sitzende Familie war also verborgen gewesen, wie in einer hohen, oben offenen Kiste. Möglicherweise, meinte Jack Leland, seien die Kirchenbänke so gebaut worden, damit die Kinder drinnen blieben, oder vielleicht sei es so einfacher gewesen, sie im Winter mit den heißen Backsteinen, die man damals dafür verwendete, zu heizen.

Wie er auf die Idee gekommen sei, den Tod und das Feiern zu verbinden?

»Vor über fünfundzwanzig Jahren kam mal ein gewisser Professor Ogg von der Oxford University in England hierher. Er erzählte mir eine Geschichte, die ich noch nie gehört hatte. Und zwar hielt sich in den 1830er Jahren der Sohn eines

Reispflanzers, ein Mr. Trapier, in Oxford auf. Der Sohn eines Reispflanzers aus Georgetown, South Carolina, der in den 1830ern die klassische Bildungsreise durch Europa machte. Er war bei den Universitätslehrern von New College eingeladen. Ich glaube, es war New College. Und er bat um einen Julep. Davon hatten sie noch nie gehört. Nach seiner Rückkehr ließ er einen silbernen Krug anfertigen und schickte ihn als Geschenk an das College – mit Geld für Juleps.«

Wir fuhren weiter, in das am Meer gelegene McClellanville, den Sommerurlaubsort der Familie. Und es war noch immer ein Ort der Familie, im wahrsten Sinne des Wortes: In fast jedem Haus des weißen Ortsteils wohnten Cousins oder Cousinen oder sonstige Verwandte von Jack Leland. Die Schwarzen lebten größtenteils außerhalb des eigentlichen Orts. Jack Leland kannte die Geschichte jedes einzelnen Hauses. Den Magnolienbaum dort drüben habe sein Vater 1892 gepflanzt, im damaligen Garten von Jack Lelands Großmutter. Sein Vater hatte den Setzling in seiner Satteltasche von Walnut Grove hierher mitgebracht. Und auf der Straße davor hatte Jack Leland selbst eine Reihe Eichen gepflanzt. Das war 1934 gewesen, ein Jahr bevor sein Vater Walnut Grove hatte verkaufen müssen. Mittlerweile waren die Bäume sehr groß. Doch ihre Pflanzung sei Teil eines staatlichen Programms gewesen – sie erinnerten nicht zuletzt an die Armut jener Zeit. Das Baumpflanzungs-Programm sei von einer Frau geleitet worden. Sie habe rund fünfzehn Schuljungen angestellt, die jeweils einen Dollar pro Tag bekamen.

Wir aßen in einem Restaurant am Highway zu Mittag, nicht weit von McClellanville entfernt. Wie sich zeigte, hieß die blutjunge Bedienung ebenfalls Leland; sie war eine Cousine.

Ich las ihm die Inschrift des Confederate Memorial in Columbia vor. Sie ging ihm sichtlich nahe.

Er sagte: »Ich finde das großartig.«

Löste der Bürgerkrieg noch irgendwelche Gefühle bei ihm aus?

Ja, das tat er. »Als ich noch klein war, erzählte man sich in meiner Familie die Geschichte einer Familienplantage, die nach dem Krieg niedergebrannt wurde. Sie gehörte einem der Verfasser der Sezessionserklärung. Das war 1860. Und die hat natürlich den Krieg zur Folge gehabt. Nach dem Bürgerkrieg stand diese ganze Gegend hier unter Kriegsrecht, und für den Pfarrbezirk Christchurch war ein gewisser Colonel Beecher zuständig, ein Bruder von Harriet Beecher Stowe. Das waren passionierte Abolitionisten aus Neuengland – ich glaube, ich kann mit gutem Gewissen behaupten, daß dieses Buch, *Onkel Toms Hütte*, mehr als irgendein anderer Einzelaspekt zum Ausbruch des Krieges beigetragen hat. Es hat die Südstaatler verstimmt, von denen nur dreizehn Prozent überhaupt Sklaven besaßen, und auf die Leute im Norden hat es eine enorme Wirkung gehabt.

Angeblich also ist die Frau dieses Colonel Beecher im Pfarrbezirk Christchurch herumgezogen und hat die Herrenhäuser niedergebrannt. Ich hatte immer den Verdacht, daß das wohl eher ein Volksmärchen ist. Aber vor einigen Jahren ist das Tagebuch eines gewissen Dr. Marcy aufgetaucht, eines Militärarztes der Unionsarmee. Er gehörte zu den Leuten, die autorisiert waren, Bücher, Kunstschätze und so weiter aus den Häusern hier unten in die Nordstaaten transportieren zu lassen. Meine Tochter – sie betreibt von Middleton Place aus geschichtliche Nachforschungen; sie ist eine halbe Middleton – hat eine Kopie dieses Tagebuchs in die Finger bekommen und etwas über das Niederbrennen von Laurel Hill darin gelesen. Das war das Haus, das dem Verfasser der Sezessionserklärung gehörte. In dem Tagebuch finden sich Beweise. Sie hat etwa zwanzig Häuser niedergebrannt, die gute Mrs. Beecher. Hat Wohnhäuser einfach abgefackelt. Die Beechers waren Puritaner. Und diese Leute haben eine Mentalität, die nur sehr schwer zu verstehen ist. Als die Puritaner Missionare nach Afrika schickten, sorgten die zu allererst dafür, daß die Afrikaner sich bedeckten, daß sie Kleider anzogen.«

Früher Nachmittag. Wir fuhren weiter und kamen an schwarzen Kirchenbesuchern vorbei, die sich nach dem Gottesdienst zerstreuten, in Autos davonfuhren. Ich fragte, wie es hier mit den Schwarzen und dem Autofahren stehe, denn mir war eingefallen, daß es in Trinidad erst nach dem Zweiten Weltkrieg üblich geworden war, daß Schwarze Autos besaßen. Er sagte, einige Jahre lang hätten Schwarze gar nicht fahren dürfen, sie hätten als rücksichtslose Autofahrer gegolten, »und das waren sie auch.« Früher, sagte er, hätten die schwarzen Kirchen ihre Sonntagsgottesdienste nachmittags abgehalten, weil viele der schwarzen Frauen vormittags bei Weißen gearbeitet, ihnen das Mittagessen gekocht hätten.

An den grünen Schildern des Highway ließ sich unser Fortkommen in Richtung Charleston ablesen. Und dann kam der Moment, wo sich Jack Leland, der vorgebeugt und mit der Hand auf meiner Rücklehne dagesessen hatte, zurücklehnte.

Er sagte: »Jetzt haben wir mein Territorium verlassen.«

Es war Alex Sanders gewesen, oberster Richter des Berufungsgerichts von South Carolina, der mich zum Confederate Memorial geschickt hatte. Man hatte mich an ihn vermittelt, und bei unserem ersten Treffen in Columbia hatte er mich zum Mittagessen in den Faculty Club der Universität eingeladen. Unsere Unterhaltung war allgemein geblieben. Ich hatte den Eindruck gehabt, daß ihn unser wenig zielgerichtetes Treffen verwirrt hatte. Doch ich hätte ihm nicht genau sagen können, was ich von ihm wollte, einfach deshalb, weil man auf solch einer Reise erst erkennt, was man von jemandem will, wenn man mit ihm gesprochen hat.

Er war ein stattlicher Mann, dessen starker Südstaatenakzent leicht von der Präzision und Knappheit ablenkte, mit der er als Anwalt sprechen konnte. Er hatte mich, so sagte er mir später, zu dem Mahnmal geschickt, damit ich etwas Grundsätzliches über die Südstaaten begriffe. Er selbst finde die Inschrift zwar bewegend, doch was die Sache angehe, habe er seine Zweifel.

»Es ist immer die zweite Generation, die sich einer verlorenen Sache verschreibt oder sie romantisiert.« Das Denkmal sei 1879, vierzehn Jahre nach Kriegsende errichtet worden. Er finde es erstaunlich, daß man 1879 das Geld für dieses Denkmal aufgetrieben habe, zu einer Zeit, als es nicht einmal genug zu essen gegeben habe. Er erinnere sich an ein Gespräch mit ein paar Kriegsveteranen der Konföderierten. Einer von ihnen habe gesagt: »Ich hab mich für die Nigger anderer Leute über den Haufen schießen lassen.«

»Er hatte selbst keine, verstehen Sie? Und das galt für die große Mehrheit der Männer, die im Bürgerkrieg kämpften. Sie waren Kanonenfutter für die Aristokratie. Identität beruht auf mehr als der Erinnerung an die Vergangenheit. Wir müssen wie die Kuratoren eines Museums vorgehen: Die Ming-Dynastie hat fraglos eine Menge schöne Dinge hervorgebracht, aber ich bin mir sicher, daß auch ein Haufen wertloses Zeug dabei war. Die Aufgabe des Kurators ist es, eine Auswahl zu treffen.«

Aber er habe doch in seiner Kindheit und Jugend sicher eine Meinung zu den Südstaaten gehabt?

Nein, das habe er nicht – so wenig, wie ein Fisch eine Meinung zu dem Meer habe, in dem er schwimme. »Erst als ich erwachsen wurde und wegzog, habe ich mir eine

Meinung gebildet. Und die bestand zunächst darin, daß ich mich schämte. Aber je älter ich werde, desto klarer sehe ich, daß die Vergehen der Südstaaten menschliche Vergehen waren und daß es zugleich gewisse höherstehende Dinge gab. In der Südstaatenkultur wird der Respekt für die Familie, für Gott und in gewisser Hinsicht auch für das Land hochgehalten. Nun betrachte ich den Patriotismus nicht gerade als die höchste aller Tugenden, aber immerhin glaubt der Patriot an etwas, das über ihn selbst hinausgeht, es handelt sich also auf jeden Fall um eine Tugend. In den Südstaaten neigt man zu der Einstellung, daß es im Leben um mehr geht als um den Moment.«

»Um Ehre? Die ist hier so ein großes Thema. Alle Leute reden davon.«

»So bin ich auch erzogen worden. Zu der Überzeugung, daß die Wahrhaftigkeit eine der höchsten Tugenden ist. Selbstlosigkeit war die große Parole.« Er hielt inne. »Wobei das wohl kaum eine Besonderheit der Südstaaten ist. Allerdings habe ich den Eindruck, daß das Leben umso mehr dramatisiert wird, je näher man dem Äquator kommt.«

»Haben Sie versucht, sich von den Südstaaten zu distanzieren, nachdem Sie angefangen hatten, sich zu schämen?«

»Hauptsächlich dann, wenn ich mit Leuten aus den Nordstaaten zu tun hatte. Aber auch in den Südstaaten habe ich meine Meinung gesagt, wenn mir etwas nicht gefiel. Der Rassismus nämlich.«

»Es bringt doch sicher einiges durcheinander, wenn man sich gegen etwas wendet, womit man aufgewachsen ist?«

Er meinte: »Es erzeugt eine Art Schizophrenie. Doch je älter ich werde, desto toleranter werde ich. Toleranter gegenüber der Intoleranz. Wenn man mit einem Mitglied des Klans ins Gespräch kommt und ihn fragt, wofür der Ku-Klux-Klan steht, wird er sagen, für Recht und Ordnung, für

Liebe, Freundschaft und Brüderlichkeit. Und wenn man ihn dann fragt, wie er das alles erreichen will, wird er antworten: ›Mit allen Mitteln, die es dazu braucht. Ob wir nun ein Gebäude in die Luft sprengen oder jemanden überfallen müssen.‹ Er wird nicht erkennen, daß diese beiden Vorstellungen nicht miteinander harmonieren. Gegen diese Art von Schizophrenie ist man machtlos.«

Bei unserem Mittagessen hatte er davon gesprochen, daß sich die Anerkennung der Bürgerrechte durch die Südstaaten als Eingeständnis verstehen lasse, daß ihre frühere Position unmoralisch gewesen sei. Ich wollte wissen, ob er bestimmte Stationen auf dem Weg zu diesem Eingeständnis ausmachen könne.

»Ich kann es mir selbst nur schwer erklären. Es ist eine erstaunliche Entwicklung. Hätten Sie mir Ende der Fünfziger, Anfang der Sechziger gesagt, daß wir in naher Zukunft eine Gesellschaft ohne Rassentrennung haben würden, hätte ich Ihnen nicht geglaubt. Damals dachte ich, das würde noch hundert Jahre dauern. Womöglich ist diese Veränderung ja von Gottes Hand erfolgt, wer weiß. Es ist schwer zu verstehen. Aber die Leute haben mit einemmal erkannt, daß es falsch war. Und das ist ein wahres Wunder, daß Leute ihr eigenes Verhalten für moralisch verwerflich erklären. Etwas in dieser Größenordnung beichtet kein Mensch. Und in diesem Falle war es nicht nur ein einzelner, ein Individuum, sondern eine ganze Gesellschaft.«

Und jetzt bewirke der Druck des Marktes gesellschaftliche Veränderungen. Erst kürzlich habe es für Aufruhr gesorgt, daß einem schwarzen leitenden Angestellten von IBM die Mitgliedschaft in einem Club in Columbia verweigert worden war. IBM habe danach von dem Plan, dort ein Werk zu bauen, Abstand genommen. Weder IBM noch der Mann selbst hätten über den Vorfall reden oder die Rasse zum Thema machen wollen; daher sei es nicht leicht für die Leute gewesen, damit umzugehen. Doch es habe dazu geführt, daß der Club kein großes Geschrei gemacht, sondern stillschweigend seine Politik geändert und einigen Schwarzen die Mitgliedschaft angeboten habe.

Richter Sanders sprach als Jurist. Durch das Recht hatte er zu einer umfassenderen Identität gefunden.

Er sagte: »Das Common Law ist wirklich grandios. Es bietet bemerkenswerte Möglichkeiten, Konflikte auf eine Weise zu lösen, die die Zivilisation nicht nur bewahrt, sondern weiterbringt. Ich erlebe es nicht selten, daß ich mich auf dem Weg zu einer Entscheidung von einer anderen Entscheidung leiten lasse, die ein Richter vor tausend Jahren gefällt hat. Ich bin mir der Tatsache bewußt, daß ich einer umfassenderen Zivilisation diene. Und ich weiß, daß ich ihr *diene.*«

»Sie haben also kein Identitätsproblem, empfinden keinen Konflikt zwischen Ihrer Herkunft und Ihrem Beruf?«

»Nicht mehr. Ich bin heute mehr mit mir selbst im Frieden. Wobei das natürlich damit zusammenhängen mag, daß ich älter und verständnisvoller werde und weniger urteile.«

Seine Familie lebte »schon ewig« in South Carolina. Ein früher Vorfahr mütterlicherseits war gekommen, um die Indianer zu missionieren, und dann zum Missionar der Sklaven geworden.

3. *Tallahassee*

Waffenstillstand mit der Irrationalität – I

In Charleston hatten die Leute darüber geklagt, daß der nachmittägliche Regen ausblieb. Wie zur Wiedergutmachung gab es am Tag meiner Abreise, fast unmittelbar nachdem ich die Stadt Richtung Westen verlassen hatte, einen heftigen Wolkenbruch. Die hohen Bäume bogen sich, die Blätter kehrten ihre Unterseite nach oben, jeder Ast wurde einzeln geschüttelt. Der Regen schlug gegen die Windschutzscheibe, ängstliche Autofahrer parkten mit brennenden Scheinwerfern neben der Fahrbahn. Nur wenige Kilometer weiter klarte es auf, wurde wieder Nachmittag; doch von Zeit zu Zeit wiesen entgegenkommende Autos – wenn ihre Scheinwerfer brannten – auf weitere Gewitter hin.

Tropisches Wetter von kontinentaler Gewalt, passend zur Landschaft: dem Sumpfgebiet von South Carolina, das in das Sumpfgebiet des nördlichen Florida überging, grünes und braunes Schilf, silberne oder schwarze Wassertümpel, eine Landschaft, die durch ihre Ausdehnung beeindruckte. Und in diesem tropischen Sumpf dauerte es nicht lange, bis Charleston – das einem irgendwie schon selbstverständlich geworden war: eine vollkommene Schöpfung – weit entfernt schien. Es war nur schwer vorstellbar, daß diese Stadt auch hier hätte gebaut werden können, genau wie dieses Küstenland hier nur schwer mit der afrikanischen Sklaverei in Verbindung zu bringen war: Eine Landschaft, die ganz der Neuen Welt angehörte, ganz eigen war, eine Landschaft, die man in Ruhe betrachten wollte, um ein wenig in ihren Zauber einzutauchen.

Die Sklaverei auf den britischen Karibischen Inseln erschien mir mehr und mehr wie ein begrenztes, ja rein inländisches Phänomen. Sie war im Grunde eine Institution des achtzehnten Jahrhunderts; als 1834 im Britischen Weltreich die Sklaverei abgeschafft wurde, war England zu einem Handels- und Industrieland geworden und konnte es sich leisten, sowohl die Plantagen als auch die Inseln abzuschreiben. Im Süden der Vereinigten Staaten dagegen erlangte die Sklaverei in der ersten Hälfte des neunzehnten Jahrhunderts ihre größte Bedeutung – in einer Zeit also, da die Sklaverei als solche im Begriff war, zu einem Anachronismus zu werden, zu einer Absurdität in einem sich industrialisierenden Land. Aber Geschäftsleuten geht es um das Hier und Jetzt (es ist erschreckend, zu lesen, daß die Sklavenbesitzer die Plantagensklaverei auf die Westlichen Territorien ausdehnen wollten); und es bedurfte eines Krieges, um der Sklaverei ein Ende zu setzen. Übrig blieb eine nicht zu ignorierende Anzahl befreiter Sklaven, die jetzt nicht mehr bloß eine Art Arbeits- und Wohlstandseinheit, eine Art Währung darstellten; und sie – für die dieser Krieg ja in gewisser Weise geführt worden war – bekamen die Pein der Südstaaten am heftigsten zu spüren.

Ein Sklave ist ein Sklave; es ist nicht nötig, daß sein Herr ihn eigens erniedrigt oder peinigt. In den hundert Jahren nach dem Ende der Sklaverei sind die Schwarzen in den

Südstaaten auf eine Weise gepeinigt worden, von der ich nichts ahnte, bis ich in dieser Region zu reisen begann. Jack Leland hatte mir erzählt, daß in der Frühzeit des Automobils Schwarze in South Carolina nicht Auto fahren durften. In Tallahassee erfuhr ich, daß es Schwarzen nicht erlaubt gewesen war, im Laden Kleider anzuprobieren: was sie anprobierten, mußten sie auch kaufen. In Mississippi wurde Schwarzen eine Ausbildung nur bis zu einem gewissen Niveau zugestanden; in South Carolina versuchte man eine Zeitlang sogar, Schwarzen jegliche Ausbildung zu verweigern.

Außerdem gab es in den Südstaaten etwas, was wir in der Karibik der Kolonialzeit nie hatten: Gewalt und Gesetzlosigkeit. Wie reagierte eine schwarze Familie auf die Nachricht von einem Lynchmord? Was geschah mit den Leichen? Wie wurden sie begraben? Ein Mann erzählte mir, sein Vater habe ihm in seiner Kindheit verboten, als Austräger zu arbeiten. Der Vater hatte Angst, eine Weiße könnte behaupten, sein Sohn sei ein Spanner oder habe versucht, sie zu vergewaltigen.

In der Karibik waren die Schwarzen nach hundert Jahren kolonialer Vernachlässigung und mit hundert Jahren Abstand zur Sklaverei auf ihren Inseln in der Mehrheit, sie konnte ihre eigene Führung, ihre eigene Regierung wählen. Die amerikanischen Schwarzen dagegen waren etwa um dieselbe Zeit gerade mal eben befreit, aber im fortschrittlichsten Land der Erde eine Minderheit – und sie gehörten in diesem Land zu denen, die am stärksten in ihren Rechten eingeschränkt waren. Als Amerikaner hatten sie weitaus bessere Möglichkeiten als die Bewohner der Westindischen Inseln. Aber für die Masse der Schwarzen konnte es kein einfaches Vorwärtskommen geben; die Leute hatten zuviel durchgemacht; durch die Irrationalität der Sklaverei und der Jahre danach waren viele von ihnen selbst irrational und selbstzerstörerisch geworden.

Es kam jeden Tag in den Nachrichten: Drogen, Gewaltverbrechen, Straßenkriminalität, »negativer Gruppenzwang« in der Schule (wenn schwarze Schüler andere schwarze Schüler, die gut in der Schule waren, verprügelten). Anne Siddons hatte in Atlanta von dem Bedürfnis gesprochen, ab einem gewissen Alter mit ihren Gefühlen hauszuhalten, gewisse Anteile ihrer selbst für sich zu bewahren. Offenbar hatten die Schwarzen – die ihrer Sache im täglichen Leben ausgesetzt waren – unabhängig von ihrem Alter ein ähnliches Bedürfnis. Doch sie waren in einer verzweifelteren Lage, und oft entfernte die Orientierung nach innen sie von ihrer Sache oder arbeitete sogar dagegen.

»Der schwierigste (und bereicherndste) Aspekt meines Lebens war wohl der, daß ich als Schwarzer geboren wurde und somit gezwungen war, eine Art Waffenstillstand mit dieser Realität zu schließen.« Diese Äußerung von James Baldwin (der die englische Sprache mit seltener Eleganz handhabt) begleitete mich, seit ich sie fast dreißig Jahre zuvor gelesen hatte. »Realität« – das war es, woran ich mich erinnerte und was ich akzeptierte; doch hier in den Südstaaten, mitten auf meiner Reise, begann ich mich zu fragen, ob der Waffenstillstand, den jeder Schwarze anstrebte, nicht eigentlich der mit der Irrationalität seiner Umwelt war. Und die Leistungen einiger Leute begannen mir nun viel bedeutender zu erscheinen.

Reverend Bernyce Clausell wohnte in der Joe Louis Street in Tallahassee. »Nicht in der Sozialsiedlung«, sagte sie mir am Telefon. »Sagen Sie dem Taxifahrer, daß es nicht in der Sozialsiedlung ist.« Und der weiße Taxifahrer fuhr mich nicht nur direkt zu ihrem Haus, sondern erspähte die Frau mit ihrem Kollar auch gleich auf der Straße, wo sie sich mit einem Mitglied ihrer Gemeinde unterhielt.

Reverend Clausell war Baptistenpastorin, und sie hatte sich sowohl in ihrer Eigenschaft als einzige Frau unter den Baptistenpastoren in diesem Teil Floridas als auch durch ihr soziales Engagement einen Namen gemacht. Sie war in die Nachrichten gekommen, weil sie eine Hilfsaktion für eine Ortschaft in Mississippi organisiert hatte, für das in einer ärmlichen Region namens Sugar Ditch gelegene Tunica. Sie hatte einen Lastwagen mit Hilfsgütern nach Tunica geschickt. Ein professionell gestaltetes Spruchband mit den Worten VON TALLAHASSEE FÜR TUNICA war seitlich am Laster befestigt gewesen. Ein Gespür für Werbewirksamkeit wie bei einem Profi, so fand ich. Doch die Frau auf der Straße, auf die der Taxifahrer deutete, hatte nichts Einschüchterndes oder Arrogantes an sich.

Sie war klein und schlank, hatte ein sanftes Gesicht, wirkte gelehrt mit ihrem Kollar, eine Frau, die in diese ruhige Wohnstraße mit den kleinen Häusern und ordentlichen Gärten paßte – ganz offensichtlich keine Straße in der »Sozialsiedlung«.

Sie verabschiedete sich von der Frau, mit der sie sich unterhalten hatte, und begrüßte mich. Sie sagte, die Frau, ein Mitglied ihrer Gemeinde, habe sie angesprochen, als sie gerade zur Kirche gehen wollte, um das Licht auszuschalten. Sie bat mich, sie zu begleiten. Die Kirche befand sich ein paar Häuser weiter auf der anderen Straßenseite: Calvary Baptist Church, ein weißes Gebäude mit einem Schild, auf dem der Name ihres verstorbenen Mannes stand, des Reverends Aaron Clausell. Er hatte die Kirche gegründet.

Der Rasen rund um die kleine Kirche war ebenso sauber gestutzt wie der in den umliegenden Gärten. Die Glühbirnen auf der Veranda leuchteten verschwenderisch vor sich hin.

Clausell – was denn das für ein Name sei? Ein französischer, sagte sie. Er stamme aus Louisiana, es sei der Name eines der wichtigen frühen Siedler. Ihr Mann sei hellhäutig gewesen, wie viele in seiner Familie.

Und es gab eine Geschichte über die Gründung der Kirche in dieser Straße. Die Clausells hatten über längere Zeit bei sich zu Hause Gebetsversammlungen abgehalten, es waren Leute errettet und getauft worden. Eines Tages fragte Reverend Clausell seine Frau: »Was machen wir nur mit all diesen Leuten?« Sie sagte: »Laß uns doch eine Kirche gründen.« Er sagte: »Ich brauche keine Kirche. Ich betreue eh schon zu viele Kirchen.« Woraufhin sie sagte: »Tja, Schatz, mir ging es nicht darum, was du brauchst. Mir ging es darum, was die Leute brauchen.« So hatte die Kirche ihren Anfang genommen. Und als Reverend Clausell starb, war Bernyce, seine Frau, Pastorin geworden – auf Wunsch der Gemeinde.

Die Kirche, von außen schlicht und weiß, war innen vollgestellt. Sie wurde sichtlich viel benutzt und sah aus wie ein Wohnzimmer oder ein Treffpunkt für die Gemeindemitglieder. Der Hauptsaal maß ungefähr fünfzehn mal neun Meter. Überall standen Blumen, und es gab ein Klavier sowie eine Orgel. Der Teppich war grünblau; die gepolsterten Kirchenbänke waren grün bezogen. Am Ende des Saals hing ein sehr großes Bild von Jesus und Maria Magdalena. Es war mindestens viereinhalb Meter breit und anderthalb Meter hoch. Sie hatten es vor dreiundzwanzig Jahren von einer Druckerei in der Nähe von Boston gekauft. Der Christus war auffällig weiß, blond und langhaarig, ein bißchen – das hatte ich auch schon andernorts gedacht – wie General Custer auf bestimmten Bildern.

Ich fragte Bernyce Clausell nach der Darstellung.

Sie sagte: »Der Gemeinde macht das nichts aus. Von mir lernen sie, daß die Hautfarbe keine Rolle spielt. Besser ein weißer Christus als gar kein Christus. Schließlich hat Christus keine Hautfarbe.«

Aber sie konnte mir auch einen schwarzen Christus mit schwarzen Jüngern zeigen. Das Bild war klein, es paßte in ihre Hand.

Über den Teppich und die Polsterbezüge sagte sie: »Die sind beide geschenkt. Wir nehmen, was man uns gibt. Deshalb passen sie nicht ganz zusammen.«

Die Fenster hatten Buntglasmuster aus Papier, aufgeklebte Papierstreifen, die mit einem Blumendessin bedruckt waren. Sie stammten von Spencer Gifts, einem Versandhaus, man hatte sie aus dem Katalog bestellt.

Die Kirchentür ging auf, und eine Frauenstimme begrüßte die Pastorin. Reverend Bernyce kannte die Besucherin. Sie entschuldigte sich und ging zu ihr. Ich drehte mich nicht um und guckte; ich sah mir das Wandbild aus Boston an. Die Frau, die gekommen war, sprach mit leiser Stimme, und Reverend Bernyce tat es ihr gleich. Ihre Worte waren nur undeutlich zu hören. Ein einziger Satz von Reverend Bernyce drang aus dem leisen Gemurmel zu mir durch: »Man muß nicht auf den Boden fallen oder an die Decke springen.« Die Unterredung dauerte noch eine Weile; es war die zweite Person an diesem Vormittag, die die Pastorin um seelsorgerischen Rat bat.

Nachdem die Besucherin sich ausführlich bedankt und verabschiedet hatte und gegangen war, erklärte mir Reverend Bernyce, was vorgefallen war.

»Ihre Tochter war letzte Woche hier und hat Christus angenommen. Sie soll demnächst getauft werden. Vierzehn Jahre ist sie alt. Aber dann hat jemand dieser Tochter erzählt, sie sei noch nicht so weit – die versuchen wirklich zu verhindern, daß sie in die Kirche eintritt. Manche Glaubensgemeinschaften lassen einen nicht eintreten, wenn man nicht irgendeine emotionale, körperliche Reaktion gezeigt hat. Deshalb habe ich der Mutter gesagt, man müßte heutzutage nicht mehr an die Decke springen.«

Ich bat sie, das etwas genauer zu erläutern.

Sie sagte: »Sie werden als Hindu geboren. Wir werden nicht als Christen geboren. Wir werden als Schwarze geboren.«

Das schien mir für die Pastorin eine seltsame Aussage. Aber vielleicht meinte sie bloß, daß man sich für Christus bewußt entscheiden mußte.

»Christ zu werden erfordert keine sonderliche Emotionalität. In meiner Gemeinde sind wir nur emotional, wenn uns etwas dazu bewegt.«

Sie führte mich in den Raum am Ende des Kirchensaals. Es war ein Anbau, der ihrem verstorbenen Mann zu Ehren den Namen Clausell Fellowship Hall trug. Der Raum wirkte häuslich. Es gab einen Herd, und überall lagen Kleider für die vielfältigen Wohltätigkeitsprojekte der Kirche herum, insbesondere für Mission Outreach. Die sanfte Pastorin nannte mir vollkommen ernst den Slogan des Hilfsprogramms: »Das ist unser Care-Sharing-Projekt.« Es war Teil der »Tallahassee für Tunica«-Aktion. Die Kleider lagen (mit grünen Tüchern abgedeckt) auf Regalen, in Kisten, in Säcken, auf Tischen. Sie sagte, der Aufruf, den Armen von Tunica zu helfen, das gut 900 Kilometer entfernt in Mississippi liege, habe in ihrer Gemeinde einen Nerv getroffen.

Überall in diesem Anbau, an Wänden und Anschlagbrettern, hingen Fotos von schwarzen Amerikanern. »Wir machen die Geschichte der amerikanischen Schwarzen sichtbar, damit die Leute ihr kulturelles Erbe kennenlernen.« Es waren Porträts von Martin Luther King, Richard Allen (dem Gründer der African Methodist Episcopal Church in Pennsylvania), Booker T. Washington, Harriet Tubman, Frederick Douglass und schwarz-amerikanischen Militärhelden; außerdem ein Foto vom Gebäude der Atlanta Life Insurance Company, die sich im Besitz von Schwarzen befand.

Wir verließen den Anbau und gingen durch den Kirchensaal zurück. An der Wand neben der Eingangstür hingen zahlreiche Farbfotos von der Europareise, die Reverend Bernyce 1972 unternommen hatte. Durch diese Fotos – und auch alles andere – erinnerte der Saal ein wenig an das Sammelalbum eines frommen Menschen. Doch es steckte mehr dahinter. Diese schwarze ältere Dame hatte die berühmte weite Welt als Schwarze erlebt und gab nun vom Glanz dieser Erfahrung etwas an ihre Gemeinde weiter. Wie auch die Ehrungen, die ihr zuteil geworden waren, als Ehrungen betrachtet werden sollten, die einer Schwarzen und damit den Schwarzen schlechthin zuteil geworden waren.

In der Veranda der Kirche hingen aus Zeitschriften ausgeschnittene Abbildungen von schwarzen und weißen Familien. Reverend Bernyce wollte ihre Gemeinde damit an den Muttertag erinnern, und sie hatte darauf geachtet, daß sowohl schwarze als auch weiße Familien zu sehen waren. Sie sagte: »Wir sind ein zweirassiges Land.« Dieser Begriff war mir noch nicht untergekommen; aber dann modifizierte und erweiterte sie ihre Aussage etwas. »Wir sind schwarz, aber das Land besteht nicht nur aus Schwarzen. Es gibt alle möglichen Rassen. Wenn wir uns Familien vorstellen, sehen wir Familien verschiedener Hautfarbe.«

Die Luft war von Blütenstaub geschwängert. Auf der anderen Straßenseite, wo ihr Haus stand, war der Boden abschüssig, so daß das Haus in einer kleinen Senke stand, wo die Luft noch drückender war. In einem Carport stand ein Wagen. Und in ihrem kleinen Wohnzimmer, das viel kleiner war, als man es von außen vermutet hätte, gab es noch einmal zahlreiche Bilder, Erinnerungsstücke und anderes mehr. Eine Wand war von gerahmten Urkunden und Ziertellern bedeckt. Es war warm im Wohnzimmer, selbst bei offener Tür.

Sie war in Georgia geboren, war jedoch im Alter von neun Monaten mit ihren Eltern nach Columbus, Ohio, gezogen. »Was mein Vater gemacht hat, weiß ich nicht. Er war Arbeiter. Mein Vater war ein kleiner Mann. Sehr viele Möglichkeiten hatte er also nicht.« Sie habe wohl die kleine Statur ihres Vaters geerbt. »Eine Weile haben wir in Columbus gewohnt. Dann ist meine Mutter gestorben, und unsere Tante hat uns nach New York mitgenommen. Ich habe meine Tante geliebt. Ich war noch zu jung, um meine Mutter richtig zu kennen. In New York hatten wir alles um uns herum – Haschisch, Mord, Drogen –, aber das hat uns nicht belangt, weil wir die Kirche hatten.«

Sie unterbrach sich, um davon zu sprechen, was für eine Umstellung es für Schwarze vom Land bedeutete, in die Großstadt zu ziehen. »Man verliert sämtliche Bindungen, zu seiner Familie, seiner Gemeinschaft, seiner Kirche. Aber man hat durchaus die Chance, neue Bindungen einzugehen, selbst in einer Weltstadt wie New York. Man kann sich einer kleineren Gruppe anschließen und sich in dieser kleineren Gruppe als Individuum behaupten. In einer Kirche zum Beispiel, oder in einem Freizeitclub oder einem politischen Verein, oder sogar auf der Straße. Manche junge Menschen, die aus den Südstaaten in den Norden ziehen, suchen eine Gruppe, an der sie sich festhalten können. Leider schließen sich viele dann einer Streetgang an.«

Wie erklärte sie sich die ausgeprägte religiöse Neigung der Schwarzen?

»Ich glaube, die stammt aus der Sklaverei. Oder sogar von noch früher, aus Afrika. Es gibt da einfach ein starkes religiöses Erbe. In der Sklaverei war Gott der Befreier. Und die

Schwarzen hatten das Gefühl, daß Gott eines Tages alles ins Lot bringen würde.«

Ob das nicht manchmal auch eine Art Eskapismus gewesen sei?

»Bei manchen Leuten mag es eine Art Eskapismus sein. Das will ich gar nicht bestreiten. Aber in erster Linie ist das Christentum eine Lebensweise. Ich sollte vielleicht dazusagen, daß die weißen Kirchen, die ich kenne, unseren Kirchen sehr ähnlich sind. Sie leisten ausgezeichnete Missionsarbeit. Und zwar mehr als wir, einfach weil sie das Geld dafür haben. Die Religion hat maßgeblich zum Ende der Rassentrennung beigetragen.

Ich muß dazu etwas aus meinem eigenen Leben erzählen. Ich habe keinerlei Rassenhaß erlebt, bis ich von New York nach Washington, D. C., gezogen bin. Das war 1941, ich war fünfundzwanzig Jahre alt. Ich hatte eine Stelle bei der Regierung bekommen. Und gleich am ersten Tag habe ich da etwas erlebt, was mich wirklich fertigmachte. Die Cafeteria im Gebäude des Kriegsministeriums hatte noch nicht auf. Also gingen wir schwarzen Mädchen, ich glaube, wir waren zu viert, zum Mittagessen in einen kleinen Imbiß; wir kauften uns jede ein Soda und wollten uns gerade hinsetzen, da sagte die Frau dort barsch: ›He, ihr da – könnt ihr denn nicht irgendwo anders essen?‹ Danach war uns der Appetit natürlich erst mal vergangen.«

»Hat das Ihren Glauben erschüttert oder Ihr Denken verändert?«

»Es hat dazu geführt, daß ich mir Gedanken über mein Land gemacht habe. Vorher war ich die absolute Patriotin. Ich liebte Amerika. Aber diese Erfahrung hat mich in meinem patriotischen Eifer doch ziemlich gebremst. Meinen Glauben dagegen hat es nicht erschüttert. Im Gegenteil, dank meines religiösen Hintergrundes habe ich keinen Groll auf die Frau in dem Imbiß empfunden. In Washington, D. C., herrschte noch Rassentrennung. Das fand ich absolut irrsinnig: daß in der Hauptstadt unseres Landes noch Rassentrennung herrschte.

Wenn wir in die große Cafeteria im Gebäude des Kriegsministeriums gingen, wo wir arbeiteten, waren die Weißen nicht bereit, mit uns am Tisch zu sitzen. Wenn wir uns zu ihnen setzten, zogen sie um. Wir hatten nicht gewußt, daß es so etwas gibt. Und mich hat das zur Kämpferin gemacht. Wir schlossen uns einer von Quäkern geführten Gruppe an; unser Ziel war es, einige der Imbißbars in der Innenstadt für Schwarze zugänglich zu machen. Wir trafen uns regelmäßig – die Quäker waren alles Weiße –, beteten und beschlossen dann, wo wir hingehen würden. Man sagte uns immer wieder, daß wir auf Gewalt, egal welcher Art, nicht reagieren sollten. Wir mußten das richtig trainieren. Sie können sich nicht vorstellen, was man alles zu uns gesagt hat. Die Leute haben uns ins Gesicht gespuckt. Wenn wir aus einem Glas tranken, warfen sie es hinterher weg. Jesus hat gesagt, man soll die andere Wange darbieten. Etwas später wurde dann schließlich auch in Washington die Rassentrennung aufgehoben.«

Die Luft war drückend, von Blütenstaub und der Feuchtigkeit Nord-Floridas gesättigt. Meine Augen hatten angefangen zu brennen, und als ich mir jetzt diese Gebetstreffen vorstellte, kamen mir die Tränen.

Sie sagte: »Die Menschen haben sich verändert. Heute würden manche dieser Leute nicht glauben, daß sie damals so grausam waren.«

Das war eine wundervolle Sichtweise. Sie vergab diesen Menschen nicht persönlich. Sie sprach von einem allgemeinen Sinneswandel. Es rührte mich zutiefst.

Sie sagte: »Diese Erfahrungen haben mich wachsen lassen, sie haben meinen Charakter gefestigt und mir Kraft gegeben.«

Und wie war es anderen ergangen?

»Manche Leute haben es nicht ausgehalten. Sie haben aufgegeben. Sie haben es hingenommen. Und das war für diese Menschen vielleicht auch das beste. Nicht jeder ist zum Kämpfen geboren. In der Bibel steht: Laß die Starken der Schwachen Gebrechlichkeit tragen.«

Sie, die so zart und schmal dort auf dem Sofa in ihrem kleinen Wohnzimmer saß, betrachtete sich als eine der Starken.

»Es ist immer noch ein Problem. Nicht die Rassentrennung, aber der Rassismus. Er läuft heute unterschwelliger ab.«

Ich wollte wissen, wie sie zur Vergangenheit stand. Aber die Vergangenheit ging für sie, wie für alle Schwarzen, mit denen ich sprach, nicht über einen gewissen Punkt hinaus.

»Ich habe nie nach meinen Wurzeln geforscht. Ich kann meine Herkunft bis zu meinen Großeltern zurückverfolgen. Um die Jahrhundertwende. Weiter nicht.«

Heute gebe es außer dem Rassismus noch andere Probleme. Schwangerschaften im Teenageralter, Drogen, Schulabbrecher und schwarze Schüler, die andere, in der Schule erfolgreiche schwarze Schüler verprügelten.

»Als die Schulen noch nicht integriert waren, hatten wir dieses Problem nicht. Die Aufhebung der Rassentrennung – ich sage das äußerst ungern – hat einigen der schwarzen Kinder geschadet. In den schwarzen Schulen mußten wir immer mal wieder die Eltern zu Hause besuchen. Wenn es Probleme gab, sind wir zu dem jeweiligen Schüler nach Hause gegangen, und die Eltern waren immer sehr kooperativ. Es gab religiöse Aktivitäten an den Schulen. Eine viertelstündige Morgenandacht zum Beispiel. Aber an den gemischtrassigen

Schulen haben einige der schwarzen Kinder angefangen, die unproduktiven weißen Kinder nachzuahmen. Und die Eltern haben nicht mehr so eine enge Verbindung zur Schule. Wer von uns in diesem Bereich arbeitet, muß heute härter arbeiten. In den Schulen kann man nicht mehr viel bewirken.«

Sie betrachtete sich selbst als eine der Starken. Zum Teil bezog sie diese Stärke aus ihrer Religion. Hatte es Erfahrungen gegeben, die ihren Glauben festigten?

Sie sagte: »Viele. Immer wieder. Gott spricht mit den Menschen, genau wie früher. Ich wußte schon mit sechzehn, daß ich einmal predigen würde. Ich sagte das damals meiner Kirche in New York. Ich weiß nicht, wie es kam. Ich wußte es einfach. Und ich weiß, daß 1971, als ich Geistliche wurde, Gott zu mir gesprochen hatte. Das sind Worte im Herzen, wenn Gott spricht. Aber es ist auch vorgekommen, daß Gott in richtigen Worten zu mir sprach, daß er meinen Namen rief und ich mich umdrehte, um zu schauen, wer nach mir rief, doch es war niemand da. Zum ersten Mal hat Gott in meiner Kindheit hörbar zu mir gesprochen. Er sagte: ›Mach dich auf und tritt in die Kirche ein.‹ Damals habe ich es nicht getan.

Aber seit ich Geistliche bin, spricht Gott ständig mit mir. In Worten. Er sagt mir, daß ich irgend etwas Bestimmtes tun soll. Und ich antworte ihm laut. Einige aus meiner Gemeinde wissen von diesen Erfahrungen. Eines Sonntags zum Beispiel hat Gott mal wegen eines Kindes aus der Gemeinde zu mir gespochen. Ich hatte mich gerade umgewandt, um wieder zur Kanzel zu gehen, da sagte Gott: ›Bete für dieses Kind!‹ Ich drehte mich um und sah ein Kind bei jemandem auf dem Schoß sitzen. Es war eine sehr dringliche Aufforderung. Ich fragte: ›Wessen Kind ist das? Bringt es zu mir.‹ Ich betete. Einige Leute weinten. Eine Woche später wurde das Kind krank, aber es ist nicht gestorben. Gott sei Dank!«

Normalerweise sprach sie nicht von diesen Erfahrungen. Aber einmal hatte sie es doch getan, und zwar vor dem Ordinierungsrat einer Gruppe schwarzer Baptisten. »Ich mußte begründen, warum ich mich berufen fühlte. Ich erzählte, daß Gott zu mir sprach. Die Leute vom Ordinierungsrat haben das ganz gut verstanden.«

Ihre Religion habe ihr geholfen, die schweren Zeiten in Washington durchzustehen, 1941 und danach.

»Es ist der Heilige Geist, der uns in diesen Situationen leitet und beschützt, wissen Sie.«

»Haben Sie sich je im Stich gelassen gefühlt?«

»Von Gott habe ich mich nie im Stich gelassen gefühlt.«

»Hat er Sie aufgefordert, eine Kämpferin zu sein?«

»Ich weiß es nicht. Es steckte in mir. Und ich hatte das Gefühl, daß ich getan hatte, was ich konnte.«

Sie hielt Martin Luther Kings Andenken in Ehren. Aber der aktive Widerstand, den sie und die Quäker in Washington geleistet hatten, war der Bürgerrechtsbewegung der 1950er und 60er Jahre zeitlich weit vorausgegangen. Sie war mutiger, als sie für sich in Anspruch nahm. Doch sie führte alles auf ihren Glauben zurück. »So viele religiöse Erfahrungen, so viele Gotteserfahrungen.« Und es freute sie, daß ihre beiden Töchter ebenfalls der Religion zuneigten, die eine widme sich sogar »voll und ganz der Kirche«. Sie reiche als Pastorin also den Staffelstab weiter.

»In meiner Kindheit in New York hatten wir in unserer Gemeinde auch Predigerinnen, das war also nichts Seltenes oder Fremdes. Als ich dann einen Pfarrer heiratete, gab ich jeden Gedanken daran, selbst Pfarrerin zu werden, auf. Mein Mann hielt nichts davon, daß Frauen dieses Amt bekleideten. Aber er wußte, daß ich eigentlich Pfarrerin werden wollte. Er war ein sehr aufmerksamer Mensch. Er war viel älter als ich. Er wußte, daß ich Pfarrerin werden wollte, weil ich manchmal im Gottesdienst aufstand und sprach. Wenn der Geist sich rührt, rühren wir uns. Er verstand, daß es mir ernst war. Und als Gott 1971 zu mir sprach, konnte ich keine Rücksicht mehr auf meinen Mann nehmen. Da mußte ich dem Ruf folgen. Ich mußte auf Gottes Stimme hören und nicht auf die meines Mannes.«

Es war Zeit für mich zu gehen. Sie gab mir eine fotokopierte Broschüre über sich mit, eine Erinnerung an eine Feier, die vor einem halben Jahr ihr zu Ehren an der Florida Agricultural and Mechanical University veranstaltet worden war. Die Broschüre enthielt Kopien von Zeitungsartikeln über sie aus dem *Tallahassee Democrat;* außerdem eine Liste all ihrer Auszeichnungen und Ehrungen. Neben der Titelseite befand sich ein ganzseitiges Foto von ihr, und auf dem Einband wurde sie als »Dienerin Gottes« bezeichnet.

Sie gab mir auch ihre Karte. Auf dieser Karte wurde die Calvary-Baptist-Kirche – wieder mußte ich an einen Werbetext denken – als »die freundliche kleine Kirche an der Ecke Joe Louis und Arizona Street« beschrieben. Früher wäre mir das sehr »amerikanisch« vorgekommen. Doch jetzt hatte ich etwas mehr Einblick und wußte, daß Kirchen wie die von Reverend Bernyce mehr waren als Gotteshäuser; sie waren Gemeindezentrum und sozialer Treffpunkt und wurden stark von der Persönlichkeit des Pfarrers oder der Pfarrerin geprägt.

Maurice Crockett, ein attraktiver braunhäutiger Mann von sechsundfünfzig Jahren, groß und aufrecht, war Vorsitzender des Florida Parole Board, des Ausschusses für die Gewährung bedingter Haftentlassung. Sein Werdegang war mir als typische schwarze Erfolgsstory beschrieben worden. Daher wollte ich ihn gern kennenlernen. Er hatte sich zu einem Treffen bereit erklärt, hatte aber nicht verstanden, worum es mir ging. Und als man mich eines frühen Nachmittags in sein Büro führte – er saß an seinem aufgeräumten Schreibtisch und hatte den Kopf auf die verschränkten Arme gelegt, schlief aber keineswegs –, war er zunächst nicht eben freundlich.

Er sagte, und es klang wie ein vorbereitetes Statement: »Die meisten Außenstehenden halten uns für ethnisch gehandicapt, für halbe Analphabeten.« Das Treffen hätte wenig gebracht, wenn es in diesem Stil weitergegangen wäre, doch als er begriff, daß ich gekommen war, um zuzuhören, wurde er milder. Seine natürliche Liebenswürdigkeit gewann die Oberhand; er sprach ungezwungen und war sichtlich bemüht, den unfreundlichen ersten Eindruck, den er vermittelt hatte, zu korrigieren. Er sagte: »Als ich eine leitende Funktion übernahm und dadurch Vorgesetzter von Schwarzen und Weißen wurde, gefiel das den Weißen überhaupt nicht; ich habe ein paar Jahre lang unter Polizeischutz gelebt.«

Angesichts der angenehmen Atmosphäre, die in seinem Büro herrschte, war das kaum mehr vorstellbar.

»Womöglich war es eine Überreaktion, aber man weiß ja nie. Ich bekam jede Menge Drohanrufe und versteckte Andeutungen. Und viele der Weißen sind gegangen.«

Dieser Kampf sei kein Vergnügen, aber er sei notwendig.

»Manche Leute versuchen den Eindruck zu erwecken, daß zur Zeit der Rassentrennung sowohl die Weißen als auch die Schwarzen zufrieden waren. Aber das stimmt nicht. Ich glaube, niemand kann unter solchen Bedingungen zufrieden sein. Ich hätte es mir überhaupt nicht *leisten* können, zufrieden zu sein. Meine Möglichkeiten waren dermaßen beschränkt. Mein Sohn hat heute freie Berufswahl. Das hatte ich nicht. Als ich 1964 der Ansicht war, daß ich befördert werden müßte, fuhr man mich ein bißchen im Auto spazieren und erklärte mir, daß ich für die betreffende Stelle sehr wohl qualifiziert sei, daß man aber noch nicht bereit sei, einem Farbigen eine solche Aufgabe zu übertragen. Ich bin nach Hause gegangen und habe geweint, wirklich. Das tut heute noch weh.

Mein Sohn hat eine solche Zurückweisung dank meiner Position nie erlebt. Ich bin bei meiner Arbeit hier in erster Linie von Weißen umgeben, und mein Sohn ist in diesem Umfeld aufgewachsen.«

Sein Sohn war auf weiße öffentliche Schulen gegangen, bis sein Vater ihn an eine schwarze Schule hatte wechseln lassen, die der schwarzen Universität von Tallahassee angegliedert war.

»Das hat ihm sehr zu schaffen gemacht. Er war nie in einer rein schwarzen Umgebung gewesen. Die Musik war anders, das Verhalten war anders. Michael hatte bis dahin die Musik der weißen Kids gehört. In seiner Pfadfindergruppe war er der einzige Schwarze.«

Maurice Crockett hatte schwere Zeiten hinter sich, und er hatte es weit gebracht. Waren andere unter der Belastung zusammengebrochen?

»Manche Leute weichen aus. Das kann man zum Beispiel tun, indem man sich in seiner Kirche engagiert oder rund um sein Zuhause. Damit isoliert man sich praktisch von der Realität. Die Kirche ist ausschließlich schwarz, und wenn man dort ist, sind alle nett zu einem, und man fühlt sich nicht bedroht, es ist wie eine Rückkehr in den Mutterleib.«

Doch er habe eine besondere Kraftquelle gehabt.

»Die meisten schwarzen Kinder wachsen in einem quasi matriarchalischen System auf. Aber in meiner Kindheit gab es einen Mann. Meinen Stiefvater. Er war mein Vorbild und mein Mentor. Mütter sind zu Jungen meistens weniger streng. Jungen brauchen die Art von Struktur, die ein Mann ihnen bieten kann. Ich glaube, viele der heutigen schwarzen

Kinder und Jugendlichen würden zur Schule gehen, wenn die traditionelle Familienstruktur, die Familie mit Mann, der Normalfall wäre. Aber die schwarzen Männer haben Mühe, einen Fuß auf den Boden zu kriegen, weil es so wenige berufliche Möglichkeiten gibt.«

Ich fragte ihn nach seinem Sohn, den er von der weißen Schule genommen und auf eine schwarze geschickt hatte.

Maurice Crockett sagte: »Ihm wird langsam bewußt, daß er schwarz ist und daß ihn nicht alle lieben. Michael beginnt demnächst sein drittes Studienjahr in Tuskegee. Aber er hat immer noch einen Grundstock an weißen Freunden.«

Sein Erfolg, seine neue Sicherheit hatten es Maurice Crokkett ermöglicht, seine schwarze Identität wiederzuentdecken und zu bekräftigen. Er brauchte die Religion, aber es mußte eine schwarze Religion sein.

»Ich bin keiner, der in religiöse Ekstase gerät. Aber ich bin gern in einer Kirche, wo so etwas stattfindet. Viele von uns wollen sich an anderen Maßstäben orientieren, und das ist auch notwendig. Trotzdem finde ich, daß man sich – und das gilt für alle ethnischen Gruppen – nicht von der Grundlage seiner Kultur loslösen sollte. Die Kirche sorgt für mein Seelenheil. Die Kirche hält mich bei Verstand.«

Seelenheil und Verstand – diese Kombination war mir noch nicht begegnet. Aber seine Arbeit als Leiter des Parole Board stellte spezielle Anforderungen.

»Manchmal ist diese Arbeit dermaßen belastend, daß man richtig zerquält nach Hause kommt. Eine unserer belastendsten Aufgaben besteht darin, die letzte persönliche Unterredung mit den zum Tode verurteilten Häftlingen zu führen. Wir gehen ins Gefängnis und setzen uns mit dem Inhaftierten und seinem Anwalt zusammen. Das Treffen wird von einem Mitarbeiter des Gerichts protokolliert. Und wenn mir die Welt zu viel wird, gehe ich in die Kirche. Die

Kirche ist für uns schwarze Südstaatler das versöhnende Element.«

»Betrachten Sie sich als erfolgreich? Sind Sie zufrieden?«

»Zufrieden bin ich nicht. Ich werde bis zu meinem letzten Atemzug nicht zufrieden sein. Ich werde immer versuchen weiterzukommen. Die Leute behaupten gern, wir wollten nur von den Bäumen runter und bis ans Ende unserer Tage Wassermelone essen. Solche Klischees sind völlig deplaziert. Ich empfange bei meiner Arbeit viele Besucher. Die meisten Außenstehenden halten uns für ethnisch gehandikapt, für sprachunfähig. Sie halten uns für halbe Analphabeten.«

An diesem Punkt hatte unser Gespräch begonnen. Jetzt hatte er es wieder dorthin zurückgeführt, diesmal mit einer Erklärung.

»Aber das ist falsch. Wer mit so einer Einstellung zu mir kommt, dem mache ich klar, daß man so nicht mit mir umgehen kann.«

Sein persönlicher Waffenstillstand mit der Irrationalität – wie hatte er ihn erreicht? Was hatte ihn, aus der Distanz betrachtet, in der Vergangenheit am meisten überrascht?

»Was ich heute nur schwer verstehe, ist, wie ich meine Wut im Zaum gehalten habe. Man muß wohl einfach lernen, daß Wut keine Probleme löst. Manchmal muß man da ziemlich mit sich ringen.«

Noch heute müsse er manchmal mit sich ringen. Er wohne in einem weißen Viertel. Und er gehe regelmäßig mit seinem Hund spazieren. Und immer, ob er nun morgens oder nachmittags gehe, sitze in einem Haus am Ende der Straße ein alter Weißer auf der Veranda und beobachte ihn. Es scheine gerade so, als warte der alte Mann nur darauf, daß Mr. Crockett an seinem Haus vorbeikomme.

»Aber wozu?«

Mr. Crocketts Erklärung verstand ich nicht. »Ich soll wissen, daß er da ist. Ich soll wissen, daß ich beobachtet werde.« Mr. Crockett zog mit dem Finger eine horizontale Linie durch die Luft.

»Sagt er denn irgend etwas? Reden Sie miteinander?«

»Ja. Und ich muß mir immer irgendeine Antwort einfallen lassen. Letztes Mal sagte er: ›Ich weiß nicht, wer langsamer ist, Sie oder der Hund.‹ Und dann muß ich mir etwas einfallen lassen, irgendwas Albernes wie: ›Sie sind jedenfalls langsamer als wir beide zusammen.‹ Etwas in der Art.«

Aber der Nachbar sei doch sicher ein religiöser Mann, ein Baptist, ein Fundamentalist. Ob das die Verständigung nicht erleichtere?

Mr. Crockett wies das zurück. »Der weiße Fundamentalismus« – für ihn eine ganz andere Kategorie als der schwarze Fundamentalismus, den er bei den schwarzen Kirchen schätzte und als Teil seiner schwarzen Kultur betrachtete – »ist der Versuch der Weißen, zu den guten alten Zeiten zurückzukehren. An die weiße Kirche hier ist neuerdings eine Schule angegliedert. ›Christliche Schule‹ nennt sie sich; Zweck der Sache ist hauptsächlich, daß keine Schwarzen auf diese Schule gehen können. Die weiße fundamentalistische Kirche hat diese Leute vereinnahmt, und sie hat die zentralen Themen vereinnahmt. Es ist der unausgegorene Versuch, eine Struktur wiederaufzubauen, die längst gescheitert ist.«

Ich war auf Anraten eines Schriftstellers von der Westküste nach Tallahassee gefahren, der aus der Stadt stammte. Der nördliche Teil Floridas, so hatte er mir gesagt, sei ganz anders als der südliche. Nord-Florida, der Panhandle, gehöre zum tiefen Süden. Doch es dauerte lange, bis ich fand, was ich suchte; bei dieser Art zu reisen kommt so etwas vor.

Tallahassee, die Hauptstadt Floridas, war ein künstliches Verwaltungszentrum in der Mitte des Panhandle, auf halbem Weg zwischen Pensacola und Jacksonville. Das einzige, was ich bisher von der Umgebung gesehen hatte, waren die paar Kilometer zwischen Tallahassee und den Strandhäusern, die an den schwarzen Buchten und weißen Sandzungen des Golfs von Mexiko standen: Eine Ferienlandschaft mit Lebensmittelgeschäften, Restaurants, Wohnwagen, Läden für lebenden Köder, Tankstellen und Kirchen – austauschbaren Gebäuden in einer Redneck-Gegend, wo man früher (so wurde mir erzählt) die Häuser von Schwarzen, die sich dort niederzulassen versuchten, abgefackelt hatte und wo es nach wie vor kaum Schwarze gab.

Dann aber, fast am Ende meiner Zeit in Tallahassee, bekam ich doch noch etwas anderes zu sehen als diese Ferienlandschaft. Ungefähr eine Autostunde von der Stadt entfernt und direkt hinter dem Highway – die amerikanischen Highways lassen einen Staat wie den anderen, eine Gegend wie die andere aussehen – entdeckte ich alte unbefestigte Straßen; Wald, wo einst Felder gewesen waren; in komplettem Zustand verlassene Häuser; Schuppen und Garagen in verwilderten Gärten. Das Ganze erinnerte ein bißchen an eine verlassene europäische Stadt in Afrika, etwa in Zaire oder Ruanda.

Es war eine alte Siedlung. Doch sie war praktisch am Ende. Die Landwirtschaft erhielt sie nicht mehr am Leben; Landwirtschaft warf nichts mehr ab. Hier und da zwischen den verfallenen Gebäuden – Bäume, Sträucher, Büsche schienen nach ihnen zu greifen, verdunkelten den freien Raum der Gärten – standen Häuser, in denen noch Menschen wohnten, Schwarze und Weiße, Menschen, die nicht weggehen wollten, die aushielten, die, so könnte man wohl sagen, ihre Eigenheiten auslebten. Der fette junge Mann zum Beispiel, der auf einer niedrigen Veranda im Schaukelstuhl saß, war der Sohn eines schwarzen Farmers. Er hatte sich für diese

Art von Leben entschieden, hatte die Einsamkeit gewählt. Ich mußte an den Trinker in Howards Heimatort denken, der sonntags von seinem Fenster umrahmt dagestanden und herausgeblickt hatte, dem Leben der Gemeinschaft so fern. Hier gab es keine Dorfgemeinschaft mehr; der fette junge Mann schaukelte inmitten des Wildwuchses.

Granger hatte mich hierher geführt. Er war weiß, Mitte Vierzig, und arbeitete in einem Hotel in einer nahen Stadt. Er tat das, um mit dem so verdienten Geld seine Farm in Betrieb halten zu können. Es war eine kleine Farm, nur 120 Morgen. Aber es war angestammter Besitz. Seine Vorfahren hatten das Land – einstiges Indianerland – in dem Jahrzehnt vor dem Bürgerkrieg im Rahmen des Homestead Act von der Regierung zugesprochen bekommen. Die örtliche Baptistenkirche war 1856 gegründet worden; Granger war Baptist. Auf diesem Land hatten nie Sklaven gearbeitet. »Wir fühlen uns, als wären wir die ersten Amerikaner gewesen«, hatte mir jemand aus Grangers Verwandtschaft gesagt. Diverse Vorfahren waren aus South Carolina, Virginia und Georgia in diesen Teil Floridas ausgewandert.

In einigen Zweigen der Familie kursierten Geschichten von einstigem Reichtum. Eine davon besagte, ein Vorfahr habe ein Drittel einer Grafschaft besessen. Eine spätere Geschichte aus der Zeit nach den Schrecken des Bürgerkriegs erzählte von einem Vorfahren, der im Handel mit China reich geworden und mit einer Truhe voller Goldmünzen nach Hause gekommen war, aus denen, als er sie auf den Boden des Farmhauses kippte, eine Wolke von Goldstaub aufwirbelte.

Granger arbeitete nun in einem Hotel, immer zwei Tage Dienst, zwei Tage frei, und kümmerte sich um die angestammte Farm, soweit sie noch bestand – nicht um des Geldes willen, sondern aus Pietät: er meinte das seinen Vorfahren schuldig zu sein, außerdem empfand er die Landarbeit als eine der schönen Seiten des Lebens. Landarbeit hieß, draußen auf diesen Feldern, in diesem Wald zu sein.

Wir fuhren in seinem alten Pick-up ohne Klimaanlage auf seine Felder hinaus. Eine seiner Kühe hatte gerade gekalbt. Wir hielten zwischen den Kiefern an, im lichten, durchbrochenen Schatten, inmitten von Kuhfladen und Waldstreu, den Zapfen, Nadeln, brüchigen abgestorbenen Ästen der Kiefern. Er stieg aus und redete, immer aus einer gewissen Entfernung, mit dem Muttertier und dem noch von der Geburt verschmierten Kalb, das gerade mühsam aufstand. Er hatte schon ein paar Tage auf diese Geburt gewartet. Dies war die Sorte Landarbeit, die er tat und mochte. Von ihr rührte seine Sanftheit her.

Doch die bauliche Erschließung des Landes schritt fort. Leute, die in der Stadt arbeiteten, bauten sich Häuser in den Dörfern. Die alten Farmen waren bedroht. Ein Kreislauf, der mit der Besitznahme des indianischen Landes unter dem Homestead Act begonnen hatte, kam jetzt an sein Ende. (Das Grab von Osceola, dem Häuptling der Seminole, der im Alter von achtunddreißig Jahren als Gefangener der amerikanischen Regierung gestorben war, lag nicht weit von Charleston entfernt, in Sichtweite von Fort Sumter.)

Etwa achtzig Kilometer entfernt, immer noch auf dem Panhandle, setzten die Erschließung des Landes und der Niedergang der Landwirtschaft einer anderen Art von Gemeinschaft ein Ende, einer Gemeinschaft schwarzer Farmpächter. Seit dem Ende der Sklaverei hatten auf diesem Land Schwarze gelebt. Früher war hier jeder mit jedem verwandt gewesen, und die Felder hatten den Horizont der Leute markiert. Doch jetzt waren die Straßen hier angelangt, und die Gemeinschaft, schutzlos preisgegeben, zerbrach; auf den ehemaligen Feldern standen nun Kiefernpflanzungen – junge Kiefern wuchsen aus Dickicht empor. Doch nicht jeder war bereit, in die Stadt zu ziehen.

Das Landleben war hier anders als auf Grangers hundertzwanzig Morgen. Es herrschte eine andere Auffassung von Vorfahren, Geschichte, Frömmigkeit. Barrett, ein Schwarzer Mitte Dreißig, der mir das alles zeigte, empfand das Farmerleben dieser von Inzucht geprägten schwarzen Gemeinschaft als paralysierend und beschämend.

Barrett stammte aus der Mittelschicht, seine Eltern arbeiteten beide in gehobenen Berufen. Er kam aus einer relativ großen Stadt, wo es nur wenige Schwarze gab. Bis er nach Tallahassee gezogen war, hatte er geglaubt, alle Südstaaten-Schwarzen seien wie seine Familie; und gewisse Aspekte des schwarzen Lebens in Tallahassee, die mit seinen früheren Vorstellungen nicht übereinstimmten, verärgerten und verstörten ihn nach wie vor. Die Vorstellung, in der Minderheit zu sein, hatte seine Kindheit und Jugend geprägt und war ihm so wichtig, daß er sich, wie er mir erzählte, noch immer nicht recht an den Anblick von Straßen voller Schwarzer gewöhnen konnte. Es nahm mich für ihn ein, daß er das sagte; nicht viele Menschen hätten sich zu einer so schlichten und geradezu subversiven Empfindung bekannt. Als ihn seine Arbeit in diese alte schwarze landwirtschaftliche Gemeinde geführt habe, so erzählte er, habe er einen regelrechten Kulturschock erlitten.

Ich fand das, was er mir zeigte, gar nicht so schlimm. Aber ich hatte natürlich auch andere Erwartungen. Und da nun seine Wut wieder in ihm aufstieg und er aus dieser Wut heraus noch einmal das Schlimmste sehen und mir zeigen wollte, fuhr er in eine Seitenstraße und sagte: »Schauen Sie sich das mal an. Ein Haus ohne Fenster.«

Es war wirklich außergewöhnlich, ein an allen Ecken und Enden ausgebessertes, kümmerliches altes Haus, das ganz für sich in einem kahlen, baumlosen Garten stand, auf dem Feld dahinter nur Gestrüpp.

Ich meinte jetzt zu verstehen, wovor Maurice Crockett seinen Sohn hatte bewahren wollen: davor, als Quasi-Weißer aufzuwachsen und sich dann wie Barrett anpassen zu müssen.

Barrett hatte eine andere Meinung zur Religion der Schwarzen als Maurice Crockett. Barrett betrachtete die ekstatischen Religionsgemeinschaften nicht als Teil seiner schwarzen Kultur. Nach seiner Hochzeit, so berichtete er, hätten seine Frau und er überlegt, in welche Kirche sie gehen sollten. Sie hätten sehr ernsthaft darüber geredet und dann beschlossen, in die presbyterianische Kirche zu gehen.

Er war zwanzig Jahre jünger als Maurice Crockett. Er hatte andere Bedürfnisse als der ältere Mann.

Zu Beginn unserer Fahrt war mir seine Leidenschaftlichkeit im Zusammenhang mit der Rassenfrage aufgefallen. Zunächst war es ihm darum gegangen, Schuld zuzuweisen; aber dann hatten ihn seine eigenen Worte davon weggelenkt, und er hatte von einer grundlegenderen Irritation gesprochen. Ich hatte ihn nach dieser Leidenschaftlichkeit gefragt; die Rassenfrage schien ihn ungemein zu beschäftigen. Er hatte meine Frage zur Kenntnis genommen, aber nicht darauf geantwortet. Jetzt, kurz bevor wir wieder beim Hotel angelangt waren, kam er auf meine Frage zurück.

Er sagte: »Sie haben mich danach gefragt. Ich habe darüber nachgedacht. Ich glaube, ich bin wütend, weil ich schwarz bin. Ich weiß nicht, ob das ein ausreichender Grund ist, aber so ist es.«

Es war eine gute Antwort. Sie entsprach seiner Ehrlichkeit.

In der Einfahrt des Hotels saß ein Schwarzer, den ich mittlerweile erkannte. Er trug einen schwarzen Turban und ein cremefarbenes, indisch anmutendes langes Hemd. Er las im Sprechgesang aus einem arabischen Buch, vielleicht aus dem Koran. Er beachtete das Kommen und Gehen ringsum überhaupt nicht. Er las wie ein Schüler; er hielt das dicke Buch dicht vor sein Gesicht; er saß auf einer niedrigen Mauer; man konnte ihn nicht übersehen.

Reverend Bernyce Clausell, Mr. Crockett, Barrett – sie alle standen für eine Vorwärtsentwicklung in der Sache der Schwarzen. Und eines Tages kam Jesse Jackson nach Tallahassee und warb um Unterstützung für seine Präsidentschaftskandidatur. Auch wenn ihn nur wenige tatsächlich zu Gesicht bekamen, war seine Anwesenheit doch deutlich zu spüren. Seine Entourage füllte fast das gesamte Restaurant Golden Pheasant. Und später am Abend stand eine Limousine mit offenem Verdeck vor einem Club, in dem der Kandidat mit Einheimischen zusammentraf. Was für ein Stil, was für ein finanzieller Aufwand; und dies war nur ein einziger Tag, nicht mal ein besonders wichtiger, im Kalender eines Bewerbers um die Präsidentschaftskandidatur.

Es wäre historisch betrachtet befriedigend und gedanklich leichter zu handhaben gewesen, wenn es nur diese Vorwärtsentwicklung gegeben hätte; wenn die Schwarzen, nachdem sie erfolgreich ihre Rechte eingeklagt hatten, nun sukzessive selbst Herr über ihr Schicksal geworden wären. Doch am anderen Ende dieser Entwicklung, und noch nah genug, um sie zu gefährden (trotz des beeindruckenden Auftritts von Jacksons männlicher wie weiblicher Anhängerschaft im Golden Pheasant), herrschten Irrationalität und Selbstzerstörung und eine vielleicht nie gekannte Verzweiflung.

Es scheint wie eine letzte Grausamkeit der Sklaverei: daß heute, in dieser Zeit, die doch eine Zeit der Möglichkeiten sein sollte, ein nicht unbeträchtlicher Teil der Schwarzen ohne die während der letzten hundert Jahre erwachsenen Stützen des Glaubens und der Gemeinschaft dasteht. Auf den karibischen Inseln spielten die Sklaven in der stabilsten Phase der Sklaverei des Nachts, sie hätten eigene Königreiche: es war die Übertragung eines westafrikanischen Glaubens – wie er in Elfenbeinküste noch heute existiert – auf die Plantagen, des Glaubens nämlich, daß die wahre Welt nach Sonnenuntergang beginnt und die Menschen nachts andere oder sogar die umgekehrten Rollen wie tags ausfüllen. Nicht einmal eine solche Phantasie, kein afrikanischer Traum vom jenseitigen Heil stützt diese neue, aller Möglichkeiten beraubte Gruppe innerhalb der schwarzen Bevölkerung. Es ist schwierig, zu dieser Leere Zugang zu finden.

»Ich bin nichts, ich existiere einfach bloß«, sagte ein junger Schwarzer in einer Jugendstrafanstalt. »Weiche Hände haben Sie«, sagte ein anderer, und seine Worte schienen aus einer lang zurückliegenden Zeit zu kommen, »weich wie Baumwolle.« Seine eigene Hand war zart. Er besaß die Intelligenz und gefährliche Attraktivität einer bestimmten Sorte von Kriminellen. Aber er war auf entsetzliche Weise verloren; man konnte ihn nicht erreichen. Ein anderer Schwarzer sagte: »Es ist sehr schwierig für einen Schwarzen, auch nur einen kleinen Schritt zu machen.«

Sie sollten alle in wenigen Monaten entlassen werden. Aber in der Welt da draußen erwartete sie nichts; darauf beharrten sie alle. Und sie redeten alle so, als wäre ihr Leben vorbestimmt und eigentlich schon vorbei.

»Fast sechzehn Millionen Hände werden Ihnen helfen, die Last nach oben zu ziehen, oder sie werden die Last nach unten ziehen, gegen Sie. Wir werden ein Drittel oder mehr der Unwissenheit und Kriminalität in den Südstaaten verkörpern, oder aber ein Drittel ihrer Intelligenz und ihres Fortschritts; wir werden ein Drittel zum gewerblichen und industriellen Wohlstand der Südstaaten beitragen, oder wir werden uns als wahrhaft todbringendes Element erweisen, das jedes Bestreben, die politische Gemeinschaft voranzubringen, verzögert, hemmt, lähmt.«

Es liest sich wie ein gewieftes Plädoyer. Und das war es auch. Diese Sätze stammen aus einer Rede, die Booker T. Washington 1895 im Alter von nur neununddreißig Jahren in Atlanta hielt – eine berühmte Rede, die seinen Ruf festigte und in der er zwei scheinbar unvereinbare Dinge tat: er beruhigte die Weißen der Südstaaten, und er machte den Schwarzen Hoffnung, als ihre Lage fast hoffnungslos schien. Ein gewieftes Plädoyer, und übertrieben; aber die Sätze aus dieser 1895 in Atlanta gehaltenen Rede lesen sich heute wie eine Prophezeiung.

4. *Tuskegee*

Waffenstillstand mit der Irrationalität – II

Ich kannte *Up from Slavery* aus meiner Kindheit. Mein Vater hatte mir eine Geschichte aus dem Buch vorgelesen, und ich meine, ich hätte dann allein noch weitergelesen. Mein Vater, arm geboren und trotz seines Ehrgeizes immer arm geblieben, mochte Geschichten über Selbsthilfe und über Männer, die sich aus der Armut hocharbeiteten. Er litt in Trinidad, und ich muß gewußt haben, daß es in *Up from Slavery* auch um das Thema Rasse ging und daß sich eine Verbindung zu den Verhältnissen auf unserer Insel herstellen ließ. Aber ich war zu jung, um mit dieser Information irgend etwas anzufangen. Ich hörte die Geschichte von Booker T. Washington, die mein Vater mir vorlas, fast wie ein Märchen, und sie blieb mir in einer Form im Gedächtnis, bei der die Rasse und der historische Kontext ausgespart waren.

Die betreffende Geschichte – innerhalb der Gesamtgeschichte vom Emporkommen und Erfolg eines Mannes – war die einer Prüfung. Der Junge, allein auf der Welt und am Beginn seines Weges in der Welt, war aufgefordert worden, ein Bett zu machen (so jedenfalls lebte die Geschichte in meinem Gedächtnis fort). Und bei diesem Bettenmachen stand die gesamte Zukunft des Jungen auf dem Spiel.

Es war eine Geschichte, die man nicht leicht vergaß (und jedesmal wenn ich ein Bett machte, war sie mir mehr oder weniger bewußt); es war die Prüfung aus dem Märchen: eine scheinbar triviale oder unbedeutende Aufgabe mußte überragend ausgeführt werden. So wie die Geschichte über die Versuchung eines der Ehre verpflichteten Ritters oder eines Heiligen, der ein Gelübde abgelegt hat; oder wie die magischen Prüfungen in anderen Märchen, wo es galt, die Reiskörner aufzuheben, den Namen des Kobolds zu erraten, Stroh zu Gold zu spinnen.

Doch an der Geschichte, die ich im Gedächtnis hatte, stimmte ein Detail nicht. Der abgerissene, als Sklave geborene Junge, der viele Tage und Nächte bis zu der Schule, die er besuchen wollte, gelaufen war, hatte als erstes nicht ein Bett machen, sondern ein Zimmer fegen müssen. Der Junge hatte das Zimmer viermal gefegt. Und die Frau, die ihn dieser Prüfung unterzogen hatte, sagte nicht einfach: »Gut, du hast bestanden.« Nein sie fuhr mit den Fingern prüfend über Wände und Boden. Der Junge hatte die Lage richtig eingeschätzt. Er hatte die scheinbar einfache Aufgabe sehr gut erfüllt und damit eine weitere potentielle Peinigerin auf seine Seite gezogen und sie zur Verbündeten auf seiner magischen Reise gemacht.

Es gab einen Grund dafür, daß aus dem Fegen des Zimmers in meiner Erinnerung das Bettenmachen geworden war. Betten bedeuteten dem Sklavenjungen viel. In der aus einem Raum bestehenden Sklavenhütte, zugleich die Küche der Farm, in der er als Junge mit seiner Mutter gewohnt hatte, hatte er in Lumpen auf dem nackten Boden geschlafen; und als er im Zuge seines Emporkommens zum ersten Mal in einem Bett mit Bettzeug schlafen sollte, wußte er nicht, wie. Er wußte nicht, ob er auf den beiden Laken, zwischen oder unter ihnen schlafen sollte. (Ich konnte seine mißliche Lage gut nachvollziehen, war ich doch selbst als Achtzehnjähriger aus dem tropischen Trinidad, wo wir die Betten auf unsere ganz eigene Art machten, ins gemäßigte England gezogen – bei uns breitete man ein Laken auf dem Bett aus, und ein weiteres Laken oder eine Decke lag zusammengefaltet bereit, damit man sich bei Bedarf nachts lose damit zudecken konnte. Womöglich war in meine Erinnerung an das Buch sogar ein eigenes peinliches Erlebnis in jungen Jahren eingeflossen.) Und in der Gewerbeschule, die er später in Tuskegee, Alabama, für Menschen, die wie er noch nicht lange aus der Sklaverei entlassen waren, einrichtete, ging es Booker T. Washington nicht zuletzt darum, seine Schützlinge zu lehren, wie man Betten benutzte, sie im weiteren Sinne das zu lehren, was er unter gutem Benehmen im häuslichen Bereich verstand.

Eine bewegende Geschichte, und eine unglaubliche noch dazu: Der Junge, der in einer Sklavenhütte auf dem Fußboden geschlafen hatte, war zu einem der berühmtesten Amerikaner seiner Zeit geworden, hatte mit dem Präsidenten gespeist und dabei unermüdlich der Sache seines Volkes gedient. Es ist leicht zu verstehen, warum *Up from Slavery* auf einen Selfmademan wie Andrew Carnegie solche Wirkung hatte und ihn veranlaßte, so viel Geld für die Schule in Tuskegee zur Verfügung zu stellen.

Doch gerade die Unglaublichkeit von Booker T. Washingtons Geschichte entrückte sie den in Büchern und Zeitungen beschriebenen unseligeren Aspekten der Rassenfrage in den Südstaaten beziehungsweise ganz Amerika. Was hatte der Ruhm des Mannes letztlich bewirkt? Was war aus seiner großen Leistung geworden? Und so war das Buch für mich in den Hintergrund getreten, und nur die Erinnerung an eine Prüfung im Bettenmachen war geblieben (die sich in meinem Kopf noch mit einer Geschichte über Tolstoi vermischte, der im mittleren Alter, in einer bäuerlichen Phase, den Wunsch entwickelte, sein Bett selbst zu machen). Obendrein war der Titel des Buches durch William Buckleys Parodie *Up from Liberalism* ins Lächerliche gezogen worden.

Erst als ich mit der Planung meiner Reise begann und man mir den Tip gab, nach Tuskegee zu fahren, wurde das Buch wieder konkret für mich. Ganz besonders, als ich Al Murray in seiner Wohnung in Harlem besuchte.

Al Murray war der erste ehemalige Student der Universität von Tuskegee, den ich kennenlernte und mit dem ich mich über Tuskegee unterhielt. Er vermittelte mir eine erste Vorstellung von der Größe und Vielschichtigkeit (und nicht zuletzt den Seelenqualen) Booker T. Washingtons; er verlieh der neutralen Märchenfigur Rassenmerkmale (der Sklavenjunge hatte wohl einen Weißen zum Vater gehabt); und er bettete ihn in einen historischen Kontext ein. Als Tuskegee 1881 als einfache Gewerbeschule gegründet wurde, besaßen die schwarzen Männer das Wahlrecht, und die Schule wurde vom Staat Alabama geringfügig subventioniert. Zwanzig Jahre später, als *Up from Slavery* erschien, war den Schwarzen in den Südstaaten das Wahlrecht praktisch entzogen worden. Vor diesem Hintergrund zunehmender Entrechtung hatte Booker T. Washington sein Institut aufgebaut. Was in einer Phase der Stabilität schon schwierig genug gewesen wäre, war zu einer Zeit, da Vorurteile, Rassentrennung und Erniedrigung wie Mauern um die Schwarzen emporwuchsen, noch viel schwieriger. Al zufolge handelte Booker T. Washington so, wie er handelte, weil er wußte, wie das kapitalistische Amerika funktionierte; er habe sich diesem Amerika zu präsentieren gewußt. Man dürfe nicht vergessen, daß Booker T. Washington ein Mann des neunzehnten Jahrhunderts gewesen sei, das Gegenstück zu den Carnegies und anderen, deren Reichtum er anzapfte.

Durch Al Murrays Begeisterung für seine Universität und deren Gründer berührten mich die alten Schwarzweißfotos in Louis R. Harlans zweibändiger Biographie, die er mir zeigte, in ganz besonderem Maße: Die Fotos des würdevollen Booker T. Washington; die förmlich gekleideten jungen Schwarzen, Männer wie Frauen, mit Haus- oder Landarbeit beschäftigt, die wenige Jahre zuvor noch die Arbeit von Sklaven gewesen wäre, nun aber (so wie das als Prüfung gedachte Zimmerfegen ihres Lehrers) ein Schritt zu einem besseren Leben war.

Ich reiste also einer besonderen Art von Romantik entgegen, als ich Tallahassee mit seinem benebelnden, Asthma auslösenden Blütenstaub verließ und mich auf den Weg nach Alabama und Tuskegee machte – durch die Ebenen Georgias und das ausgedehnte flache Neonchaos der Marketenderstadt Columbus: Sexshows, Leihhäuser, Fastfoodrestaurants; und von dort aus in das ruhige, ländliche, scheinbar zurückgebliebene Alabama.

Tuskegee wurde zu einem Namen auf den Schildern am Highway; es wurde zum Namen eines Waldes – und kündete damit von einer vor 1830, vor der Plantagenzeit liegenden indianischen Vergangenheit, so daß der ungewöhnliche Name einen weiteren Bezug bekam –; und schließlich wurde es zum Namen einer Stadt.

Ich hatte eine Stadt ähnlich denen erwartet, die ich unterwegs gesehen hatte. Doch diese Stadt war kleiner, schäbiger: kleine Eßlokale, nur wenige der großen Fastfood-Namen (ich vermißte die großen, grellen, miteinander konkurrierenden Leuchtreklamen: im gewerblichen Dickicht entlang der Straßen das, was die Lanzenfahnen beim Tjost der Ritterzeit waren), schmuddelige Autowerkstätten, kleine Lebensmittelläden: eine Stadt, die immer noch arm war – nicht gerade die passende Umgebung für die Erfolgsstory des großen Mannes. Doch dann kam der Campus, und dessen Pracht nun übertraf meine – und gewiß auch meines Vaters – Vorstellungen bei weitem. Mein Vater hatte sich in Trinidad bei seiner Lektüre von Selbsthilfebüchern zweifellos mit den armen Jungen verglichen, die im industriellen England zu Ingenieuren und Brückenbauern geworden waren; und mochte er auch in den Anfängen Booker T. Washingtons einzelne Elemente seiner eigenen Geschichte wiederentdeckt haben, so hängen doch die Möglichkeiten eines Menschen immer auch von den Möglichkeiten des Ortes ab, an dem er sich befindet. Tuskegee erinnerte in nichts an die Sklaverei oder an Trinidad; da war nichts, was es zu entschuldigen gegeben hätte. Sowenig man auch über diese Einrichtung gewußt haben mochte, sie war eine Realität und eine Errungenschaft im amerikanischen Maßstab: Dutzende und Aberdutzende dunkelroter Backsteingebäude auf einem parkartigen, hügeligen Gelände.

»Sie müssen wissen«, sagte mir einige Tage später eine sehr alte Dame, die fast ihr ganzes Arbeitsleben in Tuskegee verbracht hatte, »daß die Neger in den Vereinigten Staaten bis in die 1930er Jahre schlichtweg kein Geld hatten.«

Der erste Anblick des Universitätsgeländes muß auf mich wohl ähnlich gewirkt haben wie auf die Menschen, die es zur Zeit der Rassentrennung sahen, als Tuskegee eine der wenigen Möglichkeiten für Schwarze darstellte voranzukommen; es muß damals denen, die kaum etwas besaßen, wie ein Traum erschienen sein.

Al Murray hatte mir ein Zimmer im Gästehaus der Universität, der Dorothy Hall, reserviert. Es war 1901 als Gewerbeschule für Mädchen gebaut worden. Jetzt stand es fast in der Mitte des Campus, gegenüber der großen Bronzestatue, die zeigt, wie Booker T. Washington den Schleier der Unwissenheit von seinem Volk hebt.

Es war eine berühmte Statue, eines der Postkartenmotive von Tuskegee. Ich hatte sie vage in Erinnerung gehabt, trotzdem überraschte sie mich. Der Bildhauer hatte eine sprachliche Wendung, eine Metapher, ins Gegenständliche umgesetzt. Man sah Booker T. Washington im Dreiteiler, wie er ganz konkret ein Tuch von einem muskulösen jungen Schwarzen hob, der vor ihm kauerte und einen altmodischen Folianten auf den Knien hielt: die Figuren und Requisiten waren in dieser Kombination so unerwartet, daß man sich fragte, wie lange sich der muskulöse schwarze Bursche, nackt bis auf das Tuch, das gerade von ihm gehoben wurde, mit seinem großen Buch unter diesem Tuch versteckt hatte, ja warum er überhaupt dort geblieben war und Booker T. Washington ihn wie ein Zauberer enthüllen mußte.

Ich hatte mich allerdings zwei oder drei Wochen zuvor mit einem Schwarzen unterhalten, der die Statue als Schuljunge bei einem Ausflug nach Tuskegee gesehen hatte und damals sehr bewegt gewesen war. »Vielleicht muß man dazu selbst ein Schwarzer sein«, hatte er gesagt. Und ich war in diesem Moment meiner Ankunft bereit, mit seinen Augen, den Augen von vor rund vierzig Jahren, zu sehen.

Da stand es, pathetisch und etwas nörglerisch, was der Romantik dann doch ein bißchen abträglich war: *Ich werde mich von niemandem so herabwürdigen lassen, daß ich ihn hassen muß.* Die eingravierten Worte eines anderen Zeitalters, die Philosophie der Hilflosigkeit – genau wie die folgenden Worte, die ebenfalls auf dem Sockel der Statue eingraviert waren: *Wir werden in dem Maße prosperieren, wie wir es lernen, der Arbeit Würde und Glanz zu verleihen und die gewöhnlichen Tätigkeiten des Lebens mit Verstand und Geschick auszuführen.* Die Philosophie eines Mannes, der die Umstände gegen sich hatte, der Verbesserung mit dem Wunsch verband, niemanden vor den Kopf zu stoßen. Doch sie hatte Großes hervorgebracht.

Ich wandte mich von der Statue ab und ging zum Eingang der Dorothy Hall. Ich sah, daß die Fenster reparaturbedürftig waren und einen neuen Anstrich benötigten. An einem Fenster im oberen Stockwerk hatte sich der Rahmen des Fliegengitters abgelöst. Die schönen dunkelroten Backsteinmauern des Gebäudes hätten neu ausgefugt werden müssen. Diese Backsteine waren von den ersten Studenten mit eigenen Händen hergestellt worden, nachdem drei Versuche mit Brennöfen kläglich gescheitert waren.

Die Front des Gebäudes zeigte nach Westen. Es war später Nachmittag und sehr heiß. Ich fragte, ob es einen Aufzug gebe, mit dem ich mein Gepäck ins obere Stockwerk schaffen könne. Man sagte mir, das Gebäude sei schon alt und der Aufzug funktioniere nicht mehr. Als ich mein Gepäck schließlich nach oben getragen hatte, dreimal durch das heiße Treppenhaus und den sehr heißen Flur zu meinem Zimmer und wieder zurück, war meine Lunge erneut gereizt. Und diese Verengung der Atemwege blieb während meines gesamten Aufenthalts in Tuskegee bestehen.

Die heißen, getäfelten Gesellschaftsräume im oberen Stockwerk waren in den Farben eines vornehmen Clubs gehalten. Ein Ölporträt eines weißen Militärs hing an der Wand, und über dem Treppenabsatz hing ein Foto von Teddy Roosevelt. Die Dorothy Hall war 1901 erbaut worden; *Up from Slavery* war 1901 erschienen; und 1901 hatte Booker T. Washington im Weißen Haus mit Teddy Roosevelt gespeist. Alte Zeiten, alte Würden, alte Schlachten. Ich erfuhr später, daß im Laufe der Jahre viele berühmte Amerikaner in der Dorothy Hall genächtigt hatten.

Fast am Ende meiner Zeit dort fand ich heraus, wo der

Aufzug war. Der Mann, der ihn mir zeigte, war einer der Ältesten auf dem Campus. Er war Musiker, ehemaliger Musiker. Er war 1913 als Vierzehnjähriger nach Tuskegee gekommen, als Booker T. Washington noch lebte, und hatte 1915 an dessen Trauerzug teilgenommen. Der alte Musiker war eine lokale Berühmtheit, und viele meiner Gesprächspartner hatten mir geraten, mich mit ihm zu treffen. Als ich in Tuskegee ankam, war er nicht in der Stadt, doch er ließ mir ausrichten, er werde sich an einem bestimmten Tag um zwölf Uhr in der Dorothy Hall einfinden; und er war exakt zur vereinbarten Zeit da. Er war stolz auf seine Pünktlichkeit. Sie sei ein Bestandteil der Tradition Booker T. Washingtons. Und seine Geschichten – er fing sofort an zu erzählen – handelten von dieser romantischen alten Zeit.

»Als ich 1913 hierherkam, war das, wie in den Himmel zu kommen. So etwas hatte ich noch nie gesehen. Ich war von zu Hause weggelaufen und kam mit anderthalb Dollar in der Tasche an. Aber Booker T. Washington schickte nie jemanden fort.«

Der alte Mann war wie ein Bohemien gekleidet: rosa Hemd, blaue Krawatte, hellgrün kariertes Jackett. Er war groß und hielt sich gerade, und er war – mit achtundachtzig – stolz auf seine Haltung. Auch das habe Booker T. Washington gelehrt. Saubere Kleidung, aufrechte Haltung, festen Schritt; kein Geschlurfe wie früher. So wollte Booker T. Washington es haben. Alles mußte tadellos, alles mußte sauber sein. Jeden Tag ging Booker T. Washington auf dem Universitätsgelände umher und diktierte einem Sekretär, was alles nicht in Ordnung war.

Der alte Musiker stammte aus einer Kleinstadt in Alabama, etwa 240 km nördlich von Tuskegee. »Mein Vater war ein einfacher Arbeiter. Die Verwandten meiner Mutter sahen aus wie Weiße und waren relativ gebildet.« Er öffnete sein rosa Hemd, um mir seine helle Haut zu zeigen. »Viele Weiße dort haben die Verwandten meiner Mutter als Cousins und Cousinen bezeichnet. Ich bin nur in meiner Hose und mit einer Tasche hierhergekommen, ohne richtige Schulbildung. Ein ehemaliger Sklave hier, ein gewisser Mr. Baker, hat mir mal erzählt, wenn früher ein Sklave dabei erwischt wurde, daß er schreiben lernte, hat man ihm den hier« – er wackelte mit seinem rechten Daumen – »abgeschnitten, denn wenn ein Sklave schreiben konnte, dann konnte er sich selbst einen Passierschein ausstellen, um die Plantage zu verlassen. Sklaven durften die Plantage nämlich nicht ohne Erlaubnis verlassen. Mr. Baker hatte das als junger Mann noch miterlebt.

Was mein Vater mir als seinem ältesten Kind beibringen konnte, das war schon in Ordnung, aber es ging nicht weit genug. Was er mir beigebracht hat, war: Widersprich alten Leuten nicht. Sei nicht frech. Begib dich nicht in schlechte Gesellschaft. Und hilf deinem Papa, für die Familie zu sorgen. Das war alles schön und gut, aber es ging nicht weit genug. Der Bruder meiner Mutter hat das Talladega College besucht. Das ist von Weißen aufgebaut worden – von der American Missionary Society, die von Weißen gegründet wurde, um Schulen für die befreiten Sklaven einzurichten. Tuskegee war anders. Nach der Befreiung durften wir hier wählen. Also, die Schwarzen. Irgendein Lokalpolitiker wollte unsere Stimmen, und Mr. Adams sagte zu ihm: ›Wenn Sie uns helfen würden, eine eigene Schule zu bekommen, dann könnte ich die Farbigen wohl alle dazu bringen, Sie zu wählen.‹ So haben die Leute hier im County dann für diesen Weißen gestimmt, und der Staat hat zweitausend Dollar für die Gründung der Schule beigesteuert.

In meiner Heimatstadt hatte ich einem Lehrer fünfzig Cent pro Monat gezahlt, damit er mir Lesen, Schreiben und

Rechnen beibringt. Professor Moses hatte seine Schule im Westen der Stadt. Professor Carmichael hatte seine Schule im Süden. Ich wohnte im Süden. Mein Vater hat das allerdings nicht gewußt, daß ich Professor Carmichael fünfzig Cent pro Monat bezahle. Ich habe als Schuhputzer gearbeitet. Mein Vater hat Kohle vom Güterwagen abgeladen. Um vier Uhr morgens ging es los. Für einen Dollar pro Tag.

Als ich hierherkam und all diese Gebäude sah, den Speisesaal und die Tischdecken, immer vierzehn Personen an einem Tisch, die Mädchen auf der einen Seite, die Jungen auf der anderen, das war wie im Himmel – so etwas hatte ich noch nie gesehen. Und die alte Kapelle! Auch Erwachsene sind hierhergekommen. Oft kamen sie zu Fuß, wollten Lesen und Schreiben lernen. Diesen älteren Leuten hat Booker T. Arbeit besorgt, bei den Weißen in der Stadt, da haben sie tags gearbeitet, damit sie abends lernen und Kost und Logis bezahlen konnten.«

Er liebte die Vergangenheit, dieser dandyhafte, gutmütige Achtundachtzigjährige. Er war energiegeladen und enthusiastisch; er fuhr immer noch Auto. Er fuhr mich zu der Stelle, wo das erste Schulgebäude gestanden hatte. »Wollen Sie mir sagen, daß Ihnen das noch niemand gezeigt hat?« Und er war entschlossen, mich exakt zur angekündigten Zeit zur Dorothy Hall zurückzubringen. Als wir dort angekommen waren, zeigte er mir den kleinen Aufzug im Haus und erzählte mir die zugehörige Geschichte.

1941 war Henry Ford zur Eröffnung des George Washington Carver Museum nach Tuskegee gekommen. Carver, der Agrarwissenschaftler von Tuskegee, war damals um die achtzig. Henry Ford war so schockiert, als er sah, wie sich der alte Mann die Treppe der Dorothy Hall hochschleppte, daß er an Ort und Stelle anbot, einen Fahrstuhl bauen zu lassen. Jetzt war dieser Fahrstuhl defekt und vergessen; und der alte

Musiker, der älter war, als es George Washington Carver 1941 gewesen war, mußte den beschwerlichen Treppenaufstieg auf sich nehmen.

Die Erwähnung George Washington Carvers weckte alte Erinnerungen in mir, Erinnerungen ähnlich der, die ich an Booker T. Washingtons Prüfung im Bettenmachen hatte.

Die meisten meiner Grundschullehrer in Trinidad waren Schwarze. Es waren größtenteils ruhige Menschen, nur ein oder zwei machten mit Leidenschaft von der Rute Gebrauch; und in einer Zeit, als die Welt ihnen wenig Möglichkeiten bot, setzten sie in der Rassenfrage auf ihre ruhige Art Zeichen. So mochte etwa eine Frage im Unterricht lauten: Wer ist der beste Kricketspieler der Welt? Antwortete man »Bradman« – der Australier –, war das unter Umständen falsch. Eine bessere, wenn nicht gar die richtige Antwort wäre »Headley« gewesen, der schwarze Jamaikaner, oder »Constantine«, der schwarze Trinidader.

Der Name George Washington Carver war für mich mit dieser Grundschule und dem heimlichen Rassenstolz der schwarzen Lehrer verbunden. Ich erinnere mich an einen kleinen Film, den wir wohl mal im Unterricht gezeigt bekommen haben: eine verängstigte schwarze Familie in einer Hütte, davor weiße Reiter. Ich war mir nicht sicher, worum es in dieser Geschichte ging; meine Erinnerung an diesen Film ist blaß. Mit dem Film ging eine Unterrichtsstunde über George Washington Carver einher, einen genialen schwarzen Wissenschaftler, der mit der gewöhnlichen Erdnuß die wunderbarsten Dinge vollbracht und für all ihre Bestandteile Verwendungsmöglichkeiten gefunden hatte – außer für die Schale oder Hülse.

Daß er all diese wunderbaren Dinge mit der Erdnuß vollbracht hatte, glaubte ich unbesehen. Aber daß er mit den

Schalen nichts hatte anfangen können, hatte mich immer beschäftigt. Warum ließ sich, da man doch aus Bambusbrei Papier herstellen konnte, nicht auch aus Erdnußschalen Papier herstellen? Sie hatten doch eine ähnliche Konsistenz wie Bambusmark (ich dachte an stark verrotteten Bambus). Diese Frage, diese Verbindung zu George Washington Carver – warum hatte er nichts aus der Schale gemacht? – tauchte jedesmal auf, wenn ich eine Erdnuß schälte. Genauso wie mir beim Bettenmachen jedesmal die Geschichte von Booker T. Washington in den Sinn kam.

Außerhalb Trinidads hatte ich jedoch – zweifellos aufgrund der Ausrichtung meiner Studien – nie wieder von George Washington Carver gehört. Ja ich hatte nie auch nur außerhalb meiner Grundschule von ihm gehört, und so war ich zu der Ansicht gelangt, daß er zwar wahrscheinlich keine schwarze Phantasiegestalt war, wohl aber jemand, dessen Verdienste aus einem gewissen Lokalstolz heraus übertrieben dargestellt wurden, so wie auch der *Trinidad Guardian* das Tun und Treiben der Trinidader im englischen Mutterland übertrieben darstellte.

Ich hatte George Washington Carver nie mit Booker T. Washington und Tuskegee in Verbindung gebracht. Und nun waren sie beide hier, beide eine Realität, in einer wunderbaren Umgebung, wo sogar ein ganzes Museum nach George Washington Carver benannt war. Das Museum war 1941 eröffnet worden; 1941 war Henry Ford gekommen und hatte das Angebot gemacht, einen Fahrstuhl bauen zu lassen; und 1941 war höchstwahrscheinlich auch das Jahr, in dem ich mit acht oder neun Jahren in meiner Grundschule auf Trinidad den beängstigenden (wahrscheinlich vom amerikanischen Konsul bereitgestellten) Film über die schwarze Familie in einer Hütte und die weißen Reiter davor gesehen hatte.

Als ich jetzt die Broschüren des U.S. National Park Service

las, der sowohl das Carver Museum als auch das Haus von Booker T. Washington als historische Stätten übernommen hatte, klärte sich alles auf. Er war als Sklave geboren worden, dieser George, und hatte einem Mann namens Carver gehört. Er wurde während des Bürgerkriegs geboren, wahrscheinlich 1861, und wurde zusammen mit seiner Mutter von Leuten verschleppt, die Sklaven entführten, um sie in einem anderen Staat wieder zu verkaufen. George wurde den Entführern wieder entrissen und seinem Besitzer zurückgebracht, aber seine Mutter fand man nicht mehr. George unterrichtete sich selbst. 1897 kam er nach Tuskegee, und dort blieb er dann bis an sein Lebensende.

Neben seiner agrarwissenschaftlichen Arbeit sammelte er Tone für Farben; malte Bilder; beschäftigte sich mit Nadelarbeiten. Er hielt Sonntagsschule. Er hatte eine hohe, feminine Stimme. Im Museum gab es eine Aufnahme von Carver, auf der er sein angebliches Lieblingsgedicht aufsagte:

Es ist, mein Junge, nicht schwer zu erkennen –
was die großen Männer ihr eigen nennen
hast auch du: zwei Hände, zwei Augen, wachen Geist,
bleibt zu hoffen, daß du sie zu nutzen weißt!

Auf Fotografien sah man, daß er ein großer, dünner Mann gewesen war, schmalgesichtig, gutaussehend, ungewöhnlich.

Louis Harlan hat in seiner Biographie von Booker T. Washington wenig über Carver zu sagen, und das wenige ist nicht immer positiv. Er sei streitsüchtig gewesen und Weißen gegenüber unterwürfig. Aber vielleicht konnte ein nicht besonders maskuliner Mann, der als Kind entführt und für immer von seiner Mutter getrennt worden war und dann lange in Abhängigkeit von seinem gütigen und liebevollen ehemaligen Besitzer gelebt hatte, nur das Weltbild eines

Sklaven haben. Und vielleicht war im Rahmen dieses Weltbildes Tuskegee für ihn eine lebenslange Zuflucht gewesen.

Ein Zufluchtsort in Alabama – das war die Vorstellung, die ich im Laufe der Zeit von Tuskegee in der Ära der Rassentrennung gewonnen hatte. So viele der Leute, denen ich hier begegnete, hatten den größten Teil ihres Lebens in Tuskegee verbracht. Und es mochte Zufall sein, aber viele von denen, die schon lange hier lebten, waren hellhäutig, einige fast weiß; höfliche, kultivierte Menschen, die die Demütigungen der Außenwelt als zutiefst verletzend empfunden hätten und selbst jetzt, im Alter, die Deckung nicht fallenlassen wollten.

Ein alter Universitätsangehöriger, dem gegenüber ich die Vorstellung von Tuskegee als Zufluchtsort im Zusammenhang mit George Washington Carver äußerte, wies das allerdings zurück. Er sagte, Booker T. Washington sei es nicht darum gegangen, Menschen Zuflucht zu gewähren. Als er Carver gebeten habe, nach Tuskegee zu kommen, habe er, wie stets, nur das Beste für die Schule gewollt.

Keine Zuflucht also; dieser Mann zog den Begriff »Oase« vor.

»Als ich in den Zwanzigern hierherkam, gab es keine gepflasterten Straßen. Die ganze Gegend hier, der Black Belt, ist arm, und Tuskegee war für Schwarze wirklich eine Oase. In verschiedenster Hinsicht. Da war die akademische Atmosphäre. Das Universitätsgelände war vergleichsweise schön. Wir waren nicht den Lebensbedingungen ausgesetzt, unter denen die Schwarzen in den ländlichen Gebieten damals leben mußten, besonders während der Weltwirtschaftskrise. Wir hatten fließendes Wasser. Wir bekamen in der Mensa zu essen. Wir lebten in Sicherheit. Wenn ich in die ›echte Welt‹ hinaus gemußt hätte, wäre vielleicht alles anderes geworden.

Vielleicht wäre ich aggressiver geworden – keine Ahnung, was ich gemacht hätte.

Es war nicht so, daß ich bewußt Sicherheit gesucht hätte. Mein Leben hat sich einfach so entwickelt. Wobei einem diese Umgebung hier Schutz vor allem möglichen geboten hat, dem man damals so ausgesetzt war – als Schwarzer, meine ich. In der Außenwelt gewährte uns das Gesetz nicht den gleichen Schutz wie den Weißen. In dem Moment, wo man das Universitätsgelände verließ, war man all den Demütigungen ausgesetzt. Es herrschte die totale Rassentrennung.

Uns war allen bewußt, welche Einstellung die Weißen hatten, und wir waren natürlich unglücklich darüber. Das schlimmste war, daß wir nicht wußten, wann das jemals aufhören würde. Aber damit beschäftigten wir uns am Institut nicht groß.«

Der ältere Mann, der mich zunächst auf dem Universitätsgelände herumfuhr, um mir dessen Ausmaße zu zeigen und die allmähliche Entwicklung der Universität zu veranschaulichen, und mich dann durch die bescheidene Stadt chauffierte, die inzwischen nur noch von Schwarzen bewohnt wurde – dieser Mann erzählte mir, daß man früher als Schwarzer besser daran getan habe, die Gegend um den Lake Tuskegee zu meiden, selbst wenn man im Auto unterwegs war.

Draußen die Demütigungen, drinnen die aufrechte Haltung, die militärische Korrektheit. Und gleichzeitig – wie muß diese Irrationalität die Leute verbogen haben! – war es immer wieder nötig, den Außenstehenden zu signalisieren, daß man sich nicht überhob.

Mrs. Guzman, die 1923 nach Tuskegee gekommen war und viele Jahre lang am *Negro Yearbook* gearbeitet hatte, erinnerte sich, daß die alte Kapelle der Universität damals zugleich ein kleines kulturelles Zentrum für die Stadt war, mit Filmen, Konzerten, Vorträgen. »Auch die Weißen aus der Stadt kamen. Man gab ihnen die besten Plätze in der Kapelle, in den vorderen Reihen. Viele der Studenten und Dozenten hat das geärgert. Aber so war es nun mal üblich. Die Weißen saßen vorn, die Neger hinter ihnen. Als dann ein jüngerer Präsident übernahm und das änderte, kamen die Weißen nicht mehr.«

Doch was in den 1920ern und 30ern wie altmodische Unterwürfigkeit gewirkt haben muß, war in den Tagen von Booker T. Washington schlichte Vernunft. Und vielleicht war es eine Art intuitiver Klugheit, die Washington darauf beharren ließ, daß jeder ein Handwerk lernte; eine Art Friedensangebot an die Menschen draußen, die das schwarze Institut leicht hätten zugrunde richten können. Er leistete dadurch einem falschen Bild von der Schule Vorschub (was wahrscheinlich keinen Schaden anrichtete). Manche Leute hielten Tuskegee nur für eine Gewerbeschule, eine Berufsschule. (Louis Harlan berichtet, daß ab und zu Weiße brieflich um gelernte Diener anfragten; ein Mann schrieb, er suche einen »richtigen Neger«, einen tiefschwarzen, den er mit nach Frankreich nehmen wollte. Jeder dieser Briefe wurde beantwortet.)

Aber natürlich steckte mehr dahinter. Ruskinsche oder Tolstoische Vorstellungen von manuellen Fertigkeiten, antiindustrieller Handwerkstätigkeit, der Übung der Hände schlechthin, waren in der zweiten Hälfte des neunzehnten Jahrhunderts sehr im Schwange. Als Gandhi 1904 in Südafrika seine Phoenix Farm gründete (die 1986 von afrikanischen Aufrührern niedergebrannt wurde), war er zweifellos von Ruskin beeinflußt. Und obwohl Washington, der Amerikaner, der wenig für Afrikaner oder Asiaten übrig hatte, und Gandhi, der von der reinen Lehre abgewichene Hindu, der wenig für Afrikaner übrig hatte, so unterschiedlich waren, gab es hinsichtlich ihrer Ziele und Methoden bemerkenswerte Übereinstimmungen: Sie suchten einem abhängigen Volk über die Idee der Arbeit und des Dienens Selbstachtung einzupflanzen.

Und interessanterweise schienen nicht wenige der alten Leute, mit denen ich in Tuskegee sprach, durch das Handwerk, das sie erlernt hatten, eine bestimmte Art von Schönheit, Zufriedenheit und innerer Ganzheit gefunden zu haben. Der alte Musiker, der 1913 als Junge nach Tuskegee gekommen war, hatte die Schuhmacherei erlernt. (Auch Tolstoi hatte in seinem Arbeitszimmer ab und zu gern ein wenig geschustert.) Der alte Mann sagte: »Ich konnte innerhalb von zwanzig Minuten ein Paar Sohlen von Hand annähen. Viele Leute wissen gar nicht, daß ich dieses Handwerk beherrsche. Sie kennen mich nur als Musiker.« Mr. Louis Rabb – der in Tuskegee Betriebswirtschaftslehre studierte und dann mit Stipendiengeldern von Tuskegee seine Studien an der Columbia University im Bereich Personalwirtschaft sowie danach an der Northwestern University im Bereich Krankenhausbetriebswirtschaft vertiefte, worauf eine lange, glanzvolle Karriere in Tuskegee folgte – Mr. Rabb, als Junge aus Mississippi gekommen, lernte an der Tuskegee Highschool vier Jahre lang die Schneiderei. Sein Vater hatte dieses Handwerk für ihn ausgesucht, und Mr. Rabb erzählte mir mit einem gewissen stillen Stolz, daß er immer noch für sich selbst nähte.

Doch außerhalb der Oase Tuskegee war das Leben grausam. Auf einem Regal in der Bibliothek standen Kartons mit Booker T. Washingtons Akten. Auf einem anderen Regal standen dreiundsechzig Aktenkartons mit der Aufschrift *Lynchmorde*.

Als ich einen Teil von Washingtons Akten aus dem Jahr 1903 vom Regal nahm und durchsah, empfand ich noch größere Bewunderung für diesen Mann. So viele Briefe von einfachen Leuten – einige Briefe mit Bleistift geschrieben, Briefe auf Zetteln, Briefe, die von Not und Hoffnung durchdrungen waren –, gut erhalten und noch ganz frisch, nach über achtzig Jahren. Jeder war gelesen und beantwortet worden, und viele der Durchschläge trugen die Initialen BTW. Der Brief eines Lehrers aus Jamaika fiel mir auf, viele Seiten lang und in sauberer Lehrerhandschrift geschrieben (eindeutig eine »Reinschrift«); außerdem der Brief einer Schwarzen von der Insel Tobago. Vielleicht waren die Briefe in den Akten von Tuskegee heute die einzigen Hinterlassenschaften dieser Menschen.

Dann gab es schmale rosafarbene Zettel mit mauvefarbener Schrift: die paraphierten Durchschläge von Booker T. Washingtons berühmten, an die Belegschaft von Tuskegee gerichteten Notizen, die er während seiner Spaziergänge oder nach seinen Rundritten auf dem Universitätsgelände seinem Sekretär diktierte. Und weitere politische Briefe an Leute in Washington, in denen es um Probleme ging, die für Uneingeweihte nur schwer zu verstehen waren. Das Leben hat so viele Facetten; und es geht so viel verloren.

Wie war es zu solcher Gründlichkeit und Korrektheit bei einem Mann gekommen, der so spät und mit so wenig begonnen hatte? Vielleicht war eines seiner Geheimnisse, daß ihm jegliche Sentimentalität abging. Mich hatten die von einfachen Schwarzen geschriebenen Briefe bewegt. Booker T. Washington hatte sie vielleicht nüchterner gesehen. Er wußte, daß Menschen, die gerade erst aus der Sklaverei entlassen worden waren, keine rechte Vorstellung von Bildung hatten und diese oft nur als einen Weg betrachteten, körperliche Arbeit zu vermeiden. Er wußte, daß viele Schwarze, die kaum lesen konnten, Prediger wurden, weil das ein leichtes Leben versprach. Er hatte sich über solche Leute oft lustig gemacht. In *Up from Slavery* ließ er einen dieser halbgebildeten Schwarzen sagen: »Allmächtiger, die Baumwolle is ja so voll Kraut und die Arbeit is so hart und die Sonne is so heiß, da glaub ich doch grad, dieser Neger is zum Prediger bestimmt!« Eigenartig, so ein Minstrelwitz aus der Feder des Gründers von Tuskegee. Aber daß er diesen Witz machen und zugleich unermüdlich für seine Sache kämpfen konnte, war vielleicht Ausdruck seines Genies und seiner Zähigkeit.

In der Bibliothek befand sich die mahnende Erinnerung an die Außenwelt: dreiundsechzig Kartons voller Akten über Lynchmorde. Mir graute davor hineinzuschauen. Ich dachte, sie enthielten womöglich inoffizielle Untersuchungsberichte oder Aussagen, wären voller unerträglicher Einzelheiten. Als ich dann einen der Kartons herunternahm, stellte ich jedoch mit einer gewissen Erleichterung fest, daß es sich hauptsächlich um Zeitungsausschnitte handelte.

Die darin dokumentierte Art von Feindseligkeit hatte Tuskegee von seinen einfachsten Anfängen an seinen Sinn verliehen. Und wenn diese Feindseligkeit auch einige der phantasievollen Pläne des Instituts vereitelt hatte – landwirtschaftliche Weiterbildung für schwarze Farmer zum Beispiel –, so hatte sie doch zugleich, auch nach Booker T. Washingtons Tod, den Ausbau des Instituts befördert. Rassentrennung und Feindseligkeit definierten die Bedürfnisse der Schwarzen, und damit definierten sie auch die Ziele des Instituts und gaben dessen Ausbau seine innere Logik.

Als die Rassentrennung aufgehoben wurde, gab es nichts mehr, wogegen es anzugehen galt; die Aufgabe des Instituts konnte nicht mehr dieselbe sein. Als die Schwarzen zur Luftwaffe gehen konnten, mußten sie nicht mehr in Tuskegee fliegen lernen. Als Schwarze im Krankenhaus von Montgomery aufgenommen wurden, einem der besten im ganzen Land, wurde das Krankenhaus von Tuskegee nicht mehr wie vorher gebraucht.

Die Stadt – in der schwarze Studenten einst die Uniform von Tuskegee zu ihrem Schutz getragen hatten – war jetzt ungefährlich: Als Schwarze die Wahlen gewonnen hatten, waren die Weißen weggezogen. Man hatte also eine Art Sieg errungen. Doch die in Besitz genommene Stadt war klein und arm, auf eine schwarze Weise arm, sie hatte weder die Lebendigkeit noch das Geld der nur dreißig Kilometer entfernten weißen Universitätsstadt Auburn. Und das Tuskegee Institute, heute Tuskegee University, das zu besagtem Sieg beigetragen hatte, war im Verfall begriffen.

Die rapide wechselnden Eindrücke, die ich bei meiner Ankunft gehabt hatte – die Pracht, das Pathos, der Verfall –, hatten angehalten und waren noch vertieft worden. Vor kurzem hatte Präsident Reagan die Universität besucht, um ein neues, achtzehn Millionen Dollar teures Gebäude für Luft- und Raumfahrtswissenschaft und Gesundheitserziehung einzuweihen, das nach General Daniel James benannt war, dem ersten schwarzen Viersternegeneral der Luftwaffe, der 1950 in Tuskegee sein Diplom gemacht hatte. Die Route des Präsidenten auf dem Universitätsgelände war für diesen Anlaß asphaltiert worden. Aber die übrigen Straßen waren nicht besonders gut, und die geborstenen Glaskugeln der elektrischen Straßenlampen in anderen Bereichen des Universitätsgeländes waren nicht durch neue ersetzt worden. Und niemand, mit dem ich redete, konnte mir sicher sagen, ob sich die Universität Dozenten leisten konnte, die der Imposanz des neuen Luft- und Raumfahrtgebäudes entsprachen.

Schon mich, einen Besucher, einen Durchreisenden, stimmte der Verfall melancholisch. Gegenüber den älteren Leuten, die ihr Leben Tuskegee gewidmet und von Tuskegee wiederum soviel zurückbekommen hatten, den Leuten, denen der Booker T. Washingtonsche Geist des Dienens und der Selbsthilfe soviel bedeutete, konnte ich das Thema, so fand ich, nicht anschneiden. Und von selbst kam es nicht zur Sprache. Ob es Tennisplätze gebe? Ja, gleich hinter der Bibliothek. Aber auf zweien oder dreien wuchs durch Risse in der Asphaltdecke Gras. Dem Besucher wurde eine Art Stillschweigen auferlegt, ähnlich wie in einem Privathaus: bestimmte Dinge übersah man tunlichst.

Wo sich die Leute besser abgesichert fühlten, kam das Thema Verfall leichter zur Sprache – zum Beispiel im Institut für Tiermedizin, das als eines der besten im Lande galt und dessen Vertreter dementsprechend auftraten. Ein Institut wie dieses, das erfolgreich Staatsgelder einzuwerben wußte (erst kürzlich waren ihm wieder sechs Millionen Dollar für ein neues Projekt gewährt worden), konnte aufgrund seines hohen Niveaus überleben. Doch für andere Institute war es nicht so einfach. Nun, da schwarze Studenten und Dozenten an Universitäten im ganzen Land gefragt waren, hatte Tuskegee keinen besonderen Anspruch mehr auf Staats- oder Stiftungsgelder. Die millionenschweren Philanthropen der Nordstaaten, die Booker T. Washington für Tuskegee zu gewinnen gewußt hatte, gab es nicht mehr; dieser Weg stand nicht mehr offen.

Doch manche Leute fanden, daß Tuskegee immer noch einen speziellen Auftrag hatte. Schwarze Studenten schnitten in den standardisierten Zulassungsprüfungen der Universitäten schlechter ab als andere. In Tuskegee hatte man solche Studenten immer bereitwillig aufgenommen, und es hatte sich gezeigt, daß die Universität ihnen das nötige Rüstzeug für die Arbeitswelt vermitteln konnte. Ein pensionierter Universitätsangehöriger sagte: »Tuskegee holt die Studenten da ab, wo sie akademisch und sozial stehen, und entwickelt durch individuelle Betreuung innerhalb von vier oder fünf Jahren ihr volles Potential.«

Es gab einen weiteren, vielleicht noch wichtigeren Grund, warum manche Leute fanden, daß Tuskegee nach wie vor gebraucht wurde. Tuskegee war immer noch eine schwarze Universität und ermöglichte somit ein »schwarzes Leben«, wie es seit Aufhebung der Rassentrennung offenbar mehr und mehr Leuten ein Bedürfnis war.

In Florida hatte mir Mr. Crockett, der Vorsitzende des Florida Parole Board, erzählt, daß er das Gefühl gehabt habe, seinen Sohn aus seinem zu stark von Weißen geprägten Umfeld herausnehmen zu müssen; er hatte den Jungen zunächst auf eine schwarze Highschool und dann nach Tuskegee geschickt. Und nun erfuhr ich von einer hübschen Dreiundzwanzigjährigen, die aus einem fernen Bundesstaat stammte, wo es nur wenige Schwarze gab, und die an jeder beliebigen Universität ihren Weg hätte machen können, warum sie nach Tuskegee gekommen war.

»Die Schulen, auf die ich zu Hause gegangen bin, waren weiß. Da wird man als Schwarze nicht speziell berücksichtigt. Man erfährt ein bißchen was über seine Geschichte, aber nicht viel. In so einer Umgebung fährt man die Ellbogen aus, man denkt: ›Wenn ich so bin wie die, dann ist alles okay.‹ Man verliert sich ein Stück weit selbst. Man ist sich nicht sicher, wer man wirklich ist.«

»Was war Ihr erster Gedanke, als Sie hierherkamen?«

»Der allererste? ›Fahr wieder heim.‹ Ich kam ja aus einer richtigen Stadt, einer urbanen Umgebung mit guten Möglichkeiten, Läden, Einkaufszentren. Und dann diese unbefestigten kleinen Straßen hier zu sehen – na ja, unbefestigt sind sie nicht, aber oft haben sie keine Bürgersteige. Zu Hause war ich es gewohnt, jederzeit in die Stadt gehen zu können, ich bin viel weggegangen. Hier gibt es keine Busse. Als ich herkam, wurde mir klar: ›Hier kann man nichts unternehmen. O Gott, ich sitze hier fest und kann nichts unternehmen. Und heiß und feucht ist es außerdem.‹ Ich finde, die Leute hier sind echt *ländlich*. Sie sind verschlossen. Sie sind freundlich, aber sie haben schon so ihre ländliche Art.«

Auch die Unterbringung lasse zu wünschen übrig. »Manche von den Gebäuden sind geradezu gefährlich. Da muß einiges repariert werden, Türen zum Beispiel. Lichtschalter sind verkehrt herum angebracht. Mir fällt so was auf, weil ich eben aus einer schönen Stadt komme, wo alles ordentlich gemacht ist.«

Aber es gab ganz offensichtlich einen Grund, warum sie geblieben war. »Es war meine eigene Idee hierherzukommen. Meine Mutter wollte nicht, daß ich von zu Hause weggehe. Ich wollte mal in einer schwarzen Stadt leben, zur Mehrheit statt zur Minderheit gehören. Und das ist etwas, was mir hier wirklich gefällt. Da, wo ich herkomme, kann es passieren, daß man irgendwo hingeht und der einzige Schwarze ist. Aber wenn man hier in ein Geschäft oder einen Betrieb geht, ist der Besitzer schwarz, und die Arbeiter sind schwarz, und das bestärkt einen in dem Gefühl, daß man seinen Zielen nachgehen und sie auch erreichen kann.

Hier steht man mit seinesgleichen in Konkurrenz. Und das kann hart sein, denn die anderen legen sich ins Zeug, genau wie man selbst. Zu Hause war ich eine mittelmäßige Studentin. Hier bin ich gut bis sehr gut. Es ermutigt mich, zu sehen, daß andere Leute etwas auf die Beine stellen. Und genau das ist hier passiert. Ich bin jetzt an dem Punkt, wo ich gehen kann. Ich würde schon gern an ein anderes schwarzes College wechseln, vielleicht nach Atlanta. Aber es muß kein schwarzes mehr sein. Tuskegee hat seinen Zweck erfüllt.«

Es war – hundert Jahre später – eine Version der Booker T. Washingtonschen Idee. Für diese junge Frau (und sie war nicht die einzige) hatte die Grundidee von Tuskegee noch Gültigkeit. Dabei hatte sie offenbar fast nichts von Booker

T. Washington gewußt, bevor sie nach Tuskegee gekommen war. Sie habe nur gewußt, daß er ein Schwarzer war, der vor langer Zeit irgend etwas Berühmtes getan hatte. Einen Monat nach ihrer Ankunft habe sie *Up from Slavery* gelesen. »Die Dozenten hier ermuntern einen, sich über die Uni zu informieren, und man dankt es ihnen.«

Tuskegee lief nach wie vor gut. Es hatte eine engagierte Belegschaft und war von Lebensgeist erfüllt. Seine mißliche finanzielle Lage war die aller schwarzen Colleges, und die anderen standen zum Teil noch schlechter da. So war Tuskegee in deutlich besserem Zustand als die Fisk University in Nashville, Tennessee, deren Campus zum Teil wie eine Ruinenlandschaft anmutete. Es gab auch dort, in Fisk, eine melancholische Bronzestatue, die einst die Pracht hatte besiegeln sollen, nun aber über die Ruinen zu wachen schien. Es war eine Statue von W. E. B. Du Bois, dem Rivalen und Kritiker Booker T. Washingtons.

Du Bois fand, daß der Schwerpunkt, den man in Tuskegee auf die handwerkliche Ausbildung legte, falsch war und daß Booker T. Washingtons scheinbare Hinnahme der Rassentrennung und der Verwehrung der Bürgerrechte nur weitere Demütigungen hervorbringen konnte. Doch hätte es eine Alternative gegeben? Und ließ sich nicht der Standpunkt vertreten, daß Booker T. Washingtons große Leistung, der große Dienst, den er den Schwarzen seiner Zeit erwiesen hatte, schon allein darin bestand, berühmt zu sein und bewundert zu werden? Man kann Bücher und Dokumente lesen, aber es ist nicht leicht, sich wirklich in diese bittere Zeit hineinzudenken und ein Gefühl dafür zu entwickeln, welche Last der Alltag für die Schwarzen damals bedeutete.

Der Streit oder die Diskussion zwischen den beiden Männern, Washington und Du Bois, beides Mulatten, ist berühmt. Du Bois scheint dem zeitgenössischen Empfinden näher zu stehen. Aber sein bekanntestes Buch, *The Souls of Black Folk* (1903), eine Sammlung von Essays und Artikeln, ist etwas rätselhaft. Schon der Titel des Buches ist seltsam, ja kurios. Der lyrische, mystische Ton (in Verbindung mit ein paar sozialen und wirtschaftlichen Fakten und ein bißchen romantischer Erfindung) erinnert an bestimmte Essays des englischen Landschriftstellers Richard Jefferies (1848–87). (Dies ist der lyrische Du Bois: »Ich habe ein im Sonnenschein frohlockendes Land gesehen, wo die Kinder singen und die sanften Hügel wie leidenschaftliche Frauen in üppiger Reife daliegen. Und dort auf der Landstraße saß und sitzt eine gebückte, verschleierte Gestalt …«)

Ich halte es für durchaus möglich, daß Du Bois versuchte, für die Schwarzen der Südstaaten das zu tun, was Jefferies für die Bauern Südenglands getan hatte. Bei beiden Schriftstellern ist eine gewisse Unsicherheit hinsichtlich ihrer Beziehung zu den Menschen, über die sie schreiben, zu spüren. Jefferies war, trotz des gelegentlichen Anscheins eines höheren gesellschaftlichen Standes, der Sohn eines Kleinbauern, fast schon ein Arbeiter; Du Bois war Mulatte. Das Vorbild Jefferies' würde Du Bois' gelegentliche Vagheit und seine etwas zu hübschen Formulierungen erklären (etwa die blumige Metapher des »Schleiers« für die Rassentrennung). Wo Booker T. Washington einen Negerwitz macht, spricht Du Bois von der »fröhlichen Ausgelassenheit und Verspieltheit, die wir mit dem Plantagenneger zu verbinden pflegen«, behauptet: »Selbst heute noch benötigt die Masse der Negerarbeiter strengere Aufsicht als die Arbeiterschaft der Nordstaaten« und fragt: »Was bedeutete die Sklaverei für den afrikanischen Wilden?«

Doch sowohl hinter W. E. B. Du Bois' Schreibstil als auch hinter Booker T. Washingtons mannhaftem Gestus tritt das damalige Leben der Neger klar hervor, und man begreift, wie schwierig es für beide Männer gewesen sein muß, sich vor diesem elenden Hintergrund selbst zu definieren und zu ihrer eigenen Würde zu finden. Du Bois' Buch wirkt – als wollte er die Schwierigkeit auf diese Weise beheben – lyrisch um des Lyrischen willen. Es erweckt gelegentlich den Eindruck, als benutze er die Schwarzen, die verfallenen Plantagen als pures poetisches Inventar. In dem Buch geht es um Tränen und Wut; ein Programm hat es nicht zu bieten.

In diesen Anfängen Du Bois' lag auch sein Ende. Er wurde sehr alt, und gegen Ende seines Lebens verließ er die USA und zog – mit Irrationalität auf die Irrationalität reagierend – nach Westafrika, in die ehemalige britische Kolonie Ghana, die nach der Unabhängigkeit sehr schnell zu einer afrikanischen Despotie geworden war, in der Armut und Urwald bald die Oberhand gewannen und die Arbeitskräfte in die Nachbarländer abwanderten.

Zu Beginn des Jahrhunderts hatte Booker T. Washington in *Up from Slavery* in seinem spätviktorianisch-weltmännischen Stil vor genau dieser Art von Sentimentalität gegenüber Afrika gewarnt: »Im House of Commons, das wir mehrmals besuchten, trafen wir mit Sir Henry M. Stanley zusammen. Ich sprach mit ihm über Afrika und die Frage, in welcher Beziehung es zum amerikanischen Neger stehe, und war nach dieser Unterredung mehr denn je davon überzeugt, daß die Hoffnung, der amerikanische Neger könne seine Situation durch die Emigration nach Afrika verbessern, jeglicher Grundlage entbehrt.«

Ich las *Up from Slavery* auf meiner Reise zweimal. Beim zweiten Mal, nach fast vier Monaten in den Südstaaten, stellte ich fest, daß sich das Buch für mich verändert hatte. Es war zu mehr als der unglaublichen Geschichte vom Aufstieg eines Benachteiligten geworden. Ich erkannte darin jetzt ein schwieriges codiertes Werk, das innerhalb eines einzigen Absatzes verschiedene Signale an Nordstaatler, Südstaatler und Schwarze aussandte.

Und ich erkannte auch das Werk eines Mannes darin, der permanent bemüht war, Mittel für seine Schule einzuwerben. Das hätte mir von Anfang an offensichtlich sein müssen, doch dem war nicht so; die Macht der Fabel hatte alles dominiert. Hinter diesem primären Anliegen jedoch lagen andere: Da war der Mann von Welt, der sich zugunsten der Elenden kenntnisreich an die sehr Reichen wandte und sich dabei als ehrenwert und würdig, mannhaft und gebildet zu erkennen gab; der zugleich aber Sorge trug, genau das Gegenteil zu tun, nämlich deutlich zu machen, daß er sehr wohl wußte, wo er als Schwarzer hingehörte.

Daher spricht er einerseits – wie ein beliebiger solider Bürger des späten neunzehnten Jahrhunderts – selbstbewußt und gesellschaftlich informiert von »den Besten« und von den »Untugenden der niederen Klasse«. Doch andererseits ist es ihm entsetzlich peinlich, als ihn auf einer Zugfahrt innerhalb Georgias, von Augusta nach Atlanta, in einem Pullmanwagen »voll weißer Männer aus den Südstaaten« zwei Damen aus Boston »in offensichtlicher Unkenntnis der in den Südstaaten herrschenden Sitten« unbedingt zum Mittagessen einladen wollen. Die Mahlzeit kommt ihm sehr lang vor. Sobald er kann, trennt er sich von den Damen und begibt sich in den Rauchsalon, wo sich die anderen Männer jetzt aufhalten, »um die Lage zu erkunden«. Es ist alles in Ordnung; die Männer wissen, wer er ist, und legen Wert darauf, sich ihm vorzustellen.

In England gewinnt er große Achtung vor dem Adel, der so viel Zeit und Geld in philanthropische Aktivitäten investiert. Er ist von der ehrerbietigen Haltung der Bediensteten beeindruckt, die es zufrieden sind, ihr Leben lang Bedienstete zu sein und anders als die amerikanischen Bediensteten völlig selbstverständlich die Begriffe »Herr« und »Herrin« benutzen. In dieser zweideutigen Schilderung liegt eine tröstende Botschaft sowohl für die Schwarzen als auch für die weißen Südstaatler. Er erzählt, daß er sich mit der Herzogin von Sutherland anfreundet. Sie ist eine berühmte Schönheit. Doch für ihn als Schwarzen wäre es unziemlich, das direkt zu sagen. Also schreibt er: »Ich darf vielleicht hinzufügen, daß die Herzogin von Sutherland meines Wissens als eine der schönsten Frauen Englands gilt.«

So viele Fußangeln; so viele Leute, denen er es recht machen muß; so viele Widersprüche, die es aufzulösen gilt; so viele Möglichkeiten der Vernichtung. Es war eine große Leistung. Doch zu welchem Preis. Er starb im Alter von fünfundfünfzig Jahren.

Im Westen entlang der Straße nach Mississippi lagen ärmliche kleine Siedlungen, in denen sich die Armut der Stadt Tuskegee fortzusetzen schien. Ich verbrachte die Nacht auf einer Nutzholzplantage an der Grenze. Hier herrschte noch etwas von der Verlassenheit der Zeit vor der Besiedlung: halb entlaubte Zypressen, deren kahle Atemknie aus dem schlammigen Wasser ragten wie die Buckel von Wassertieren; sich verlagernde Sümpfe, an ihren Rändern totes Geäst; eine ungeheure, schwüle Hitze. Das Land war noch nicht lang kultiviert. Tuskegee war erst 1830 gegründet worden.

Zwei Monate später kam ich noch einmal nach Alabama, doch diesmal von Norden her, aus Nashville, Tennessee, fuhr aus den Bergen in die Ebene um Huntsville hinunter. In Huntsville hatten die Weltraumforschung und die entsprechenden Industrien eine völlig neue Südstaatenlandschaft geschaffen: breite Boulevards, niedrig gebaute Fabriken, großzügige Anlagen, die schlicht das Auge erfreuen sollten. In der Nähe von Huntsville war außerdem 1873 die erste staatliche Lehrer- und Gewerbeschule für Neger in Alabama eröffnet worden. Dieses Stück Vergangenheit war von den neuen Entwicklungen weggewischt worden – nur am Rand der neuen Industriestadt wuchs noch Baumwolle.

Vom NASA-Museum aus betrachtet – das voll asiatischer, indischer, chinesischer Besucher war (»die sind hier, um sich den Ort anzuschauen, an dem sie später arbeiten wollen«, sagte der aus den Südstaaten gebürtige Geschäftsmann, der mich begleitete) – schien Tuskegee in eine andere Ära zu gehören, in einer melancholischen Zeitschleife zu existieren. Und ich mußte daran denken, daß die Menschen sich selbst und anderen doch immer wieder geistige Gefängnisse errichten – so übermächtig, so sehr Bestandteil einer scheinbar zwingenden Ordnung, und dann plötzlich, nach einer kleinen Verschiebung, belanglos.

5. Jackson, Mississippi

Grenzland, Herzland

Selbst in Alabama – durch den wiederholten Vokal klingt der Name wie ein nachgeäfftes »ma mama« oder »ma mammy« und beschwört (wegen all der Songs) Bilder von Banjos und Schwarzen und Plantagen herauf – selbst in Alabama stellte ich fest, war Mississippi für seine Armut und die schlechten Beziehungen zwischen den Rassen berüchtigt.

Der schwarze (eigentlich braune) Apotheker in Tuskegee hatte mir jedoch gesagt, daß mein Asthma nachlassen würde, je weiter ich nach Westen käme. Und tatsächlich, nach der schwülen Hitze Tallahassees (die durch das verglaste Hochhaus, in dem ich dort wohnte, für mich noch schlimmer wurde, da dessen westliche Seite ab dem frühen Nachmittag die Hitze abstrahlte) und nach der heißen Stickluft des Korridors im oberen Stockwerk der Dorothy Hall in Tuskegee (wo ich manchmal nach dem Treppensteigen spürte, wie sich die Hitze in meiner Kehle staute und ich erst wieder durchatmen konnte, wenn ich mein vergleichsweise kühles Zimmer erreicht hatte), lebte ich in der klimatisierten Luft des Ramada Renaissance Hotel in Jackson, Mississippi, langsam wieder auf.

Die Klimaanlage war nicht zu hören; die getönte Fensterscheibe hielt sowohl das grelle Licht als auch den Verkehrslärm ab. Ringsum überall breite Highways. Im Osten war die Stadt grün, dort verbargen Bäume die wohlhabenderen Wohngegenden. Im Nordosten lag ein großes neues Einkaufsgebiet. Angenehme Ausblicke: nicht die Armut, die ich befürchtet hatte. Und ich war der Stadt dankbar, daß sie mich wie durch einen Zauber von der Verengung meiner Atemwege befreite.

Aber natürlich hatte Jackson noch eine andere Seite, gleich hier, im Zentrum der Stadt. An einem Sonntagnachmittag ohne Berufsverkehr fiel es unmittelbar auf. Die Innenstadt war schwarz. Es gab ganze Straßenzüge von »Shotgun Houses«. Ich hörte diesen Ausdruck zum ersten Mal: Schmale Holzhäuser (Wohnwagen oder altmodischen Eisenbahnwaggons ähnlich), bei denen das vordere Zimmer direkt in das hintere mündet und Haus- und Hintertür auf einer Linie liegen. Sonntagnachmittags hielten sich die Leute draußen auf der Straße auf, so daß unmittelbar ein Eindruck von schwarzen Menschenmassen und Slum entstand: als ob das Leben draußen, außerhalb der Häuser, ein Aspekt von Armut sei.

An einer Straßenecke neben einem unbebauten Grundstück fand in der heißen Nachmittagssonne eine Gebetsversammlung statt. Es gab kein Publikum. Alle Anwesenden waren aktiv beteiligt. Die Frauen waren sonntäglich gekleidet, und die Männer trugen alle Schlips und Kragen, bis auf den Pastor, der ein weißes Gewand anhatte. Es war die West Jackson Crusade der Saint Paul Church of God in Christ. Eine Veranstaltung mit Musik und Tanz. Viele der Mitglieder dieser fein angezogenen Gruppe bekamen die Gelegenheit, auf die Kanzel zu steigen oder nach dem Mikrophon zu greifen und zu singen.

Die Lieder schienen Variationen über eine einzige Zeile zu sein.

Was würde ich ohne Jesus tun?

Das sang ein Mann mittleren Alters im braunen Anzug immer wieder, während er sich, auf die Kanzel gestützt, mit vertrauensvollem Ausdruck über das Mikrophon beugte, als hätte er ein großes Publikum vor sich (anstatt nur uns im Auto). Womit sich dieser Mann wohl sein Brot verdiente? Was mochte seine eigentliche – seine andere – Tätigkeit sein?

Der Chor wurde von einer dicken Frau im weißen Kleid angeführt. Sie stand ein paar Schritte vor den anderen, hob sich durch das schlichte Weiß ihres Kleides, ihre Größe und ihre Stimme von ihnen ab. Als sie ans Mikrophon gehen sollte, trat sie nicht vor an die Kanzel. Sie nahm das Mikrophon am Kabel in die Hand und sang da, wo sie gerade stand:

Laß dich von niemandem vom Weg abbringen!

Das war ihr Text, und die Variationen darüber schienen ganz von selbst zu entstehen.

Laß dich –
Laß dich von niemandem –
Laß dich von niemandem vom Weg abbringen!

Und die Gruppe tanzte. Unter den Tanzenden waren auch drei kleine Jungen. Einer von ihnen stand vorne. Er war sehr klein, vielleicht fünf oder sechs Jahre alt, und trug lange Hosen mit Hosenträgern. Die beiden anderen Jungen waren größer; sie standen hinten; ihr Tanz – all die komplizierten und einfallsreichen Bewegungen, die sie mit ihren Beinen vollführten – schien anfallartig über sie zu kommen. In einem Moment waren sie wie Kinder bei einer Erwachsenenveranstaltung, gleichgültig und mit den Gedanken weit weg. Dann plötzlich waren sie wie besessen. Das Tanzen durchlief sie in Wellen. Und genauso plötzlich hörten sie wieder auf zu tanzen, noch während der Gesang im Gange war und die Frau in Weiß ihre eine Zeile sang, und wandten sich wieder ihrem vorherigen Tun zu, ihren offenkundig kindlichen Belangen. Der Pastor in seinem langen weißen Gewand tanzte zum Gesang der Frau auf der Stelle, und die unruhige Bewegung seines Gewandes hatte ihren eigenen Rhythmus.

Es war nicht die einzige religiöse Gruppe, die an diesem Nachmittag in West Jackson aktiv war. Der Bus einer anderen Gruppe kam vorbei, ein weißer Bus mit feiner roter Kennzeichnung. Und als er vorübergefahren war, sah ich, ein paar Grundstücke von der Gruppe tanzender Evangelikaler entfernt, einen weiteren Jungen, der tanzte, dieser allerdings mit einem schwarzen Hund, dessen Vorderpfoten der Junge in den Händen hielt.

Als sie mit dem Singen fertig war, kam die junge Frau in Weiß zu unserem Auto herüber. Der Schweiß stand ihr auf der Stirn vom Tanzen in der Mittagshitze, die hier von den Straßen und Häusern zurückgeworfen und dadurch noch gesteigert wurde. Sie fragte mit honigsüßer Stimme, ob wir dem Gottesdienst zuschauten, und reichte uns ein Traktätchen.

Es enthielt ein Foto des Pastors, nicht im weißen Gewand und mit Kreuz und auch nicht in einer Haltung, die sein rhythmisches Tanzen ahnen ließ, sondern in Jackett und Krawatte, beflissen, den Blick auf einen Punkt neben dem Fotografen gerichtet. Es handelte sich um den Kirchenältesten Jesse Kelly. Er war nicht nur Pastor seiner Kirche, sondern außerdem »Gründer der West Jackson Crusade, Radioansager bei dem Gospelsender WOAD, Ehemaliger der Jackson State University« sowie »derzeit Student der Theologie am Wesley Biblical Seminary«. Auch dies eine religiöse Berufung, hinter der sich – wie bei Danny oder bei Reverend Clausell in Tallahassee – irgendeine Geschichte verbergen mochte und die (so war dem Traktätchen zu entnehmen, das uns die Frau in Weiß gegeben hatte) des weiteren darin Ausdruck fand, daß er Sonntagsschule hielt, als Geistlicher eines Nachtclubs sowie als Radiogeistlicher und Straßengeistlicher tätig war und Zeltgottesdienste veranstaltete.

Die Musik und der Gesang faszinierten uns; das Tanzen faszinierte uns; wir konnten diese religiöse Hingabe bestaunen. Aber wir konnten dem allem nur zuschauen, wir konnten nicht daran teilnehmen. Und als die Frau in Weiß zu uns herübergelaufen kam, beschlossen wir weiterzufahren.

Bei meiner Großmutter, die im Landesinnern von Trinidad gewohnt hatte, gab es seitlich des Hauses ein aus Balken und Wellblech gebautes hohes Tor. Es war der Haupteingang zu Haus und Garten. Eine meiner frühesten Vorstellungen – ich war damals sechs oder sieben – war die, daß es zwei Welten gebe: die innerhalb und die außerhalb. Aus dem Tor hinauszutreten hieß, in einer Welt zu sein, die ganz anders war als die des Hauses; am Ende des Schultages wieder durch dieses Tor zu gehen hieß, die Ideen der Außenwelt hinter sich zu lassen. Jeder lebt mit solchen Vorstellungen; jeder hat eine Reihe von Verhaltensmustern. Doch in einer gemischtrassigen Gesellschaft, besonders einer, in der die Rasse ein zentrales Thema ist, haben die verschiedenen Welten rassische Merkmale oder Beiklänge. Unterscheidungen und Unterschiede können die Macht von Tabus besitzen – können eher gespürt als bewußt erfaßt werden. In einer solchen Gesellschaft ist Teilnehmen etwas anderes als Zuschauen; es werden jeweils verschiedene Seiten der Persönlichkeit beansprucht. Und ich verspürte Erleichterung – eine alte Erleichterung –, als ich meinem Vergnügen am Gesang und

Tanz der West Jackson Crusade ein Ende setzte und in die heilende Stille meines klimatisierten Zimmers im Ramada Renaissance im Norden der Stadt zurückkehrte.

In Mississippi wollte ich die Verhältnisse, soweit mir das möglich war, einmal vom weißen Standpunkt aus betrachten. In New York hatte jemand gemeint, daß das schwierig werden würde. Doch in Mississippi stellte ich fest, daß sich die Leute zur Verteidigung ihres Rufs genötigt sahen. Zunächst dachte ich, das würde mir den Einstieg erleichtern. Aber bald war ich mir da nicht mehr so sicher.

Wie schnell zum Beispiel schien ich an die Grenzen von Ellens Gedanken und Erinnerungen gelangt zu sein! Sie war sechzig, aus gutem Hause. Sie hatte liberale Ansichten, doch über die Äußerung dieser Ansichten hinauszugehen, fiel ihr anscheinend schwer.

Sie sagte: »Meiner Meinung nach hat bei uns in Mississippi seit den sechziger Jahren eine echte Revolution stattgefunden. Früher gab es hier praktisch zwei parallele Gesellschaften. Heute haben die Schwarzen viel bessere Jobs als damals. Sie müssen nicht mehr alle in Privathäusern arbeiten – ich rede jetzt nur von den Frauen –, sondern können bei McDonald's arbeiten oder in einer Bank oder einem Laden.«

Bei diesem Thema blieben wir eine Weile, und mehr schien Ellen – vielleicht, weil ich nicht scharf genug zuhörte oder weil ich noch nicht gelernt hatte, mit den Leuten aus Mississippi zu reden – auch nicht zu sagen. Ich packte sogar mein Notizbuch wieder weg. Sie war sanft, freundlich, redewillig. Aber mir fielen keine Fragen an sie ein. Ihr Optimismus, ihre Vorstellungen von Fortschritt und Veränderung deckten fast alle Bereiche ab, die ich im Kopf hatte. Schließlich kamen wir auf ihre Kindheit zu sprechen. Und da packte ich mein Notizbuch wieder aus.

»Ich bin während der Weltwirtschaftskrise aufgewachsen. Aber ich habe mir deshalb nie leid getan. Es waren ja alle arm. Ich habe mir auch deshalb nicht leid getan, weil ich jede Menge Tanten und Onkels, Cousins und Cousinen und so weiter hatte – eine richtige Großfamilie, wobei ich damals nicht wußte, daß man das so nennt. Sie liebten mich und hatten Zeit für mich. Ich habe oft den Sommer bei ihnen verbracht. Sie hatten immer Zeit, mit mir zu reden und mir mein Lieblingsessen zu kochen. Sogar Kleider haben sie mir genäht.«

Diese Vorstellung einer kleinen Gemeinschaft, in der jeder jeden kennt und man miteinander verwandt ist – nicht zuletzt dies, so hatte ich festgestellt, machte für viele Menschen die Schönheit des alten Lebens aus.

Ich fragte Ellen: »Wo haben diese Onkel und Tanten denn gewohnt?«

»In der konservativsten Stadt von ganz Mississippi.«

Glückliche Sommer in einer konservativen Stadt. Was lag außerhalb dieses Familienlebens? Was hatte Ellen als Kind von den Rednecks gehalten? Gab es wirklich so etwas wie eine »Redneck-Mentalität«?

Ja, die gab es. Ellen machte es vor: »›Leg dich bloß nicht mit mir an!‹« Sie winkelte die schlanken Arme an wie ein Boxer. »Eine Kämpfermentalität.« Aber sie sei davor geschützt gewesen. »Ich hatte eine Tante, die mir gern vorlas. Sie hatte eine Menge Bücher. Sie war die Postamtsvorsteherin. Sie ermunterte mich, immer mein Bestes zu geben. Vielleicht klingt das jetzt snobistisch, aber sie sagte oft: ›Ellen, Liebes, es gibt Dinge, die wir einfach nicht tun.‹ Und es gab Leute, von denen wir uns einfach fernhielten.«

Sie kam noch einmal auf die Liebe zu sprechen, die ihr in ihrer Kindheit zuteil geworden und die ein so prägender Einfluß gewesen war. »Sie hat mir zu einem positiven Selbstbild verholfen – wobei wir das damals nicht so ausgedrückt hätten. Ich glaube, die Weltwirtschaftskrise hat bei den Leuten hier bis heute Narben hinterlassen. Ich hatte damals den Eindruck, daß die Lage hier besonders schlimm war. Es gab wirklich keinerlei Arbeit. Meine Schwester war älter als ich, und sie hat mehr gelitten, aber das lag einfach daran, daß sie zunächst mehr hatte. Sie hatte Dinge, die sie verlieren konnte. Ich bin schlichtweg arm aufgewachsen.

Stolz darauf, eine Südstaatlerin zu sein, wurde ich eigentlich erst, nachdem ich aus dem Süden weggezogen war. Mein Mann studierte an der Ostküste, und ich habe dort gearbeitet. Das war nach dem Zweiten Weltkrieg. Es gab damals einen Politiker bei uns, einen Senator namens Bilbo. Bilbo war ein Rassist, er plädierte dafür, die Schwarzen alle nach Afrika zurückzuschicken, das war seiner Meinung nach die Lösung aller Probleme; in Mississippi wurde er geradezu verehrt. Aber die Leute, mit denen ich in Massachusetts zusammenarbeitete, haßten ihn. Eine Gruppe von Psychologen war das. Sie führten wissenschaftliche Untersuchungen im Bereich Gruppendynamik durch – zu Vorurteilen und so weiter.

Damals begann ich nach den guten Seiten der Südstaaten und Mississippis zu suchen. Ich dachte an die Menschen. Und ich dachte daran, welche Entbehrungen wir zu ertragen hatten – wenn man sich mal vor Augen hält, was die Leute alles durchgemacht haben, dann kann man einfach nicht erwarten, daß sie sich makellos verhalten. In Massachusetts taten die Leute – 1946! – manchmal erstaunt, daß jemand aus Mississippi lesen und schreiben konnte, ja daß wir überhaupt ›Schuhe trugen‹. In manchen Gegenden kommt das heute noch vor. Die Leute haben ein sehr, sehr schlechtes Bild von Mississippi. Aber allmählich verändert sich das.«

»Wegen der Schriftsteller?«

»Die Literatur ist aus der Erde und aus dieser unbändigen Lust am Reden entstanden.«

Ellen kam noch einmal auf ihre Zeit in Massachusetts zurück und sagte: »Die Leute, mit denen ich zusammenarbeitete, wollten wissen, ob ich das wirklich machen würde: Da war ein Schwarzer zu Besuch, und raten Sie mal, wer den herumführen sollte? Tja, ich habe ihn herumgeführt. Er war ein ausgesprochen netter Mensch. Ich habe von ihm gelernt. Ich glaube, die anderen waren überrascht. Aber sie haben nie etwas dazu gesagt. Ich habe ihnen nie die Gelegenheit gegeben. Sehen Sie, wie weit wir gekommen sind?«

Aber Mississippi stand immer noch im Ruf, besonders gewalttätig zu sein.

»Die Rednecks im Süden der Stadt waren wirklich übel. Die hatten diesen Ruf. Richtige Boxernaturen waren das. Es gab da die entsprechenden Geschichten. Zum Beispiel, daß sie Handelsvertreter, die vorbeikamen, vor den Pflug spannten und die ganze Nacht pflügen ließen. Ich weiß nicht, ob das wahr oder erfunden ist. Samstagabends haben sie sich betrunken und dann verprügelt oder gegenseitig umgebracht. Das ist wirklich die schlimmste Seite von Mississippi. Aber es sind ein paar großartige, außergewöhnliche Menschen aus dieser Gruppe hervorgegangen, nicht zuletzt ein paar großartige Geistliche. Das zeigt doch, daß man hoffen darf, oder?«

Und dann war da noch die Rassenfrage, die man in Mississippi und dem ganzen Süden nie außer acht lassen konnte.

»Ich habe mit meinen Cousins und Cousinen gespielt, und wir haben auch mit schwarzen Kindern gespielt. Es waren die Kinder von Bediensteten, den Waschfrauen und so weiter. Deswegen haben die Südstaatler, glaube ich, eine bessere Meinung von den Schwarzen als die Leute im Norden. Bei uns hießen sie immer ›Neger‹ – ›Schwarze‹ ist ein neues Wort. Ich habe mich daran gewöhnt. Das Wort ›Nigger‹

wurde bei uns zu Hause nicht benutzt.« Ich hatte Ellen nicht nach diesen Begriffen gefragt oder ihr auch nur das Stichwort geliefert, sie kam ganz von selbst darauf. »Auch meine Verwandten haben nie von Niggern gesprochen. Dazu waren sie wohl einfach zu gesittet. Obwohl sie auf dem Land wohnten.«

Zum dritten oder vierten oder gar fünften Mal sagte Ellen: »Ich bin in einer liebevollen Atmosphäre aufgewachsen.«

Eine Erinnerung stieg in ihr auf. Sie hatte sich unterbrochen, um zu sagen, daß sie durch unser Gespräch angefangen habe, Zusammenhänge herzustellen, sich manches Langvergessene wieder ins Gedächtnis zu rufen.

»Mein Daddy ist gern angeln gegangen. Er hat mich oft mitgenommen. Daß ich eine gemäßigtere Haltung habe als andere« – sie meinte, in der Rassenfrage –, »liegt vermutlich daran.« Sie unterbrach sich wieder und lächelte. »Meine Sommer auf dem Land spielen eine wichtige Rolle, nicht?«

»Wie viele Sommer waren das denn?«

»Wohl eher die ersten zwölf Jahre meines Lebens. Ich weiß, daß ich anders empfinde als andere, ich könnte nur nicht sagen, warum.«

»Der Glaube?«

»Ja, der Glaube ist sicher entscheidend, und die Vorstellung, daß wir alle nach Gottes Ebenbild geschaffen sind. Als Kind dachte ich das wahrscheinlich noch nicht. Dazu fehlte mir noch das Verständnis.« Dann sagte sie: »Und diese Geschichten von Leuten, die niederträchtige Taten begingen.«

Niederträchtige Taten, in der liebevollen Atmosphäre ihrer Kindheit?

Ellen sagte – ihr Gedächtnis arbeitete, unzusammenhängende Fragmente aus der Vergangenheit fügten sich zusammen, wie offenbar schon seit Beginn unserer Unterhaltung, in der sie Fragen beantwortete, die ihr noch nie jemand gestellt hatte –: »Meine Mutter hat mir erzählt, daß sie mal ihr Hausmädchen vor dem Ku-Klux-Klan versteckt hat. Das zeigt doch, was für Fortschritte wir gemacht haben. Meine Mutter hatte also ein Hausmädchen, ich glaube, sie hieß Mollie Wheeler. Und der Ku-Klux-Klan war hinter ihr her. Ich weiß nicht warum. Meine Mutter hat nicht viel darüber geredet. Die vom Klan wollten das Hausmädchen wohl aus irgendeinem Grunde erst ordentlich verprügeln und dann wegjagen. Meine Mutter hat erzählt, sie hätte sie zu Hause in einem Wäschekorb versteckt, um sie zu beschützen. Und ins Haus meiner Mutter sind sie natürlich nicht gekommen. Das war vor meiner Geburt. Wahrscheinlich waren das – also, die vom Klan – junge Männer, Leute, die in der Stadt anerkannt waren.«

»Hat Ihnen das nicht angst gemacht?«

»Angst hat es mir, glaube ich, nicht gemacht. Aber es hat eine große Abscheu gegen so was wie den Klan in mir geweckt.« Sie fügte hinzu: »Die Rednecks – diese Geschichte, die ich Ihnen erzählt habe, das war auch vor meiner Geburt.«

Ich verstand das, was Ellen mir erzählte, besser, als ich es ihr verriet. Keine Situation, kein Umstand ist je genau wie der andere; aber in meiner Kindheit auf Trinidad wurden bei den Indern auf dem Land viele Morde und Gewalttaten begangen, und durch diese Gewalttaten erwarben sich die Inder Trinidads, die sich durch ihre Sprache, Religion und Kultur ohnehin schon vom Rest der Insel unterschieden, einen furchterregenden Ruf. Aber für uns, denen diese Geschichten von Mord und Fehde näher waren, ging es dabei um anderes. Die Familien- oder Dorffehden hatten oft mit einer bestimmten Auffassung von Ehre zu tun. Vielleicht war es eine bäuerliche Auffassung; und vielleicht ist diese Auffassung von Ehre besonders in einer Gesellschaft wichtig, die nicht auf das Gesetz zurückgreifen kann oder nicht an das Gesetz glaubt.

Man stelle sich folgende Szene in einem indischen Dorf Trinidads in den 1920er oder 1930er Jahren vor. Sagen wir, einer der führenden Männer im Dorf wird ermordet. Am nächsten Morgen, nachdem die rechtlichen Belange geregelt sind, wird die Leiche in ihrem Sarg zur Schau gestellt, vielleicht steht er auf zwei Stühlen an der Straße vor dem Haus des Ermordeten. Das ist eine Herausforderung von seiten der Familie des Toten. Unter den Leuten, die ihm die letzte Ehre erweisen, ist auch der Mörder. Er muß kommen; er kann nicht wegbleiben; und es ist höchstwahrscheinlich bekannt, wer er ist. Jetzt ist das Leben zweier Männer ruiniert: Das des Mörders und das desjenigen Verwandten des Ermordeten, der den Mörder umbringen muß. Denn nichts Geringeres verlangt der Kodex; die Möglichkeit, einfach wegzugehen, steht einem Mann, der im Frieden mit sich selbst bleiben will, nicht offen.

Diese Vorstellung von Ehre und Fehde war so tief in mir verwurzelt, daß die Filmversion von *Romeo und Julia* (mit Basil Rathbone) zu einer meiner ersten wirklich tiefgehenden Theatererfahrungen wurde, denn für mich ging es in der Geschichte in erster Linie eben nicht um Liebe, sondern um eine Familienfehde. Welche Angst, welch ein Horror vor allem, was folgen mußte, als das Blut Mercutios Hemd färbte! Ehre – das war es, was ich in einigen der Morde, die um uns herum geschahen, erkannte. Nicht die Barbarei, die uns, wie ich später erfuhr, von Außenstehenden nachgesagt wurde.

Vergleichbare Gefühle schrieb ich Ellen während ihrer Kindheit in jener Kleinstadt zu, in der sie solch glückliche Sommer inmitten ihrer Großfamilie verbracht hatte. Die Gewalttaten, zu denen es damals kam, waren ihr sicher nicht als die nackte Gewalt erschienen, die Außenstehende darin sehen mußten. Für sie war zuviel anderes damit verbunden.

Gewalt also damals, und Gewalt auch heute noch. Die Gewalt in Ellens Kindheit war weiß gewesen. Die, von der man heute sprach, war schwarz und in den Städten beheimatet.

Sie sagte: »Ich glaube, es ist einfach die Frustration. Ein so großer Teil der Gewalttaten heute wird von Schwarzen begangen. Den Schwarzen gefällt es nicht, wenn ich das sage, aber man muß sich nur mal die Strafanstalten anschauen, dann sieht man, daß es stimmt – da sitzen überwiegend junge Schwarze ein.«

Wie hatte sie – in einem Staat mit dem Ruf Mississippis – zu ihrer Kultiviertheit gefunden, ihrer Gelassenheit, ihrem Wunsch, stets gerecht zu sein?

Sie sagte: »Ich bin aufs College gegangen. Ich glaube, das hat mich geprägt. Ich hatte einen ausgezeichneten Professor. Die haben sich dort wirklich um einen gekümmert. Und mein Vater ist gestorben, als ich noch sehr jung war. Ich war gerade mal dreizehn. Damals fing ich an, mich mit mir selbst und anderen Leuten zu beschäftigen. Ich glaube, ich mußte zu schnell erwachsen werden. Ich lebte damals in einer kleinen Stadt. Mein Vater hatte uns nicht viel Geld hinterlassen. Also mußte meine Mutter wieder arbeiten gehen. Sie war Krankenschwester und nahm wieder eine Stelle an. Und ich – ich zog zu meinen Tanten und ging dort zur Schule, in diesem kleinen Landstädtchen. Meine Mutter arbeitete sehr hart, um mich aufs College schicken zu können. Sie war sehr erfolgreich in ihrem Beruf. Sie war eine starke Frau, und sie glaubte daran, daß man sich allen Menschen gegenüber anständig verhalten sollte. In der Ausbildung hat sie alle gepflegt. Sie ist mit einer großen Achtung vor den Menschen aufgewachsen.«

Ganz unvermittelt sagte Ellen dann, einer ihrer unwillkürlich auftauchenden Erinnerungen nachgehend: »Eine Geschichte hat einen ziemlichen Eindruck bei mir hinterlassen. Ich habe mich erst kürzlich mit jemandem aus der Verwandtschaft darüber unterhalten. Diese Geschichte ist wirklich passiert, und ich war dabei. Ich war damals acht. Ich war bei meiner Tante zu Besuch, die ein ganz wundervolles Hausmädchen hatte. Einige meiner Cousins und Cousinen waren auch da. Myrtle – das Hausmädchen – spielte Klavier. Sie konnte alles spielen, einfach nach Gehör. Sie hat uns Kinder immer bestens unterhalten, mit ihrer Musik und allem möglichen anderen. Einmal hatte sie einen kleinen Sportwagen und ist mit uns spazierengefahren. Wir liebten sie heiß und innig. Sie war schwarz. Vielleicht hatte sie das Auto von einem ihrer Männer. Sie war eine tolle Frau. Sie trug leuchtenden Lippenstift und hatte vorne einen großen Goldzahn.

Na ja, und eines Tages war sie verschwunden. Sie wohnte in einem Haus hinter dem Haus meiner Tante. Dort hat man schließlich nach ihr geschaut und sie auch gefunden. Sie war tot, im Kleiderschrank versteckt – kopfüber. Sie war mit einem Kiefernknorren erschlagen worden, so einem, wie man sie zum Feueranzünden verwendet. Man nahm an, daß es einer ihrer Männer gewesen war, aber herausgefunden haben wir es nie. Es war schrecklich. Ich wußte, daß das unrecht war. Meine Tante war untröstlich. Ich glaube, wenn eine Weiße so ermordet worden wäre, hätte man herausgefunden, wer es getan hatte. Aber das denke ich vermutlich erst jetzt. Ich glaube nicht, daß ich es mit acht schon dachte. Für mich war Myrtle einfach Myrtle. Daß sie schwarz war, spielte keine Rolle. Sie hat oft mit den Fingern geschnalzt und getanzt.« Bei dieser Erinnerung hob Ellen, in ihrem Polstersessel sitzend, den Arm und schnalzte selbst mit den

Fingern. »Wir hatten immer viel Spaß mit ihr. Sie war die Tochter der Frau, die von Haus zu Haus zog und die Wäsche machte. Dafür hat man damals riesige Töpfe verwendet. Zu dieser Zeit gab es auf dem Land noch keine Elektrizität; die meisten Häuser bekamen gerade fließendes Wasser. Bei meiner Tante gab es fließendes Wasser und eine Toilette im Haus, weil man Vater einen Wasserturm gebaut hatte, als er dort wohnte – vor meiner Geburt.

Ich bin dann noch mal in das Haus gegangen« – das Haus von Myrtles Mutter, hinter dem von Ellens Tante –, »man hatte die Leiche weggeschafft. Aber ich konnte noch sehen, wo sie gewesen war. Es war die pure Neugier. Meine Tante wollte nicht, daß ich mir das anschaue. Aber ich wollte es, und sie ließ mich gehen.«

Was für eine Geschichte, im Rückblick auf zwölf glückliche Sommer! Und sie rührte eine weitere Erinnerung in Ellen auf.

»Mein Vater und meine Mutter haben mir oft davon erzählt, wie auf dem Platz vor dem Gerichtsgebäude Leute erhängt wurden. Ganz legal, keine Lynchmorde. Das war, als meine Eltern noch Kinder waren; mein Vater ist 1897 geboren. Mir war das in der Seele zuwider – und ihnen auch. Solche Geschichten bekam man in meiner Kindheit und Jugend erzählt. Ich finde, wir sind wirklich enorm weitergekommen. Irgendwie scheinen die Leute doch etwas zivilisierter geworden zu sein – hoffentlich.«

Die Geschichten, die Ellen in ihrer Kindheit und Jugend erzählt bekommen hatte, waren Geschichten von der Frontier, der amerikanischen Siedlungsgrenze; jedenfalls ordnete ich sie so ein. Diverse Western klangen in ihnen an, und es war erstaunlich, sie aus dem Munde einer gerade Sechzigjährigen zu hören. Es war, als hätte Louise innerhalb einer Lebensspanne den Bogen von einer Frontier-Kultur oder zumindest deren Überresten zum Jackson und Amerika des späten zwanzigsten Jahrhunderts geschlagen. Das lenkte meine Gedanken in neue Bahnen, und damit auch meine Gespräche mit Menschen.

Es gibt Filmregisseure, die am liebsten mit natürlichem Licht arbeiten, dem Licht, das vorhanden ist, das sie an Ort und Stelle vorfinden. Und die Sorte Reise, auf der ich mich befand, eine Reise zu einem Thema, hängt von Zufällen ab: den Büchern, die man unterwegs liest, den Menschen, denen man begegnet. Diese Art zu reisen ähnelt der Malerei a fresco oder mit Acrylfarbe: die Dinge nehmen schnell feste Form an. Ganze Abschnitte der Erzählung können durch eine zufällige Begegnung, eine gehörte oder ersonnene Formulierung bestimmt werden. Hätte ich jemand anders kennengelernt, hätten meine Gedanken vielleicht einen anderen Lauf genommen; wobei ich am Ende möglicherweise doch zu dem gleichen Gesamteindruck von dem jeweiligen Ort gelangt wäre.

Ellens Gedanken galten kurz vor meinem Abschied ihrem Vater, der gestorben war, als sie dreizehn Jahre alt war. »Mein Vater hat mir gesagt, daß man nicht vorwärtskommt, wenn man andere Menschen als Trittstein mißbraucht. Wir müssen uns alle gemeinsam hocharbeiten.«

Das war die große Erkenntnis meiner bisherigen Reise durch die Südstaaten: In keinem anderen Teil der Welt hatte ich Menschen vorgefunden, die in einem solchen Maße von ihrer Vorstellung von gutem Benehmen und einem gottgefälligen Leben besessen waren. Und das galt für Schwarz und Weiß gleichermaßen.

Meine Gedanken kreisten um die Frontier, die amerikanische Siedlungsgrenze, das Leben am äußersten Rand einer Kultur. Und eines frühen Nachmittags besuchte ich Louise, die mit fast achtzig Jahren allein in einem großen Haus in Jackson wohnte, dessen Garten, nach vielen regenlosen Wochen vertrocknet, ihr mittlerweile zuviel war.

In ihrem alten Bücherschrank aus Kirschholz, amerikanische Handarbeit aus der Zeit um 1840, der nach fast anderthalb Jahrhunderten eine schöne tiefe Farbe angenommen hatte, standen die in Leder gebundenen kleinen Bände einer Ausgabe des *Spectator* von Addison und Steele, die eine Firma in Philadelphia 1847 herausgebracht hatte. Eine Erinnerung an die koloniale Vergangenheit, an einen Begriff von Kultiviertheit und Bildung, der zu der Welt ringsum im Widerspruch stand. Eine Neuauflage des *Spectator* im Jahr 1847 – die amerikanischen Verlage legten damals englischen Büchern gegenüber die gleiche kritiklose Begeisterung an den Tag wie heute die englischen Verlage gegenüber amerikanischen Büchern. *The Spectator*, hundert Jahre nach seiner Einstellung neu aufgelegt, zu einer Zeit, als Parkman auf dem Oregon Trail unterwegs war und auf Spuren der dort entlang gezogenen Siedler stieß, Spuren, die fast so schrecklich waren wie Knochen: zurückgelassene Möbelstücke, vielleicht in den frühen 1840ern gefertigt wie Louises Bücherschrank, die die Siedler in der Hoffnung auf ihre Karren und Wagen geladen hatten, sie könnten sie in den Westen mitnehmen.

In einer Schublade des Kirschholzschranks lagen Dokumente, Originale und Kopien, zu Louises Familiengeschichte. Ihre Familie ließ sich bis in die Kolonialzeit zurückverfolgen.

Der Stammvater der Familie ihres Mannes war aus Pennsylvania. Er war um 1820 nach Mississippi gekommen. »Eine einzige Wildnis damals.« Er gehörte einer Gruppe verschwägerter Familien an. Sie waren nicht direkt nach Mississippi gezogen. »Ihr Treck hatte sie zusammen durch Georgia, Alabama und Tennessee geführt.« Sie gab ein Beispiel für die Verwandtschaftsbeziehungen innerhalb der Gruppe: »Als die beiden jungen Männer« – der Stammvater ihres Mannes und ein anderer Mann aus der Gruppe – »im heiratsfähigen Alter waren, reisten sie nach Oxford« – das Oxford in Mississippi, in den Hügeln östlich des Delta, des flachen, weiten Schwemmlandes – »und heirateten zwei der Tankersley-Töchter, die sie kennengelernt hatten.« Die Tankersleys waren eine der Familien auf dem Treck gewesen. »Das Land war damals noch nicht gerodet, und das Reisen war mühsam. Als sie dort angelangt waren, blieben sie.

Mein Großvater zog als sechzehnjähriger Junge in den Bürgerkrieg und kämpfte in Shiloh, Tennessee. Er überlebte, kam wieder ins nordöstliche Alabama zurück und gründete eine Familie. Das Leben nach dem Bürgerkrieg war schwer, und mein Großvater starb früh. Mein Vater ging mit fünfzehn von zu Hause weg und zog zu einem Onkel ins Mississippi-Delta. Er hatte eine gewisse Schulbildung und ließ sich von einem baptistischen Geistlichen gegen Bezahlung in Buchhaltung unterrichten, und dann eröffnete er einen kleinen Laden und begann, Land im Delta zu kaufen. Und das war *wunderschönes* Land. Jetzt ist das nur noch ein einziges riesiges Baumwollfeld – alles gerodet und entwässert. Aber damals war es wie in William Faulkners ›Der Bär‹, einem seiner besten Werke. Es war eine Wildnis – riesige Eichen, die damals noch nicht geschlagen worden waren. Das war vor der Plantagenzeit. Es war hinreißend schön.

Es war ein Land voller Blumen, verschiedene Sorten wilder Iris und wilder Veilchen, Seerosen, und außerdem Alligatoren. Damals entstanden im Delta gerade die ersten Plantagen. Es war nicht leicht. Wir hatten nämlich Malaria hier. Ich habe als Kind jeden Sommer Malaria gehabt. Es dauerte eine Weile, bis das Delta gerodet war. Jedes Frühjahr gab es eine Überschwemmung.

Als ich ein kleines Mädchen war – sagen wir, um 1915 –, war die Rodung noch nicht abgeschlossen. Man hat damals die offenliegenden Wurzeln dieser mächtigen Eichen durchtrennt, die Bäume absterben lassen und sie dann gefällt. Wenn ein Feld angelegt werden sollte, wurden die Bäume zerstört. Ich habe das nicht weiter beachtet. Das war damals einfach so üblich. Ich hielt es für selbstverständlich. Ich habe immer im Wald gespielt. Wenn man zum Essen nicht zu Hause war, wurde man bestraft, denn das hieß, daß man sich zu weit vom Haus entfernt hatte und die anderen losziehen und einen suchen mußten. Damals hatten alle Leute viele Kinder, wissen Sie. Es gab keine Geburtenkontrolle. Scharenweise Kinder. Und viele Familien haben mehrere Kinder verloren.«

Pionierland, die Deltaregion von Mississippi. Doch zugleich gab es in Mississippi seit der Entstehung der Baumwollplantagen am Fluß die für einen Frontierstaat ungewöhnliche Komplikation der Sklaverei. Die Siedlungsgrenze, die Pioniere, die Einsamkeit; und gleichzeitig die billigen schwarzen Arbeitskräfte. Wie stand Louise dazu? Die schwarze Bevölkerung war heute in der Gegend, in der Louise sich als Kind an den Wildblumen und großen Bäumen im Wald erfreut hatte, sehr zahlreich.

Sie sagte: »Im Delta zu leben war eigentlich nur sinnvoll, wenn man viel Land besaß. Allein hätte man dieses Land kaum roden können. Zum Teil war es nur Rohrdickicht.«

»Davon habe ich gelesen. Was genau war das?«

»Eine wilde Zuckerrohrart, nichts, was man anbauen würde. Wir hatten jede Menge Hilfskräfte, Bedienstete. Nach ihrer Befreiung waren sie einfach geblieben, wo sie waren. Sie wohnten und vermehrten sich überall. Viele der Weißen zogen als junge Erwachsene weg. Aber die Schwarzen blieben. Und zwar unter anderem deshalb – es ist heute noch interessant, die Nachrufe zu lesen –, weil sie ausgesprochen gesellige Menschen sind. Auf den Trauschein geben sie nicht viel, aber ihr Familienleben ist sehr innig.« Außerdem kämen die Schwarzen gern an den Ort zurück, den sie als ihr Zuhause betrachteten.

Von diesem Prinzip, daß die Familie besonders wichtig war, hatte ich schon in Westafrika gehört, in Elfenbeinküste. Es hatte Vorrang vor dem anderen Prinzip – soweit es in Afrika überhaupt existierte –: dem Prinzip der ehelichen Treue. Man hatte mir erzählt, daß man sich in Elfenbeinküste lächerlich machte, wenn man Untreue als Scheidungsgrund anführte. Und das ging Hand in Hand mit einem anderen afrikanischen Prinzip: Man heiratete nicht einen bestimmten Menschen, sondern man schloß sich einer Familie an.

Louise sagte: »Dieses Problem, also das mit den Schwarzen, macht mir ziemliche Sorgen. Mein Hausmädchen hat mir heute morgen erzählt, in ihrer Straße würden sie herumrennen und in die Luft schießen – die jungen Schwarzen.« Eine verzerrte Version des Frontierlebens, hier in der Innenstadt von Jackson. »Ich weiß nicht, wie wir da rauskommen sollen. Manche von denen sind sehr intelligent und ehrgeizig. Manche sind primitiv. Manche Weiße sind das auch, aber nicht ganz so viele. Wir vermehren uns nicht so schnell wie die.«

Sie gab eine ganz andere Erinnerung wieder, in der die Schwarzen und das Pionierleben zusammenzufließen schienen. »In meiner Kindheit im Delta hatte ich ein Kindermädchen. Sie hat mich sogar gestillt. Es gab damals keine Säuglingsnahrung. Die Ärzte wußten nichts über Babys. Sie waren gerade mal über den Gebrauch von Blutegeln hinausgediehen, aber nicht sehr weit. Sie waren nicht besonders sachkundig.«

Die herrlichen Wälder des Deltas, in denen ein Kind zwischen Wildblumen spielen konnte, waren abgeholzt worden. Und ihr Vater hatte eine Plantage aufgebaut. Was war aus dieser Plantage geworden?

»Mein Vater ist mit fünfzig gestorben. Kurz vor der Weltwirtschaftkrise verkaufte er rund tausend Morgen, so daß ihm noch ungefähr siebenhundert blieben.« Aber kein Wald mehr. »Im Winter Matsch, im Sommer Staub. Mein Vater kaufte ein Auto, einen Chalmers. Das war, noch bevor es Radios gab. Es war einfach ein Zeitvertreib.« Manchmal hätten sie nur zum Vergnügen in dem Auto gesessen, ohne irgendwo hinzufahren. »Wir führten ein sehr ruhiges Leben. Wenn eine Stadt mehr als fünf Kilometer entfernt lag, war das weit.« Aber später, als die Straßen und die Autos besser wurden, seien die Bewohner des Deltas in Mississippi berühmt dafür geworden, daß sie bereit waren, für ein Abendessen oder eine sonstige Zerstreuung lange Fahrten auf sich zu nehmen.

Und dann kam Louise auf ein Thema zu sprechen, das die Deltaregion mit der indischen Gemeinschaft auf Trinidad verknüpfte, aus der ich stammte. Man hatte Chinesen als Landarbeiter ins Delta geholt; genauso wie man auch nach Trinidad und in andere Kolonien des britischen Weltreichs (nicht zuletzt nach Südafrika) Chinesen sowie Portugiesen und, mit dauerhafterer Wirkung, Inder geholt hatte, die nach der Abschaffung der Sklaverei auf den Plantagen arbeiten sollten.

Chinesen, hier, am Mississippi!

Louise erzählte: »Die Chinesen blieben immer unter sich. Das tun sie noch heute. Es gab in Vance einen Chinesen, und der wurde von den armen Weißen erbarmungslos verspottet. Mein Vater hat sich um ihn gekümmert, wenn es zu schlimm wurde. Als mein Vater starb, zog der Chinese weg.

Die haben ihn wirklich gepiesackt. Die Schulkinder sind auf dem Heimweg an seinem Laden vorbeigegangen und haben gerufen:

Chico Schlitzauge
Frißt tote Ratten
Putzt sie weg wie
den Sonntagsbraten.

Er kam dann immer raus – vielleicht war das sein Sinn für Humor – und drohte ihnen mit der Faust, und sie lachten und rannten fort.«

Er hatte sich ihrem Gedächtnis eingeprägt, dieser bedeutungslose Kinderreim, der offenkundig aus einem anderen Land stammte und den Chinesen des Deltas angepaßt worden war. Genauso unauslöschlich hatte sich mir der Vers über die Chinesen Trinidads eingeprägt, den in meiner Kindheit die schwarzen Kinder gesungen hatten – und der genauso harmlos war:

Tsching tschang tschong, Chinesenkopf
Augen wie Schlitze und hinten ein Zopf

Von wem stammten diese Verse? Von einem Erwachsenen? Oder einem Kind, das ganz von selbst in Reimen sprach, wie manche Kinder es können? Es muß einen Urheber gegeben haben, sowohl für meinen Chinesenvers als auch für den von Louise.

Es wäre nett gewesen, sich eine Weile über Kinderreime in Mississippi zu unterhalten. Aber Louise hatte noch andere Erinnerungen im Kopf. Sie wurde langsam müde, und es gelang ihr nicht mehr so gut wie am Anfang, einen Gedankengang zu Ende zu führen.

Sie sagte: »Die Schwarzen wurden damals so massiv unterdrückt, daß es hier immer friedlich zuging. Sie haben sich nicht so verhalten wie heute. Es gab fast nie Ärger. Sie sind ihrer Wege gegangen, und wir sind unserer Wege gegangen. Wir waren es gewohnt, Hilfskräfte zu haben. Während der Weltwirtschaftskrise hatte meine Schwester eine Hausangestellte. Sie hatte eine Tochter im gleichen Alter –« Doch diese Geschichte wurde nie zu Ende gebracht. Vielleicht war die Erinnerung zu schmerzlich; vielleicht wollte Louise sie sich lieber nicht ins Bewußtsein rufen. Ganz überraschend schloß sich folgende Bemerkung an: »Ich habe großen Respekt vor den armen Weißen, die von den Schwarzen ›weißer Abschaum‹ genannt werden. Sie haben gelitten. Auch sie brauchen Chancen.« Dann sagte Louise müde, wie von der Last ihrer Krankheit und ihres Alters beschwert: »Aber auf dieser Welt liegt so vieles im argen, das ist einfach nicht zu bewältigen.«

Aus ihren Überlegungen zu Schwarzen, zu armen Weißen, die ebenfalls hilfsbedürftig waren, und zu ihrer Schwester während der Weltwirtschaftskrise ging folgende Geschichte hervor:

»Während der Weltwirtschaftskrise – und eine Krise dieser Größenordnung hat es wirklich nicht noch einmal gegeben – wohnten wir nicht weit von einer Sträflingsfarm entfernt.« Dann sagte sie, mit den Gedanken nun bei der eigentlichen Geschichte: »Das war ja so furchtbar. Einer der Kalfakter dort arbeitete bei verschiedenen Angestellten der Sträflingsfarm zu Hause. Also, diese Geschichte hat wirklich das ganze Delta elektrisiert! Die Tochter von einem der Wärter dort hatte angeblich ein Verhältnis mit einem der schwarzen Strafgefangenenen. Unerhört. Na ja, jedenfalls hat dieser Gefangene ihren Vater umgebracht. Man hat ihn dann gesucht und eine Belohnung von zweitausend Dollar ausgesetzt. Das war damals viel Geld. Der junge Sohn eines Pflanzers wollte ihn zur Strecke bringen. Er ist in eine

Scheune hineingelaufen, und da hat ihn der Gefangene natürlich erschossen. Dreiundzwanzig oder vierundzwanzig war er, der hübscheste Junge, den man sich nur vorstellen kann, ein wirklich anständiger Kerl, und er ist geradewegs in seinen Tod spaziert. Den Schwarzen haben sie dann natürlich auch umgebracht. Das ist ungefähr fünfzehn Kilometer von unserem Haus passiert. Es hat alle aufgewühlt. Jetzt sind Vergewaltigungen hier an der Tagesordnung. Aber damals waren sie sehr, sehr selten. Heute scheint sich keiner darum zu scheren. Ich war damals eine junge Frau, um die zwanzig. Mir ist das sehr nahe gegangen. Es war wirklich tragisch. Aber hin und wieder kam es eben zu solchen Gewalttaten.«

Wir unterhielten uns über den Mord an Emmett Till, 1955. Emmett Till (wie außergewöhnlich doch die Namen von Menschen klingen, wenn sie mit großen, tragischen Ereignissen verknüpft sind) war ein schwarzer Jugendlicher, den man beschuldigt hatte, einer Weißen nachgepfiffen oder sie belästigt zu haben, und der dann umgebracht wurde. Dieser Vorfall hatte zum schlechten Ruf Mississippis beigetragen.

Louise sagte: »Einige meiner Verwandten lebten damals noch im Delta. Er hat mehr getan, als ihr nur nachzupfeifen. Mein Bruder hatte einen Drugstore in Sumner, der Stadt, wo der Prozeß stattfand. Aber wir gehören nicht zu diesen Leuten.« Louise bezog sich auf die sozialen Unterschiede im Delta. Vorher hatte sie im Zusammenhang mit der Position, die ihre Familie als Pflanzerfamilie innehatte, gesagt: »Klassenunterschiede gibt es überall.« Und jetzt meinte sie, daß die Frau, die in dem Laden als Verkäuferin gearbeitet hatte – genau wie die Frau, der Emmett Till angeblich nachgepfiffen oder die er belästigt hatte –, einer anderen Schicht angehörte. »Meine Mutter und meine Schwestern haben nie in diesem Laden gearbeitet. Wir hatten immer Bedienstete.« Sie verwendete das Wort *commissary*, das auf den Plantagen den Laden bezeichnete, in dem die Arbeiter Waren kauften, die mit ihrem Lohn verrechnet wurden. »Mein Vater fand, das sei kein Ort für die Frauen seiner Familie. Die verschiedensten Leute kamen da hin, und manche tranken.«

Schon als Ellen von ihrer Kindheit erzählt hatte, war mir aufgefallen, welch eher bescheidenen Beschäftigungen Leute aus guten Familien nachgingen. Eine von Ellens Tanten war Postamtsvorsteherin gewesen; und jetzt berichtete Louise, daß ihr Bruder einen Drugstore geführt hatte. Es war, als wäre im armen amerikanischen Süden die Klasse durch eine bestimmte Geisteshaltung definiert, ein bestimmtes Bewußtsein innerhalb der Familie, eine Vorstellung von gutem Benehmen und Schicklichkeit.

Louise sagte: »Die Bürgerrechtsbewegung hat alles verändert. Das ist gut und schlecht zugleich.« Sie fügte hinzu, offenbar assoziativ: »Ich würde nirgends leben wollen, wo es keine Schwarzen gibt. Ich habe mein ganzes Leben in der Nachbarschaft von Schwarzen verbracht, ich mag sie. Und im Moment« – was bedeutete, trotz der Kriminalität in Jackson und der Tatsache, daß die Stadt auf eine schwarze Mehrheit zusteuerte und bald womöglich einen schwarzen Bürgermeister haben würde – »sind sie warmherzig und humorvoll. Sie würden mir fehlen. Allerdings haben wir hier in Jackson wahre Massen von Schwarzen. Und sie treten immer in Massen auf, weil sie ihresgleichen mögen und sich nirgendwo niederlassen, wo es keine anderen Schwarzen gibt – dann fühlen sie sich nämlich einsam. Eine Frau hier hat mal in Iowa gewohnt und dort auch viel mehr verdient, aber sie ist wieder zurückgekommen, weil sie dort so einsam war. In Jackson tun sie sich jetzt zu Gangs zusammen. Wenn man sie übers ganze Land verteilen könnte, wäre das besser. Aber wir sind ja nicht in Rußland. Das können wir nicht machen.«

Es war eigentlich an der Zeit für mich zu gehen. Sie wäre einerseits gern der Notwendigkeit zu reden enthoben gewesen; doch andererseits verspürte sie, da sie ja nun einmal angefangen hatte, den Wunsch weiterzuerzählen. Und so kam sie noch einmal auf ihre Kindheit im Delta zurück, als das Land noch bewaldet gewesen war.

»Wir haben uns selbst ernährt, aber wir lebten unterhalb der Armutsgrenze, wie man das heute nennt. Es war etwas Besonderes, im Delta zu leben. Nachts hörten wir Tiere im Wald. Einen Panther. Er klang wie eine weinende Frau.«

Die Einsamkeit ihrer Kindheit, die Einsamkeit des Deltas war ihr im Alter, da sie allein lebte, wieder näher.

»Meine Stiefmutter hat mir öfters die Geschichte einer gewissen Miss Sunshine Easterling erzählt – Sunshine Easterling! –, die auf eine Party gehen wollte. Damals gab es keine Verkehrsverbindungen, bis auf die Bahngleise. Also haben sie sich über die Schienen aufgemacht, in einer Draisine mit Handantrieb. Immer schön hoch und runter, Sie wissen schon.«

Ich wußte es nicht wirklich. Ich kannte solche Draisinen nur aus amerikanischen Krimiserien, die ich als Kind auf Trinidad gesehen hatte.

»Und dann«, fuhr Louise fort, »hat ein Güterzug sie über den Haufen gefahren, und Miss Sunshine Easterling wurde zum Krüppel. Diese Geschichte sollte unsere Sehnsucht danach, auszugehen, ein bißchen dämpfen. Wir lebten damals im Delta schon sehr isoliert.

Ich weiß noch, daß ich mal einen wunderschönen Bänderhut aus echter Seide zu Weihnachten bekommen habe. Er muß aus einem Versandhaus wie Marshall Field's gestammt haben, denn im Umkreis gab es keinen einzigen Laden, der so etwas geführt hätte. Und ich wußte nicht, wo ich mit meinem schönen Hut hingehen sollte. Also setzte ich ihn zu

Weihnachten nachmittags auf und ging die Bahngleise entlang, in der Hoffnung, daß mich jemand sehen würde. Aber keiner sah mich. Ich war damals zwölf.«

Siebenundsechzig Jahre danach, verwitwet und wieder allein in einem Jackson, das sich in einem nie erträumten Maße entwickelt hatte, fast alle Abenteuer ihres Lebens lang vorbei, war ihr die Erinnerung an jene frühe Einsamkeit wieder nah. Draußen ihr verwilderter baumbestandener Garten, der auf Regen wartete, der Boden dürr und gelb.

Einige Tage später (es hatte endlich geregnet) besuchte ich Eudora Welty und erwähnte Louises Geschichte über ihren Bänderhut. Miss Welty war nur ein Jahr jünger als Louise und meinte zu wissen, was für einen Hut Louise 1920 zu Weihnachten geschenkt bekommen hatte.

»Man nannte diese Hüte auch Madge-Evans-Hut, nach einem Kinderstar. Es gab sie nur in einem einzigen Laden in Jackson. Ich bin Madge Evans viele Jahre später mal begegnet. Da war sie natürlich kein Kind mehr, aber ihre Schauspielkarriere hatte sie weiterverfolgt. Ich traf sie in New York. Sie war etwas älter als ich. Sie sagte: ›Ich kenne Ihre Bücher. In einer Ihrer Geschichten kommt nämlich ein Madge-Evans-Hut vor. Ich bin Madge Evans.‹ Als sie den Hut trug, war sie ein kleines Mädchen, so wie wir. Es war ein Hut mit einer breiten Krempe, von dem hinten Bänder herabhingen, die bis zur Taille reichten. Es waren wunderschöne Hüte. Und Strohhüte gab es auch, für den Sommer. Damals trug man immer Hüte. Sogar zur Sonntagsschule ging man mit Hut.«

Den Wald, den Louise noch erlebt hatte, gab es im Delta nicht mehr; und ein Deich entlang des Mississippis schützte das flache Land vor der jährlichen Überschwemmung.

Das Land war so flach, daß die Bäume niedrig erschienen. Und vom Auto aus bildeten die vorbeisausenden Felder junger Baumwollpflanzen lange, hypnotisch wirkende perspektivische Linien: das Grün der Baumwollpflanzen im Wechsel mit dem gelblichen oder dunklen Braun der Erde. Doch die Landwirtschaft war in der Krise, und obwohl es noch prächtige Plantagen wie etwa »Egypt« gab, war das Delta kein »einziges großes Baumwollfeld« mehr, so wie Louise es beschrieben hatte.

Egypt allerdings vermittelte noch einen Eindruck von der Vergangenheit, von den Umgangsformen und gesellschaftlichen Unterschieden der Plantagenkultur. Hinter dem Herrenhaus und dem Lebensmittelmagazin verlief der Yazoo, ein sehr schlammiger Fluß, auf dem noch immer Lastkähne fahren; der letzte Flußdampfer hatte 1932 hier angelegt. Beim Mittagessen in dem kühlen Herrenhaus hatte man ein Gefühl von Weitläufigkeit, von großem räumlichem Abstand zu den Nachbarn. Bücher, ein sichtliches Interesse an Geschichte (Egypt hatte den größten Teil des Jahrhunderts derselben Familie gehört) und Gemälde (Originale, zumeist Porträts, und Reproduktionen), ja selbst die kleine Skulptur eines Negerkopfes auf dem Kaminsims des Salons, das alles zeugte von einer Kultur, die von der Arbeitswelt des Deltas weit entfernt war.

Sogar während des Mittagessens waren draußen die Leute von der Schädlingsbekämpfung zugange gewesen. Und jenseits des Gartens lagen die ebenen Felder, von denen alles abhing. Maschinen im Wert von einer Million Dollar pflügten, ernteten und düngten auf diesen Feldern. In den alten Zeiten wären es weitaus weniger Maschinen gewesen, dafür aber viel mehr Arbeiter.

Die einzelne Reihe in großzügigem Abstand gebauter Häuser, in denen die wenigen noch benötigten schwarzen

Arbeiter wohnten, hob sich auf dem flachen Land gegen den Himmel ab. Auf der Straße vor den Häusern – sehr deutlich sichtbar, wie auf einer Bühne: wiederum die Wirkung des flachen Landes und des hohen, weiten Himmels – spielten die schwarzen Kinder, rannten herum oder fuhren Fahrrad. Beim Mittagessen im Herrenhaus hätte man sich leicht in Argentinien, auf einer *estancia* wähnen können. Draußen dagegen hätte man angesichts dieser Arbeiterhäuser genausogut in einem afrikanischen Land sein können, vielleicht in Kenia, wenn es im Hintergrund Berge gegeben hätte.

Doch obwohl die Preise in letzter Zeit wieder angestiegen waren, regierte die Baumwolle das Delta nicht mehr allein. Was man vom Highway aus aufgrund der Flachheit des Landes nicht sah, war, daß viele tausend Morgen des Deltas jetzt der Welszucht gewidmet waren, einem so komplizierten, großräumigen und amerikanisch-einfallsreichen, mechanisierten und riskanten Unternehmen, wie sie für das Delta typisch zu sein scheinen.

Ich fuhr eines frühen Morgens von Jackson aus zu einer Welsfarm, um bei der »Ernte« zuzusehen. Die »Teiche« – sie waren jeweils sechs bis acht Hektar groß – waren am Abend zuvor mit dem Schlagnetz abgefischt worden. Es waren ganz normale Schlagnetze. Doch sie wurden von zwei Traktoren gezogen, die rechts und links auf dem Damm entlangfuhren; und die Dämme waren jetzt von staubigen toten Fischen übersät, die weniger wie Fische aussahen als wie irgendein ledriges Zeug. Manchmal waren Schlangen im Teich oder Goldfische, die rot aufblitzten im Schlagnetz und in dem Drahtbehälter, mit dem die Fische aus dem Teich auf die Laster gehoben wurden. Die Goldfische, schön anzuschauen, wenn man einen oder zwei davon sieht, waren hier zu »Abfallfischen« geworden, die im Verarbeitungsbetrieb vom Wels getrennt und dann entweder mit den anderen Abfallfischen, die solch ein Teich anzieht (oder die manchmal von Vögeln fallen gelassen werden), weggeworfen oder aber zu Dünger zermahlen wurden.

Die Natur war hier, derart manipuliert, ein wenig aus dem Ruder gelaufen. Man hatte die Goldfische ursprünglich eingesetzt, damit sie die Algen fraßen, die dem Wels einen schlechten Geschmack verliehen. Doch dann waren die Goldfische viel zu gut gediehen – ähnlich wie die Kudzubohne, Mississippis andere große Plage, die sich, als Erosionsschutz für die hügeligeren Landesteile aus Japan oder China eingeführt, hier so wohl fühlte, daß sie viele Quadratkilometer Landes förmlich überrannt hatte, an Strommasten hinaufkletterte und sie niederriß, Bäume zerstörte, überall riesige Girlanden bildete und Waldland mit einem gleichmäßigen, dichten Bewuchs buchstäblich unausrottbarer Ranken überzog (genau aus diesem Grunde hatte man die Kudzubohne ja eingeführt: weil ihre Wurzeln sich so unglaublich gut im Boden festklammerten). So wie die Wasserhyazinthe im Fluß Kongo erstickte hier die Kudzubohne nahezu alles.

Der Geschmack war das große Problem beim Wels. Und dieses Problem war bisher trotz all der Forschung, die in der Verarbeitungsanlage und im Catfish Institute betrieben wurde, nicht gelöst worden. Der Wels nahm manchmal, besonders im Sommer, einen merkwürdigen Beigeschmack an: nach Schlamm oder verbranntem Holz, oder nach einem Hauch von Erdöl.

Deshalb führte der Verarbeitungsbetrieb von jedem Fischbestand, der zum Abfischen bereit war, sechs oder sieben Geschmacksproben durch. Der Schwanz eines lebenden Fischs wurde abgeschnitten, gegart und verkostet. Der Einkaufsleiter des Verarbeitungsbetriebs sagte: »Wir zerschneiden den Fisch mitsamt der Haut. Der Geschmack soll durch nichts verfälscht werden. Wir nehmen den Fisch direkt vom Laster, schneiden den Schwanz ab und legen ihn in die Mikrowelle. Er wird nicht enthäutet, gar nichts.«

Das Garen und Verkosten war Aufgabe eines einzigen Mannes. »Unser Verkoster kann locker zweihundert Geschmacksproben am Tag durchführen. Es ist ganz unterschiedlich – ich habe es schon erlebt, daß er bis zu dreihundertfünfzig Geschmacksproben am Tag durchführte. Er hat seine eigene Methode, seinen Gaumen zu reinigen. Wenn ein Fisch stark vom gewünschten Geschmack abweicht, stellt der Verkoster in der Küche den Ventilator an, denn sonst dominiert dieser falsche Geschmack die ganze Testküche. Zur Zeit, im Sommer, werden von fünfzehn eingesandten Proben nur zwei oder drei akzeptiert. Im Winter ist die Annahmerate höher.« Der Welsfarmer konnte in so einem Fall nur hoffen, daß die Teiche, aus denen die abgelehnten Proben stammten, wieder in Ordnung kamen und die Fische darin den Geschmackstest zu einem späteren Zeitpunkt bestanden.

Die Fische, die an diesem Morgen auf die Laster verladen wurden, hatten alle Tests bis auf einen bestanden. Dieser letzte Test sollte in der Verarbeitungsanlage durchgeführt werden. An den zwei Tagen, bevor sie dorthin transportiert wurden, hatten die Fische nichts mehr zu fressen bekommen, damit der Geschmack durch nichts beeinflußt wurde. Jetzt, mit dem erwünschten Geschmack und einem Gewicht von einem bis anderthalb Pfund, waren die Fische fast am Ende ihres achtzehnmonatigen Lebenszyklus angelangt.

In einer Brutanlage in einem kleinen geschlossenen Schuppen konnte man die Anfänge betrachten: Eier in Brutrinnen, in denen das Wasser beständig auf 26,5 Grad Celsius gehalten wird und ein elektrisch angetriebenes Paddel die wedelnde Schwanzflosse des männlichen Welses ersetzt – ohne diese Wasserbewegung würden die Eier absterben. Innerhalb von fünf Tagen erwacht in den Eiern das Leben, zunächst als schwarzer Punkt; die kleinen Fischchen werden dann in die Teiche gegeben, wo sie ihr achtzehnmonatiges Zuchtleben verbringen.

Die Teiche werden ständig belüftet, denn ohne Sauerstoff würden die Fische sterben. Der Sauerstoffgehalt des Wassers wird alle zwei Stunden überprüft, Tag und Nacht; ein Welsfarmer kann sich nicht lang von seinen Fischen entfernen. Das Fischfutter beziehungsweise das Getreide, das die Welse zu fressen bekommen, wird ihnen computergesteuert verabreicht. Es wird zu bestimmten Zeiten am tiefen Ende des Teichs ins Wasser gekippt. Die Fische schwimmen zur Fütterungszeit immer an das tiefe Ende. Es sind echte »Gewohnheitstiere«. Wenn sie unregelmäßig gefüttert werden oder zuviel bekommen, fressen sie nicht. Wenn es in einem Teich zu wenige Welse gibt, fressen sie nicht genug und erreichen das Marktgewicht nicht, denn offenbar werden sie durch die fehlende Konkurrenz so »gelassen« wie die wilden Fische, die sich am Flußboden ernähren. Was stand nicht alles hinter der Aufzucht der Fische – soviel Experimentieren, Zufall, Verluste –, die an diesem frühen Morgen auf die Laster des Verarbeitungsbetriebs geladen wurden!

Der Betrieb befand sich in der kleinen Stadt Indianola. Die Arbeiter hatten gerade Mittagspause und saßen draußen, im durchbrochenen Schatten der Kiefern jenseits der asphaltierten Straße vor der Verarbeitungsanlage. Sie trugen blutverschmierte weiße Kittel und Kopfbedeckungen, die an Plastikduschhauben erinnerten. Die meisten dieser Arbeiter waren schwarz, und es waren viele Frauen darunter. Sie saßen auf Holzhockern an Holztischen und vesperten. Einige von ihnen aßen Hamburger – die Arbeiter eines Zweigs der Nahrungsmittelindustrie aßen die Produkte eines anderen Zweigs der Nahrungsmittelindustrie: das Geben und Nehmen der Industriegesellschaft.

Nach der Mittagspause wurde die Fischverarbeitung wieder aufgenommen. Die Laster kippten die Fische, die sie hertransportiert hatten – in Quellwasser, damit sie so sauber wie möglich blieben –, in einen Metallkorb. Aus diesem Korb wurden die Fische dann in einen elektrischen Betäubungsapparat gegeben, einen grün angestrichenen Kasten. Und von dort gelangten sie auf die Fließbänder im Innern des von Maschinenlärm erfüllten Gebäudes, wo sie entkopft, ausgenommen und enthäutet wurden.

Entkopft, ausgenommen und enthäutet – der Einkaufsleiter, der uns herumführte, sprach diese Worte mit derselben Beiläufigkeit aus, mit der man zu einer anderen Zeit vielleicht davon gesprochen hätte, daß Verbrecher erhängt, ausgeweidet und gevierteilt wurden. Und die Fischverarbeitung hatte etwas von dieser Radikalität. Allerdings lag der Schwerpunkt in diesem Betrieb auf Schnelligkeit, um die größtmögliche Frische zu gewährleisten: man ließ die Fische bis zum letzten Moment am Leben, um sie dann innerhalb von gerade mal dreieinhalb Minuten zu entkopfen, auszunehmen und zu enthäuten, woraufhin sie (beziehungsweise die Filets, Steaks, Streifen oder Stücke) in sehr kaltes, mit Eis vermischtes Wasser gegeben wurden. Das Eis spielte zu diesem Zeitpunkt eine wichtige Rolle. Jedes Detail des Verarbeitungsvorgangs war genau ausgeklügelt. Dem Verkaufsleiter zufolge rieb das Eis nämlich gegen den zerschnittenen oder filetierten Fisch und wirkte so wie eine Art zusätzliches Reinigungsmittel. Die Fische waren innerhalb von dreißig Minuten marktfertig gerichtet.

»Auf diese Weise«, sagte der Einkaufsleiter, »kann der Kunde einen Fisch zu Abend essen, der am selben Morgen noch gelebt hat. Einen vergleichbaren Frischegrad erreicht kein anderes Produkt der Aquakultur. Und was Seefisch angeht – den können Sie vergessen. Da liegt der Fisch manchmal vier, fünf Tage auf dem Schiff, bevor der Hafen erreicht wird.«

»Entkopfen« – das Wort war mir neu. Aber es war absolut passend. Ein Mensch kann enthauptet werden; entkopft wird er jedoch genausowenig, wie ein Fisch enthauptet wird; und in entkopft klingt der industrielle Prozeß an. Die Geschwindigkeit des Verarbeitungsvorgangs hing nicht zuletzt vom Geschick des »Entkopfers« oder, wie der Einkaufsleiter sagte, des Kopfabsägers ab. Ein guter Kopfabsäger konnte fünfundfünfzig Köpfe pro Minute abtrennen. Aber der Fisch mußte gut betäubt sein und durfte nicht mehr zappeln; der Betäubungsapparat in dem grünen Kasten mußte funktionieren. Sowohl Männer als auch Frauen arbeiteten als Kopfabsäger. Die Frau, der ich eine Weile bei dieser Arbeit zusah, trug gelbe Handschuhe und schob die betäubten Fische in großer Geschwindigkeit an eine vertikale Bandsäge. Die Eingeweide wurde abgesaugt, und zwar von einer Maschine, wie ich sie fast zwanzig Jahre zuvor im kalifornischen Monterey gesehen hatte, in der von John Steinbeck verewigten Cannery Row, der »Straße der Ölsardinen« (beziehungsweise dem, was von ihr noch geblieben war). Draußen ergossen sich die Eingeweide und sonstigen blutigen Überreste des verarbeiteten Fischs aus zwei Schütten auf rote Laster, die sie irgendwohin transportieren würden, wo sie vielleicht (aber das erfragte ich nicht) zu Dünger verarbeitet wurden.

Im Bürogebäude herrschten Ordnung und Stille, und die Frauen, die hier arbeiteten, waren weiß. Im Warteraum hing ein Farbfoto von zwei hübschen weißen Mädchen, Miss Catfish 1985 und Miss Catfish 1986.

Die verstummten, stillgelegten Maschinen in der Cannery Row hatte ich 1969 von dem Mann gezeigt bekommen, der sie gekauft hatte und weiterverkaufen wollte. Er hatte mir erklärt, daß Maschinen – selbst so komplizierte und umständlich arbeitende, wie es die in der Konservenproduktion offenbar waren – einfach zu handhaben waren, wenn man sich mit ihnen identifizierte. Auf eine vergleichbare Weise, so schien mir, identifizierte sich der Direktor dieses Verarbeitungsbetriebes (und ebenso der Einkaufsleiter) mit dem Wels. Doch die Cannery Row war Geschichte, wohingegen Sam Hinote eine neue Industrie aufbaute.

Er war fünfundvierzig. Er war in Alabama geboren und hatte an der Auburn University studiert. Das erinnerte mich an meine abendlichen Fahrten nach Auburn und in das nahe gelegene Opelika, wo ich während meines Aufenthalts in Tuskegee gelegentlich zu Abend gegessen hatte. Und da mir einfiel, daß in Tuskegee jemand einen Vergleich zwischen den Tiermedizinischen Instituten der beiden Universitäten angestellt hatte, sagte ich: »Auburn. Das ist doch die Konkurrenz-Uni von Tuskegee, der schwarzen Universität.«

Sam Hinote lächelte. Ich war ein Besucher; er war tolerant. Er sagte: »Tuskegee ist eine schwarze Uni. Aber mit der steht Auburn nicht in Konkurrenz. Die Alabama State University konkurriert mit Auburn.«

Er hatte seine berufliche Laufbahn als Wirtschaftswissenschaftler begonnen, als Marktbeobachter, der sich vorwiegend mit den Getreide- und sonstigen Rohstoffpreisen beschäftigte. Dann war er Leiter der Abteilung für Marktanalyse eines großen Unternehmens in Omaha, Nebraska, geworden, wo er dafür zuständig war, neue Projekte für dieses Unternehmen aufzutun. So war er zur Welszucht gekommen.

»Wir haben dann 1969 einen kleinen Betrieb gekauft, der in der Welsproduktion tätig war. Dieser Betrieb hatte eine Brutanlage und eine Verarbeitungsanlage. Die haben die jungen Fische an Farmer verkauft und dann die ausgewachsenen und auf Marktgröße gebrachten Fische wieder zurückgekauft, um sie zu schlachten und im verarbeiteten

Zustand wiederum weiterzuverkaufen. Mich hat das sehr an die Anfänge der Geflügelindustrie erinnert.«

Seine Analyse hatte gestimmt. Die Fischzucht-Genossenschaft mit fünfzig Angestellten, die er 1981 in Indianola gegründet hatte, beschäftigte mittlerweile vierzehnhundert Leute, und indirekt noch viel mehr; viele davon waren Schwarze, die bis dahin nur Saisonarbeit auf den Baumwollplantagen hatten bekommen können, wo sie im Frühling Unkraut jäteten, das nicht durch Gift bekämpft werden konnte, und im Herbst an der Entkörnungsmaschine arbeiteten. Viele Farmer waren vor der Preisgabe ihrer Farmen bewahrt worden. »Eine Menge Farmer wollten mit der Welszucht nichts zu tun haben, aber ihnen blieb nicht viel anderes übrig. Wer erst einmal Farmer geworden ist, dem fällt es schwer, das wieder aufzugeben. Das ist ein eigener Lebensstil.«

Sam Hinote hatte viel nützliche Werbung gemacht. »Wir investieren als Firma und als Industrie eine Menge Geld in Werbemaßnahmen, um das Image des Welses zu verbessern. Wir haben Profiköche wie diesen Mann hier verpflichtet« – er hielt eine Broschüre mit dem Foto eines Kochs hoch, der in beiden Händen Teller mit beeindruckend aussehenden Gerichten hielt –, »die uns helfen sollen, das Image des Welses aufzupolieren.« Wels, Wels – engagiert, wie er war, schien Sam Hinote nicht müde zu werden, dieses Wort auszusprechen. Das 1986 gegründete Catfish Institute hatte verschiedene Broschüren herausgegeben. Sam Hinote reichte mir eine: *Nach Komplimenten angeln – Unwiderstehliche Wels-Rezepte.* Es war eine Werbekampagne amerikanischen Stils gewesen, und sie hatte amerikanische Resultate hervorgebracht. Der Jahresumsatz der Welsindustrie belief sich inzwischen auf insgesamt 200 Millionen Dollar; fast die Hälfte dieses Umsatzes wurde von der Verarbeitungsanlage in Indianola erzielt. Und Sam Hinote glaubte, daß die Industrie ihren Umsatz innerhalb weiterer zehn Jahre auf eine Milliarde Dollar würde steigern können.

Auch wenn der Mensch nie die absolute Kontrolle über andere Lebewesen haben wird – die Cannery Row etwa wurde stillgelegt, weil die Sardine aus dem küstennahen Meer verschwand – und niemand sicher sagen kann, was – welche Mutationen, welche Schwächungen – den Wels als Folge dieser intensiven Zucht ereilen mag, ist die Entwicklung dieser Gegend, die Louise noch als malariaträchtige, überschwemmungsgefährdete, von wilden Blumen geschmückte Wildnis kannte und in der nun die roten Innereien von Fischen, die erst Stunden zuvor am Ende ihres Lebenszyklus aus dem Teich genommen wurden, auf rote Laster gekippt werden, zweifellos erstaunlich.

Keine Landschaft kann es mit der Landschaft unserer Kindheit aufnehmen. Louise, obwohl Tochter eines Pflanzers, empfand das »riesige Baumwollfeld«, zu dem die Pflanzer das Delta gemacht hatten, als Verstümmelung des Waldes, den sie als Kind gekannt hatte. Und für Mary, die vierzig Jahre später im Delta geboren war, würde keine Landschaft je dem flachen, abgeholzten Land gleichkommen, auf dem sie groß geworden war.

Sie sagte: »Ich finde, es gibt nichts Schöneres als dieses flache, flache Land und den weiten, weiten Himmel.«

Sie zeigte mir gerade das kleine Landstädtchen Canton, knapp 25 Kilometer nördlich von Jackson, und lieferte mir den Hintergrund für eine Schäbigkeit, die ich bereits bei einer früheren Fahrt durch den Ort wahrgenommen hatte, ohne sie zu verstehen. Mir waren nur die desolate Atmosphäre auf der Hauptstraße und die große Anzahl von Schwarzen in diesem Ort aufgefallen, in dem es kaum etwas zu tun zu geben schien. Als Mary jetzt mit mir durch die Straßen rund um den Platz im Stadtkern fuhr, traten plötzlich, wie schon an so vielen Orten in den Südstaaten, die verschiedenen Lagen der Geschichte zutage.

Die Stadt war Mitte der 1830er Jahre entstanden. Doch die meisten Gebäude auf diesem Platz waren innerhalb der zwanzig Jahre von 1890 bis 1910 gebaut worden. Der Bürgerkrieg war dazwischengekommen, und in einer Straße nicht weit von dem Platz stießen wir auf die erste Erinnerung daran.

Es war eine Straße mit hübschen alten Häusern, in denen aber Schwarze wohnten. Einige davon sahen wir auf ihrer Veranda sitzen. Auf halber Länge der Straße befand sich eine Grünfläche mit einem Obelisken aus grauem Marmor. Auf der einen Seite stand: *Errichtet von W. H. Howcott zum Gedenken an die braven und treuen Diener, die den Harvey Scouts durch die Wechselfälle des Bürgerkrieges folgten.* Auf einer anderen Seite: *Meinem treuen Diener und Freund Willis Howcott, einem farbigen Burschen von seltener Treue und Verläßlichkeit, dem ich in tiefem Dank ein ehrendes Andenken bewahre. W. H. Howcott.* Und auf der dritten Seite: *Treu, gewissenhaft und ehrlich waren sie bis auf den letzten Mann.* Die vierte Seite des Obelisken war leer.

Der Sklave, Willis, hatte den Namen seines Herrn angenommen. War der »farbige Bursche«, der mit seinem Herrn in den Krieg gezogen war, wirklich nur ein Bursche gewesen, oder war er ein Mann gewesen, der bis zu seinem Tod der »Bursche« blieb? Es mangelte nicht an echtem Gefühl, aber war dieser Obelisk, der nach dem Krieg errichtet wurde, um die Treue von Sklaven zu preisen, nicht auch eine Provokation?

Der Obelisk stand in einer von Schwarzen bewohnten Straße. Das Denkmal für die Harvey Scouts stand auf dem weißen Friedhof, woanders. Und das Sklavendenkmal wurde nach wie vor gepflegt. Der Rasen rund um den grauen Obelisken war sauber gemäht, am Sockel stand ein künstlicher Blumenstrauß. Auf den Veranden ringsum saßen Schwarze. Und weitere Schwarze liefen an uns vorüber, während wir den Obelisken anschauten. Störten sie sich denn nicht an ihm?

Nein, sagte Mary. Aber bisher habe ihnen das alles auch noch niemand erläutert. Wenn eines Tages jemand käme und ihnen bestimmte Dinge erläuterte, würde es ihnen vielleicht sehr wohl etwas ausmachen.

Auf dem weißen Friedhof ein paar Straßen weiter stand an zentraler Stelle das Denkmal für die Harvey Scouts. Es war ebenfalls ein Obelisk, aber weniger schlicht als der für die Diener. Zwei gekreuzte Fahnen, ein Stern und eine Mondsichel waren darauf eingemeißelt, und an der Plinthe war eine metallene Gedenktafel angebracht. Auch ein Vers war eingemeißelt:

Der Trommelschlag ist längst verklungen,
wo tapfre Krieger, viel besungen,
den blanken Stahl beherzt geschwungen,
geführet von Ad Harvey.

Die schwache letzte Zeile störte; sie brachte einen auf den Gedanken, die ersten drei Zeilen könnten geklaut sein. Doch auch von Aufopferung war zu lesen: *Capt Addison Harvey, geboren im Juni 1837, gefallen am 19. April 1865. Kurz bevor die Landesflagge auf immer eingerollt wurde, ersparte ihm der Tod den Schmerz der Niederlage.*

Am hinteren Ende des Friedhofs, nicht weit von der Ecke mit alten jüdischen Gräbern entfernt, standen hintereinander etliche Fünferreihen kleiner Grabsteine mit der Aufschrift: *Unbekannter Soldat der Konföderiertenarmee.* Erschreckend, hier auf diesem Kleinstadtfriedhof, der Gedanke an so viele nicht identifizierte Soldaten. Die Leichen oder deren Überreste waren, so Mary, vermutlich einige Zeit nach dem Krieg zusammengetragen worden. Die Grabsteine hatte man wohl in den 1870ern errichtet. Das Harvey-Denkmal sowie das Denkmal für die schwarzen Diener waren wiederum später aufgestellt worden.

Der Friedhof wurde noch genutzt. Andere Leute mit ernsteren Beweggründen fuhren die Wege entlang, wie auch wir es getan hatten. Es gab zwei frische Gräber, von grünen Planen bedeckt, auf denen der Name des Bestattungsinstituts stand, Breeland. Und ganz in der Nähe befand sich auch das Familiengrab des Bestattungsunternehmers, auf dessen großem Stein ebenfalls *Breeland* stand. Mary sagte: »Manche Leute halten das für Werbung.«

Obwohl so klein, war Canton nach Rasse und sozialer Schicht geschieden. Die Eisenbahnlinie trennte die gute Seite der Stadt von der schlechten. Auf der schlechten, der schwarzen Seite waren viele Häuser baufällig, und es waren größtenteils »Shotgun Houses«, ein Zimmer vorne, ein Zimmer hinten, die Häuser dicht nebeneinander gebaut. Es gab noch andere, bessere schwarze Wohnviertel, aber selbst mit den neueren Siedlungen schien es bergab zu gehen. In Canton war offenbar nicht viel los. In einem älteren Teil der Stadt befanden sich die Siedlungen, die im Zusammenhang mit der Holzindustrie entstanden waren, als es diese noch gab. In Milltown hatten die weißen Arbeiter gewohnt. Daneben war die schwarze Wohngegend, deren Name an die Sklavenunterkünfte der Plantagen erinnerte: Sawmill Quarters.

Es gab nach wie vor eine Möbelfabrik in Canton, und außerhalb der Stadt lagen zwei oder drei weitere Fabriken. Aber das Industriegebiet sah furchtbar aus. Es ähnelte einem tropischen Slum. Später, auf dem Gelände des Country Club – dessen Mitglieder Angehörige der gehobenen Berufsstände aus Canton und Jackson waren –, war es nur schwer vorstellbar, daß diese beiden Gebiete das gleiche Klima und die gleiche Vegetation teilten. In dem einen Gebiet schien die Sonne Bestandteil der Verwahrlosung und der Apathie zu sein. In dem anderen kam einem das Sonnenlicht zwischen hohen Bäumen und gepflegten Fahrwegen wie ein Bestandteil der Privilegiertheit dieses Ortes vor.

»Sonne«, »Sonnenlicht« – für mich waren das immer sehr verschiedene Worte gewesen. »Sonnenlicht« war ein schönes Wort; »Sonne« war härter, es war das, was in Trinidad gegen acht Uhr morgens, wenn es Zeit war, in die Schule zu gehen, aus dem frühmorgendlichen Sonnenlicht wurde. In meiner Kindheit lautete der Slogan auf dem Etikett des Trinidader Grapefruitsafts: »Im tropischen Sonnenlicht gereifte Früchte«. Mir hatte das immer zu hübsch geklungen. »In heißer Sonne gereifte Früchte« hätte dem Klima, in dem ich lebte, eher entsprochen; aber das hätte wohl nicht so einen guten Slogan abgegeben. »Tropischer Sonnenschein« – das waren für mich immer Touristenworte gewesen, und für jemanden, der nichts anderes kannte, konnten sie ja auch tatsächlich keine rechte Bedeutung haben.

Heute die Krise von Landwirtschaft und Industrie; zwanzig bis dreißig Jahre zuvor die Bürgerrechtsbewegung; davor die Weltwirtschaftskrise; die Phase der Reconstruction; der Bürgerkrieg – wenn man die verschiedenen Lagen der Geschichte betrachtete, deren Denkmäler oder Überreste man in einem Ort wie Canton vorfand, schien es, als hätten sich die Südstaaten von einer Krise zur nächsten bewegt. Und im Hintergrund all dessen die Institution, die den meisten dieser Krisen zugrunde lag oder sie verschärft hatte: die Sklaverei, die zu diesem heutigen Überfluß an Schwarzen geführt hatte, an Menschen, die im Maschinenzeitalter nicht mehr gebraucht wurden.

Mary sagte: »Es ist wirklich frustrierend – ich weiß, daß dieses gewaltige Problem zu meinen Lebzeiten nicht gelöst werden wird. Es bricht einem das Herz, zu sehen, wie diese Menschen leben müssen. Und es verhindert jeden Fortschritt in dieser Gegend, sowohl wirtschaftlich als auch kulturell. Diese Leute lesen keine Bücher, nicht einmal Zeitungen. Es gibt nur das Fernsehen. Einige von ihnen können wahrscheinlich nicht mal lesen. Jedenfalls nicht so wie Sie oder ich. Sie können vielleicht ein Schild lesen, aber keinen Gedanken, nichts Abstraktes.«

Auf unserer Fahrt durch die Stadt hatte sie mir das rote Backsteingebäude einer ehemaligen Highschool gezeigt, das nach der Aufhebung der Rassentrennung zum Möbelladen umfunktioniert worden war.

»Angesichts der Schülerzahlen an den staatlichen Schulen wurde das Gebäude überflüssig.« Sie meinte, daß die Weißen ihre Kinder von den Schulen genommen und sie statt dessen auf private, meist christliche Institute geschickt hatten. Doch für manche war das inzwischen zur finanziellen Belastung geworden, so daß die Leute begannen, das staatliche Schulsystem wieder in Betracht zu ziehen. »Ermutigt hat mich in letzter Zeit, daß einigen Leuten hier, die sich niemals als Liberale bezeichnen würden, allmählich klar wird, wie eng das Schulsystem mit der Zukunft dieser Stadt verknüpft ist.«

»Herrscht wegen der Aufhebung der Rassentrennung noch Verbitterung?«

»Von der Verbitterung der sechziger Jahre ist viel auf die nächste Generation übergegangen. Aber heute ist es eher ein wirtschaftlich begründeter Groll. Groll über die Sozialhilfe, die Lebensmittelgutscheine zum Beispiel, oder diese Geschichte, wo man Milch und Babynahrung für Säuglinge bekommt. Natürlich ärgert es die Leute, die hart für ihre Familie gearbeitet haben, wenn sie sehen, daß andere einfach so bekommen, wofür sie selbst hart arbeiten mußten. Medicare ist auch so ein Fall. Es gibt Ambulanzen, in denen die Leute entsprechend ihrem Einkommen bezahlen. Was bedeutet, daß sie vom Staat unterstützt werden – also mit der Einkommenssteuer anderer Leute.

Ich bin nicht sentimental, was die Rassenfrage angeht, ich glaube nicht, daß wir alle Brüder sind. Die Menschen sind einfach zu verschieden. Ich glaube an Gott, aber ich bin nicht religiös. Wir sind hier im Bible Belt. Aus irgendeinem Grunde haben die Menschen in den Südstaaten ein ungeheures Glaubenspotential – die Schwarzen wie die Weißen. Wenn ich in einen Gottesdienst gehe, wo die Leute ausgesprochen fromm sind, habe ich das Gefühl, daß mir etwas fehlt. Aber das geht vorbei. Die Religion hat hier etwas sehr Geselliges – gemeinsame Abendessen, gelebte Gemeinschaft, solche Sachen. Und ich bin wohl einfach kein besonders geselliger Mensch.«

»Wann haben Sie sich zum ersten Mal als Südstaatlerin gefühlt, als jemand, der anders ist?«

»Das war bei mir schon immer so. Wir sind da sehr stolz darauf. Wir sind durchdrungen von diesem Gefühl, daß die Südstaaten etwas Besonderes sind. Meine Familie war immer sehr an dem literarischen Aspekt interessiert. Wir sind hier sehr stolz auf unsere Schriftsteller.«

Und was war mit der anderen Seite? Der Bigotterie, der Gewalt? Gab es eine Sichtweise, die das alles in sich vereinbarte?

»Ich war mir dieser anderen Seite bewußt. Der Gewalt, der Benachteiligungen. In meiner Kindheit gab es einen ausgesprochen häßlichen Vorfall, den Mord an Emmett Till. Das war ein schwarzer Junge aus Chicago, der hier zu Besuch war. Er wurde erschossen, weil er angeblich einer weißen Frau nachgepfiffen hatte, die in einem kleinen Laden in einer ländlichen Gegend arbeitete. Das ist alles in der Nähe von Greenwood passiert, wo wir damals wohnten. 1955 war das, ich war elf. Ich weiß noch, daß ich es zuerst in der Zeitung las. Ich hatte eine Freundin, die kannte die Leute aus dem Laden. Und ich weiß noch, daß in der Schule behauptet wurde, das stimme alles nicht, er lebe immer noch in Chicago, das sei bloß ein Versuch, Mississippi schlechtzumachen. Aber ich wußte schon mit elf, daß das eine erbärmliche Einstellung war und daß Leute, die so dachten, derselben Gesellschaftsschicht angehörten wie die Frau in dem Laden.«

Da war sie wieder, diese Betonung der Klassenunterschiede. Wie waren sie im Delta zum Tragen gekommen, wo die Menschen doch ein so isoliertes und räumlich begrenztes Leben geführt hatten?

Mary sagte: »Meine Großmutter pflegte von manchen Leuten zu sagen, das seien keine von uns. Das war wahrscheinlich ihr Lieblingssatz. Sie war sich sehr klar darüber, wer einer von uns war und wer nicht.«

»Und wer zählte dazu?«

»Im allgemeinen Leute, die nicht nur vorübergehend hier waren, sondern schon seit geraumer Zeit hier lebten. Deren Familie man kannte. Und wenn sie, sagen wir, aus Lafayette County hergezogen waren, dann kannte man ihre Familie eben auch.«

»Aber abgesehen von ein paar Leuten in Natchez lebt hier doch keine Familie seit mehr als fünf Generationen.«

»Richtig. Es bedeutete einfach, daß man wußte, das sind Leute wie man selbst. Leute, die sich zu benehmen wußten. Die nicht ›Nigger‹ sagten. Und die nicht ›ain't‹ sagten. Leute, die ›Nigger‹ und ›ain't‹ sagten, waren keine von uns – wer das sagte, war auf der Stelle unten durch. In puncto Manieren verstand meine Großmutter keinen Spaß. Wenn man die Ellbogen auf den Tisch legte, griff sie – sofern man sich nicht in Gesellschaft befand – nach einem dieser schweren Silbermesser und schlug einem gegen den Ellbogen. Damals hatten die Leute noch schweres Silberbesteck, keins aus Edelstahl. Ich glaube, wir verhielten uns so, weil wir aufrichtig glaubten, daß der Süden die beste Gegend der Welt war. Was die Fakten angeht – meine Großmutter kam aus Alabama. Sie lebte seit ihrer Hochzeit in Mississippi. Ich erinnere mich noch daran, wie meine Eltern mit mir redeten und mir das Rassenproblem zu erklären versuchten. Und da das keiner wirklich begriff –«

Das war ein interessanter Gedanke. Ich sagte: »So hat mir das noch niemand dargestellt.«

»Ich glaube das wirklich. Daß sie das Rassenproblem nicht begriffen. Ich glaube, sie begreifen es heute noch nicht. Ich weiß, daß, sagen wir, die Generation meiner Großmutter – die Weißen und Schwarzen dieser Generation standen sich auf eine Weise nahe, wie es das heute gar nicht mehr gibt. Damals hatte niemand Geld. Die Weltwirtschaftskrise, Sie wissen schon. Die Schwarzen waren arbeitsmäßig zum Großteil von den Weißen abhängig – sie arbeiteten in deren Häusern, Gärten und so weiter. Aber die Weißen waren auch von den Schwarzen abhängig. Ich glaube, damals herrschte mehr Respekt zwischen den Rassen.«

»Von außerhalb stellte sich das aber nicht so dar. Immerhin gab es doch die Lynchmorde.«

»Die gab es, genau. Aber die Leute, von denen ich gesprochen habe – und vermutlich neigen die Menschen viel stärker zur Gewalt, als mir klar ist –, die Leute, die diese Unmenschlichkeiten begingen, waren nicht typisch für die Gesamtheit.«

»Was empfinden Sie, wenn Sie Canton in diesem Zustand sehen? Die Stadt, die Sie mir gezeigt haben.«

»So eine Frage empfinden wir hier als Kritik.«

»Nein, nein, so habe ich das nicht gemeint.«

»Was habe ich Ihnen denn gezeigt? Gebäude und Felder.«

»Sie haben mir viel gezeigt, was ziemlich heruntergekommen war. Vieles, was der Geschichte nicht würdig ist.« Womit ich meinte – ich hatte es allerdings nicht präzise ausgedrückt –, daß Canton, ließ man den Friedhof und den Platz in der Stadtmitte einmal beiseite, im Prinzip nichts anderes war als ein moderner Slum. Das Land, die Umgebung waren nur schwer mit der bedeutenden und komplizierten Geschichte in Verbindung zu bringen. Wie erhielt Mary in einem solchen Umfeld ihr Geschichtsbewußtsein aufrecht?

Mary sagte: »Vielleicht ist es der Geschichte nicht würdig. Aber Armut und Entbehrungen sind ja nun nicht auf die Südstaaten beschränkt. Meiner Meinung nach gehen wir die wirtschaftlichen Probleme derzeit energischer an als je zuvor. Und man geht die Probleme der Schwarzen und der Weißen als die einer Gruppe an.«

»Was mögen Sie an den Südstaaten?«

»Man fühlt sich hier aufgehoben. Und ich mag die Leute, obwohl ich keine engere Beziehung zu ihnen habe. Aber wenn irgendein Unglück geschähe, würden sie sich zusammentun und helfen, auch ohne daß sie mit mir verwandt sind. Und daß die Vergangenheit so präsent ist, hat etwas Befriedigendes – obwohl meine Familie nicht hier aus der Gegend stammt. Wie hat Faulkner noch gleich gesagt? Die Vergangenheit ist wirklicher als die Gegenwart? Ich habe es nicht mehr genau im Kopf. Aber wir leben alle mit der Vergangenheit. In städtischeren Gegenden legt man vielleicht nicht soviel Gewicht auf die Vergangenheit. Aber uns beschäftigt sie sehr. Manche Leute meinen, das läge daran, daß wir den Krieg verloren haben.«

Und so waren wir fast wieder da angelangt, wo wir begonnen hatten. Ich hatte beim Anblick einer militärisch aussehenden Figur auf einem Denkmal gefragt, ob der Mann die Uniform der Konföderierten trage. Aber das Denkmal war nicht, wofür ich es gehalten hatte. Und Mary hatte gesagt: »Es gab keine Uniform. Am Ende konnten sie froh sein, wenn sie Schuhe hatten.«

William sagte: »Die Nordstaatler meinen, sie wüßten besser als wir über die Probleme und die Leute hier unten Bescheid. Die meinen, sie wüßten, wie der Schwarze denkt und wie der Weiße denkt. Was den Schwarzen angeht, haben sie ordentlich danebengehauen.« Der Norden habe den wirtschaftlich aktiveren Süden 1860 nachhaltig geschädigt; und nach dem Zweiten Weltkrieg habe er es noch einmal getan.

Ich bat ihn, das auszuführen.

Er sagte: »Lassen Sie uns erst über ein paar andere Dinge reden, bevor Sie sich Notizen machen.«

Ich steckte mein Notizbuch weg, und wir begannen über Allgemeines zu reden. Er war Geschäftsmann, stammte aus einer prominenten Familie Mississippis. Er war Mitte Vierzig, hielt sich gern im Freien auf, war athletisch und gutaussehend. Er schien in vielfacher Hinsicht gesegnet. Doch schon nach wenigen Minuten Unterhaltung wurde offensichtlich, daß er ein Mensch war, für den die Religion außerordentlich wichtig war. Seine Ansichten, selbst die harten Urteile, die er zu Beginn unseres Treffens geäußert hatte, waren in seine Vorstellung von einem gottgefälligen Leben eingebettet. Und an diesem Punkt setzten wir dann von neuem an.

Wir saßen in Schaukelstühlen vor seinem Schreibtisch; die Veranda-Tradition, auf ein klimatisiertes Büro übertragen.

Wiilliam sagte: »In der Bibel steht, daß Gott denen hilft, die sich selbst helfen, und ich glaube das wirklich. Ich finde, es gibt nicht genügend Menschen, die versuchen, sich selbst zu helfen. Und die Hilfe, die sie benötigen, besteht meiner Meinung nach nicht in einem Scheck.«

Ich fragte ihn, wie er zu seinem Glauben gekommen sei.

»Meine Großeltern auf beiden Seiten waren in der Baptistenkirche sehr aktiv. Und meine Eltern waren und sind sehr engagierte Kirchenmitglieder. Ich kann mich nicht erinnern, daß wir irgendwann mal nicht gebetet oder in der Bibel gelesen hätten. Ich habe mit sieben mein Glaubensbekenntnis abgelegt. Zuerst bin ich zu meinen Eltern gegangen – nachdem ich die Lehrer in der Sonntagsschule von Jesus und Gott dem Herrn hatte erzählen hören. Und ich glaube wirklich daran, daß er aus dem Himmel herabgestiegen ist, unter uns gelebt hat und für uns gestorben ist, damit wir zu ihm in den Himmel kommen können. Irgendwann schließlich sagte ich dann öffentlich: »Ich möchte Jesus annehmen.« Und ich bekam zur Antwort: »Gut, gehen wir zum Prediger.« Der unterhielt sich dann mit mir. Meine Gefühle wurden wohl für tief genug befunden, und so wurde ich mit sieben getauft. Ich bin in und mit dem Glauben aufgewachsen, ich habe ihn angenommen, und ich habe mich zu ihm bekannt.

Ungefähr um diese Zeit hatte ich einen Traum, der mir allerdings erst Jahre später wieder eingefallen ist. Ich übernachtete bei meiner Großmutter, schlief auf der Veranda. Und ich erinnere mich, wie ich mich im Bett aufsetzte – ich war sehr abrupt aufgewacht – und dachte, ich sähe Jesus Christus durch die Hintertür hereinkommen. Die Tür hatte einen kleinen Türklopfer, eine Holzkugel an einer Schnur, und ich hörte, wie dieser Türklopfer betätigt wurde und die Tür aufging. Und da hatte ich diese Vision, daß Jesus Christus durch die Tür hereinkam. Ich blieb die ganze Nacht auf, das weiß ich noch, weil ich sehen wollte, ob er auch wieder durch die Hintertür gehen würde. Aber er ging nicht. Erst vor sechs oder sieben Jahren habe ich wieder an diesen

Traum gedacht. Ich war auf dem Highway unterwegs, und ganz plötzlich schoß er mir durch den Kopf. Und in dem Moment begriff ich, daß Jesus damals in meinem Herzen Einzug gehalten hat. Und daß ich ihn deshalb nicht aus der Hintertür wieder hatte hinausgehen sehen, weil er bei uns geblieben war. Ich habe über diese Geschichte nicht mit meiner Familie geredet; aber ich erinnere mich an den Traum und an die ganze Nacht, als wäre es gestern gewesen. Ich glaube, daß Jesus Christus an diesem Tag in meinen Herzen Einzug gehalten hat und seither nicht mehr gegangen ist.«

»Hat das Ihre Einstellung zu anderen Menschen verändert?«

»Ich hoffe, daß ich geduldiger bin. Ich hoffe, daß ich eher das Gute in anderen Menschen sehe als ihre Unzulänglichkeiten. Auf jeden Fall versuche ich, ein kurzes Gedächtnis für schlechte Erfahrungen zu haben. Ich versuche, zu vergeben und vergessen.«

»Und wie steht es mit Ungläubigen? Was halten Sie von denen?«

»Ich habe das Gefühl, wenn ich ihnen ein Beispiel gebe, kann ich sie dadurch vielleicht ermuntern, sich dem Glauben anzunähern. Und wenn jemand einen anderen Glauben hat als ich, achte ich ihn deshalb nicht weniger.«

»Haben Sie das Gefühl, in einem religiösen Umfeld zu leben?«

»Ja, durchaus. Ich bin mir nicht sicher, ob die Zahl der Gläubigen entsprechend dem allgemeinen Bevölkerungszuwachs zunimmt. Ob die Mitgliedschaft in der Kirche entsprechend zunimmt. Aber ich weiß sehr wohl, daß es viele Christen gibt. Ich fand es ermutigend, daß die Leute Gary Hart seine Affäre mit Donna Rice nicht haben durchgehen lassen. Und was das Christentum in diesem Land und das Wirken des Herrn betrifft, bin ich sehr optimistisch.«

»Warum sind Sie nicht selbst in der Kirche?«

Er mißverstand meine Frage. »Ich war gestern abend bis um neun Uhr dort.«

»Nein, nein – ich meinte, warum sind Sie nicht Geistlicher geworden?«

»Ich glaube, daß Gott für jeden von uns einen Wunsch hat, einen Plan. Er will von jedem, daß er etwas Bestimmtes tut. Wären wir alle Architekten, dann hätten wir alle wunderschöne Häuser. Aber es gäbe keine Farmer, die Nahrungsmittel produzieren. Ich glaube, Gottes Schöpfungsplan sieht vor, daß diese Welt aus vielen verschiedenen Menschen besteht. Und er braucht Arbeiter auf allen verschiedenen Gebieten.«

»Haben Sie deshalb diese Meinung über Leute, die nicht arbeiten?«

»Ich habe das bisher nie so ausgedrückt. Aber wahrscheinlich ist es so.«

»Glauben Sie, der Mensch muß arbeiten?«

»Keine Frage. Der Herr hat den Garten Eden geschaffen und ihn Adam und Eva gegeben, und als sie sündigten, hat er sie aus dem Garten Eden verjagt und ihnen befohlen zu arbeiten.«

»Sie glauben, daß die Menschen immer noch diese Sünde abarbeiten?«

»Ich habe nicht das Gefühl, daß ich diese Sünde abarbeite. Aber ich glaube, daß wir alle sündigen. Der Mensch ist nun einmal sündig – das ist und bleibt so, und damit müssen wir auch heute umgehen. Es ist meine feste Überzeugung, daß wir sechs Tage arbeiten und am siebenten Tag ruhen sollen. Gott spricht davon, daß er jedem Menschen bestimmte Gaben verleiht, und er fordert uns auf, von ihnen Gebrauch zu machen. Und ich glaube, daß Arbeiten eine wichtige Form ist, von diesen Gaben Gebrauch zu machen. Manche Leute arbeiten als Schriftsteller, als Farmer, als Architekten. Das sind alles Gaben, die sie von Gott verliehen bekommen haben.

Vor ein paar Monaten hat jemand meinem Vater geschrieben. In dem Brief stand: ›Meine Arbeit macht mir Spaß – aber wie kann ein erfolgreicher Geschäftsmann weiterhin ein guter Christ sein? Soll ich bei meinen Geschäften bleiben, oder soll ich wieder in der Kirche tätig werden?‹ Mein Vater schrieb ihm zurück und erläuterte, warum es notwendig sei, daß ein christlicher Geschäftsmann draußen in der Welt tätig ist. Selbst unser Prediger hier hat schon mehrmals gesagt, ihm sei so manche Tür verschlossen, seit die Fernsehprediger sich dermaßen in Schwierigkeiten gebracht hätten und in einem so schlechtem Licht daständen; die Verantwortung, Menschen zu Gott zu führen, liege mehr und mehr auf den Schultern von Laien.«

»Manche Leute behaupten, es sei das Werk des Teufels, daß diese Fernsehprediger in Schwierigkeiten stecken.«

William meinte: »Wenn ich mit etwas scheitere, dann scheitere ich. Ich finde, man muß die Konsequenzen seines Scheiterns selbst tragen. Ich weiß, daß es auch äußere Kräfte gibt, die gegen mich arbeiten. Aber das weiß ich, bevor ich anfange. Also kann ich den schwarzen Peter nicht einfach weitergeben. Vielleicht hat mich der Teufel dazu gebracht, so zu handeln, aber es bleibt trotzdem mein eigenes Problem, meine eigene Verantwortung. Letztlich muß ich dafür Rechenschaft ablegen.«

Ich bat ihn, über das Thema Rechenschaft zu sprechen.

Er zog scharf den Atem ein. »Puh! Schwierig, dazu öffentlich etwas zu sagen. Es läuft letzten Endes wohl auf das hinaus, was ich von Mom und Dad gelernt habe: Wenn man Verantwortung trägt, ist man auch Rechenschaft schuldig. Je mehr Verantwortung man trägt, desto mehr Menschen sind betroffen. Und ich glaube, meine größte Verantwortung ist die Rechenschaft, die ich Christus schulde. Das ist für mich auch der Hintergrund zu dem, was Mom und Dad mich über Verantwortung und Rechenschaft lehrten. Am meisten ist wohl meine Familie von mir abhängig. Dann sind da die Leute, mit denen ich geschäftlich verbunden bin, sie haben mir eine gewisse Verantwortung übertragen, und ich schulde ihnen Rechenschaft. Und als Geschäftsleute haben wir den Kunden zu dienen, womit wir einer weiteren, wieder anderen Gruppe von Leuten Rechenschaft schuldig sind, Leuten, die wir nie zu Gesicht bekommen.

Sie haben mir von Ihrer Besichtigung der Welsfarm erzählt. Diese Welse gehen in die ganze Welt hinaus. Und der Farmer muß dafür sorgen, daß der Geschmack stimmt – für den Menschen, der diesen Wels schließlich essen wird, wo immer der Fisch letztlich gelandet ist. Wenn wir es richtig machen, kommen die Leute wieder. Machen wir es falsch, kommen sie nicht wieder.«

Die religiösen Vorstellungen von Arbeit, einer Rechenschaftspflicht und einer gottgegebenen Begabung stimmten also mit einem soliden Geschäftsgebaren überein. Auch bei anderen religiösen Gruppierungen gab es das, diese Übereinstimmung von Frömmigkeit und Geschäftssinn: die eine Form der Hingabe ermuntert zu, ja wird zu der anderen Form der Hingabe. Das galt für bestimmte hinduistische Nebenkasten wie auch für bestimmte minderheitliche oder häretische Sekten im Islam. Aber Religionen und Kulturen haben eine eigene Identität. Sie sind nicht austauschbar. Die Vorstellung eines gottgegebenen Talents ist in der hinduistischen Vorstellung des *dharma* enthalten; aber die religiösgeschäftliche Hingabe der Hindus unterscheidet sich von der Hingabe, von der William sprach. Auch wenn das Geschäftsgebaren des hinduistischen Geschäftsmannes noch so sehr von der Idee des Dienens erfüllt zu sein scheint, so hat er doch nur eine Verpflichtung gegenüber Gott, nicht aber gegenüber den Menschen.

Von dieser Verpflichtung gegenüber den Menschen sprach William jetzt. Er sagte: »Für mich hätte das Leben ohne Religion keinen Sinn. Erst die Religion gibt unserem Hiersein einen Sinn. Dieser Sinn besteht darin, Gott zu dienen. Und unsere einzige Möglichkeit, ihm zu dienen, ist, daß wir den Menschen dienen. Wir können Gott nichts geben, was er nicht bereits hätte. Da haben wir keine Chance. Es gibt nichts, was er nicht schon hätte – bis auf unser Herz.«

William widmete einen Teil seiner Freizeit der Gemeindearbeit. Ab und zu hielt er »Andachten«, ab und zu Sonntagsschule, und er war bei den Pfadfindern tätig. Beurteilte er, da er derart von der Kirche erfüllt war, andere Menschen nach dem Grad ihrer Gläubigkeit?

Er verstand die Frage als halb politisch, als mit der Rassenfrage und dem Prinzip der Chancengleichheit verknüpft. Er antwortete – verwirrenderweise, sofern man eben nicht begriff, daß er eine semi-politische Frage zu beantworten meinte –: »Ich versuche, eine Person nicht als Person zu beurteilen. Dazu fehlen mir einfach die nötigen Informationen. Was ich versuche, ist, das Handeln des Betreffenden gegen die Arbeit, die zu tun ist, abzuwägen und zu beurteilen – seine Stärken und Schwächen abzuwägen, so gut ich sie erkennen kann. Früher wurde mir immer gesagt: Der oder jener ist genau der Richtige für diese Stelle. Vielleicht stimmte das, vielleicht auch nicht. Aber so etwas hat immer zur Folge, daß der Betreffende intuitiv weiß: ›Ich bin deshalb hier, weil man dir gesagt hat, daß du mir diese Stelle geben sollst. Meine Leistung spielt keine Rolle. Deshalb ist es ganz egal, was ich hier tue.‹ So geht jeder Anreiz, jede Motivation verloren.«

Aber William sagte das alles in müdem Ton, so als hätte

er es wieder und wieder gesagt und den Glauben daran verloren, daß diese völlig offensichtlichen Erkenntnisse jemals Beachtung finden würden.

Dann schaukelte er ein wenig in seinem Stuhl, ließ von der Frage der Chancengleichheit ab und sagte: »Ich habe einen gesunden Respekt vor den frühen amerikanischen Ureinwohnern. Sie waren, glaube ich, wirklich davon überzeugt, daß Gott in allen Dingen dieser Welt existiert, in den Steinen, den Bäumen, den Büschen, den Tieren – Gott war in allem, und sie selbst waren Teil davon. Ich glaube, die frühen amerikanischen Ureinwohner hatten einen geradezu ehrfürchtigen Respekt vor der Natur. Für sie war das Leben eines Grashalms genauso wichtig wie das Leben eines Bisons. Sie unterschieden da überhaupt nicht. Und wahscheinlich war ihnen mehr als jedem heutigen Wissenschaftler klar, daß alles auf dieser Erde zusammenhängt. Sie begriffen, welche Kettenreaktion entsteht, wenn man irgend etwas in der Natur aus dem Gleichgewicht bringt. Und weil sie eine solche Achtung vor allem Lebendigen empfanden, achteten sie auch den Menschen auf eine Weise, wie wir es wohl nie wieder erleben werden.«

»Woher haben Sie ihr Wissen über die Indianer?«

»Ich habe ein paar Bücher gelesen. Ich bin ein paar Mal in den Westen gefahren und habe mit ein paar Indianern am Straßenrand gesprochen. Und ich war beeindruckt von der minutiösen Aufmerksamkeit, die sie noch den kleinsten Details schenken. Auf jede Handlung erfolgt eine Reaktion. Am meisten bekümmert mich heute, daß überall, wo eine neue Straße oder ein neuer Straßenabschnitt gebaut und Land gerodet wird, Pflanzen- und Tierleben unwiederbringlich zerstört wird. Das Verstörende daran ist für mich, daß das ohne jedes Bewußtsein, ohne Teilnahme geschieht. Es geht nur ums Geld.

Legen Sie sich mal bäuchlings auf den Boden. Schauen Sie sich eine Dreiviertelstunde lang das Stück Wiese vor Ihnen an. Beobachten Sie das Leben, die Insekten. Und dann vergrößern Sie das auf den Umfang eines Bauprojekts.«

»Aber Mississippi braucht doch Investitionen.«

»Ich weiß nicht, wie man das lösen kann. Je mehr Teilnahme man für diese kleinen Dinge, für diese Seite des Lebens empfindet, desto mehr Teilnahme wird man auch für seinen Nachbarn empfinden.«

Die Verpflichtung gegenüber anderen Menschen; Gott zu dienen, indem man den Menschen dient – darauf kam William nun noch einmal zu sprechen.

»Meiner Meinung nach müssen Mensch und Natur harmonieren. Der Herr hat uns die Erde gegeben, damit wir uns um sie kümmern. Viele meiner Ansichten sind in der Religion und Gottes Schöpfung verankert.«

Mir schien, jetzt könnten wir das aufgreifen, was er am Anfang gesagt hatte, daß nämlich die Nordstaaten in der Vergangenheit die Wirtschaft der Südstaaten nachhaltig zu schädigen gesucht hätten. Aber noch wollte er auf diesen Aspekt nicht zu sprechen kommen. Er zog es vor, noch ein wenig bei seinen eher mystischen Gedanken zu verweilen.

Ich hatte nach und nach begriffen, daß sein fundamentalistischer Glaube – der von außen so einengend wirkte – tatsächlich in sich geschlossen und flexibel war. Die Mischung aus Altem und Neuem Testament, aus dem Leben Jesu und der Schöpfungsgeschichte ergab ein Ganzes. Die Heiligkeit der erschaffenen Welt, ein vom Gewissen bestimmtes Leben, die Nächstenliebe – das alles ging Hand in Hand und schien dem Menschenschlag und der Geschichte Mississippis zu entsprechen: die Liebe zur Natur und das Leben im Freien, die Bewunderung für den Pantheismus der Indianer, die Wichtigkeit von Familie und Gemeinschaft, der Ärger über jede Einmischung von außen, die manchmal geradezu als Einmischung in einen religiösen Kodex empfunden wurde.

William sagte über seine Gläubigkeit: »Ich trage sie nicht zur Schau. Ich hoffe, daß ich nicht damit protze. Sie ist einfach ein Teil von mir. Ich will kein Tugendbold oder Moralapostel sein, das entspricht mir überhaupt nicht. Ich möchte einfach Teil von Gottes Schöpfung sein. Alles auf dieser Erde trägt seine Handschrift. Und je mehr Respekt wir vor der Schöpfung haben, desto mehr Respekt haben wir auch vor unseren Mitmenschen.«

Nach Tallahassee und Tuskegee hatte ich in Mississippi die Verhältnisse einmal aus dem Blickwinkel der Weißen betrachten wollen, soweit mir das möglich war. Doch nicht lange nach meiner Ankunft legte man mir nahe, angesichts des hohen Prozentsatzes an Schwarzen in Mississippi und der Möglichkeit, daß Jackson bald einen schwarzen Bürgermeister haben würde, doch auch mit ein paar schwarzen Politikern zu reden.

Es war Andrew, ein junger Politiker aus Mississippi, der mir das bei einem gemeinsamen Mittagessen vorschlug, und er meinte, Willard sei dafür der richtige Mann. Andrew traf sich nach unserem Mittagessen selbst zum ersten Mal mit Willard, und er schlug mir vor, einfach mitzukommen. »Wenn es gut läuft«, meinte er, »gehe ich, und Sie können sich mit ihm unterhalten. Ich kann ja auch noch ein anderes Mal mit ihm reden.«

Andrew hatte es nicht auf schwarze Wählerstimmen abgesehen. Er hatte den Ehrgeiz, die aus dem Jahr 1890 stammende Verfassung des Staates zu überarbeiten, und dazu brauchte er möglichst breite politische Unterstützung. Für sein erstes Treffen mit Willard hatte er sich förmlich gekleidet, er trug einen hellblauen Seersucker-Anzug.

Das Treffen sollte in einem Hotel in der Nähe stattfinden. Wir verließen das kühle Restaurant und traten hinaus in die gleißende Hitze des Parkplatzes. Im Auto war es heiß. Die auf die höchste Stufe gestellte Klimaanlage dröhnte, und im Auto wurde es noch heißer als draußen. Als die Luft gerade abzukühlen begann, kamen wir beim Hotel an und mußten aussteigen, in die gleißende Hitze eines weiteren Parkplatzes. Immer wieder diese Momente, die an die Unannehmlichkeiten früherer Generationen erinnerten; das Staunen über die Energie der Menschen damals; und noch größeres Staunen angesichts der Vorstellung, daß bei solchen Temperaturen ein großer Krieg geführt worden war.

Wir saßen im Foyer und warteten auf Willard. Unsere Unterhaltung verlief entspannt bis zu dem Zeitpunkt, da Willard hätte erscheinen sollen. Danach wurde sie etwas verkrampft; wir warteten beide. Andrew sagte: »Ich kenne ihn nicht persönlich.« Er sagte das zwei- oder dreimal. Einmal stand er auf und ging durch das Foyer, um einen Bekannten zu begrüßen: geschliffene Manieren, unerschöpflicher Charme – die Rolle des Politikers schien ihm zur zweiten Natur geworden zu sein.

Und dann, eine Viertelstunde nach der verabredeten Zeit, als wir ihn eigentlich schon aufgegeben hatten, erschien Willard. Er trug Hemd und Hose, keine Krawatte, und war überraschend gewöhnlich, keineswegs die schwarze Führungspersönlichkeit – oder angehende Führungspersönlichkeit –, die ich als Gesprächspartner von jemandem wie Andrew erwartet hätte. Ich hatte mit einem Mann von irritierendem Charme gerechnet. Doch Willard besaß keinen Charme. Er war zwischen vierzig und fünfzig, untersetzt, kräftig, von keinerlei körperlicher Belastung gezeichnet. Er hatte für das Treffen ein ernstes Gesicht aufgesetzt. Hätte man nicht gewußt, daß er als Politiker galt, wäre einem der

Zorn in seinen Augen entgangen, oder man hätte seinen bedachtsamen Blick als sinnlich interpretieren können.

Willard war ein ausgesprochener Lokalpolitiker. In Mississippi werden aufgrund der Verfassung von 1890 auch die bescheidensten öffentlichen Ämter durch Wahl besetzt. Diese Regelung, die ursprünglich darauf abgezielt hatte, die Macht der Regierung einzuschränken und den Schwarzen selbst unbedeutendere Posten vorzuenthalten, wirkte sich heute zugunsten der Schwarzen aus und machte aus Tätigkeiten, die anderswo einfach als qualifizierte Fach- oder Verwaltungsarbeit gegolten hätten, politische Ämter. Willard war für die Straßen eines bestimmten Distrikts in einem bestimmten County zuständig: ein wahrlich unbedeutendes Amt.

Ich ging fast unmittelbar nachdem ich Willard vorgestellt worden war. Und einige Tage später wurde, nicht zuletzt mit Andrews Unterstützung (das Gespräch war wohl erfolgreich verlaufen), ein Treffen mit Willard für mich arrangiert.

Es sollte am frühen Morgen stattfinden. Von meiner Wegbeschreibung ausgehend hatte ich angenommen, daß unser Treffpunkt in Jackson lag. Ich hatte nicht nach der Entfernung gefragt. Doch nach etwa zwanzig Minuten auf der Interstate bekam ich langsam das Gefühl, wieder auf dem Weg nach Alabama zu sein.

Schließlich und endlich, die verabredete Uhrzeit war bereits vorbei, tauchte die Ausfahrt auf. Erst jetzt wurde mir bewußt, daß ich gar keine Büroadresse oder ähnliches hatte und diese ganze Strecke gefahren war, ohne mehr als die Nummer eines Distrikts als Adresse zu wissen. Trotzdem fuhr ich weiter; wenn ich das entsprechende County erreicht hätte, so dachte ich mir, könnte ich ja fragen. Ich kam an einem Schild vorbei. Der Name des Counties und die Nummer des Distrikts waren darauf angegeben. Es war eine andere Nummer als die mir genannte, aber ich beschloß, anzuhalten und in dem Gebäude am Straßenrand nachzufragen. Ringsum parkten Autos. Als ich mich dem Gebäude näherte, sah ich zwischen den geparkten Wagen einen freien Parkplatz, der für Willard reserviert war. Dies war also die Adresse, zu der ich hatte kommen sollen. Doch Willard war nicht da.

Ich drückte die Tür auf und fand mich in einem Schuppen wieder, der in Büros unterteilt war. Der Schuppen war voller Schwarzer. Im vordersten Büro oder vielmehr Kabäuschen saß eine junge Schwarze vor einem Telefon, umgeben von weiteren Schwarzen.

Die junge Frau fragte mich munter nach meinem Namen. Ich nannte ihn. Sie sagte, sie hätte den ganzen Morgen versucht – wie schon Mr. Willard den ganzen vorigen Tag –, mich zu erreichen, um mir mitzuteilen, daß Mr. Willard nicht an der angegeben Adresse werde sein können, daß er sich aber eine Stunde nach der vereinbarten Zeit in Jackson mit mir werde treffen können. Er werde mich in meinem Hotel aufsuchen. Sie hätten sämtliche Hotels in Jackson angerufen, um mich ausfindig zu machen. Doch vergebens. Sie hätten im Sheraton angerufen, im Holiday Inn. Wo ich denn untergekommen sei? Ich sagte es ihr. Sie sagte, Mr. Willard werde in einer Stunde dort sein. Wie sie ihm diese Nachricht denn zukommen lassen wolle? Per Funk, sagte sie, und ich hatte den Eindruck, dieses Funkgerät sei wichtig, eine Art Amtsabzeichen.

Ich bat sie, ihn in meiner Anwesenheit anzufunken, damit ich wußte, ob er die Nachricht erhalten hatte. Sie meinte, ich solle mir keine Gedanken machen. Also fuhr ich nach Jackson zurück, auf derselben Strecke, die mir früher am Morgen so lang und irritierend vorgekommen war und mich zum Schluß in gelinde Panik versetzt hatte, weil ich dachte, ich käme zu spät zu meinem Treffen mit Willard.

Als ich das Ramada Renaissance wieder erreicht hatte, war kein Willard da. Und auch am Nachmittag nicht. Als ich in seinem Büro anrief, sagte mir die junge Frau, Mr. Willard habe über Funk mit ihr gesprochen und gesagt, er gedenke die Verabredung wahrzunehmen. Er wisse sogar meine Zimmernummer. Aber Willard kam nicht, und am nächsten Tag erhielt ich weder von ihm noch von seinem Büro Nachricht.

Später erzählte ich Andrew von Willards kleinem – oder nicht ganz so kleinem – Scherz. Andrew sagte: »Ich kenne ihn überhaupt nicht. Ich bin ihm neulich mit Ihnen zusammen zum ersten Mal begegnet.« Und als ich fragte, ob eine Politik der Zusammenarbeit, wie er sie im Sinn hatte, wirklich möglich sei, meinte Andrew, er müsse optimistisch sein. Die Schwarzen hätten immense Probleme, und es gebe in Mississippi sehr viele Schwarze. Wäre er nicht optimistisch, dann wäre es sinnvoller, wenn er gleich nach Oregon zöge, wo nur zehn Prozent der Bevölkerung Schwarze seien.

Andrew sagte: »Inzwischen ist allen klar, daß bei der schwarzen Bevölkerung eine Katastrophe im Gange ist, und darüber müssen wir reden. Die höfliche Berichterstattung tut's nicht mehr.« Doch Andrew wußte nur, was er wußte. »In erster Linie plappere ich nach, was ich über die gesellschaftlichen Verhältnisse gelesen habe, das wenigste entstammt meiner eigenen Erfahrung. Ich beziehe meine Informationen aus Fernsehdokumentationen und Features. Es sind keine eigenen Erfahrungen. Ich habe nicht mit Schwarzen oder Rednecks gesprochen. Ich muß einige der grundlegenden Probleme direkt angehen. Wenn wir nicht zusammenkommen können, sind wir verloren.«

Im Vordergrund Optimismus, im Hintergrund die Irrationalität.

Die Geschichte von meinem Abenteuer mit Willard mußte sich herumgesprochen haben, denn eines Tages erhielt ich einen Anruf von einem Mann namens Lewis. Er sagte, er sei Schwarzer und wolle mich mit der wahren schwarzen Kultur bekannt machen. Er arbeitete in der Materialstelle einer Countybehörde (ähnlich der von Willis geleiteten). Er begann mir den Weg zu sich nach Hause zu beschreiben. Doch dann sagte er, er werde mich selbst im Hotel abholen. Er werde im Laufe der nächsten Stunde kommen.

Er hielt Wort. Ich erkannte ihn, sobald er das Ramada betrat. Er war ungezwungen, heiter, freundlich. Angesichts seiner ungezwungenen Art stellte ich mich darauf ein, daß sich unsere Unterhaltung zumindest anfangs im Allgemeinen oder Neutralen bewegen würde. Doch kaum waren wir im Auto unter uns, sagte er, bevor wir auch nur den Parkplatz des Hotels verlassen hatten, daß er da, wo er heute wohne, früher nicht hätte wohnen können. Er habe dazu beigetragen, die Rassentrennung in seinem Viertel aufzuheben. Das Viertel entpuppte sich als bescheiden. Die Häuser waren klein und standen eng beieinander. Überraschend war – nach allem, was er gesagt hatte – sein Garten. Er war verwildert und fiel zwischen den gepflegteren Nachbargärten auf.

Im Haus war es stickig, muffig, unordentlich. Er kommentierte die Unordnung nicht (im Wohnzimmer standen sogar noch ein paar benutzte Tassen und Teller herum), sagte bloß, daß seine Frau mit den Kindern für ein paar Tage zu ihrer Mutter gefahren sei; und unter der Unordnung war durchaus eine Art von Ordnung zu erkennen.

An der Wand im Wohnzimmer hingen gerahmte Vergrößerungen zweier alter in einem Fotoatelier aufgenommener Schwarzweißfotos. Sie zeigten seine Großeltern. Die zeitgenössische Kleidung, die in Kragen und Rüschen eingezwängten Hälse und der starre Blick bei lang beibehaltenem Gesichtsausdruck waren seltsam anrührend. Durch die Vergrößerung oder den Druck waren die Zwischentöne des Fotos gebleicht worden, so daß beide Personen weiß aussahen, mit schwarzen Augen. Die Fotos trugen den Stempel eines Fotoateliers in Memphis.

Lewis sagte: »Sie waren aus Mississippi. Und sind nach Memphis gegangen. Alle sind damals nach Memphis gegangen. Mein Vater kam nach dem Krieg nach Mississippi zurück. Wissen Sie, was sie machten? Die Leute auf den Fotos, meine ich. Soll ich es Ihnen sagen? Sie waren Diener. Diese beiden Menschen haben mich zu dem gemacht, der ich bin. Es ist kein Haß in mir entstanden, weil sie mich gelehrt haben, niemals zu hassen. Das Wort wurde bei ihnen zu Hause überhaupt nicht benutzt. ›Sei ein braver Junge.‹ Das war das Motto. ›Sei zu allen Menschen nett.‹ Jeden Tag habe ich das zu hören bekommen. Das hat man mich gelehrt – daß ich brav sein soll, und nett zu allen.«

Es war heiß im Wohnzimmer, denn die Klimaanlage war defekt. Ich fragte ihn, ob er ein Fenster öffnen könne. Er sagte, das gehe nicht, weil dann die Insekten hereinkämen. Also saßen wir in dem leicht ranzig riechenden warmen Mief.

Er sagte: »Als mein Großvater starb, hat meine Großmutter meinem Vater ein paar Kleider von meinem Großvater geschickt. Dienerkleidung, Anzüge. Sie waren noch in Ordnung, wissen Sie? Man konnte sie noch gut tragen. Und mein Vater hat mir einen dieser Anzüge vererbt. Eines Tages habe ich ihn angezogen. Es ist nur Stoff, aber ich hatte das Gefühl, er verbrennt mir die Haut.«

»Haben Sie den Anzug noch?«

»Ich habe keine Ahnung, wo er ist.«

»Aber das alles ist doch nun schon so lange her.«

»Schon, aber die Vergangenheit ist immer interessant. Wenn ich die Vergangenheit kenne, kann ich bessere Arbeit leisten. Für mich ist es wie ein Erwachen, an die Vergangenheit zu denken. Manchmal ist es ein unsanftes Erwachen. Wenn ich an bestimmte Dinge denke – daß ich nicht da wohnen konnte, wo ich heute wohne, und nicht einmal auf die Idee kam. Daß ich im Bus immer hinten saß. Daß meine Großmutter für die Weißen zu fünfzig Cent pro Korb Wäsche gewaschen hat. Warum hat sie dafür nicht mehr bekommen? Aber ich habe das nicht in Frage gestellt, als ich es erfuhr. Und heute ist es ein unsanftes Erwachen. Trotzdem, sie haben mich vom Haß abgeschirmt. Und der war überall. Ich lebte in meiner schwarzen Gegend. Die Weißen in ihrer weißen Gegend. Der Haß war da, er umgab mich, aber ich habe ihn nicht gespürt. Sie haben mich davor bewahrt, erst meine Großeltern und dann mein Vater. Ab und zu hörte ich, daß ein Schwarzer umgebracht worden war. Aber mein Vater ließ nicht zu, daß wir lang darüber redeten. Und ich sag Ihnen was: Bis zu seinem letzten Stündchen hat er, mein Vater, zu Weißen immer ›Yes, Sir!‹ ›No, Sir!‹ gesagt, egal wie alt sie waren.«

»Wie finden Sie das heute?«

»Es macht mir nichts aus. Er war mein Vater. Und er hat gut für uns, für seine Familie, gesorgt. Also habe ich nie zu ihm gesagt: ›Sag das nicht!‹« Er fuhr fort: »Ich für mein Teil kämpfe täglich darum, glücklich zu sein. Jeden Tag. Es ist das eine, wonach ich strebe. Glücklich zu sein, zufrieden mit mir selbst zu sein.«

Was genau er damit meine?

»Ich kann meine Umgebung nicht verändern, aber ich kann mich selbst achten. Ich erzähle Ihnen eine Geschichte dazu. Ich habe mal die Schwester meiner Mutter besucht. In dem Haus gegenüber wohnte eine junge Dame, die häufig schwarze Soldaten zu Gast hatte. Eines Tages klagte einer der Soldaten, er habe seine Brieftasche verloren. Der Polizist, der sich um die Sache kümmerte, kam zum Haus meiner Tante, weil die junge Dame dort auf der Veranda saß. Er ging auf sie zu und fragte: ›Hast du diesem Burschen die Brieftasche weggenommen?‹ Sie antwortete: ›Nein, Sir.‹ Er sagte: ›Steig ein.‹ Und als sie sich bückte, um einzusteigen, gab er ihr einen kräftigen Tritt in den Hintern. Das hat mich nie, nie mehr losgelassen.«

»Wie haben Sie das empfunden?«

Ich fragte nach, weil ich mir bei einigem, was er erzählte, einigen der Erinnerungen, mit denen er spielte, nicht mehr sicher war, worum es ihm eigentlich ging. Zudem wurde es in dem vollgestopften kleinen Haus langsam dunkel – was ihm genauso gleichgültig zu sein schien wie die Stickluft und die Unordnung – , und sein Gesichtsausdruck, während er sprach, war immer schwieriger zu erkennen. Verschiedene Gedanken flossen in seinen Worten zusammen. Er wollte glücklich sein, zufrieden; man hatte ihn vor Leid bewahrt; und in beides eingewoben war eine Art Bewunderung für seine Großeltern, die seine Abstammungslinie begründet und ihn gelehrt hatten, sich in einer irrationalen Welt nicht in Schwierigkeiten zu bringen.

»Wie ich das mit dem Polizisten und der Frau empfunden habe? Ich weiß nicht. Ich war noch so jung. Ich habe mit niemandem darüber geredet. Ich habe es einfach gesehen. Es war grausam. Aber ich weiß nicht, wie ich über diese Grausamkeit dachte. Ab und zu geht mir der Vorfall durch den Kopf. Selbst heute noch. Ich sehe ihn vor mir. Aber ich könnte nicht sagen, wie ich darüber denke.«

Ob das denn nicht ein bißchen übertrieben sei, so sehr in der Vergangenheit zu leben? Besonders heute, wo sich die Zeiten geändert hätten?

»Ja. Ich ernte jetzt die Früchte. Dabei habe ich als Kämpfer und Demonstrant für die Freiheit nicht viel getan.«

»Bedrückt Sie das?«

Er sagte nichts. Dann lachte er. »Ich weiß nicht. Ich lebe wohl in meiner eigenen kleinen Welt. Und wahrscheinlich ist es egoistisch, so in seiner kleinen Welt zu leben. Ich sollte wütend sein, zornig, sollte kämpfen. Aber ich werde nicht wütend.«

»Hängt das mit der Religion zusammen? Haben Ihre Großeltern Ihnen das beigebracht?«

»Ich bin nicht religiös, nicht so wie all die Leute, die jeden Sonntag in die Kirche gehen und am liebsten Geistliche werden wollen.«

»Warum blicken Sie in die Vergangenheit zurück, wenn Sie nicht wissen, was Sie von ihr halten sollen?«

»Ich rede gern über die Vergangenheit.«

Wie weit reichte diese Vergangenheit zurück? Bis zur Zeit der Sklaverei? Natürlich nicht. Die Vergangenheit, über die er gerne redete, war die, an die er sich erinnern konnte, diese seltsam behütete Zeit.

Er sagte: »Wenn meine Großmutter fünfzig Cent am Tag verdient hat, sollte ich mit dem, was ich heute verdiene, doch zufrieden sein.«

Was war ihm an seinen Großeltern besonders in Erinnerung, was gefiel ihm besonders?

»Der Stolz. Der Stolz. Meine Großmutter saß immer mit Korsett in der Kirche, ganz aufrecht. Sehr stolz, sehr kultiviert. Eine richtige Dame. Ich habe keine Ahnung, wo sie und die anderen das herhatten. Wahrscheinlich von den Weißen. Heute sehe ich das nirgends. Die Leute sind nett, aber dieses gewisse Etwas haben sie nicht. Ich habe es wahrscheinlich auch nicht. Aber Sie sollten wissen, daß ich meine Vergangenheit respektiere, trotz Rassentrennung, trotz

Rassismus, trotz alldem. Denn ich habe das Gefühl, daß es auf der Welt einen Platz für mich gibt, und den werde ich einnehmen.«

Das Telefon klingelte. Er nahm im Dunkeln ab. Er hörte mehr zu, als zu sprechen. Er wurde von einem Bekannten wegen einer nicht eingehaltenen Verabredung zurechtgewiesen.

Als er aufgelegt hatte, sagte er: »Ich fahre Sie zum Ramada zurück.« Dort, hatte er dem Mann am Telefon gesagt, solle dieser auf ihn warten. »Wir reden morgen weiter. Ich hole Sie um sechs ab.«

Es war eine Erleichterung, aus dem Haus ins Freie zu kommen, auch wenn die Luft warm war.

Und nun, auf der Fahrt ins nördliche Jackson, präzisierte Lewis einiges von dem, was er zu Hause gesagt hatte. Dort schien er seine Gedanken über die Bürgerrechtsbewegung nicht recht geordnet zu haben. Jetzt sprach er voller Ehrerbietung von Martin Luther King.

»Wenn er das Ganze nicht auf die gewaltlose Schiene gebracht hätte, dann hätten sie sämtliche Schwarzen in Mississippi umgebracht. Sämtliche Schwarzen in den Südstaaten.«

Ich hörte echte Panik in seinen Worten.

Ich fragte ihn noch einmal nach seiner »eigenen kleinen Welt«. Hatte sie ihn wirklich beschützt?

Er sagte: »Ich glaube, ich war mir dessen, was da draußen vor sich ging, schon bewußt. Ich hatte Angst davor – glaube ich.«

Und dann begann er, ohne daß ich ihm ein Stichwort gegeben hätte, über Gott zu sprechen. Bei sich zu Hause hatte er gesagt, er sei nicht auf die Weise religiös, wie es die meisten anderen Leute waren. Jetzt sagte er, ohne Gott hätte er nichts getan; ohne Gott wäre er nichts gewesen; er wisse nicht, wie er ohne Gott hätte durchhalten sollen.

Auf dem Parkplatz des Ramada Renaissance fuhr er seitlich an eine der Stellplatzreihen heran. In einem dort parkenden Auto saß ein Schwarzer. Lewis stellte mich ihm vor. Der Mann im Auto wich vor mir zurück.

Am nächsten Tag um sechs kam Lewis nicht, auch um halb sieben nicht. Als ich anrief, ging keiner ans Telefon. Gegen acht Uhr nahm er dann ab. Er klang müde, distanziert.

»Ich war krank. Ich war beim Arzt. Ich war heute nicht arbeiten.«

»Ich habe es sehr häufig versucht, aber es hat nie jemand abgenommen.«

»Ich war lange beim Arzt.«

Er sagte, ich solle umgehend bei ihm vorbeikommen. Ich nahm ein Taxi. Diesmal war die Luft in seinem Haus besser, aber es herrschte noch die gleiche Unordnung. Er sah beeindruckend aus. Er war barfuß, trug einen Bademantel, der über der nackten Brust offenstand, und ein schwarzes Netz über dem Haar. Seine Aufmachung kam mir vor wie eine schwarze Version der Duschhaube und des weißen Kittels, die die Arbeiter im Verarbeitungsbetrieb der Welsfarm getragen hatten.

Er sagte: »Das Netz ist dazu da, daß meine Haare lockig bleiben.«

Ich äußerte ein paar Höflichkeiten über seine Krankheit. Er wischte das Thema beiseite. Er ging barfuß im Wohnzimmer umher. »Ich sage Ihnen mal was über meinen Großvater: Ich glaube, er war ein Mann, der mit Menschen umzugehen wußte, besonders mit weißen Südstaatlern. ›Ja, Sir!‹ ›Nein, Sir!‹ Und dann den Hut gelüpft und gelächelt. Aber er war durchaus erfolgreich, zu seiner Zeit. Egal wie mittelmäßig das heute erscheinen mag oder auch gestern, es ist eine Tatsache. So ist das.«

»Daß Sie sich nicht mehr für die Bürgerrechtsbewegung engagiert haben, macht Ihnen zu schaffen?«

»Ich habe nie den Drang verspürt. Ob es mir zu schaffen macht? Ich weiß nicht. Das müssen Sie für mich entscheiden.«

Das Telefon klingelte.

Es war wieder sein Freund, der vom vorigen Abend.

Lewis sagte in den Hörer: »Er ist da. Wir brauchen deinen Input.« Er lachte und schien außer Kontrolle zu geraten, lachte in den Hörer, stampfte mit den Füßen, zog eine kleine Schau für mich ab.

Nachdem er aufgelegt hatte, sagte er: »Mein Freund hat Angst vor Ihnen.« Er lachte wieder auf seine neue Art. »Sie müssen dieses Jackett ausziehen. Ziehen Sie das Jackett aus, und ich zeige Ihnen, wie die Schwarzen wirklich leben. Ich führe Sie mal an ein paar entsprechende Orte. Sie werden den Gestank der Verderbtheit kennenlernen.«

Er machte eine Handbewegung wie ein Koch, der einen verlockenden Duft andeutet. Und ich mußte nur eins und eins zusammenzählen, um zu verstehen, daß er nicht metaphorisch sprach. Die Entwicklungslinie, die mit seinem Großvater begonnen hatte, endete mit ihm: mit seiner eigenen kleinen Welt, heute anders als in seiner Kindheit und Jugend.

Er begann sich anzuziehen, um zu seinem Freund zu fahren. Er sagte, obwohl ich gerade erst gekommen war: »Ich fahre Sie ins Hotel zurück.«

Er zog Hemd und Hose an, und wir gingen hinaus. Er sperrte die Tür nicht zu. Ich wies ihn darauf hin. Er sagte: »Ich muß noch was machen. Ich gehe noch mal rein.«

Ich wartete eine Weile auf ihn. Als er wieder herauskam, hatte er weiße Creme im Gesicht, und das Weiß leuchtete in der Dämmerung, leuchtete auf seiner schwarzen Haut.

Er sagte: »Schwarze haben krauses Haar. Wissen Sie darüber Bescheid? Es wächst unter der Haut. Es ist sehr schwer zu rasieren. Diese Creme, die ich im Gesicht habe, macht es weicher. Wenn ich wieder zurückkomme, werde ich mich gut rasieren können, und es wird eine sehr glatte Rasur werden.«

Und so fuhr er mich dann in den feindlich-fremden weißen Teil der Stadt zurück: das Netz auf dem Haar und die weiße Creme auf dem Kinn und über der Oberlippe.

Er nannte mir einen Tag für ein weiteres Treffen. Aber dann konnte er nicht kommen; es überraschte mich nicht. Er klang sehr müde und langsam und weit weg, als ich ihn anrief. Er meinte, ich solle später am Abend noch einmal anrufen. Als ich es tat, nahm keiner ab.

Genauso, wie man sich von den Entfernungen in Amerika und der Hitze des Sommers in den Südstaaten nur schwer einen Begriff macht, wenn man sie nicht selbst erlebt hat, war es in Mississippi und in der Stadt Jackson nur schwer vorstellbar, daß hier jemand mit siebzig mehrere verschiedene Welten erlebt hatte, daß solide Bürger Erinnerungen an ein Frontierleben, primitive Lebensbedingungen und abgeschlossene Gemeinschaften in ihrer Kindheit hatten, an Verhältnisse, von denen man sich heute kaum mehr ein Bild machen kann.

Die Ortschaft Eupora im Hügelland östlich des Deltas liegt jetzt am Highway 82. Doch jemand wie Richter Sugg, 1916 geboren und 1983 als Richter des obersten Gerichtshofs von Mississippi pensioniert, hat Kindheitserinnerungen an eine Zeit in Eupora, als es über den »Big Black River« noch keine Brücke gab, sondern nur eine Furt. So daß es bei Hochwasser keine Möglichkeit gab, den Fluß zu überqueren, und die Leute blieben, wo sie waren, in ihren kleinen Dörfern, bis das Wasser wieder sank.

»Es gab nur unbefestigte Straßen. Keine Elektrizität. Ich habe alle möglichen wundervollen Entwicklungen auf dieser Erde miterlebt. Ich genieße die Annehmlichkeiten der modernen Zivilisation. Fernsehen auf Knopfdruck, Unterhaltung auf Knopfdruck. Alles auf Knopfdruck. Und ich genieße es alles. Früher war das Leben bei uns schwer. Am Ende des Bürgerkriegs waren wir völlig verarmt. Und die befreiten Sklaven hatten keinerlei Ausbildung. Wir haben hundert Jahre gebraucht, um unsere Kapitalbasis wieder aufzubauen. Unsere Sklaven hatten kein Kapital. Wir waren ein Agrarstaat.«

Daten sind immer relativ. Für mich gehört 1890, wenn ich es auf einen Ort wie Trinidad beziehe und damit auf die Zeit, als meine indischen Vorfahren gerade in die Neue Welt auswanderten, zu einer dunklen, einer mythischen, weit entfernten Epoche. Beziehe ich das Jahr 1890 hingegen auf England, denke ich an die moderne Welt: an Oscar Wilde, den jungen Kipling, an Gandhi (vier Jahre jünger als Kipling), der in London Jura studierte. So wurden auch in den Südstaaten Daten relativ. Ich begriff, daß viele Leute einer gewissen Altersstufe, denen man hier begegnete, eine besondere Art von Erfolgsgeschichte zu erzählen hatten. Viele von ihnen hatten mit sehr wenig begonnen, womöglich in der Wildnis, mit einer nur vagen Vorstellung von der Zivilisation. (Viele von ihnen begannen zweifellos mit ebensowenig wie meine Großeltern auf Trinidad, doch befanden sie sich – auch das war wieder relativ – in einer Gegend mit besseren Möglichkeiten.)

»Alle waren arm. Ich hatte Glück. Mein Vater war Kaufmann. Eine Amtszeit lang war er auch Sheriff. Er hatte eine Gemischtwarenhandlung. Die Kaufleute verliehen Geld an die Farmer. Sie versorgten die Farmer mit der gewünschten Ware, und am Ende des Jahres, wenn die Farmer ihre Ernte verkauften, hauptsächlich Baumwolle, wurde die Rechnung beglichen. In einem schlechten Jahr litten die Kaufleute genauso wie die Farmer, denn wenn die Farmer nicht zahlen konnten, dann konnten die Kaufleute auch kein Geld eintreiben. Es gab nichts Schriftliches, keine Schuldscheine oder so etwas. Das Motto war: ›Auf mein Wort ist Verlaß.‹«

Der Richter hatte eine Erfolgsgeschichte vorzuweisen. Doch im Leben seiner Vorfahren in den siebzig oder achtzig Jahren vor seiner Geburt hatte sich nur wenig bewegt. Auch das verdient nähere Betrachtung.

»Meine Vorfahren auf beiden Seiten kamen zwischen 1830 und 1840 nach Mississippi. Mein Großvater Sugg verlor im Bürgerkrieg ein Bein. Er konnte kaum lesen und schreiben. Als er aus dem Krieg zurückkam, merkte er, daß sich ein Einbeiniger nicht als Farmer sein Brot verdienen konnte. Er ging drei Jahre zur Schule, und dann arbeitete er drei Jahre als Lehrer. Danach wurde er für vier Jahre Finanzverwalter von Calhoun County und für vier weitere Jahre Gerichtsschreiber in Webster County. Er kaufte eine Farm. Er hatte sieben Kinder, die alle das Erwachsenenalter erreichten, und mehrere Pächterfamilien. Die Pächter waren Schwarze, ehemalige Sklaven. Vor ungefähr zehn Jahren war ich dort und bin ein paar alten Leuten begegnet, die Nachkommen der Pächter meines Großvaters waren. Als ich aus Webster County weggegangen bin, waren ein Drittel der Leute dort Schwarze. Ich bin ein Junge vom Land, wissen Sie. Ich habe mich immer noch nicht daran gewöhnt, in der Stadt zu leben.

Einmal im Jahr kam eine Zeltshow vorbei. ›Chautauquas‹ nannte man die damals. Sie blieben ungefähr eine Woche in unserem Ort. Es gab ein Musikprogramm, manchmal hielt ein Mann einen Vortrag, und es wurden Theaterstücke aufgeführt. Das war unsere auswärtige Unterhaltung. Sie kamen mit dem Zug. Anders hätten sie gar nicht kommen können.

Sonntagnachmittags fuhr ein Passagierzug bei uns durch. Es fuhren vier pro Tag, aber am Sonntag um halb drei kam ein Passagierzug, der Richtung Osten fuhr. Ein Drittel der Einwohnerschaft fand sich am Bahnhof zusammen, um den Zug zu sehen und zu schauen, wer ein- und wer ausstieg und wer die Stadt verließ. Alle amüsierten sich prächtig – das war etwas, worauf man sich freuen konnte.

Als ich noch klein war, erhielten wir eines Tages die Nachricht, daß kurz nach Mitternacht der Ringling Brothers Circus durchfahren würde. Die halbe Stadt stand auf, um sich anzuschauen, wie dieser Zirkuszug vorbeifuhr. Sie sehen schon, wir haben uns schmerzlich nach Unterhaltung gesehnt. Es waren über hundert Waggons – so kam es uns damals jedenfalls vor.«

Anders als im Delta, wo es Arm und Reich, Kasten- oder Klassenunterschiede gab, existierten im Hügelland keine sozialen Unterschiede, es wurde nur zwischen Schwarz und Weiß unterschieden.

»Es gab keine Privatschulen. Alle gingen in die Kirche. Es gab keine Klatschspalte. Keine Prominentenliste. Wir waren einfach Menschen. Eine Menge Weiße waren Analphabeten. Während der Weltwirtschaftskrise hatten wir in einem Jahr nur sechs Monate Schule, in anderen Jahren acht. Es war einfach nicht genug Geld da, um die Lehrer zu bezahlen. Die reguläre Schulbildung litt. Aber viele der älteren Leute waren Autodidakten, so wie mein Vater. Er hatte eine sehr schöne Handschrift. Und er sprach gutes Englisch.

Ich wünschte mir, all das, wovon ich gelesen hatte, selbst sehen zu können. New York war für mich nur ein Punkt auf der Landkarte. Ich hätte mir nie träumen lassen, daß ich da mal hinkommen würde. Ich wußte, daß China auf der anderen Seite des Pazifiks lag und Europa auf der anderen Seite des Atlantiks. Aber ich hätte nie gedacht, daß ich da je hinreisen würde. Ich habe davon geträumt, das schon, aber ich habe nicht geglaubt, daß es wahr werden würde.

Die meisten Leute waren es allerdings zufrieden, da zu bleiben, wo sie waren. Wir waren eine engverbundene Gemeinschaft. Der Ort hatte nur dreizehn- oder vierzehnhundert Einwohner. Wenn man irgendwo hinwollte, mußte man den Zug nehmen – Geheimnisse konnte man in so einem Ort nicht haben.

Ich glaube, daß diese Enge den Charakter der Menschen hier maßgeblich geprägt hat. Wenn man so eng mit anderen zusammenlebt, muß man mit ihnen auskommen, sonst wird man aus der Gemeinschaft ausgeschlossen. Man lernt, die Leute so zu akzeptieren, wie sie sind. Es gab viele Exzentriker, viele ausgeprägte Individualisten bei uns. Ein Freund von mir hat kürzlich gesagt: ›Irgendwie bringen wir nicht mehr so viele schräge Vögel hervor wie früher.‹ Ich sagte: ›Die schrägen Vögel sind wir heute selbst.‹«

Das enge Zusammenleben dieser wenig gebildeten und unterprivilegierten Menschen führte zu Gewalttaten. Die Leute mochten Schuldscheine für überflüssig halten, mochten ihre Türen nicht abschließen, ja für manche Türen nicht einmal Schlüssel besitzen. Aber immer mal wieder ging das Temperament mit jemandem durch. Es kam zu Affekthandlungen, zu Morden.

»Sie sind einfach wütend geworden, haben sich in die Haare gekriegt, die Beherrschung verloren. Oft war Alkohol im Spiel. Dann gab es vielleicht Streit und eine Prügelei, und dabei kam jemand ums Leben. Diese Leute waren nur schwer aus der Ruhe zu bringen, aber wenn so jemand erst mal wütend war, floß Blut. Ansonsten waren es nette, hilfsbereite Menschen.«

Eigenständigkeit war ein weiteres Charakteristikum der Landbewohner von Mississippi. »Wir hatten hinter dem

Haus zweieinhalb Morgen Land. Dieses Land zu bestellen ist harte Arbeit. Und die macht einem bewußt, daß man für alles, was man haben will, arbeiten muß. Was wiederum in der Religion verankert ist, denn in der Kirche brachte man uns bei, daß Arbeit ehrenwert ist, daß man nicht faul sein und sich für sein Auskommen nicht auf andere Menschen verlassen soll. In den Sprüchen Salomos geht es sehr oft um Arbeit, Disziplin und Belohnung.«

Da war sie also wieder: die Religion, eingewoben in die Pioniervergangenheit.

»Ich gehöre wohl der dritten oder vierten Generation nach den Pionieren an. Und wahrscheinlich war von denen schon noch etwas zu spüren. Aber ich war mir dessen nicht bewußt. Wenn ich mich an meine Kindheit erinnere, muß ich daran denken, was ich über aufstrebende Länder gelesen habe. In einigen dieser Länder wird den Leuten gerade klar, daß sie tatsächlich ein besseres Leben haben können, daß sie aber mit dem anfangen müssen, was sie haben, und dazu brauchen sie schulische und berufliche Bildung. Dieses Land hier ist aus harter Arbeit entstanden.

Neulich war ich in Arizona, zusammen mit meiner Frau. Ich war schon früher mal dort. Diese Wüstenlandschaft, diese Weite, hat einfach etwas. Wir sind vier Tage herumgefahren. Und ich mußte an die ersten Siedler denken, die nach Arizona gezogen sind und sich dort niedergelassen haben, an diese Mühsal, Canyons und Flüsse zu überqueren, Wasser zu finden, sich vor den feindlich gesinnten Indianern zu schützen – nicht daß sie alle feindlich gesinnt gewesen wären, aber einige schon. Ich bin wirklich dankbar, in einem Land zu leben, wo die Menschen immer willens waren, über ihren Horizont hinauszuschauen, und die Vision hatte, für andere neues Land zu erschließen, damit sie ein besseres Leben führen können.

Ich glaube, die Religion hat im Zusammenhang mit dem Pioniergeist eine wichtige Rolle gespielt. Denn den Pionieren war immer mehr oder weniger bewußt, daß sie für die folgenden Generationen bessere Verhältnisse schaffen würden. Und die Motivation dafür leitet sich nicht zuletzt aus der Religion her. Ich glaube, Pioniergeist und Religion waren so eng miteinander verflochten, daß man sie gar nicht auseinanderdividieren kann.«

Frontier, Natur, Glaube, Arbeit, die Verpflichtung gegenüber anderen Menschen – diese Begriffe waren in Richter Suggs Weltsicht genauso eng miteinander verknüpft wie in der Weltsicht von William, dem Geschäftsmann. Der baptistische Glaube hatte beide Männer zu in sich geschlossenen Persönlichkeiten werden lassen, jeden auf seine Weise. Aber dem Richter war aus seinem Glauben und seiner Vergangenheit (was fast ein und dasselbe war) eine ungewöhnliche Passion erwachsen – eine Passion für die Schwarzen, die dreißig Prozent der Bevölkerung seiner kleinen Heimatstadt ausgemacht hatten.

»Ich bin mit Schwarzen aufgewachsen, die mir sehr vertraut waren, vielen Gleichaltrigen, mit denen ich spielte. Und ich habe die Schwarzen zum größten Teil als tiefreligiöse Menschen erlebt. Wir sind sonntags abends, wenn unser Gottesdienst vorbei war, oft zu einer der schwarzen Kirchen gegangen und haben uns davorgestellt, um die Leute singen zu hören – und um zu gucken. Wir hörten und sahen sie wirklich gern. Ich erinnere mich an einen alten Schwarzen, den wir Onkel Steve nannten. Seinen Nachnamen weiß ich nicht mehr. Er spielte Tamburin, und oft war das die einzige Begleitung – aber es reichte. Die hatten ein enormes Rhythmusgefühl. Man konnte kaum ruhig stehenbleiben, wenn man diese Lieder hörte. Viele davon erfanden sie selbst. Diese Lieder haben eine wunderbare Botschaft.«

Machte es ihn dann nicht traurig, zu sehen, wie es jetzt um die Schwarzen in den Städten und auch in Jackson stand?

Er sagte: »Es liegt nicht daran, daß sie schwarz sind. Viele Weiße sind in der gleichen Situation. Es liegt daran, daß sie keine religiösen Werte haben. Jesus wurde einmal gefragt, was das höchste Gebot sei. Das erste, was er nannte, war: Ihr sollt Gott lieben. Das zweite: Liebt euren Nächsten wie euch selbst. Und genau das kommt meiner Meinung nach dabei heraus, wenn man tagtäglich nach christlichen Prinzipien lebt.«

Mississippi sei zu Recht für häufige Gewalttätigkeiten gegen Schwarze berüchtigt. »Besonders in den Sechzigern waren viele Leute nicht bereit zu akzeptieren, daß die Schwarzen die gleichen Rechte und Privilegien wie Menschen anderer Hautfarbe haben. Ich glaube, das war noch ein Überbleibsel aus den Tagen der Sklaverei, als die Schwarzen Diener waren und als Besitz statt als Menschen galten. Wir Weißen müssen begreifen, daß Gott alle Menschen liebt.«

Ich erzählte ihm von meinem Gespräch mit Alex Sanders, dem Richter am Berufungsgericht in South Carolina. Richter Sanders hatte gesagt, daß der Sinneswandel in den Südstaaten, der dazu geführt hatte, daß die Weißen die Rechte der Schwarzen anerkannten, womöglich göttlichen Ursprungs sei.

Richter Sugg sagte: »Ich glaube, Gott muß einen Sinneswandel herbeiführen – einfach dadurch, daß wir besagten Prinzipien folgen. Er hat diese Prinzipien aufgestellt, und das muß ich akzeptieren. Er hat keinen Blitzstrahl auf mich niedergehen lassen und befohlen: ›Los, Junge, liebe die Schwarzen.‹ Sie dürfen nicht vergessen, daß ich in einer Gesellschaft aufgewachsen bin, wo Schwarze nicht durch die Vordertür ins Haus kommen durften. Sie waren Diener. Ich fing irgendwann an, ernsthaft mein Gewissen zu prüfen.«

»Wann war das?«

»Früh. Noch vor den Sechzigern. Und ich kam zu dem Schluß, wenn er sagt: ›Liebe deinen Nächsten wie dich selbst‹ – na, daß eben auch die Schwarzen unsere Nächsten sind. Ich glaube, die Einstellung, die man entwickelt, wenn man in einer Gesellschaft aufwächst, in der alle von der Überlegenheit der weißen Rasse überzeugt sind, habe ich zu 99,9 Prozent abgelegt.

Und auch das ist ohne Blitzstrahl passiert. Es war ein langsames, aber stetiges Akzeptieren der Wahrheit, die seit Urbeginn existiert. Zum Beispiel bringe ich derzeit einem Schwarzen Lesen und Schreiben bei. Er ist neununddreißig. Ich zähle ihn zu meinen Freunden. Wir gehen zusammen angeln. Er hat bis zur achten Klasse die Schule besucht, aber er lebte in einer ländlichen Gemeinde, und sein Vater war Farmer. Und im September, wenn die Schule anfing, mußte er zu Hause bleiben und Baumwolle pflücken und den Mais ernten und was sonst noch reif war. Wenn er dann im November schließlich in die Schule kam, waren die Bücher alle verteilt, und er saß einfach nur im Klassenzimmer herum. Ab und zu konnte er nicht in die Schule gehen, weil er Brennholz schlagen mußte. Und im Frühling fehlte er, weil er die Felder fürs Säen und Pflanzen vorbereiten mußte. Auf diese Weise fehlte er letztlich das halbe Schuljahr. Er konnte ein bißchen lesen, ein bißchen schreiben, aber nicht genug, um in unserer Gesellschaft zu bestehen. Er ist ein anständiger Kerl, hat eine gute Stelle, und er arbeitet hart. Er ist tiefreligiös, verheiratet, hat drei Kinder. Analphabeten sind nicht dumm. Die meisten haben einen scharfen Verstand.«

So kam Richter Sugg auf die Arbeit zu sprechen, die seinen Ruhestand ausfüllte: Er unterrichtete Analphabeten und »Internationale« in Englisch.

»Ich betrachtete das als religiöse Arbeit. Ich kann die

Leute, die ich unterrichtete, an meinem Glauben teilhaben lassen. Der christliche Glaube baut auf dem wunderbaren Prinzip auf, daß wir unseren Mitmenschen helfen sollen.«

Mit sechzig, als er noch das Richteramt ausübte, hatte er an einem von den Baptisten veranstalteten Kurs für Englisch als Fremdsprache teilgenommen. Seine Frau hatte ihn dazu ermuntert.

»Zwei Monate nach dem Kurs erschien ein junger Mann vor mir, der wegen Einbruch angeklagt war. Er war fünfzehn. Ich verurteilte ihn zu einer Jugendstrafe. Am nächsten Tag tauchte eine seiner Schwestern bei mir auf und sagte, sein älterer Bruder habe ihn zur Mittäterschaft angestiftet. Der ältere Bruder war vorbestraft. Die Eltern des jungen Mannes waren beide Alkoholiker, und er war in seinem ganzen Leben nur ein paar Monate lang in die Schule gegangen – das war seine gesamte Schulbildung. Die Schwester sagte, wenn ich ihm eine Chance gäbe, würde sie ihn bei sich aufnehmen und ihm eine Arbeitsstelle besorgen. Darauf sagte ich, wenn sie ihn bei sich aufnähme, würde ich ihm Lesen und Schreiben beibringen. Das habe ich dann auch getan. Nach etwas mehr als einem Jahr konnte er lesen und schreiben. Und sein Vater war kein Alkoholiker mehr. Also erlaubte ich ihm, mit seinen Eltern nach Texas zurückzukehren.«

Die Laufbahn des Richters wies eine bewegende Symmetrie auf. Der Mann, der in einer isolierten, nach innen orientierten Gemeinschaft aufgewachsen war, hatte nun, als vielbeschäftigter Pensionär, eine Mission gefunden. Sein Glaube hatte ihn durch die vielfältigen Veränderungen seiner Lebensumstände geleitet. Und der Glaube war immer ein fester Bestandteil seiner in sich geschlossenen Welt gewesen.

Ich hatte nur eine sehr vage Vorstellung davon, was genau ein Redneck war. Ein intoleranter, ungebildeter Mensch – das war die Assoziation, die das Wort bei mir auslöste. Sie paßte zu dem, was man mir in New York erzählt hatte: daß irgendein Automobilclub Landkarten an seine Mitglieder verteilte, auf denen sichere Routen durch die Südstaaten eingezeichnet waren, Routen, auf denen man um Redneck-Gegenden herumgelotst wurde. Dann merkte ich, daß in gewissen Mittelschichtkreisen eine romantische Verklärung des Wortes stattgefunden hatte, das in dieser erweiterten Bedeutung für einen unintellektuellen, sehr körperlichen, maskulinen Mann stand, für jemanden, der (zum Beispiel) bedenkenlos vor anderen »Scheiße« sagte.

Erst als ich Campbell kennenlernte, bekam ich eine ausführliche, schöne und expressive Erläuterung, eine Erläuterung, die alles zusammenfaßte, und zwar von einem Mann, der einerseits auf die Rednecks hinunterschaute, sie andererseits aber mochte und der, als er von den Vergnügungen der Rednecks sprach, gestand, daß er selbst ein halber Redneck war.

Genaugenommen hatte man mir Campbell nicht wegen seiner Redneck-Seite vorgestellt. Man hatte mir gesagt, er sei einer der neuen jungen Konservativen, die sehr dezidierte Ansichten zu Rasse und Sozialstaat hätten. (Richter Sugg hatte mir erklärt, dieser Typus wachse zwar immer noch nach, doch vorwärts gehe es auf dem Weg, den er selbst eingeschlagen habe, dem Weg des Verstehens und Helfens, für den sich früher oder später die meisten Leute entscheiden würden.) Außerdem verkörperte Campbell die andere, autoritäre Seite der religiösen Südstaaten. Und so unterhielten wir uns – wie nicht anders zu erwarten – über Familie, Werte und Autorität, bis ich auf die Idee kam zu fragen: »Campbell, was verstehen Sie unter einem Redneck?«

Und da wartete Campbell schlagartig – gerade so, als hätte er es vorbereitet – mit einem beeindruckenden Theophrastschen »Charakter« auf, einer Darstellung fast im Stil der Charakterkomödie des siebzehnten Jahrhunderts. Es hätte ein Ausschnitt aus einer modernen Version einer elisabethanischen Typenkomödie sein können oder aus John Earles *Microcosmography*, oder irgend etwas von Sir Thomas Overbury. (Sir Thomas Overbury über den englischen Landedelmann, 1616: »Seine Reise geht selten weiter als bis zum nächsten Marktflecken, und seine Frage gilt dem Getreidepreis. Auf Reisen weicht er um zehn Meilen vom Wege ab, um im Hause eines Vetters Kostgeld zu sparen; und wenn er abreist, wird der Dienerschaft von ihm kein anderer Lohn als ein Händedruck.«)

Campbell sagte: »Ein Redneck ist ein ungelernter Bauarbeiter, der Schwarze absolut nicht leiden kann. Er trinkt gern Bier. Er trägt Cowboystiefel ...«

So konkret und expressiv sprach Campbell. Aber es wäre wohl besser, zunächst ein wenig von dem zu hören, was er über sich selbst zu sagen hatte.

»Mein Vater wurde in Alabama geboren, und seine Familie machte sich irgendwann auf, verließ die eigene Farm, dreihundertsechzig Morgen Land waren es, verließ die Farm und ging nach Mississippi, wegen der Ausbildung. Sein Vater, also der Vater meines Vaters, und seine Mutter sagten: ›Wir müssen mit euch Jungs nach Mississippi, damit ihr eine ordentliche Ausbildung kriegt.‹ Sie hatten offensichtlich ein bißchen Geld gespart, um das machen zu können, um einfach so wegzugehen. Die Farm behielten sie. Erst vor fünf oder sechs Jahren hat Daddy alles verkauft. Und in Mississippi arbeiteten die Brüder dann alle, wenn sie nicht in der Schule waren. Mein Vater hat Alabama 1923–24 verlassen. 1928 machte er seinen Abschluß. Letztlich hat er dann eine Autowerkstatt mit Tankstelle geführt. Aber sie waren glücklich. Ich habe meinen Vater kein einziges Mal fluchen hören, das ist die verdammte Wahrheit. Er hat permanent gearbeitet. Wir waren uns nie richtig nah. Dafür hatte er keine Zeit.

Meine Mutter war Lehrerin. Ich bin in der Baptistenkirche aufgewachsen. Wurde völlig zugeklatscht mit dem Zeug. Wir sind in die Kirche gegangen, sobald sie die Türen aufgemacht hat. Wir sind mittwochs zur Gebetsversammlung gegangen. Sind im Sommer zu den großen Erwekkunsgversammlungen gegangen. Abend für Abend, sterbenslangweilig.«

Und im selben Atemzug sagte Campbell dann: »Langfristig gesehen war es das Beste, was mir im Leben passiert ist. Meine Eltern haben mir Werte vermittelt, die ich mit zwanzig wiederentdeckte. Aber dazwischen habe ich rebelliert. Die meisten Kinder paßten sich damals an. Ich wollte richtig verrückt leben. Ich habe mehr getrunken, mich mehr rumgetrieben. Ich habe mit zwölf angefangen, in einem Lebensmittelladen zu arbeiten – das ist die verdammte Wahrheit. Ich fand es toll. Man ist all den schrägen Typen begegnet. Der schwarzen Kundschaft. Die saßen auf den Futtersäkken; die Mama kam mit vier oder fünf Kindern in die Stadt, ein paar davon mußte sie noch stillen. Ich habe gern dort gearbeitet. Irgend jemand kam immer rein. Ständig wurde rumgewiehert. Man kannte jeden, der kam. Es war ein guter Laden. Das war immer samstags. Ich fand das Geld klasse. Am Anfang habe ich vier Dollar am Tag verdient. Als ich da aufhörte, waren es ungefähr sieben.

Ich hab mich dann davongemacht. Im Sommer bin ich 'nen Kipplaster gefahren. Da wurde eine Interstate gebaut, und die haben jemanden gebraucht, der lesen und schreiben konnte und die Düngersäcke abzählen sollte, die ins Flugzeug geladen wurden. Die Straßenränder wurden gedüngt, damit da wieder Gras wuchs. Es war elend langweilig. Aber das ist lange her. Schon komisch, wie man sich verändert und reifer wird. Ich wollte verrückt leben. Und ich hab verdammt viel Spaß dabei gehabt.«

»Wollten Sie dazugehören?«

»In Northeast Jackson, wie wir es nennen, ist es wichtig, daß man beliebt ist, einen guten Ruf hat. Aber mit der Kirche hatte ich nichts am Hut. Zu Weihnachten bin ich mit meiner Mama hin, aber ich habe mich zu Tode gelangweilt. Aber die Werte der Kirche – tu Gutes, handele recht, trink nicht, bring niemanden um, du sollst nicht stehlen, die zehn Gebote, du sollst nicht die Frau deines Nächsten begehren – ich glaube, in manchen Teilen unserer Kultur werden diese Werte nicht mehr vermittelt. Diese Kids, die da rumrennen – ich hab mal 'ne Weile in Wohnwagensiedlungen gearbeitet, und da gibt es schon ein paar unangenehme Gestalten –, denen gehören einfach die Hosen strammgezogen, so wie mir früher immer.

Ich glaube, das Problem ist der Zusammenbruch der Familie. Daß Vater und Mutter nicht mehr ihre Pflicht tun. Ich erziehe meine Kinder dazu, Respekt vor mir zu haben. Ich glaube, der Junge fürchtet sich vor mir, und meiner Meinung nach ist das gut, denn er weiß, daß ich mir nicht alles bieten lasse. Ich umarme und küsse ihn jeden Tag. Manche Leute finden, daß ich damit richtigliege, andere finden, ich liege falsch. Ich hatte Angst vor meinem Vater. Ich hatte immer Angst, ich würde die Hosen strammgezogen kriegen. Aber ich finde, das gehört sich auch so. Diese Figuren, die nur »hmm« und »nee« sagen können, vorlaute Kinder – um die stände es viel besser, wenn sie am Tag auch nur zehn Minuten länger hart arbeiten und »Ja, Sir«, »Nein, Sir« sagen würden, und wenn man ihnen den Arsch versohlen würde, bis der Ton stimmt.

Letztlich hängt alles von der Erziehung ab. Davon, daß man zu Hause ein paar Werte eingeimpft bekommt. Wir reden jetzt von den Schwarzen. Man muß sie dazu bringen, in der Schule zu bleiben, sich auf den Hosenboden zu setzen. Also, ich würde hier ja ganz diktatorisch Ordnung schaffen. Ich bin einfach ein Law-and-Order-Typ, ein Mord-und-Totschlag-Typ.«

Campbell war um die vierzig. Klein und stämmig, ein kräftiger Mann. Er trug leuchtende Farben. Er redete wie ein Mann, der einer bestimmten Rolle zu entsprechen hat, aber es war kein Anzeichen von Humor in seiner Stimme oder seinem Gesicht zu erkennen.

Er hatte miterlebt, wie der schwarze Teil der Stadt größer wurde. Und er hatte daran verdient, hatte flüchtenden Weißen ihre Häuser abgekauft und diese dann mit Gewinn an Schwarze weiterverkauft. In einem Jahr hatte er auf diese Weise zehn Häuser verkauft und 60 000 Dollar verdient.

»Das war nicht übel. Es war Wucher. Ich gehöre erschossen.«

Ich war mir nicht sicher, was bei ihm Rolle und was echt war. Dann fragte ich: »Campbell, was verstehen Sie unter einem Redneck?«

Und der Mann war wie umgewandelt.

Er sagte: »Ein Redneck ist ein ungelernter Bauarbeiter, der Schwarze absolut nicht leiden kann. Er trinkt gern Bier. Er trägt Cowboystiefel; einen Cowboyhut hat er nicht unbedingt. Er wohnt in einem Wohnwagen irgendwo in Rankin County, er raucht zweieinhalb Schachteln Zigaretten am Tag, trinkt zehn Dosen Bier am Abend und wird total stinkig, wenn er nicht Maisbrot, Erbsen, gebratene Okra und Schweinekoteletts zu essen kriegt – ich hab es noch nie erlebt, daß einer von diesen Säcken keine Schweinekoteletts mochte. Und natürlich ist er mit der Abzahlung seines Wohnwagens im Rückstand.

Er ist so erzogen worden. Sein Vater war genauso. Und der

Kerl liebt Countrymusic. Diese Säcke gehen gern jagen und fischen. Sie fahren zum Pearl River, bleiben die ganze Nacht. Sie spannen eine Art Angelleine quer über den Fluß – eine lange Schnur, an der alle ein bis anderthalb Meter ein Angelhaken befestigt ist. Als Köder benutzen sie Flußkrebse. Die Schnur sinkt auf den Boden des Flusses, und dann hocken diese verdammten Säcke die ganze Nacht am Ufer und trinken und labern rum und machen ein großes Feuer. Zwei- oder dreimal pro Nacht kontrollieren sie die Schnur und gucken, ob sie einen Wels gefangen haben. Es ist guter Wels. Die Rednecks sagen immer, daß sie lieber Flußwels essen als gezüchteten. Sie behaupten, der schmeckt besser.

Wissen Sie, ich mag die Rednecks. Sie sind so gelassen. Die scheren sich um nichts. Scheren sich um nichts.«

»Liegt das daran, daß sie von den Pionieren abstammen?«

»Keine Frage. Sie stammen von den Pionieren ab. Sind glücklich und zufrieden damit, im Wohnwagen zu wohnen. Ich habe keine Ahnung, woher mein Vater so kultiviert war. Wenn Sie das Kaff sehen könnten, wo er herkommt – das war echt das extremste, gottverlassenste Kaff, mitten im Wald an der Grenze zwischen Mississippi und Alabama. Die Rednecks haben eine Pionier-Einstellung, das ist es. Die wollen gar nicht in so 'nen verdammten Country Club und Golf spielen. Die haben keine fünfzehn Cent in der Tasche und finden das zum Totlachen.

Sie sind schottisch-irischer Abstammung. Viele von denen haben untereinander geheiratet, sich gekreuzt. Ich rede jetzt von den guten alten Rednecks. So einer hat 'nen klassischen Achtstundenjob. Aber es gibt auch den gehobenen Redneck, der will alles ein bißchen sauberer haben. Den Rasen gemäht, ein Gärtchen hintendran. Mutti trägt Designer-Jeans, und alle drei Wochen gehen sie zu Shoney's essen.«

Ich hatte jede Menge dieser Restaurants entlang der Highways gesehen, war aber nie in eines gegangen. Ob sie mit McDonald's vergleichbar seien?

Campbell sagte: »Bei Shoney schwimmt alles in Soße. Für die Rednecks ist das der Hit. Die lieben das. Ich kenn sie doch, die Säcke.

Wenn er oder sie nach North Jackson zieht, sind es gehobene Rednecks. Die haben auch nicht diesen breiten Akzent. Aber der gute alte Redneck, der arbeitet nur sechs oder acht Monate im Jahr. Der sagt zu seiner Alten: ›Ich geh jetzt arbeiten.‹ Aber er geht nicht. Und wenn es regnet, geht er auch nicht zur Arbeit – Scheiße, warum denn auch. Er geht in die abgefuckteste Kneipe, die er finden kann, und da trinkt er dann Bier und spielt Pool. Wenn er nach Hause kommt, halb besoffen, hat er einen kleinen Krach mit seiner Frau, ißt ein bißchen Cornbread und dann pennt er ein; das ist die verdammte Wahrheit. Und seine Frau hat Verständnis, schließlich ist sie es so gewohnt.

Sie trinkt nicht. Normalerweise sind es die Kerls, die trinken – Whiskey oder Bier. Sie hat irgendeinen lumpigen kleinen Job. Wahrscheinlich sorgt sie für das Grundeinkommen. Sie versucht, jeden Tag zu arbeiten. Aber er wartet immer auf den Superjob für fünfzehn Dollar die Stunde, den er natürlich nie bekommt. Einmal hat er einen Gewerkschaftsjob für zwölf Dollar die Stunde gehabt. Und er glaubt, daß er so einen wieder kriegen wird. Er wartet fünfzehn Jahre auf einen zweiten Zwölf-Dollar-Job. Aber er wird keinen kriegen, es sei denn, er gibt sich einen Tritt in den Arsch und geht nach Atlanta oder nach Nashville – irgendwohin, wo was abgeht. Hier geht ja nun echt nichts ab. Aber er ist einfach so verdammt zufrieden. Verdammt zufrieden, dieser alte Sack. Wenn er einen Vier-Dollar-Job angeboten bekommt: ›Nee, hab grad was anderes zu tun.‹ Ich könnte fünf

Männern aus dem Stand Arbeit geben, zum Mindestlohn. Drei fünfundddreißig die Stunde. Aber da kann ich lange suchen – ›Willst du für drei fünfunddreißig arbeiten?‹ ›Nee. Für einen Drei-fünfunddreißig-Arsch arbeite ich nicht.‹

Er arbeitet also im Schnitt für sechs Dollar die Stunde, sechs oder sechseinhalb. Und das nur sechs bis acht Monate im Jahr. Er will nämlich nicht den ganzen Tag arbeiten, wissen Sie? Er ist zufrieden, wenn er über die Runden kommt. Die lassen sich nicht gern was sagen, diese Säcke. Das ist der Unabhängigkeitsdrang. Die alte Pionier-Einstellung. ›Ich habe genug zu essen und zu trinken und ein Dach überm Kopf. Was will ich mehr?‹

Religion? Er geht in die Kirche, wenn ihm seine Frau die Hölle heiß macht. Aber nicht in Schlips und Kragen, das macht er nicht. Da ist er knallhart.

Aus Sex machen die sich nicht viel. Lieber trinken sie ein paar Bier. Hängen mit anderen Männern ab, gehen jagen, fischen. Wir reden jetzt von den guten alten Rednecks. Die gehobeneren sind anders. Die kriegen noch einen hoch. Das ist die verdammte Wahrheit.

Die Rednecks machen sechzig bis fünfundsechzig Prozent der weißen Bevölkerung aus. Ich schmeiß jetzt die guten alten Rednecks, die gehobenen Rednecks und eine ganze Reihe Untere-Mittelschicht-Rednecks in einen Topf. Die haben die gleiche Einstellung wie die Schwarzen, Daddy ist ein bißchen öfter zu Hause. Aber sie finden es köstlich, daß sie mit leeren Taschen dastehen. Das würden Sie nicht für möglich halten.«

Ich fragte nach der Kleidung, besonders nach den Cowboystiefeln. Warum waren sie so wichtig?

»Das ist eben das Bild, das sie vermitteln wollen. Sie tragen ’ne Baseballkappe, den Schirm einen Tick heruntergezogen. Keinen Cowboyhut. Es geht ihnen um den ganz speziellen Redneck-Stil. Sie wollen den Leuten zeigen, daß sie sich um nichts scheren. Sie wollen ihnen zeigen: ›Ich bin ein Redneck, und ich bin stolz darauf.‹

Was Sie reinschreiben müssen, und zwar unbedingt, ist, daß diese Säcke Country & Western lieben. Das ist bodenständige Musik. Tränenselige Musik. Jemand hat einen tödlichen Unfall mit dem Laster. Jemand wird vom Zug überfahren. Oder jemand macht sich mit der Frau eines anderen aus dem Staub.

Presley ist so was von einem Redneck, das glauben Sie gar nicht. Ein doppelter Redneck. Einige der Frauen hier würden mir für diese Aussage die Hosen strammziehen. Wahrscheinlich bin ich selbst ein Redneck.«

Als Campbell das sagte, hatte er mich für sich gewonnen.

Er sagte: »Ich ziehe mich bloß anders an. Polohemd und Corbin-Hosen.«

Mir gefielen Campbells konkrete Details, die Markennamen, die Identifizierung eines Kleidungskodex, wo ich vorher nur bunte Farben gesehen hatte.

Ganz abrupt schwenkte er auf ein anderes Thema um: »Wenn mein Vater nicht so hart gearbeitet hätte – wobei ich weiß, daß das wichtig war, hart zu arbeiten und ein rechtschaffenes Leben zu führen –«

Ich lenkte seine Gedanken noch einmal auf den Sex bei den Rednecks.

»Wenn sie jung sind, sind sie ständig geil, aber wenn sie älter werden, trinken sie mehr, und dann ist ihnen das nicht mehr wichtig. Und sie ist einfach da, bringt einmal die Woche die Wäsche in den Waschsalon. Hockt sich hin, paßt auf die Wäsche auf, raucht ein paar Zigaretten – genau, so verbringt sie ihre Zeit.

Ich sag Ihnen mal was. Mein Sohn wird sich nicht mit irgendeinem Redneck-Mädchen aus Rankin County einlassen. Man kann das nicht verbergen. Hier kennt jeder jeden. Und ich sag Ihnen noch was. Die reden anders. Und ich will, daß meine Kinder in ihrer Gesellschaftsschicht bleiben, und das werden sie auch. Ich würde in so 'nem Fall sagen: ›Keith, du bist nicht so erzogen worden. Mach dich da schleunigst vom Acker. Das ist nicht dein Niveau, und es wird auch nie unser Niveau sein.‹ Aber Keith ist schon okay. Er will schön angezogen sein; er will gut aussehen; er will Geld verdienen. Wir bewegen uns in den Kreisen von Northeast Jackson. Angeblich sind das gehobene Kreise.«

Ich sagte: »Aber Schönheit bleibt Schönheit. Eine schöne Frau findet überall Bewunderer.«

»Schönheit bleibt Schönheit. Aber wenn sie den Mund aufmacht und sagt, daß sie aus Rankin County kommt – o-oh, dann ist der Reiz dahin. Aber das wird mir wahrscheinlich nie passieren. Und auch meinem Sohn wird es nie passieren, denn er weiß jetzt schon, was ein Redneck ist. Wissen Sie übrigens, woher das Wort kommt? Die Männer haben einen roten Nacken von der Sonne –«

Doch dann kam irgend etwas dazwischen – jemand kam herein, jemand fragte etwas –, und Campbell führte diesen Gedanken nicht zu Ende. Zu Ende geführt wurde er dann einige Tage später von einem alten Mann aus Mississippi, der mir erzählte, das Wort Redneck habe in seiner Jugend noch nichts Abwertendes gehabt, ganz im Gegenteil: Es habe für einen Mann gestanden, der sich im Schweiße seines Angesichts sein Brot verdiente, und erst seit den 1940ern oder 50ern, als das Frontier- oder Pionierleben sich veränderte, rief das Wort wenig schmeichelhafte Assoziationen hervor.

Campbell sagte: »Ich bewundere sie für ihre Unabhängigkeit. Aber in unserer heutigen Gesellschaft ist das natürlich nicht das Richtige. Das steht außer Frage. Vor langer Zeit war es mal prima, aber heute nicht mehr. In einer modernen Stadt kann man mit dieser Mentalität nichts zuwege bringen. Wir müssen die Redneck-Gesellschaft und die Gesellschaft der Schwarzen ändern, sonst bleibt der Reichtum weiterhin in den wenigen Händen, in denen er schon immer ist. Ich persönlich hoffe ja, daß das so bleibt. Ich gehöre echt erschossen.«

Er verließ die politische Ebene wieder und sagte: »Rednecks mögen Wagen mit Vierradantrieb. Pick-ups mit Vierradantrieb. Mit denen können sie in den Sümpfen überall rumfahren. Manche haben auch so 'nen klapprigen, halb angestrichenen alten Lieferwagen. Halb angestrichen, weil der alte Sack die eine Seite anstreicht, dann aber nie dazu kommt, die andere auch zu machen. Diese Karre fährt er ewig – bis sie auseinanderfällt oder einen Platten kriegt, und dann läßt er sie einfach stehen. Er hat nämlich keinen Ersatzreifen dabei, wissen Sie. Nachmittags kommt er wieder und repariert sie. Läßt sich von irgendeinem Kumpel einen alten Reifen besorgen, und dann fahren sie hin und reparieren die Karre. Diese Kerle können alles reparieren. Sie schaffen das Auto an den Straßenrand, bocken es auf und reparieren es an Ort und Stelle.«

Der Vormittag war vorüber. Campbell hatte ein Geschäftsessen. Er ging so, wie er war, in seinem bunten Pullover mit unterschiedlich breiten gelben und grünen Streifen. Doch es hatte ihm solchen Spaß gemacht, über das Leben der Rednecks zu sprechen, es hatte so viele Erinnerungen an seine »verrückte« Jugend in ihm aufsteigen lassen, so viele Sehnsüchte geweckt, daß er noch ein bißchen weitererzählen wollte und versprach, nachmittags wiederzukommen, nach seinem Geschäftsessen und vor einer Geschäftsreise nach Florida.

Nach dem Essen rief er an. Ich fragte ihn, wie es gelaufen sei.

»Ich stinke wie der Teufel. Kiloweise Knoblauch im Essen. Aber ich habe Geld verdient. Ungewöhnlich, ein Geschäftsessen, bei dem ich tatsächlich Geld verdiene.«

Wir trafen uns später in einer Hotelbar. Er hatte getrunken, zur Feier seines Geschäftsabschlusses. Seine Augen waren feucht, ein wenig blutunterlaufen. Er hatte vormittags mit unbewegter Miene gesprochen und tat es auch jetzt. Doch durch den Alkohol war seine Sprache gesittet geworden. Er fluchte nicht, benutzte keinerlei unnötige oder blasphemische Wörter zur Verstärkung.

Ich sagte, ich hätte mir noch einmal durch den Kopf gehen lassen, was er über die Rednecks erzählt habe. So wie er sie beschrieben habe, kämen sie mir vor wie ein Stamm, fast wie ein Indianerstamm, freie Geister, die ungebunden über das weite Land zogen. Ob es denn jetzt in Mississippi nicht ein bißchen eng für sie geworden sei?

Campbell sagte: »Es ist ein schönes Leben, aber eine Grundvoraussetzung dafür ist die Natur. Ich würde mal sagen, wenn die Rednecks in Mississippi nicht all die Natur um sich hätten – schließlich verbringen sie ihre Zeit ja am liebsten im Freien –, dann wäre ihnen ziemlich langweilig. Und die Jagdrechte werden immer teurer, so daß die Rednecks in fünf Jahren vom Markt verdrängt sein werden. Eine Menge Leute kommen inzwischen aus Louisiana bis hier hoch, weil wir viel Rotwild haben, große Hirsche, und sie blättern für die Jagdrechte ordentlich was hin. Wenn Sie aus Jackson rausfahren, dauert es garantiert keine fünfundvierzig Minuten, bis Sie auf eine Jagdpacht stoßen. Da stehen dann überall Schilder: »Betreten verboten. Jagdpacht des Soundso-Vereins.« Das führt irgendwann noch mal zu Mord und Totschlag, das verspreche ich Ihnen. Ein paar Mordfälle hat es in Mississippi wegen so was schon gegeben. Besonders wegen der Entenjagd – da herrscht im Delta eine derartige

Konkurrenz, und die Pacht ist dermaßen teuer – da braucht man einen Haufen Geld. Wobei die Entenjagd eher ein vornehmer Sport ist. Die Rednecks sind eher Wildjäger.

Aber es gibt in Mississippi eine Menge Land. Und so wildern sie dann halt irgendwo. Sonst würden sie nur dahokken, Bier trinken und nicht wissen, wohin. Das ist es, was mir bei den Rednecks Sorgen macht. Sie passen sich nicht an, und deshalb bleiben sie auf der Strecke. Je stärker die Bevölkerung wächst, desto teurer wird es, jagen zu gehen, und irgendwann können sie es sich nicht mehr leisten.

Im Moment haben sie Hundeclubs. Sie kommen irgendwo ganz billig rein, machen einen Deal, irgendeinen Deal mit einer Familie – da sind dann fünfzehn, zwanzig, dreißig Kerls beteiligt, lauter Verwandte, alle auf Familienbesitz. Treffen sich zehn- oder zwölfmal im Jahr. Und dann lassen sie die Sau raus.«

»Und die Frauen? Fahren die zu diesen Treffen mit?«

»Die sitzen daheim. Zerbrechen sich den Kopf darüber, wo der nächste Sack Kartoffeln herkommen soll. Aber die können von hundert Dollar die Woche leben. Billiger als Sie oder ich. Und sie sind nicht gerade unterernährt. Manche von denen sind richtig fett. Ach, was rede ich – die sind alle fett.

Nach meinem Geschäftsessen bin ich noch mal ins Büro gegangen. Meine Sekretärin ist eine Redneck-Frau. Ich habe ihr von unserer Unterhaltung heute morgen erzählt. Über die Rednecks und die Frontiermentalität. Habe ihr gesagt, daß das heute nicht mehr so toll ist. Daß die Zeiten sich geändert hätten. Und da hat sie gesagt: ›Wissen Sie, Mr. Campbell, früher habe ich Sie mal beneidet. Ich wollte das, was Sie haben. Aber inzwischen habe ich das Gefühl, ich bin einfach anders. Ich bin da reingeboren. Ich habe nichts, und ich weiß, daß ich auch nie was haben werde.‹ Ich sagte: ›Das liegt nur daran, daß Sie den falschen Mann haben. Warum machen Sie ihm nicht mal Feuer unterm Hintern?‹ Worauf sie sagte: ›Ach Mr. Campbell, das kann ich nicht machen. Er ist doch nur ein alter Redneck.‹ Und ihre Kinder sind genau wie er.

Presley war der absoulte Redneck. Und dieser Typ da auch, der mit den langen Haaren und dem Bart, drüben bei der Rezeption.«

Er meinte einen Mann mit rotkariertem, aus der Hose hängendem Hemd. Dieser Mann bewegte sich mit vorsichtigen Schritten vorwärts, so als befürchte er, in seinen ledersohlten Cowboystiefeln auszurutschen.

Campbell sagte: »Mit den Haaren und dem Bart meint er wahrscheinlich, er wäre ein Geschenk für die Menschheit. Aber er ist einfach nur ein Neck. Ein verirrtes Huhn. Der ist noch nie über einen gefliesten Boden gelaufen. Ist hier reingekommen, weil er dachte, das wäre ein Motel. Und jetzt weiß er nicht, wie er sich verhalten soll. Schleicht trübselig herum und denkt: ›O verdammt, wo bin ich hier bloß gelandet?‹«

Kunst heiligt, erschafft Neues, öffnet einem die Augen. Und obwohl andere Leute anderes über die Rednecks sagten – ein Mann erklärte, der beste Umgang mit ihnen bestehe darin, nichts mit ihnen zu tun zu haben, sie regten sich zu schnell auf, seien zu ungebildet, um angemessen auf vermeintliche Kränkungen zu reagieren, zu ungebildet, um menschliches Verhalten zu verstehen oder auch nur Menschen, die anders waren als sie selbst, ihr überzogener Begriff von Kränkung und Ehre könne dazu führen, daß sie lächelnd mit einem redeten und zugleich planten, einen abzuknallen – obwohl dies die landläufige Vorstellung war, sah ich nach Campbells Darstellung des Redneck-Lebens nun Stolz und Stil und einen Kleidungskodex, wo ich vorher nichts gesehen hatte, nahm wahr, was ich vorher nicht hinläglich wahrgenommen hatte: die forsch gesteuerten Pick-ups, die Baseballkappen mit dem Schriftzug irgendeiner Firma.

Am nächsten Tag, einem Samstag, herrschte im Hotel und in dem Restaurant auf der anderen Seite des Hotelparkplatzes reger Betrieb. Und wie um Campbells Beschreibung des speziellen Redneck-Stils zu bestätigen, stiegen drei Männer aus einem zerbeulten, staubigen Wagen, öffneten den Kofferraum und nahmen ihre Redneck-Stiefel heraus. Sie waren in Turnschuhen gekommen. Nun zogen sie die Turnschuhe aus, schlüpften in die Cowboystiefel und gingen ins Hotel. Auf dem Weg öffnete einer von ihnen eine Flasche Bier mit den Zähnen. Jetzt, nach Campbell, kam mir der Gedanke, daß sich der Mann mit dieser typischen Redneck-Geste vielleicht ein bißchen Mut machen wollte. Vielleicht würde er sich, wenn er das Hotel betrat und über den gefliesten Boden ging, »wie ein verirrtes Huhn« fühlen.

Ein paar Tage lang klangen Campbells Worte und Formulierungen in mir nach, und ich benutzte sie im Gespräch mit anderen selbst. Eines Nachmittags fuhr ich auf eine Farm ganz in der Nähe von Jackson. Dort kam jemand, der von meiner neuen Leidenschaft wußte, zu mir und sagte: »Auf dem Teich da drüben sind drei von Ihren Rednecks am Angeln.« Und ich eilte hin, um sie zu betrachten, so wie ich zur Betrachtung eines seltenen Vogels oder eines Hirsches geeilt wäre. Tatsächlich, da saßen sie, mit nackten Oberkörpern, diesen wunderbaren Baseballmützen auf dem Kopf, in einem Boot im Schilf, an einem Werktagnachmittag – Leute, die ich vor Campbells Schilderung nur oberflächlich gesehen hätte, jetzt aber als Menschen mit einer eigenen Vergangenheit sah, die entspechend einem eigenen Kodex lebten: eine bedrohte Spezies.

Es verlieh dem, was man auf dem Highway sah, eine neue Poesie: den Baseballkappen mit dem »einen Tick heruntergezogenen« Schirm, den Stirn- oder Schweißbändern der Frauen am Steuer einer bestimmten Sorte von Pick-up. Selbst die Inserate, in denen solche Wagen zum Verkauf angeboten wurden – ja selbst der Preis: um die 8000 Dollar –, hatten nun eine neue Bedeutung.

Über den Redneck, diesen seltsamen Nachkommen des Frontiersman, unterhielt ich mich dann auch mit Eudora Welty, als ich sie besuchte. Ich war früh dran und wartete auf der Straße unter den tropfenden Bäumen. Auch sie war früh fertig, wie durch ihr vorhangloses Wohnzimmerfenster zu erkennen war. Doch ich scheute mich, vorzeitig bei ihr zu klopfen.

So warteten wir also beide in der Düsternis nach dem Regen unter den hohen tropfenden Bäumen, sie hinter ihrem Fenster am Ende des nassen Vorgartens, ich im Auto. Als mir der passende Zeitpunkt gekommen schien, ging ich über den nassen Gartenweg zu ihrer Haustür. An der Tür befand sich ein Hinweis in ihrer eigenwilligen Handschrift, man möge ihr bitte keine Bücher zum Signieren mehr bringen. Sie wolle ihre Energie jetzt so weit wie möglich ihrer Arbeit widmen. Ich klopfte, und sie öffnete die Tür, als habe sie nur darauf gewartet. Ihr Anblick war mir von den Fotos außerordentlich vertraut.

Die Siedlungsgrenze spielte in ihren Geschichten eine große Rolle: das hatte ich gerade erst zu würdigen begonnen. Und sie war gern bereit, über den Charakter des Frontiersman zu reden.

»Er ist kein Bösewicht. Aber er hat eine gerissene Seite. Manchmal nimmt die etwas überhand, und dann wird er zum Schurken. In diesem Teil des Staates haben früher keine Schwarzen gelebt. Sie kamen, um auf den Plantagen zu arbeiten. Die meisten Rednecks sind ohne Schwarze aufgewachsen, und trotzdem hassen sie sie. Das ist die Wurzel allen Übels – darauf berufen sie sich immer. Rednecks haben zum Beispiel in Sägemühlen gearbeitet, so was. Und sie hatten kleine Farmen. Sie haben einen ausgeprägten Stolz. Sie diktieren die Politik dieses Staates. Und die große Gaudi ist für sie – in den Kleinstädten –, wenn die Politiker und Evangelisten kommen. Allen Angst einjagen, alle austricksen, schlagen, niedermachen – das ist die Mentalität des Grenzlandsiedlers.«

Ich erzählte ihr die Geschichte, die Ellen in ihrer Kindheit gehört hatte: daß die Rednecks im Süden der Stadt, in der sie damals ihre Sommer verbrachte, Handelsvertreter verprügelten, vor den Pflug spannten und ein Feld pflügen ließen. Ellen hatte gesagt, diese Geschichte sei überliefert, und ich hatte sie als romantische Darstellung der Schlechtigkeit vergangener Zeiten betrachtet, als übertriebene Erzählung über gesetzlose Menschen. Aber Eudora Welty nahm die Geschichte ernst. Sie sagte: »Das mit den Vertretern kann ich mir gut vorstellen. Davon habe ich schon gehört, daß man Leute Felder pflügen ließ, um sie zu bestrafen.«

Wir sprachen über Mississippi und seinen Ruf.

»Zur Zeit der Rassenunruhen sind hier viele Leute durchgereist und haben mich besucht. Sie wollten, daß ich ihre Ansichten bestätigte. Und alle dachten, ich würde in ständiger Angst leben. ›Ja haben Sie denn nicht permanent Angst vor denen?‹ Ein junger Mann sagte, er habe gehört, ein Mr. Soundso, ein schrecklicher Rassist, besitze ganz Jackson, sämtliche Banken und Hotels, und er tue Schwarzen fürchterliche Dinge an. Es war die pure Phantasie. Nichts davon stimmte. Die Gewalt hier ist lange nicht so beängstigend wie die Nordstaatenvariante, die städtische Gewalt.«

Ein Frontierstaat, kulturell nicht sehr entwickelt – war das für sie als Schriftstellerin und als Frau schwierig gewesen? Schriftstellerischer Reichtum hängt ja bis zu einem gewissen Grad auch von der Gesellschaft ab, über die der Autor oder die Autorin schreibt.

Sie sagte: »Es verbirgt sich einiges hinter dem Leben in diesem Staat. Die große Völkervielfalt unter den Menschen zum Beispiel, die herkamen und sich in den verschiedenen Gegenden niederließen. Das wird einem sehr bewußt, wenn man älter wird – man erkennt, wie die Verhältnisse entstanden. Und ein ganz wunderbares Gefühl, das mir als Schriftstellerin hier vermittelt wird, ist das der Kontinuität. An einem Ort, der sich nicht groß verändert hat, lernt man die Generationen kennen. Man sieht die Geschichte einer Stadt oder einer Familie wie eine Erzählung vor sich.«

Ich hatte im Laufe der Zeit mehr und mehr über die ungewöhnliche Verfassung des Staates Mississippi gehört, die Verfassung, die 1890, nach dem Bürgerkrieg und der Reconstruction aufgesetzt worden war. Ich hatte gehört, daß diese Verfassung für ein gut Teil dessen, was man heute noch sah, verantwortlich war, und ich besuchte zu diesem Thema den ehemaligen Gouverneur William Winter. Er war in Mississippi hochangesehen, als Gouverneur wie auch als Kenner der Geschichte des Staates.

Mr. Winter empfing mich nachmittags in seinem Büro, am Ende eines arbeitsreichen Tages; morgens war er schon nach Little Rock in Arkansas geflogen. Der ehemalige Gouverneur war jetzt Teilhaber einer Anwaltskanzlei in Jackson. Seine Sprache war exakt und juristisch; er hatte sich Bücher und eine Landkarte zurechtgelegt; und während unserer gesamten Unterhaltung schlug er immer wieder Informationen nach.

An der Wand seines Büros hing – inmitten von Farbfotos seiner Familie – eine große alte Landkarte des Staates. Als er hinausging, um mir eine gekühlte Cola light zu besorgen, stand ich auf und sah mir die Karte an. Sie war auf Leinwand aufgezogen und gerahmt, ein Geschenk an Mr. Winter. Es war eine französische Karte von etwa 1830. Sie wies nur die südlichen Counties des Staates als besiedelt aus. Eine große Fläche in der Mitte war als zukünftiges Siedlungsgebiet für Weiße gekennzeichnet. Obwohl dieses Gebiet fast so groß war wie alle bis dahin besiedelten Countys zusammen, hieß es auf der Karte einfach nur Hinds County (ein Teil davon sollte später zu jenem Rankin County werden, von dem Campbell mit solcher Verve gesprochen hatte). Die östlich und nördlich gelegenen Gebiete waren damals, 1830, noch in der Hand der Indianer, der Choctaws und Chickasaws.

1830 war der halbe Staat noch in Indianerhand; 1860 stand der Bürgerkrieg vor der Tür; 1890, nach Bürgerkrieg und Reconstruction, eine neue Verfassung. Die Geschichte schien sich hier in Schritten von dreißig Jahren vollzogen zu haben. Hinzu kamen die Gelbfieberepidemien von 1873, 1874, 1878 und 1903; dann die Weltwirtschaftskrise. Keinerlei Stetigkeit, Stabilität.

Der ehemalige Gouverneur sagte: »Die Atmosphäre, in der die Verfassung von 1890 aufgesetzt wurde, war von dem Bedürfnis der Weißen bestimmt, sich ein Mittel zur Rückgewinnung der Kontrolle über die politischen Prozesse im Staat zu verschaffen. Die Verfassung von 1861 eignete sich nicht als Vehikel für die Ausschaltung schwarzer Wähler und schwarzer Amtsträger. Als die Verfassung von 1890 ausgearbeitet wurde, gab es viele schwarze Amtsträger.« Es habe zwei schwarze Senatoren gegeben, einen schwarzen Kongreßabgeordneten, einen schwarzen Vizegouverneur, einen schwarzen Schulrat. »Die 1890er Verfassung von Mississippi wurde –

was die einfallsreichen Bestimmungen zur Verhinderung einer Wahlbeteiligung der Schwarzen betraf – zum Vorbild für andere Südstaaten.«

Fast genauso wichtig wie die rassenpolitischen Bestimmungen waren die Bestimmungen, die sich gegen die Industrie richteten. Die Autoren der Verfassung wollten, daß Mississippi »ein ländlicher Staat, ein Agrarstaat« blieb. Sie wollten nicht, daß sich große Firmen oder Unternehmen in Mississippi ansiedelten, die »mit der Landwirtschaft in widrige Konkurrenz um Arbeitsplätze« träten.

»Wir haben der Unternehmensentwicklung in diesem Staat diverse Steine in den Weg gelegt – was dazu führte, daß nicht in Industrieanlagen investiert wurde. Zum Beispiel plante die Gaylord Corporation, eine große Papierherstellungsfirma, ursprünglich eine Niederlassung in Pearl River, Mississippi. Doch aufgrund der verfassungsmäßigen Beschränkungen wurde die Fabrik dann auf der anderen Seite des Flusses gebaut, in Louisiana, in Sichtweite von Pearl River County, und in Louisiana wurde ein ganz neuer Ort, Bogalusa, aus dem Boden gestampft. In Mississippi waren dem Vermögen, das ein Unternehmen besitzen durfte, der Kapitalstruktur des Unternehmens, Beschränkungen auferlegt. Schon 1890 hat uns diese Verfassung, was Unternehmensinvestitionen angeht, ins Abseits gestellt.

Ein archaischer Ton durchzieht das ganze Dokument. Wir brauchen heute schon allein aus psychologischen Gründen ein im Ton des späten zwanzigsten Jahrhunderts verfaßtes Dokument. Außerdem müssen wir die Regierungsweise dieses Staates umstrukturieren. Viele der Verfahren, die darauf abzielten, die Macht zu dezentralisieren und zu fragmentieren, gehören abgeschafft. 1890 herrschte tiefes Mißtrauen gegenüber einer Machtkonzentration bei Einzelpersonen. Was dazu geführt hat, daß kein einziges von der Legislative

Mississippis verabschiedetes Gesetz ganz mit der Verfassung von 1890 übereinstimmt.«

Er griff nach einem juristischen Wälzer und zeigte mir Paragraph 59 der Verfassung von 1890.

»Gesetzentwürfe können in beiden Häusern verfaßt und vom jeweils anderen Haus ergänzt oder verworfen werden; und jeder Gesetzentwurf ist in beiden Häusern in je drei Lesungen zu behandeln, es sei denn, zwei Drittel des Hauses, in denen der Gesetzentwurf beraten wird, entraten dieser Regel; und jeder Gesetzentwurf ist unmittelbar vor der Abstimmung über die Annahme in voller Länge zu lesen; und jeder Gesetzentwurf ist, so er in beiden Häusern angenommen wurde, vom Präsidenten des Senats und vom Präsidenten des Abgeordnetenhauses in öffentlicher Sitzung zu unterzeichnen; vor der Unterzeichnung jeglichen Gesetzentwurfes hat deren Ankündigung durch beide Präsidenten, die Aussetzung der Geschäfte des jeweiligen Hauses, die Verlesung des Titels des Gesetzentwurfes und, auf Antrag jedes beliebigen Mitgliedes des jeweiligen Hauses, auch des gesamten Gesetzentwurfes zu erfolgen; die betreffenden Vorgänge sind sämtlich im Protokollbuch festzuhalten.«

Der Paragraph enthielt auch einen Änderungsvorbehalt, damit überhaupt Gesetze verabschiedet werden konnten. Trotzdem konnte ein widerborstiges Parlaments- oder Senatsmitglied immer noch eine Verzögerung bewirken. »Ich habe das schon erlebt. Ich habe erlebt, daß einer aufstand und verlangte, daß der ganze Gesetzentwurf verlesen wird.«

Mußte man den Männern, die diese Verfassung formuliert hatten, nicht einen gewissen Wahnsinn unterstellen?

»Es war eine antistaatliche Verfassung. Sie zielte darauf ab, die Verabschiedung von Gesetzen so schwierig wie möglich zu machen. Dahinter stand die Haltung: Je weniger Gesetzentwürfe, desto besser für uns. Je weniger Staat, desto besser – so kann man es wohl auf den Punkt bringen.«

»Was für Männer waren das damals, 1890?«

»Sie vertraten die Interessen der Ultrakonservativen, der Pflanzer, der Landwirtschaft. Viele von ihnen waren Bürgerkriegsveteranen. Es gab eine ausgeprägte rassistische Tendenz. Man war bestrebt, den Schwarzen jede Möglichkeit zur Teilnahme am politischen Prozeß zu nehmen.«

»Glauben Sie, diese Männer hatten so etwas wie ein romantisches Gefühl für das Land?«

»Sie hatten die Sorte Gefühl für das Land, wie es Großgrundbesitzer, nicht aber Landarbeiter haben. Der Kleinbauer spielte in der verfassunggebenden Versammlung keine Rolle. Die Verfassung war auf die wirtschaftlichen Interessen derer zugeschnitten, die sie formuliert hatten. Zum Beispiel regelte sie die Instandhaltung eines Deichsystems entlang des Mississippi – und das gehört ja nun wirklich nicht in eine Verfassung.

Dahinter stand folgende Geschichte: Im Frühjahr 1890 brachen die Deiche, und Teile des Deltas wurden überschwemmt. Als Reaktion darauf fügte man später im selben Jahr einen kompletten Artikel in die Verfassung ein, in dem es um den Umgang mit solchen Katastrophen ging, Artikel 11.«

Er zeigte ihn mir. Es waren acht Seiten. In dem Artikel wurde sehr detailliert geregelt, wie die Instandhaltung der Deiche technisch und fiskalisch zu gewährleisten sei; es wurde festgelegt, welche Steuern zur Finanzierung erhoben werden sollten; die Namen längst nicht mehr existierender Eisenbahngesellschaften wurden genannt.

»So ein Artikel hat in der Verfassung eines Staates wirklich nichts zu suchen. Aber Sie erkennen daran, was das Hauptanliegen der Autoren war. Sie sorgten für ihre Farmen im oberen Delta.«

Es hatte vielleicht kein romantisches Gefühl für das Land gegeben. Aber wie erklärte sich der ehemalige Gouverneur den antistaatlichen Ton der Verfassung?

»Er spiegelt die Frontiermentalität in Mississippi wider. Die Botschaft war: ›Wir nutzen den Staat, um die Probleme zu lösen, die uns wichtig erscheinen, aber wir lassen nicht zu, daß der Staat in unser Leben eingreift.‹ So wie die Verfassung eingesetzt wurde, arbeitete sie gegen die Machtlosen im Staat. Wobei das heute kein gültiger Einwand mehr ist. Es wurden einige Korrekturen vorgenommen.«

Doch die Verfassung hatte Spuren hinterlassen. »In North und South Carolina gab es Tabak- und Textilfabriken. Alabama hat eine stabile industrielle Basis, die auf das neunzehnte Jahrhundert zurückgeht. Mississippi hat eine solche Basis nie entwickelt.«

Auf dem Schreibtisch des ehemaligen Gouverneurs lag, eigens für unser Treffen bereitgelegt, eine Landkarte der Vereinigten Staaten vom Stand 1984, auf der die »wirtschaftlich wettbewerbsfähigen« und die »wirtschaftlich notleidenden« Countys markiert waren. Die wettbewerbsfähigen Countys waren blau eingefärbt, die »notleidendenden« rosa. Auf der Karte waren drei Konzentrationen wirtschaftlich notleidendender Countys zu erkennen: der Bereich entlang der mexikanischen Grenze, die Indianergebiete im Westen und – eine fast durchgängig rosafarbene Fläche – die vorwiegend von Schwarzen bewohnte Region im Süden Alabamas sowie fast ganz Mississippi. Nur die Gegend um Jackson war blau.

Doch obwohl wirtschaftliche Not herrschte – relativ betrachtet: die wirtschaftliche Not in Amerika war nicht mit der anderer Länder zu vergleichen – und obwohl viele Leute dem zugestimmt hätten, was der ehemalige Gouverneur über das archaische Element der Verfassung gesagt hatte, gab es zugleich auch eine Scheu vor Veränderungen. Die von der Frontier geprägte Verfassung verkörperte inzwischen für viele durchaus das Wesen dieses Staates. Viele Leute trauerten der Vergangenheit nach, die durch die Verfassung gesichert worden war, einer Vergangenheit, in der das Leben »einfacher«, ländlicher gewesen war, in der die Leute in kleineren Gemeinschaften gelebt und einander gekannt hatten, in der Zeit noch nicht Geld gewesen war.

Auf der Landkarte von 1830, die im Büro des ehemaligen Gouverneurs hing, war Hinds County als künftiges Siedlungsgebiet für die Menschen markiert, deren Nachkommen zu den Rednecks aus Campbells expressiver Beschreibung geworden waren. Heute mußten die Rednecks, wie vor ihnen die Indianer, feststellen, daß ihre Jagdgründe schrumpften.

Mississippi war ein Frontierstaat gewesen, aber mit der widersprüchlichen Komponente der Sklaverei. Von dieser zeugte das alte Plantagenland am Fluß rund um Natchez. Diese Landschaft, ähnlich flach und warm und sanft wie das Reisanbaugebiet in South Carolina, zeugte von Reichtum und Bedarf an Schwarzen, Tausenden von Schwarzen. Doch Natchez hatte auch seine Herrenhäuser, die heute zweimal im Jahr zum Ziel regelrechter Wallfahrten wurden: die alte Sentimentalität der Südstaaten, die geteilte Sicht, die Schönheit und das Leid der Vergangenheit und, in ihr enthalten, diese totgeschwiegene schäbige Erscheinung, die Sklaverei.

Es war eine kümmerliche kleine Stadt, die dort auf dem – nicht besonders hohen – »Steilufer« des schlammigen Flusses lag, nach einem Regenguß dampfend. Regenwasser tropfte von den schweren Ästen der roten und weißen Lagerströmien. Es hatte in Natchez mal einen Ölboom gegeben. Doch wie so viele andere Booms in den Südstaaten hatte er nicht lange angehalten.

Jenseits des Flusses lag Louisiana. Ich fuhr in der Hoffnung hinüber, ein solides, richtiges – soll heißen, untouristisches – Restaurant zu finden, wo ich zu Mittag essen könnte. Es war flaches Deltaland. Die Luft, die durch die Klimaanlage meines Autos hereinkam, roch nach Zwiebeln. Dieser leicht faulige Geruch kombiniert mit der Flachheit des Landes und der offenkundigen Aussichtslosigkeit meiner Suche – nur Fastfood-Restaurants entlang des Highways: hohe, Aufmerksamkeit heischende Schilder, darunter einfache Gebäude, leuchtende Farben vor dem flachen Grün – trieb mich zurück nach Natchez.

Die Stadt in Louisiana hieß Vidalia. Vidalia war auch der Name einer Zwiebelsorte. Sie galt in den Südstaaten offenbar als Delikatesse; ich hatte immer wieder handgeschriebene Schilder am Straßenrand gesehen, auf denen Vidalia-Zwiebeln zum Verkauf angeboten wurden. Der Zwiebelgeruch begleitete mich bis nach Natchez, wo er vom Geruch der Dschungel-Kloake abgelöst wurde, dem Geruch des Flusses, fast identisch mit dem Geruch der Dschungel-Kloake in Manaus am brasilianischen Amazonas. Die rostigen Wellblechdächer und die entspannt wirkenden Schwarzen wiederum, die in ihren alten Holzhäusern dasaßen oder -standen oder im Schaukelstuhl schaukelten und vor sich hin schauten, gaben dem Ganzen einen westindischen Touch – was für das eigene Ortsgefühl genauso verwirrend war, wie es die zugewachsenen Tennisplätze in Tuskegee gewesen waren: diese hatten einmal nachmittags, als afrikanische Studenten dort Tennis spielten, etwas absolut Afrikanisches gehabt.

Was das louisianische Vidalia anging, hatte ich mich getäuscht. Das erfuhr ich von einer Frau in einem Souvenirladen mit Blick auf den Fluß. Das Vidalia der Zwiebeln lag in Georgia, so intensiv ich auch in Vidalia, Louisiana, Zwiebeln gerochen haben mochte.

Diese Frau – die etwas darunter litt, daß das Geschäft nicht gut lief – sagte: »Mein Mann liebt Vidalia-Zwiebeln. Sonntags, wenn wir in den Club gehen« – sie wohnten auf der anderen Seite des Flusses –, »sagt er immer: ›Susan, hol ein paar Vidalia-Zwiebeln.‹ Ich frage: ›Willst du die etwa in den Club mitnehmen? Am Sonntag?‹ Woraufhin er sagt: ›Jetzt hol schon die Zwiebeln.‹ Es gibt im Club nämlich ein schwarzes Mädel, das ihn verwöhnt. Er ißt liebend gern Butterbrot mit Ketchup und stapelweise Vidalia-Zwiebelringen, und das richtet sie ihm immer.«

Ein Wolkenbruch ging nieder. Ich schaute mir ihr Angebot an. Sie verkaufte unter anderem eine dicke schwarze Mammy in einer weißen Bluse mit einem langen roten Kleid darüber.

Sie sagte: »Als ich die gekauft habe, habe ich zu Pearlene gesagt – das ist die Köchin – ›Pearlene, wissen Sie, was ich heute morgen gemacht habe? Ich habe zwei Pearlenes gekauft.‹ Sie hat sich halb totgelacht und gemeint: ›Na, dann könnten Sie mir doch zumindest das Kleid dazu kaufen.‹«

Es klarte auf. Doch kaum trat ich hinaus, begann es erneut zu regnen. Ich ging wieder in den Laden zurück.

Ich erklärte: »Ich will mir keine Erkältung holen.«

Sie sagte: »Im ersten Jahr, als ich diesen Laden hatte, hatte ich permanent Bronchitis. Wenn mein Mann nicht gewesen wäre, hätte ich nicht durchgehalten. Aber dann bin ich irgendwie immun geworden. Silber läuft bei diesem Wetter innerhalb von drei Tagen an. Es ist doch sicher nicht gut für das Silber, wenn man es alle drei Tage poliert.«

Es regnete stärker, dicke, platschende Tropfen. Sie redete weiter, froh, inmitten all ihrer Souvenirs ein bißchen Gesellschaft zu haben. Der Mississippi lag hinter einem Schleier aus Dunst und Regen, die Brücke war nur undeutlich zu sehen, das Ufer in Louisiana überhaupt nicht.

Und als ich dann nach Jackson zurückfuhr – auf dem Indian Natchez Trace Parkway –, stellte ich fest, daß der Regen und die große Hitze und mein mangelndes Wissen um die Schönheit, nach der ich hätte Ausschau halten sollen, mich von dem anderen faszinierenden Aspekt von Natchez ferngehalten hatten: Der Fluß änderte seinen Lauf; an manchen Stellen wurde das Ufer allmählich weggespült, und manche der schönen alten Häuser aus der Plantagenzeit brachen zusammen und sanken in den Fluß.

Und jedes Mädchen am Steilufer von Natchez
Wird weinen, oh, wenn wir vorüberziehn.

Das Wetter, die Hitze, der Gedanke an die Plantagenarbeit riefen mir diese Zeilen ins Gedächtnis: Zeilen – durch die Erinnerung womöglich entstellt – aus einer langen Ballade über den Bürgerkrieg von Stephen Vincent Benét, die ich vierzig Jahre zuvor gelesen hatte.

6. *Nashville*

Heiligtümer

Als ich eines gewittrigen Nachmittags aus dem Mississippi-Delta nach Jackson zurückfuhr, gebannt von dem dunklen Himmel, dem Regen, den Blitzen, den Scheinwerfern der Autos und Lastwagen, dem bis auf Fensterhöhe von schweren Reifen hochgeschleuderten Spritzwasser, wurde mir bewußt, wie sehr ich meine Reise durch die Südstaaten genoß. Romantik, ein Gefühl von Zuversicht und Freiheit, hatte bereits die Anfangsphase meiner Reise durchweht: meine Ankunft in Atlanta, die Fahrt von dort nach Charleston. Die Ängste, die mich an beiden Orten beim Gedanken ans Schreiben beschlichen hatten, waren mir schon fast entfallen.

An diesem Nachmittag nun dachte ich mir, daß mein Genuß vollkommen wäre, wenn ich gar nichts schreiben müßte; wenn ich mir keine Gedanken darum machen müßte, was ich als nächstes tun, als nächstes ansehen sollte; wenn ich mich einfach dem Erleben hingeben könnte. Doch wenn ich tatsächlich nicht hätte schreiben wollen, wenn ich kein Ziel gehabt, ja gelegentlich nicht sogar einen gewissen Druck verspürt hätte, wenn mir das Schreiben nicht einen Zeitplan und bestimmte Reiseziele vorgegeben hätte, wie hätte ich dann wohl die Tage im Ramada Renaissance Hotel in Jackson verbracht, inmitten der vielen Schnellstraßen? Wäre ich überhaupt nach Mississippi gekommen?

Das Land war groß und abwechslungsreich, in manchen Gegenden noch wild. Doch für den Reisenden war es fast überall vereinheitlicht und bequem gemacht worden. Eine der Folgen war, daß eine hier angesiedelte Reisebeschreibung nicht einfach nur von den Straßen und Hotels handeln konnte (es sei denn, der Autor schrieb über sich selbst). Vor hundert Jahren hätte ein solches Buch noch geschrieben werden können (Fanny Kembles Schilderung ihrer Reise von Philadelphia zu den Sea Islands von Georgia, die sie 1838 mit Zug und Postkutsche unternahm, zum Teil noch auf »Knüppeldämmen«, ist wahrhaft abenteuerlich).

Heute könnte man ein solches Buch noch, sagen wir, über bestimmte Länder in Afrika schreiben. Oft genug berichtet jemand, der in einem solchen Land reist, ungefähr so: »Hier, das bin ich. Hier steige ich aus dem alten landestypischen Bus aus und werde von fremden Jungen, die mir ungehörige Angebote machen, zu einer armseligen Unterkunft geführt. Hier trinke ich mit ein paar Einheimischen in einer Bar. Hier verirre ich mich, später am selben Abend.«

Ein solcher Reisender ist kein wirklicher Entdecker. Er ist eher ein Mensch, der sich vor einem fremden Hintergrund definiert; und je nachdem, wer er ist, kann sein Buch durchaus reizvoll sein. Über die Vereinigten Staaten kann man ein solches Buch nur schreiben, wenn man seine Leser ins Vertrauen zieht und sich selbst als landesfremd oder exotisch stilisiert. Doch im allgemeinen funktioniert dieser Ansatz in den Vereinigten Staaten nicht. Auf so einfache Weise fremd wie ein afrikanisches Land ist Amerika nicht und kann es nicht sein. Es ist zu bekannt, zu oft fotografiert, zu oft beschrieben worden, und da es besser durchorganisiert ist, lädt es weniger zur zwanglosen Betrachtung ein.

Mir war es von Anbeginn meiner Reise wichtig gewesen, in meinen Beobachtungen eine Linie zu entwickeln, ein Thema zu definieren. Dieser Ansatz hatte seine Schwierigkeiten. Ich hatte immer die Sorge im Hinterkopf gehabt, daß ich irgendwo hinkommen könnte und all meine Kontakte sich als nichtig erweisen würden, so daß ich nicht über die Einförmigkeit der Highways und Hotelketten hinausgedieh (die Romantik, der ich mich an jenem Nachmittag im Delta hingab). Wenn man zu einem Thema reist, muß sich das Thema mit der Reise entwickeln. Am Anfang können die Interessen breit gestreut sein. Doch dann müssen sie zielgerichteter werden; die verschiedenen Etappen der Reise dürfen nicht bloß Variationen ein und desselben Motivs sein. Und mehr als bei anderen Arten des Reisens hing beim Reisen zu einem Thema viel vom Glück ab. Es hing viel von den Leuten ab, denen man begegnete, von den kleinen Erleuchtungen, die man hatte. Wie die nächste Ausgabe einer aktuellen Tageszeitung veränderte sich das jeweils in Arbeit befindliche Kapitel durch immer neue Zufälle permanent.

Es war reines Glück – unsere Unterhaltung hatte so lahm begonnen –, daß ich zu Campbells expressiver Beschreibung des Lebens der Rednecks von Rankin County gekommen war: ein Leben im Freien, Überbleibsel der Unabhängigkeit aus der Pionierzeit, vermischt mit einer Abneigung gegen Schwarze und auf seltsame Weise verquickt mit der Liebe zur Countrymusic, »bodenständiger Musik, tränenseliger Musik« und dem Kult um Elvis Presley.

Das Treffen mit Campbell (das jeden Gedanken an Faulkner und Oxford, Mississippi, hatte dahinschwinden lassen) hatte mich darauf gebracht, wohin es als nächstes gehen könnte. Dabei wußte ich kaum etwas über Musik, und Presleys große Leistung war zu seinen Lebzeiten an mir vorübergegangen.

Presleys Geburtshaus lag in dem Städtchen Tupelo im Norden Mississippis.

Der Geschäftsmann, der mit mir dort hinfuhr, sagte: »Er war niederstes Pack.« Er sprach ernst, ohne Mitleid, und machte eine winzige Kopfbewegung dazu. In seiner Abscheu für die Niedrigkeit, die er im Sinn hatte, schwang fast so etwas wie Ehrfurcht mit.

Ich erinnerte mich an Campbells Worte und zitierte: »›Der absolute Redneck‹?«

»Noch niederer.«

In einer Zeitschrift in einem Hotel in Jackson hatte ich ein Foto des schmalen Zweizimmerhauses gesehen, ein Shotgun House, von dessen vorderer Veranda man direkt ins Schlafzimmer und von diesem wiederum direkt in die nach hinten hinausgehende Küche trat. Nach dem Foto hatte ich mit einem gut erhaltenen Gebäude inmitten einer städtischen Wüstenei gerechnet. Doch Tupelo war eine betriebsame kleine Stadt, eine der Städte in Mississippi, wo ein relativ reges Geschäftsleben herrschte, und die Umgebung von Presleys Geburtshaus war zu einem grünen Vorort geworden, so daß das Haus selbst, das im Schatten eines Baumes auf einer großen Rasenfläche stand, wie eine Art Nebengebäude eines Wohnhauses wirkte.

Auf der vorderen Veranda hing eine zweisitzige Bank an Ketten von der Decke. Der vordere Raum war das Schlafzimmer. Es war frisch tapeziert, eine Tapete mit einfachem Blumenmuster, und an der Wand hing, gedruckt und eingerahmt, Kiplings Gedicht »Wenn«.

Ich fragte die Aufsichtsperson, ob das Gedicht auch schon zu Lebzeiten der Presleys – seines Vaters, meinte ich, der das

Haus angeblich gebaut hatte – dort gehangen habe. Es war eine dumme Frage, und die Frau antwortete mir nicht. Der Geschäftsmann sagte, früher seien die Wände mit Zeitung tapeziert gewesen.

Natürlich hatte man das Haus so schön wie möglich hergerichtet, mit der Schaukelbank, dem Bett und den zeitgenössischen Gegenständen in der Küche – sie hätten leicht aus dem Mississippi Agriculture and Forestry Museum in Jackson stammen können, wo die Artefakte, die Haushaltsgeräte einer nur wenige Jahre zurückliegenden Zeit ehrfürchtig ausgestellt wurden, denn sie waren zwar nicht besonders alt, gehörten jedoch einer speziellen ländlichen Vergangenheit an, die viele noch erlebt hatten und die jetzt verschwunden war. (In England sind die 1920er Jahre greifbar nah, wie vorgestern. In Mississippi dagegen liegen die 1920er lange zurück, scheinen dem Anfang der Dinge näher.)

Wie die Vergangenheit in diesem Museum dargestellt wurde, das hatte etwas von Religion, etwas Verbindendes. Und in dem herausgeputzten kleinen Shotgun House war etwas Ähnliches zu spüren. (Man stelle sich allerdings vor, wie die Menschen hier auf kleinstem Raum gewohnt hatten: diese Enge, diese Unordnung!) Seine niedere Herkunft machte diesen Mann für die – zumeist dicken – Leute, die sich auf die Schaukelbank setzten und fotografieren ließen, um so mehr zum Heiligen.

Hinter dem Haus befand sich ein Gebäude, in dem Postkarten, Souvenirs und Kopien der am Tag nach Presleys Tod 1977 erschienenen Ausgaben verschiedener Zeitungen aus Memphis verkauft wurden; außerdem gab es eine neue kleine Kapelle mit Buntglasfenstern. Neben dem Haus befand sich ein Park. Presleys Geld hatte dieses kleine Wunder vollbracht. Es paßte zu all den Geschichten, die man sich erzählte – und diese Geschichten waren jedesmal bewegend, die

Erfüllung so vieler Phantasien –, über Krankenschwestern und andere einfache Leute, denen Presley völlig unverhofft einen Cadillac geschenkt hatte.

Im Souvenirladen sagte der Geschäftsmann: »Ist Ihnen aufgefallen, wie diese Frau redet? Hören Sie mal hin.« Er sprach mit derselben Ehrfurcht, mit der er auch von Presleys Herkunft gesprochen hatte. Aber mein Gehör war nicht fein genug für die örtlichen Variationen. Es erfaßte nicht, was der Geschäftsmann hörte.

Die Haltung des Geschäftsmannes war nicht neu. Sie hatte historische Vorläufer, die fast bis zu den Anfängen des Staates zurückreichten. Selbst Fanny Kemble reagierte, als sie 1839 den »Pinelanders« von Georgia begegnete, mit Wut und Verachtung, sie hielt diese Angehörigen ihrer eigenen Rasse für degeneriert und fand sie unsäglich. Man stellt sich Fanny Kemble als eine sanftmütige Frau vor, der jede Ungerechtigkeit verhaßt war. Aber als ehemalige Schauspielerin aus einer sehr prominenten englischen Schauspielerfamilie legte sie Wert auf das Äußere der Menschen. Sie haßte die Sklaverei, aber dem Aussehen der Schwarzen auf den amerikanischen Plantagen konnte sie nichts abgewinnen (die westindischen Schwarzen fand sie ansehnlicher). Der Abschnitt über die Pinelanders verdient es, komplett zitiert zu werden. Gerade die vielen Wiederholungen vermitteln die verwirrten Gefühle und die Scham der Autorin:

»Das sind die sogenannten Pinelanders von Georgia, wohl der verkommenste Menschenschlag vorgeblich angelsächsischer Abkunft, der auf dieser Erde zu finden ist – schmutzige, faule, ungebildete, brutale, stolze, mittellose Wilde, bar jeglicher der edleren Eigenschaften, welche man gelegentlich mit den Untugenden des Wilden verknüpft gefunden hat. Sie besitzen keine Sklaven, denn sie sind fast ausnahmslos bitterarm; sie weigern sich zu arbeiten, denn das würde sie ihrer Ansicht nach auf eine Ebene mit den verhaßten Negern stellen; sie hausen und hungern und stehlen in den Randgebieten dieser niedrigsten aller zivilisierten Gesellschaften, und ihre Mienen zeugen von ihrem erbärmlichen Dasein und der absoluten Verkommenheit ihrer Natur. Aus dem Verbrechen der Sklaverei ziehen sie zwar keinen Gewinn, noch fällt ihnen darin irgendeine Aufgabe zu, aber sie sind zuhöchst an ihm mitschuldig, suhlen sie sich doch am Fuße der Barriere, welche die weiße und die schwarze Rasse trennt, in ihrer unsäglichen Verkommenheit und sind zugleich erfüllt von einem unbeschreiblichen Stolz auf die primitive Freiheit, die sie von jenen unterscheidet, welche von der Peitsche getrieben den Boden bestellen.«

Georgia war 1733 als Kolonie für freie Männer gegründet worden. Doch innerhalb von sechzehn Jahren hatten die Sklavenbesitzer die Verhältnisse verändert, und es waren Gemeinschaften von armen Weißen wie den Pinelanders entstanden, von Einwanderern aus anderen Staaten. In den westindischen Sklavenkolonien gab es keine vergleichbar großen Gruppen armer Weißer. Es gab, grob gesprochen, nur Pflanzer und Sklaven. Nach der Befreiung wurden die Inseln daher praktisch schwarz, und ohne Rednecks nahm die Geschichte dort einen anderen Lauf als in den Südstaaten nach der Reconstruction. Bei der Besiedlung der Neuen Welt und anderer unbekannter Weltgegenden kam es zu furchtbaren Grausamkeiten, nicht nur gegenüber den Einheimischen, sondern auch gegenüber den Deportierten. Noch heute, da längst keine der beteiligten Gruppen mehr zur Verantwortung gezogen werden kann, leben die nachfolgenden Generationen als Opfer oder Erben der lang zurückliegenden Vergangenheit weiter.

Ich begann den Presley-Kult in Tupelo mit anderen Augen zu sehen: Das Geburtshaus dieses Mannes aus dem Volk, dieses

Volksheiligen, war, wie es ihm gebührte, schön hergerichtet, zum Heiligtum gemacht worden. Und so war ich halbwegs auf das vorbereitet, was ich später, als ich das Center for the Study of Southern Culture in Oxford, Mississippi, besuchte, in Charles Wilsons inoffizieller Presley-Sammlung sah.

Der auffälligste Gegenstand dort war ein Plakat, das in der linken unteren Ecke einen gitarrespielenden Presley mit üppigem Hintern und in knallenger Hose zeigte, von dem aus eine Treppe zu seiner Mutter und Graceland – Presleys Villa in Memphis – oben am Himmel hinaufführte. Des Rednecks Erfüllung – auf einer Ebene mehr als kläglich, auf einer anderen eine Art religiöser Kunst mit Anleihen aus dem Christentum: die Seligsprechung der zentralen Figur mit all ihrer Sexualität, Graceland wie eine Version des neuen Jerusalem auf einem mittelalterlichen Gemälde vom Jüngsten Gericht.

Graceland lag am Stadtrand von Memphis. Es war schon auf dem Highway ausgeschildert. Eine öffentliche Straße trennte Haus und Grundstück von dem Parkplatz von Graceland, der Kartenverkaufsstelle und dem Gelände, wo jetzt Presleys zwei Flugzeuge geparkt waren: Hoheitssymbole.

Die Besichtigung von Haus und Grundstück war nur im Rahmen organisierter Führungen möglich. Besucher durften nicht nach Belieben herumspazieren, sie mußten sich von der Kartenverkaufsstelle aus in speziellen Bussen fahren lassen. An dem Nachmittag, als ich dort war, waren die Führungen auf anderthalb Stunden ausgebucht. Daher bekam ich das Haus nicht zu sehen und mußte mich mit den Geschichten darüber zufrieden geben: über die vielen Fernseher allenthalben, über die Dekoration der Zimmer, die der Dekoration von Hotelzimmern in Las Vegas nachempfunden war, über die spießigen Extravaganzen eines Mannes von schlichten Vorlieben und schlichtem Geschmack, der nicht wußte, wie er sein selbstverdientes Geld ausgeben sollte und ins Schleudern geriet, als er in der Annahme, sich mehr schuldig zu sein, über die schlichten Dinge, die er am liebsten mochte, hinauswollte.

Und es war leicht, in der belebten Kartenverkaufsstelle – aus den Lautsprechern schallten Presley-Songs, bestürzend lebendig: die Unsterblichkeit des Heiligen – ein Gefühl für den Glamour, die Magie dieser Stimme und den unfaßbaren Reichtum, den sie gebracht hatte, zu entwickeln. Dieser Reichtum – ausgegeben wie bekannt: die Schlichtheit um ein Vielfaches aufgeblasen – war wie ein Reichtum für jedermann, für all die Dicken des Volkes, die – einem Presleyschen Prinzip der Geldausgabe folgend, allerdings auf das ihnen Zugängliche, das Fastfood, beschränkt, für sie eine ewige Verlockung, ein Luxus stets in greifbarer Nähe, wie eine konkrete Version des Manna, eine moderne Version der Verheißung in einer klassischen Legende – die also die Erfüllung und Herrlichkeit des Überflusses in eigenes Fett umgewandelt hatten, Fett als persönlichen Besitz.

Seit dem Hotel in Charleston (und nach den geschäftigen Geschäftsleuten in dem Hotel in Atlanta) fielen mir immer wieder sehr dicke Menschen ins Auge, Menschen, die aufgegangen waren wie Teig, die in besondere Sphären der Fettleibigkeit aufgestiegen waren. Nicht nur hier und da mal einer – sie stellten fast eine eigene Klasse dar. Charleston war ein Urlaubsort. In dem Hotel dort waren sie in farbenfroher Urlaubskleidung aufgetreten, die an ihnen doppelt und dreifach übertrieben wirkte; und außerdem waren sie, ein grotesker Anblick, paarweise aufgetreten. Einmal waren mindestens vier solche Paare im Hotel gewesen – gigantisch, korridorblockierend und (zweifellos aufgrund ihrer Zahl) nicht ohne eine gewisse Aggressivität.

Danach waren sie mir auch an anderen Orten aufgefallen.

Doch Campbell war der erste gewesen, der die Fettleibigkeit der Redneckfrauen erwähnt und sie als regionale Eigenart beziehungsweise Gruppenmerkmal dagestellt hatte. Manchmal war es spannend, ja vergnüglich, sie anzusehen – zu sehen, wie jeder Körper die überflüssigen Pfunde auf seine ganz eigene Weise organisierte oder arrangierte: hier eine Falte, dort ein Polster, hier ein Röllchen, dort ein Wulst. Eine Art Selbstmord, so mochte es scheinen, doch ich begann mich – dort in der Kartenverkaufsstelle von Graceland, inmitten all der stolzen und aufgeregten Menschen – zu fragen, ob in der Fettleibigkeit dieser Nachkommen der Grenzlandsiedler und Pinelanders nicht ein Element schlichter Selbstbehauptung lag.

Wie war die Verehrung dieses Sängers zu verstehen? Diese Leute hatten politische Führer; sie hatten Sportler, Filmstars; sie hatten jede Menge Helden. Doch es waren Helden, die man aus der Ferne betrachtete; der Sänger dagegen war ein Mensch, der seinen Bewunderern glich. Seine Bewunderer glaubten, durch und über ihn leben zu können: Er lebte und erlebte stellvertretend für sie.

Auf den britischen westindischen Inseln hatten die Schwarzen während der Kolonialzeit – über einen Zeitraum von etwa hundert Jahren nach der Abschaffung der Sklaverei – keine Helden. Sie fingen erst sehr spät an, Helden zu verehren, und dann waren es Sportler, vorwiegend Kricketspieler. Eine andere Art von Held konnte es in dieser beschränkten Gesellschaft nicht geben. Doch gegen Ende der Kolonialzeit, als sich ein politisches Leben entwickelte, bildeten sich auch bei den westindischen Schwarzen führende Persönlichkeiten heraus, in vielen Fällen Gewerkschafter, die dann zu politischen Führern wurden und später, nach der Unabhängigkeit, zu Premierministern. Diese frühen Führer aus ihrer Mitte wurden von westindischen Schwarzen vergöttert. Die Schwarzen wollten, daß ihre Führer sie repräsentierten, und zwar nicht nur auf der parlamentarischen Ebene. Ihre Führer (die genauso arm begonnen hatten wie alle anderen) sollten reich werden (egal auf welchem Wege), mächtig und ruhmvoll. Der Ruhm des politischen Führers wurde zum Ruhm seines Volkes, und das Volk lebte über seinen politischen Führer. Die üblichen Vorstellungen von Moral und Anstand waren außer Kraft gesetzt. Ein Führer mußte nicht bescheiden und korrekt sein, das waren die Tugenden einer anderen Welt. Einem schwarzen politischen Führer wurde eine Verantwortung übertragen: er mußte bedeutend sein, überlebensgroß, um aller anderen Schwarzen willen. Diese Vorstellung vom politischen Führer – die auf den westindischen Inseln so verheerende Auswirkungen gehabt hat – hat sich in jüngerer Zeit gewandelt, aber sie existiert nach wie vor.

Etwas Ähnliches wie diese Vergötterung schwarzer Politiker schien mir hinter dem Kult um Presley zu stehen. Es war – fand ich – seltsam, daß den emotionalen Bedürfnissen eines Volkes so stark über Musik entsprochen wurde. Und als ich in Nashville, Tennessee, die wöchentliche Veranstaltung der Grand Ole Opry besuchte, jener langjährigen Countrymusic-Show und Radiosendung, fühlte ich mich von dem, was ich dort erlebte, sehr fern. Es war wie ein Stammesritus, so als würde das alles in einer mir fremden Sprache vollzogen.

Wieviel Talent war hier tatsächlich im Spiel? Und kam es auf Talent in dieser Umgebung überhaupt an? Die Berühmten und Vielgeliebten mußten sich dem Publikum einfach nur zeigen. Der Zuschauerraum war voll; in den Gängen standen scharenweise Leute mit Fotoapparaten. Die Cowboyhüte und Latzhosen –Arbeitskleidung – einiger der Musiker waren ein Fingerzeig: Countrymusic schuf eine

Gemeinschaft und war zugleich Ausdruck einer Gemeinschaft.

Nashville war das Zentrum der Country-Industrie. Es war tatsächlich eine Industrie, doch die Gegend rund um den Music Square war voller Touristen in Urlaubskleidung.

Ein älterer Schwarzer, der mich eines Tages zum Hotel zurückfuhr, sagte: »Das sind alles Weiße. Sehen Sie das? Die Schwarzen hassen Country. Für sie ist das die Musik der Rednecks. Sie symbolisiert Unterdrückung und alles, was sie hassen.«

Ich fragte ihn, ob Presley eine entsprechende Einstellung zu den Schwarzen gehabt habe.

Der alte Mann sagte: »Mit Presley über Schwarze zu reden war wie mit Adolf Hitler über Juden zu reden. Wissen Sie, was er mal gesagt hat? ›Ich will nichts von den Schwarzen, außer daß sie meine Platten kaufen und mir die Schuhe putzen.‹ Das ist belegt.«

Als ich das Allen Reynolds, einem Produzenten, erzählte, sagte er: »O nein! O nein!«

Allen stammte aus Arkansas. Er war neunundvierzig, und ich hatte das Gefühl, er sei es allmählich leid, den Süden gegen den Vorwurf des Rassismus zu verteidigen.

Er sagte: »Ich war mal im Baptist Hospital in Memphis, als Elvis auch gerade da war. Nicht als Patient, glaube ich – vielleicht lag seine Frau dort. Ich stand mit ein paar Leuten beim Aufzug. Und da kamen zwei schwarze Krankenschwestern vorbeigeschwebt, völlig weggetreten. Sie wiederholten immer wieder: ›Er ist hier, er ist hier.‹ Die Hand auf dem Herzen stürmten sie Elvis entgegen. Ich erzähle Ihnen das nur, weil es mich an dieser These, daß die Schwarzen Elvis haßten, doch sehr zweifeln läßt.«

Allen war in Memphis zur Schule gegangen. Er hatte die

Stadt geliebt, »musikalisch und auch sonst«, bis 1968 Martin Luther King ermordet wurde. Dieser Mord hatte die Beziehungen zu den schwarzen Musikern und den Schwarzen überhaupt verdorben. Zwar wurde nichts ausgesprochen, doch der Mord war passiert, war eine Barriere, eine Peinlichkeit, ein Grund zum Schweigen. (Während meines Aufenthalts in Memphis nahm ich die gestörten Verhältnisse deutlich wahr – der weitläufige schwarze Teil der Stadt ein einziges irreversibles Elend, die Weißen wie unter Belagerung im äußersten Osten der Stadt.)

Allen hatte immer noch Freunde im Musikbusineß von Memphis. »Einer davon ist Sam Phillips, der ein unabhängiges Label gegründet hat. Er ist so eine Art Idol für mich. Was der auf die Beine gestellt hat, das beeindruckt mich noch heute. In den späten Fünfzigern hat er Presley herausgebracht. Er ist in Mississippi oder Louisiana aufgewachsen. Als Junge hat ihn die schwarze Musik stark beeinflußt. In Memphis haben sich damals verschiedene Musikrichtungen vermischt. Sam hat die schwarze Musik geliebt, und er hielt ganz bewußt nach einem Weißen Ausschau, der eine schwarze« – er suchte nach dem richtigen Wort – »Art hatte. Schwarze Energie.«

Ich fragte Allen, was ihm die Countrymusic bedeute.

»Ich habe die Countrymusic mit der Muttermilch eingesogen, aber ich habe noch niemanden gefunden, der sie definieren könnte. Für mich ist sie im wahrsten Sinne des Wortes Musik aus dem Volk, textlich und musikalisch. Und sie kommt direkt aus dem täglichen Leben.

Meine Großeltern haben sich jeden Sonntagabend die Grand Ole Opry angehört. Meine Großmutter war eins von vierzehn Kindern. Es gab damals einen gewissen Little Jimmy Dickens, der einen Song namens ›Sleeping at the Foot of the Bed‹ gesungen hat. Meine Großmutter sagte jedesmal:

›Genau so war es.‹ Wenn Leute zu Besuch kamen, war keine Rede davon, ein zusätzliches Bett aufzustellen. Die Erwachsenen schliefen nebeneinander, und die Kinder legte man ans Fußende. Die beste Countrymusic entsteht aus Alltagsgefühlen.«

Die Musik war in der Countrymusic nicht so wichtig. Das Entscheidende war der Text. Aber die Texte bestanden aus wenigen, einfachen Worten, und die Themen waren stark konventionalisiert. War es schwierig, die Qualität eines Songs zu beurteilen? Konnte man auf Stümperei hereinfallen?

Allen sagte: »Ich erkenne das ziemlich schnell. Im Moment arbeite ich zum Beispiel mit einer Sängerin namens Kathy Mattea an einem Album. Sie ist noch neu im Geschäft, es ist erst ihr viertes Album. Im Musikbusineß läuft die Sache so, daß es eine Reihe von Musikverlagen mit Songkomponisten gibt, die jeden Tag zur Arbeit ins Büro gehen und Lieder schreiben. Meiner Ansicht nach funktioniert dieses System nicht besonders gut. Da kommt ein Haufen Grußkartenpoesie heraus. Als ich bekanntgegeben habe, daß wir Material für Kathys Album suchen, habe ich eine Unmenge Songs von Verlegern und Songkomponisten geschickt bekommen – fast nichts davon ist verwertbar.«

Das erklärte den machinengeschriebenen Hinweis an der Eingangstür, daß die Leute nicht hereinkommen und ihn ansprechen, sondern ihre Kassetten durch den Briefschlitz einwerfen sollten.

»Ich muß mir jede Woche eine Einkaufstüte voller Kassetten anhören. Nashville ist ein wahres Mekka für eine Menge Träumer. Aber ich treffe mich trotzdem immer wieder mit Verlegern und Songschreibern, denn ich suche Material, und die eigentliche Schwierigkeit besteht darin, die echten Songs zu finden. Insofern gilt das Schild an der Tür nur bedingt.«

»Suchen Sie eher einen Song oder eher einen Komponisten?«

»Beides. Ich bin immer auf der Suche nach den echten Songkomponisten. Wir haben ein paar sehr gute. Die meisten von denen, die ich kenne, stammen aus einfachen, ländlichen Verhältnissen. Was nicht heißt, daß sie ungebildet wären. Sie kommen aus dem ganzen Land. Aber meistens eben aus einem nicht besonders städtischen Umfeld. Sie haben eine gute und starke Verbindung zu den kleinen Orten und den Leuten dort.«

Ich dachte an andere Formen konventionalisierten Schreibens – die Restaurationskomödie, die Upperclass-Phantasien eines P. G. Wodehouse –, bei denen eine geistreiche Manipulation der Form oft schon Kunst genug war.

Allen sagte: »Ich kenne jemanden, der vom anderen Ende des Landes kommt und eine ganze Bandbreite von Liedern schreibt. Er hat auch im Country schon Erfolg gehabt, und zwar mit ein paar Songs, von denen ich weiß, daß sie allein seiner Phantasie und seinem Sinn für die richtigen Versatzstücke entsprungen sind. Manche seiner Songs sind wirklich gut.«

»Aber Sie würden trotzdem sagen, daß die besten Songs auf echter Erfahrung beruhen?«

»Und auf Originalität.«

»Gibt es die denn überhaupt noch?«

»Ja. Aber die Musikindustrie fördert Originalität nicht. Vielleicht zehn Prozent der Songtexte sind originell, wie bei anderen Textsorten auch, und ansonsten gibt es jede Menge Eintagsfliegen.«

Wir gingen nach oben, um in einige der Kassetten hineinzuhören, die man ihm für Kathy Matteas Album geschickt hatte. Im Abhörraum standen tatsächlich die Einkaufstüten, von denen er geredet hatte.

Allen sagte: »Was mir bei den meisten dieser Kassetten als erstes auffällt, ist die mangelnde Originalität. Manchmal haben die Lieder sogar die gleichen Titel. Jede Menge Songs über das Feuer der Liebe, die Flammen der Liebe. Solche Titel gibt es zuhauf. Das Feuer der Liebe, das nicht erstickt werden kann.«

Auch das Lied, das wir uns anhörten, handelte von der Liebe, es war sentimental, sehr allgemein, ohne konkrete Details, die es mit einer bestimmten Umgebung oder einer Person verbunden hätten.

Allen sagte: »Ein kommerzielles Liedchen. Grußkartenpoesie. An dem haben drei Leute geschrieben, und man merkt, daß es ihnen einzig und allein darum ging, ein paar Dollar zu verdienen. Die Musik genauso. Nichts Halbes und nichts Ganzes. Ein bißchen Pop, ein bißchen Country, ein bißchen Schmalz. Seelenlos. Zurück in die Einkaufstüte damit.«

Auf den Regalen im Abhörraum lagen Kassetten. Und auf dem obersten Regalbrett standen Clownfiguren aus Porzellan.

Wir hörten uns eines der Lieder an, die Allen für das Album verwenden wollte.

»Es heißt ›Eighteen Wheels and a Dozen Roses‹. Er – der Trucker – ist auf seiner letzten Etappe, auf dem Weg nach Hause, mit einem Dutzend Rosen für sie. Sie werden sich viel zu erzählen haben. Es ist kein düsterer Song. Er versetzt mich in eine angenehme Stimmung. Es geht mittlerweile in nicht wenigen Countrysongs um Trucker und ihr Leben. Zu Autos und Lastwagen haben viele der Countryhörer einen Bezug.«

Ich schnappte einzelne Zeilen des Songs auf, bemerkte, wie darin mit Zahlen gespielt wurde: »Eighteen wheels and a dozen roses« [Achtzehn Räder und ein Dutzend Rosen], »A few more songs on the all-night radio« [noch ein paar Songs im Nachtprogramm], »Ten more miles on his four day run« [Noch zehn Meilen auf seiner Viertagestour].

Allen sagte: »Achtzehn Räder. Jeder weiß, daß das ein großer Sattelschlepper ist.«

Er spielte mir noch ein anderes Lied vor, für das er sich entschieden hatte. Es hieß »Late in the day« [Spät am Abend].

»Das ist ein nachdenklicher, trauriger Song. Er handelt von verlorener Zuneigung, verlorener Liebe.« Er zitierte eine Zeile: »You don't know it's a good thing till it goes slipping through your fingers [Du weißt nicht, daß es gut ist, bis es dir entgleitet].«

Wir hörten uns das Lied noch einmal an.

Now I pour whiskey, break the ice
Put my feet up, close my eyes,
And try hard to listen to what my heart might say,
Try to find the rhyme to take me back in time,
To be with you here, late in the day.[1]

Allen sagte: »Ich mag diesen Song sehr, die Stimmung und die Bilder lösen viel bei mir aus. Schon die Melodie allein ist bezaubernd, ich höre sie gern.«

Wir unterhielten uns darüber, wie er die Musik entdeckt hatte.

»Für mich ist es immer selbstverständlich gewesen, daß man Instrumente im Haus hat und für sich selbst und seine Freunde Musik macht. In meiner Kindheit – in Arkansas – sind abends oft Nachbarn mit Gitarren, Geigen, Mundharmonikas und Mandolinen vorbeigekommen, und dann haben sie stundenlang dagesessen und gesungen. Das haben sie geliebt. Und als meine Großmutter noch jung war, gab es Lehrer, die von Dorf zu Dorf gezogen sind und Singschulen

1 Übersetzung im Anhang

veranstaltet haben. Da sind dann Kinder und Erwachsene jeden Tag hingegangen und haben Einzel- und Chorgesang geübt. Und am Ende der Woche gab es den sogenannten ›großen Singtag‹.

Auch die Anziehungskraft der Kirche in den Südstaaten erklärt sich zum Teil aus der Musik. Die Musik, der mehrstimmige Gesang, das hat den Leuten Spaß gemacht. Der Einfluß der Kirche und der Gospelmusik auf die profane Musik sowohl der Weißen als auch der Schwarzen liegt für mich auf der Hand. Ein paar von Elvis' Lieblingsliedern – zum Singen – waren Lieder für die Kirche. Elvis verkörpert die Wechselbeziehung von profaner und kirchlicher Musik, von Weiß und Schwarz.«

Kathy Mattea, deren neues Album Allen produzierte, gehörte zur »folkigen Seite des Country«, wie er es nannte. Und es gab noch eine andere Seite. »Eine unserer großen Sängerinnen und Songschreiberinnen ist Loretta Lynn; sie ist eine der derberen Songschreiberinnen und eine echte Legende. In ihren Liedern geht es um Schlägereien in Bars und Beziehungsdramen. Sie hat angefangen zu singen, als sie das Haus voll kleiner Kinder hatte. Es war für sie eine natürliche Lebensäußerung – eine natürliche Art und Weise, sich selbst zu unterhalten, sich auszudrücken. Und sie war arm. Sie hatte nur ein Radio und eine Gitarre. Ein hartes Leben, ein Leben in Armut.«

Obwohl die Sänger und Sängerinnen meist religiöse Menschen waren – die Religiosität lag nun mal in der Natur der Südstaatler – und obwohl ihr gleichermaßen religiöses Publikum von ihnen erwartete, daß sie die Werte von Ehe und Familie vertraten, gab es zugleich eine gegenläufige Tendenz. Allen sagte: »Die Leute im Publikum sehen, daß die Sänger mit ihren Dämonen ringen. Und damit identifizieren sie sich.« Das Publikum werde dadurch nachsichtig, aufgeschlossen und loyal; Leben und Lieder einiger der Musiker wiederum nähmen etwas von einem Passionsspiel an.

Reverend K.C. Ptomey, der presbyterianische Pastor der Westminster Church, die in einem der wohlhabenderen Stadtteile Nashvilles lag, sagte über die Countrymusic: »Das ist weißer Soul. Country hat eine ähnliche Funktion, wie die Musik sie im letzten Jahrhundert für die Sklaven hatte. Sie schafft Gemeinschaft bei unterdrückten Menschen. Ich mag Countrymusic. Ich höre sie, weil in den Texten meiner Ansicht nach Protest mitschwingt, Protest gegen die niederdrückenden Aspekte des Lebens, das man als armer Weißer führt.« Über die weithin publik gemachte Gläubigkeit einiger der Sänger sagte er: »Sie sind auf eine ganz eigene Weise religiös. Für sie bedeutet Religion weniger eine gemeinsame Doktrin als eine gemeinsame emotionale Erfahrung.«

Und manchmal waren extreme Emotionen im Spiel. Während meines Aufenthalts in Nashville erschien ein Buch mit dem Titel *Sunshine and Shadow*: die Autobiographie einer Sängerin der Grand Ole Opry, Jan Howard. Sie stand kurz vor einer Lesereise durch sechzehn Städte, und im Magazinteil der Nashviller Zeitung *The Tennesseean* stand eine Rezension ihres Buches:

»Als eines von elf Kindern im ländlichen Mississippi in bitterster Armut geboren, wurde sie mit acht Jahren von einem Freund ihres Vaters vergewaltigt. Mit fünfzehn heiratete sie. Sie brachte innerhalb von vier Jahren drei Söhne zur Welt, wurde zur mißhandelten Ehefrau und erlitt schließlich einen Nervenzusammenbruch.

Als ihr Mann versuchte, sie umzubringen, floh sie mit zehn Dollar in der Tasche, ihre Söhne im Schlepptau. Sie klopfte bei fremden Leuten an die Tür und bat um Zuflucht. Ihr zweiter Mann, ein Sergeant der Luftwaffe, erwies sich als Bigamist. Die Kinder, die sie von ihm hatte, starben beide.«

Danach wendeten sich ihre Geschicke für eine Weile. Sie lernte einen Songkomponisten in Kalifornien kennen, heiratete ihn, zog nach Nashville und wurde ein Star. Dann endete die Ehe äußerst häßlich.

»Während sie sich von der bitteren Erfahrung ihrer Scheidung erholte, fiel ihr ältester Sohn Jimmy in Vietnam. Kurz darauf beging ihr Sohn David, ein Schauspieler und Songwriter, im Drogenrausch Selbstmord ...«

Es war kaum zu glauben, daß jemand das alles durchmachen und singend daraus hervorgehen konnte. Doch da stand sie, auf der Bühne der Grand Ole Opry, eine schlanke, ja schmale Gestalt, lächelnd und hübsch herausgeputzt, trotz ihrer schrecklichen Geschichte, die in der Zeitung so viel Raum eingenommen hatte. Und die Zuschauer in der Opry, die mit ihren Fotoapparaten durch den Gang zur Bühne vorliefen, fotografierten sie und spornten sie an, wünschten ihr Glück.

»Bodenständige Musik, tränenselige Musik« – so hatte Campbell die Countrymusic beschrieben. Doch das war nur der Anfang gewesen. Weißer Soul; die Sängerin als Star und Opfer, in beiden Rollen stellvertretend für die Gemeinschaft; schließlich, in und aus dieser einfachen Musik, im Nachklang alter schottischer und irischer Reels und Jigs, ein Gefühl der Melancholie und des Verlusts, der Melancholie eines heimatfernen Volkes, das eine vage Erinnerung an »alte, unglückliche, weit entfernte Zustände und lang zurückliegende Kämpfe« hatte, und sei es auch nur noch als gemeinschaftliche Empfindung. Untrennbar damit verbunden waren die fundamentalistischen Frontier-Religionen, die für diese Menschen die Vorstellung einer in sich geschlossenen gottgeschaffenen Welt und gottgewollten Ordnung bewahrt hatten.

Jan Howard berichtete dem *Tennesseean* von ihren Schwierigkeiten beim Schreiben ihrer Autobiographie. »Es war zum Teil schrecklich, die schlimmen Sachen noch mal zu durchleben. Manchmal habe ich an der Schreibmaschine gesessen und so sehr gezittert, daß ich wirklich nicht mehr tippen konnte. Oder ich habe geweint. Und manchmal habe ich um Kraft gebetet, damit ich es schaffe.«

Musik und Gemeinschaft, Tränen und Gläubigkeit: Ich hatte das Gefühl, durch die Countrymusic zum Verständnis einer ganz eigenen, unverwechselbaren Kultur gelangt zu sein, wie ich sie in den Vereinigten Staaten niemals vermutet hätte.

In dem Magazin in meinem Hotelzimmer wurde Nashville in schönster Metaphernvermischung als »die Schnalle des Bible Belt« bezeichnet. Im Branchenverzeichnis nahmen die Kirchen zwölf Seiten ein. *The Tennesseean* hatte einen eigenen Redakteur für Nachrichten aus dem Kirchenleben, und einmal in der Woche erschien die Seite »Nachrichten aus dem Kirchenleben« mit zahlreichen Anzeigen von Kirchen (besonders solchen der Church of Christ), manchmal ergänzt durch das Foto eines elegant gekleideten Pastors oder Predigers. Die meisten Protestanten in Nashville gehörten einer der fundamentalistischen Frontier-Konfessionen an, wobei die Southern Baptists die dominierende Konfession waren.

Die etwas nobleren Kirchen, die Presbyterianer und Episkopalen, betrachteten die Vorherrschaft der Baptisten aus einer gewissen sozialen Distanz, ohne Groll oder Konkurrenzdenken.

Dr. Tom Ward, der Pastor der Episkopalkirche Christ Church, sagte, den Southern Baptists, die gelegentlich in seine Kirche kämen, seien die Gottedienste zu ruhig: »›Bei euch wird ja gar nicht richtig gepredigt!‹ Das Ethos der Baptisten ist das gepredigte Wort. Wie das Ethos der christlichen Kirche in den Südstaaten schlechthin. Wobei das gepredigte Wort hier für die emotionale Rede steht, nicht für die gelehrte theologische Abhandlung der anglikanischen Kirche – es geht darum, das Wort Gottes zu verkünden und die geretteten Seelen zu zählen. Aber ich sollte hinzufügen: Die Aussage ›Ich bin ein Southern Baptist‹ ist nur eine andere Art zu sagen: ›Ich bin ein Südstaatler.‹ Soll heißen, das ist hier in den Südstaaten der vorherrschende religiöse Ethos. Tief in der Psyche dieser Leute verwurzelt ist die Angst vor Höllenfeuer und Verdammnis. Mein Vater wurde 1931 – mit siebzehn – in Meridian, Mississippi, aus der United Methodist Church ausgeschlossen, weil er auf eine Tanzveranstaltung gegangen war. So ist die methodistische Kirche. Ein großer Teil der Literatur des Ku-Klux-Klan ist christlich. Erweckungsbewegung – warum? Um den Geist wieder anzufachen. Welchen Geist? Ein Schritt in die falsche Richtung, viele Schritte in die falsche Richtung, schon hat man den Ku-Klux-Klan.«

Auch der presbyterianische Pastor der Westminster Church, K. C. Ptomey, meinte, daß sich die Identität der Southern Baptists zum Teil mit der Identität der Südstaatler schlechthin deckte. »Das trifft es sehr gut. Ein Southern Baptist grenzt sich von einem American Baptist ab. Die American Baptists sind viel aufgeschlossener, sie sind nicht so rigide. Und ich würde hinzufügen: Bei den Southern Baptists geht es um eine strikt wörtliche Bibelauslegung, und es geht um Sittlichkeit. Southern Baptists sind zum Beispiel immer Abstinenzler. Sittlichkeit, Tanzen, Trinken – der Glaube regelt alle Aspekte des Lebens.«

Ich fragte ihn nach der Erweckungsbewegung.

»Der Grundgedanke der Erweckungsbewegung ist: ›Zu Gott zurückkehren‹. Diesen Ausdruck hört man oft.«

»›Zurück‹?«

»›Verloren‹ ist das Wort, das sie benutzen. Was für sie soviel heißt wie ›verdammt‹. Deswegen müssen sie wiedererweckt, zurückgeholt werden.«

Die zweitgrößte Glaubensgemeinschaft in Nashville war die Church of Christ. Sie war ebenfalls fundamentalistisch und ebenfalls ursprünglich eine Kirche der Frontierkultur gewesen. Sie hatte (so erläuterte mir K.C. Ptomey) als Absplitterung der Presbyterianer begonnen und strebte in mancher Hinsicht größere Reinheit an, als es die Southern Baptists taten.

»Die Church of Christ hat sich zu einer Sekte oder Konfession entwickelt, die meint, die einzig wahre christliche Konfession zu sein. Das würden die Baptisten nicht von sich behaupten. Aber die Leute von der Church of Christ sagen: ›Du bist kein Christ. Du mußt der Church of Christ angehören, das ist die einzige wahre Kirche.‹«

In Nashville hatte die Church of Christ mehr Kirchen als in jeder anderen Stadt. Reverend James Vandiver, der dieser Glaubensgemeinschaft angehörte, erklärte mir, warum das so war.

»Der mittlere Süden der USA ist ein Dreh- und Angelpunkt. Wir sind hier den amerikanischen Ursprüngen sehr nahe. Die Leute sind von der Küste hierhergegezogen und dann weiter nach Texas, Oklahoma und in die Prärien – in all diesen Gegenden ist die Church of Christ zahlenmäßig sehr stark vertreten. Kulturell und sozioökonomisch gesprochen, haben die Menschen in diesen Gebieten zwei Dinge gemeinsam: ein bestimmtes Wertesystem und die Tatsache, daß sie vorwiegend von der Landwirtschaft leben. Und solche Menschen sind tendenziell etwas religiöser als andere.«

Reverend Vandiver widmete mir viel Zeit. Er sprach gern

über seine Kirche und war bestrebt, mir bei meinen Nachforschungen behilflich zu sein. Ich fand ihn absolut fair. Ich wollte jemanden aus der Kirche kennenlernen, der ins Zweifeln geraten war. Er versprach mir, ein entsprechendes Treffen zu arrangieren, und hielt Wort. Später brachte er mich sogar mit jemandem in Verbindung, der aus der Kirche ausgetreten war.

Er war Pastor der Church of Christ von Harpeth Hills, ein ganzes Stück südlich des Stadtzentrums von Nashville. Als er mir am Telefon den Weg beschrieb, bezeichnete er seine Kirche als »Einrichtung«. Wenn ich auf eine bestimmte Hauptverkehrs- oder Umgehungsstraße treffe, solle ich nach links abbiegen; nach rund hundert Metern werde ich dann »die Einrichtung« sehen. Mir gefiel dieses Wort. In einer vergleichbaren Verwendung hatte ich es zum ersten Mal 1983 in Grenada zur Zeit der amerikanischen Invasion gehört: Bei einem morgendlichen Briefing hatte der Pressesprecher der Armee das mit Stacheldraht eingezäunte provisorische Gefangenenlager als »Einrichtung« bezeichnet.

Die Einrichtung der Church of Christ in Harpeth Hills war ein gepflegtes rotes Backsteingebäude: die wohlhabende Kirche einer wohlhabenden Gemeinde. Reverend Vandiver war in den Vierzigern, kräftig gebaut, Brillenträger. Er bat mich, ihn Jim oder James zu nennen.

»Dieser zwanglose Umgang entspricht mir persönlich und auch unserer Glaubenslehre. Wir versuchen auf jede nur mögliche Weise die Unterscheidung zwischen Geistlichen und Laien aufzuheben.«

In seinem Büro lief Musik.

Jim sagte: »Ein Softrock-Sender. Den habe ich heute nachmittag eingestellt, während ich ein paar Sachen erledigt habe. Die junge Generation würde das wahrscheinlich als seichtes Gedudel bezeichnen.« Er lächelte.

Er war in Hemdsärmeln, trug aber eine Krawatte. Er setzte sich auf ein dreisitziges Sofa, das vor der getäfelten Wand stand. Über ihm hing ein Gemälde, das eine Gartenlaube zeigte; seitlich neben dem Sofa stand ein Ficus. Eine Wand des Zimmers war komplett von Bücherregalen bedeckt.

Jim sagte: »Ich will versuchen, Ihnen die Church of Christ möglichst kurz und knapp geschichtlich zu erklären. Wir verfolgen zwei Grundlinien: Zum einen betrachten wir die Bibel als einzige Richtschnur für den Glauben und dessen Ausübung. Wir glauben an die Irrtumslosigkeit der Heiligen Schrift.« Zum anderen strebe die Kirche eine Rückkehr zum ursprünglichen christlichen Glauben an. »Innerhalb von dreihundert Jahren nach seiner Begründung war das Christentum römisch dominiert, und das blieb bis zu Luther, Calvin und den großen Reformatoren so, Leuten, die sagten: ›Laßt uns die Bibel dem gemeinen Mann zugänglich machen und die römische Kirche reformieren. Laßt uns den Mißbrauch und die Verderbtheit, die sich entwickelt haben, ablegen.‹

Es hat immer diese Linie gegeben, sich auf die Bibel zurückzubesinnen und zu sagen: ›Laßt es uns wieder so machen.‹ Hier bei uns waren das Anfang des neunzehnten Jahrhunderts, also zur Zeit der Westexpansion, die Grenzlandsiedler – und auch einige Küstenanwohner –, und ich glaube, der Frontiergeist hatte eine Menge damit zu tun. Diese Leute repräsentierten eine Hauptströmung des Protestantismus – ganz besonders die Methodisten, die Baptisten. Die Church of Christ stellte eine Abkehr vom Protestantismus dar und stand für eine Rückwendung nicht zu Rom, sondern zu den allerersten Anfängen des Glaubens, zur Ausgießung des Heiligen Geistes, dem Beginn der christlichen Kultur, wie er in der Bibel belegt ist.

Das war eben der Geist der Frontier. ›Wir sind jetzt an der

Siedlungsgrenze. Laßt uns unsere Differenzen beilegen. Laßt uns Brüder in Christo sein.‹ Ich glaube – und das soll jetzt keine Koketterie sein –, daß die Kirche, der ich angehöre, im Jahr 30 n. Chr. gegründet wurde. Ich will einfach bloß sagen, daß die Glaubenserneuerung hier auf amerikanischem Boden parallel zur Expansion stattgefunden hat.«

»Wann war das?«

»Anfang bis Mitte des 19. Jahrhunderts. Wir bezeichnen diese Zeit als die ›American Restoration‹.«

»Welches Bedürfnis stand Ihrer Meinung nach dahinter?«

»Jede große religiöse Erneuerung wurde durch eine Rückbesinnung auf die Bibel ausgelöst.«

»Sie sind den Baptisten sehr nahe. Und doch stehen Sie ihnen ablehnend gegenüber.«

»Wir sind den Baptisten in vielfacher Hinsicht nahe. Die Bibel, die Dreifaltigkeit, eine Kirche, die Verkündigung des Evangeliums, die persönliche Bekehrung zu Christus. Aber in manch anderer Hinsicht unterscheiden wir uns. Wir singen ohne instrumentale Begleitung. Wir feiern das Abendmahl wöchentlich. Wir lehren, daß die Taufe für die Erlösung unerläßlich ist. Bei den Baptisten ist die Taufe nur Voraussetzung für den Eintritt in die Kirche. Und wir sind autonom, jede Kirche ist selbständig.«

Doch obwohl die Kirche in Nashville eine wichtige Rolle spielte, war sie im Niedergang begriffen. Hatte sie den Bedürfnissen der Grenzlandsiedler bestens entsprochen, so war sie für die heutigen Stadtbewohner weniger geeignet. Jim war sich der Schwierigkeiten bewußt, er sprach hellsichtig und offen darüber.

»Wir leben in einer Zeit großer Veränderungen, und das stellt eine echte Herausforderung für uns dar. Veränderungen? Von der Landwirtschaft hin zu Gewerbe und Industrie, vom Ländlichen zum Städtischen, vom Arbeiter zum Angestellten, von der Unterschicht zur Mittel- und Oberschicht.«

Im *Tennesseean* hatte ich einen Artikel des »Redakteurs für Nachrichten aus dem Kirchenleben« gelesen, demzufolge sechs Kirchen der Church of Christ in Nashville erwogen, sich zusammenzuschließen, »um den hohen Gemeinkosten und ... rückläufigen Mitgliederzahlen entgegenzuwirken und die Begeisterung für die gelebte Gemeinschaft und die Mission wiederzuerwecken.« Die sechs Kirchen hatten insgesamt zwölfhundert Mitglieder: sechs kleine Kirchen aus einer früheren, ländlicheren Zeit.

Henry kam ins Büro. So war es geplant gewesen: Zunächst wollten Jim und ich uns eine Weile allein unterhalten, und dann sollte Henry zu uns stoßen. Henry war sechsundzwanzig. Er war mittelgroß, trug die Haare ordentlich nach hinten gebürstet, hatte weiße Jeans und ein kurzärmeliges blaues Polohemd an. Er war sein Leben lang Schüler beziehungsweise Student gewesen, und obwohl er seine Promotion erst einmal auf Eis gelegt hatte, hatte er nach wie vor akademische Ambitionen. Er war gerade für seine Kirche in Uganda gewesen, um die Möglichkeiten der Mission auszuloten. Zum Geldverdienen arbeitete er derzeit als Schreiner, für acht Dollar die Stunde, was gerade mal so seine Kosten deckte.

Ich fragte ihn, wie er die Aussichten seiner Kirche in Uganda einschätze.

»Sehr gut. Allerdings könnte sich die Lage dort so entwickeln, daß mit einem weiteren Putsch zu rechnen ist.« (Wenige Minuten später sollte er mir allerdings zu verstehen geben, daß seine Ansichten zu Afrika und der Mission keineswegs so eindeutig waren.)

Im Südosten Ugandas hatte er furchtbare Dinge gesehen.

Menschen, die zu Hunderten gefesselt im Kreis saßen. Das hatte einen nachhaltigen Eindruck bei ihm hinterlassen, aber er schien nicht zu wissen, was er mit diesem Wissen, dieser Erfahrung anfangen sollte.

Ich fragte diesen jungen Mann in Jeans und Polohemd, wie sein Glaube sich entwickelt habe. Hatte er eine Art religiöse Erleuchtung gehabt? Hatte er ein Glaubensbekenntnis abgelegt? Denn das sei ja wohl erforderlich.

Er sagte: »Es gibt da ein Hintertürchen. Ironischerweise. Meine Eltern waren beide wahre Säulen des Glaubens. Und es gab ein starkes Band zwischen Vater, Mutter und Kind. Aber – was ich eigentlich sagen will – ich wußte, was die notwendigen Schritte zum Heil in Christo waren. Schon mit fünf oder sechs kannte ich diese Schritte. Was keineswegs ungewöhnlich ist.«

»Es ist Teil der eigenen Identität.«

»Genau. Ich habe diese Schritte mit acht Jahren vollzogen. Ich wurde mit acht getauft, ganz untergetaucht. Aber um auf Ihre Frage nach einem religiösen Erlebnis zurückzukommen, da lautet die Antwort, offen gesagt, nein. Im Rückblick frage ich mich, ob diese Handlungen mit acht Jahren überhaupt etwas bedeuten.«

Er unterbrach sich und sagte: »Bei mir geht's im Moment drunter und drüber. Ich habe mich mit meiner Familie überworfen.«

Ich war überrascht. Jim hatte mir versprochen, ein Treffen mit jemandem zu arrangieren, der zweifelte, aber ich hatte nicht schon heute damit gerechnet.

Jim sagte: »Lassen Sie mich als Mentor zunächst einmal sagen, daß Henry meiner Ansicht nach typisch für einen Menschen ist, der in einer religiösen Umgebung aufwächst und sein Glaubensbekenntnis ablegt.«

Henry sagte: »Als Doktorand habe ich angefangen, die

Objektivität – die rationalen Prozesse – die von der Church of Christ –«

Mir war schon zu Beginn aufgefallen, wie genau er seine Worte wog. Nun schien er Probleme zu haben, seinen Gedankengang zu Ende zu führen: alles mögliche Neue schob sich vor den ursprünglichen Gedanken.

Er sagte: »Ich muß das jetzt mal loswerden: Meine Erfahrung in Afrika hat einen Verdacht in mir bestärkt, den ich schon vorher hatte, daß da nämlich irgendwas nicht stimmt – was ich sagen will – der Denkprozeß oder das Denkschema eines Westlers – und ich glaube, ich kann das noch weiter fassen und außer der Church of Christ auch andere konservative protestantische Kirchen einschließen – unser Mißbrauch der Vernunft – das westliche Denken – die konservativen Evangelikalen –«

Mir fiel auf, daß er einen Gürtel von Yves Saint Laurent trug.

Jim sagte: »Für mein Gefühl bist du dabei, eine ganze Reihe von Vorstellungen auf das Wesentliche zu reduzieren.«

»Ich bin nach Afrika gekommen und war entsetzt darüber, was die Missionare dort getan hatten. Statt die Afrikaner das Christentum des ersten Jahrhunderts zu lehren, hatten sie ein westliches, weißes Christentum gelehrt. Ausgerechnet – viele der afrikanischen Geistlichen glaubten zum Beispiel, ihr geistliches Amt nicht angemessen ausüben zu können, wenn sie nicht Sakko und Krawatte trugen, was ja nun völlig unafrikanisch ist.«

Das schien stimmig: die Prinzipien der Church of Christ verbunden mit der Ablehnung kolonialer Nachahmung.

Und Henry spann seinen Faden weiter: »Das Christentum ist in einem östlichen Kontext entstanden –«

Mir kam der – unausgesprochene – Gedanke: eine östliche Religion für den Wilden Westen? War die Church of

Christ ihren frühen Anhängern tatsächlich so dargestellt worden? Oder war der östliche Aspekt der Religion eine Idee jüngeren Datums?

»– und wir müssen erkennen, wann wir den Kern des Christentums vom Ballast der westlichen Kultur befreien müssen.«

Auch das war stimmig, doch dann sagte Henry: »Meine Eltern haben in der Frage, wer in den Himmel kommt, eine sehr exklusivistische Haltung. Es läuft schlichtweg auf die Frage hinaus, wer ein echter – ein ECHTER – Christ ist. Richtig angefangen haben die Spannungen, als ich an die Uni gegangen bin. Das hat ihnen überhaupt nicht gefallen. Ich habe in letzter Zeit immer wieder einzelne Aspekte des Gedankenguts unserer Kirche in Frage gestellt. Und meine Eltern scheinen der Meinung zu sein, wenn ich nicht genau dieselben Überzeugungen habe wie sie, verschließe ich mich dem richtigen Glauben.« Abrupt sagte er: »Irgendwie erreicht mich das gefühlsmäßig alles gar nicht richtig.«

Er sagte das mit einer gewissen Erleichterung, als sei er froh, nicht mehr mit all den neuen, unzusammenhängenden Gedanken herumjonglieren zu müssen.

Jim sagte: »Das ist typisch für die Zweifler in konservativen Kirchen.«

Ich sagte: »Man hat mir geraten, ich solle mir die Glaubensgemeinschaften der Südstaaten sehr genau ansehen, denn in fünfzehn Jahren werde alles ganz anders sein.«

Jim sagte: »Das sehe ich auch so.«

Henry sagte: »Ich auch.« Er fügte hinzu: »Mir macht das Christentum als Gesamtpaket Probleme. Die Sache ist nämlich die, Jim, das alles spielt sich auf der intellektuellen Ebene ab. Aber gefühlsmäßig ist mir die gelebte Gemeinschaft unheimlich wichtig.«

Die Erfahrung in Afrika, der Schock eines auf einem

Stammeskonflikt beruhenden Bürgerkriegs, ein neuer Blickwinkel auf die Missionsarbeit hatten zu einem grundsätzlicheren Zweifel geführt: Was einst der in sich geschlossene und zufriedenstellende Glaube einer in sich geschlossenen und eindeutigen, geschützten Welt gewesen war, genügte nicht mehr. Und deshalb ging es bei Henry »drunter und drüber«.

Ben dagegen – den ich an einem anderen Nachmittag in Jims Büro kennenlernte – ruhte in sich. Er kam aus einer mit der Church of Christ eng verbundenen Familie. Seine Großeltern auf beiden Seiten gehörten der Kirche an, und sein Vater war ein Kirchenmann. Ben war achtzehn. Er kam nicht vom Land, war in Nashville geboren, aber er war reinen Glaubens. Er hatte mit sechzehn zum ersten Mal gepredigt.

Er sagte: »Der Jugendleiter hat uns ermuntert, Gott zu begegnen –«

Ich fragte nach dem Jugendleiter.

Jim sagte: »Er ist als Vollzeitkraft bei der Kirche angestellt.«

Ben sagte: »Der Jugendleiter hat uns ermuntert, Gott zu begegnen und anderen von Gott zu erzählen. Er hat versucht, einen Eifer, eine Inbrunst in uns zu wecken, die nach außen abstrahlen würde. Und als ich Gott dann tatsächlich besser kennenlernte, wollte ich natürlich andere daran teilhaben lassen.«

»Mußten Sie bestimmte Übungen absolvieren?«

»Im Gottesdienst und in der Kirche hatten wir Unterricht, da haben wir gelernt und uns ausgetauscht. Und außerhalb der Kirche haben wir dann zusammen Sachen unternommen – wir haben zum Beispiel bei jemandem zu Hause eine Andacht abgehalten und danach zusammen gegessen. Und einfach durch dieses Zusammensein mit anderen, die denselben Glauben teilten, fühlte man sich erbaut. Wir haben oft darüber geredet, was in unserem Leben gerade so vor sich ging. Wenn zum Beispiel jemand mit seinen Eltern nicht klarkam, haben wir uns hingesetzt und darüber geredet – sowohl als persönliches Problem wie auch als allgemeines Thema.«

Jim sagte zu Ben: »Eine Lektion in gegenseitiger Hilfe.« Und zu mir: »Die Jugendlichen unterliegen einem enormen Gruppenzwang. Wir glauben, daß Christen in einer realen Welt leben und sich dieser realen Welt nicht entziehen sollten.«

Ben sagte: »Manchmal sind wir – dreißig oder vierzig Leute – aufs Land rausgefahren, in ein Zeltlager, wo all die Ablenkungen nicht da waren, Fernsehen und Radio, all diese Außeneinflüsse eben, da waren wir also alle zusammen und haben uns dann in Vierer- oder Fünfergruppen aufgeteilt. In kleinen Gruppen kann man persönlicher werden. Es ist einfacher, in so einer kleinen Gruppe von sich zu erzählen als in einer großen Gruppe von dreißig Leuten.«

Ich sagte: »So wie die frühen Christen, die in die Wüste gegangen sind.«

Jim meinte: »Damit könnte man es vergleichen.«

Ben sagte: »Diese Erneuerung unseres spirituellen Lebens – in dieser Hinsicht funktioniert der Vergleich mit den frühen Christen.«

»Wie lange dauerten diese Zeltlager?«

»Freitagnachmittag, den ganzen Samstag und einen großen Teil vom Sonntag. Ein Wochenende.«

»War das ein vergnügliches Wochenende? Oder ein ernstes?«

»Ernst nicht«, sagte Ben. »Aber sinnerfüllt.«

»Und hat Ihnen das Freude gemacht?«

»Ja. Es ist eine innere Freude, die Freude der Erneuerung und des Wachsens. Wir wußten, daß wir hinterher stärker sein würden, daß wir Gott näher sein würden und auch den Menschen ringsum und uns selbst. Und genau das ist der Sinn dieser Wochenenden.«

»Wie oft waren Sie schon auf solchen Wochenenden?«

»Achtmal.«

Jim sagte: »Zweimal im Jahr.«

Ich fragte ihn nach seiner Kenntnis Gottes und wie sie entstanden war.

»Ach, ganz unspektakulär. Die war nicht plötzlich letzten Mittwoch oder letzten Donnerstag oder so da. Ich habe einfach den ganzen Tag das Gefühl seiner Gegenwart, ich weiß, daß er bei mir ist. Das hat sich in den letzten paar Jahren entwickelt, nachdem ich angefangen habe, in der Heiligen Schrift zu forschen. Wir werden dazu ermuntert, in der Heiligen Schrift zu forschen. Man muß es nicht tun. Das ist jedermanns persönliche Entscheidung.«

»Wie sehen Sie Ihre Zukunft?«

»Ich möchte gerne Anwalt werden. Ich glaube, das ergänzt sich sehr gut. Unsere Religion ist eine Religion des Volkes. Und so wie Mr. Vandiver von der Kanzel aus ein guter Einfluß sein kann, so kann ich als Anwalt in meiner Gemeinde mein Licht leuchten lassen und mich als gütiger, moralischer Mensch erweisen.«

»Aber die Glaubensgemeinschaft der Church of Christ wird kleiner.«

»Vielleicht werden wir weniger. Aber die Leute, die auf der Strecke bleiben, haben ohnehin nur halbherzig geglaubt.«

Henry hatte – wie mir Jim Vandiver noch einmal ins Gedächtnis rief – trotz seines aufgewühlten Zustandes davon gesprochen, wie wichtig ihm die gelebte Gemeinschaft war. Und Ben war vom Prinzip der Brüderlichkeit begeistert. Melvin dagegen, der Anfang Vierzig war und sich in den letzten fünf Jahren immer weiter von der Church of Christ entfernt hatte, zog eine Grimasse, als ich ihn auf das Thema gelebte Gemeinschaft ansprach.

Er sagte: »Nein, *nein*! Die gelebte Gemeinschaft hat mich immer genervt. Ich habe da *nie* was dran finden können.«

Und es war tatsächlich schwierig, sich vorzustellen, wie ein so eleganter, kultivierter Mensch, der seinen Beruf und seine Fähigkeiten in diesem Beruf so konsequent herunterspielte – wie jemand mit solchen Manieren aus einem Wochenende, wie Ben es beschrieben hatte, Kraft hätte beziehen sollen.

Er sagte: »Das ist einfach langweilig.«

Man hatte unmittelbar das Gefühl, diesem simplen Einwand nichts entgegensetzen zu können. Doch Melvin hatte lange Jahre seines Lebens der Kirche angehört. Hinter seinem schnippischen Kommentar steckte jede Menge Erfahrung.

»Ich glaube nicht, daß die gelebte Gemeinschaft immer langweilig war. Vor fünfundsiebzig Jahren war sie vielleicht unterhaltsam, eine Form der Unterhaltung. Heute würde ich sie als Programmbestandteil der evangelikalen Bewegung betrachten. Um die Leute bei der Stange zu halten, dem Mitgliederschwund entgegenzuwirken.

Der Süden war früher im großen und ganzen eine agrarische Gesellschaft. Die Erweckungsversammlungen boten der ganzen Gemeinde die Gelegenheit, an einem Ort zusammenzukommen, genau wie der Sonntagsgottesdienst. Bis vor zehn Jahren spielten die Erweckungsversammlungen für das Wachstum der Church of Christ eine wichtige Rolle – dabei sind das die langweiligsten, fadesten Veranstaltungen, die man sich nur denken kann.«

»Und das in der Spaßgesellschaft Amerika.«

»Genau. Es ist ein aussichtsloser Kampf. Das ist ein wesentlicher Faktor, die Spaßgesellschaft. Es sind zum größten

Teil die jungen Leute, die auf diese großen evangelikalen Veranstaltungen gehen. Aber irgendwann kommen sie einfach nicht mehr wieder. Sie fangen an, sich zu langweilen, Und das ist schade. Die Kirche sollte niemals versuchen, Unterhaltung zu bieten, das wird immer langweilig. Es ist weder emotional noch intellektuell anregend. Wenn man Unterhaltung will, braucht man nur den Fernseher einzuschalten.

Ich glaube, ich kann diesen Standpunkt leicht untermauern. Die gesamte evangelikale Bewegung in Amerika gründet auf diesen *Shows*, diesem Rummel. Oral Roberts ist das beste Beispiel. Aber diese Zeiten sind vorbei. Heute gibt es Film, Fernsehen, Reisen. Früher dagegen, als man nichts anderes getan hat, als auf seiner Farm zu hocken, da war das eine echte Abwechslung.

Die Kirche wird untergehen, und zwar vollständig. Oder sagen wir, sie wird in fünfundzwanzig Jahren mit Sicherheit nicht mehr in der heutigen Form existieren. Wenn sie überhaupt noch existieren soll, muß sie sich wieder auf ihre Lehren zurückbesinnen. Nein, das stimmt nicht. Wahrscheinlich lief es von Anfang an falsch. Um lebendig zu bleiben, muß die Kirche Wege zur Erlösung aufzeigen. Das ist meiner Meinung nach das einzige, was sie leisten kann – die Fragen der Leute über Sinn und Wesen des Lebens zu beantworten. Sie muß aufhören, als Richter, Unterhaltungsprogramm, Treffpunkt fungieren zu wollen. Früher ersetzte sie sogar das Rathaus. Man ist mit seinen Problemen nicht zum Anwalt gegangen, man wandte sich an die Kirche. Die Church of Christ rät noch heute, nicht vor Gericht zu ziehen, sondern sich mit seinen Problemen an die Kirche zu wenden und die Kirche vermitteln zu lassen. In einer kleinen agrarischen Gemeinschaft ist das eine gute Methode, mit Problemen umzugehen. Sehr effektiv. Wobei den Leuten dadurch, daß die Kirche als Gericht agierte, eine moralische Schuld auferlegt wurde – sie fühlten sich wegen zivilrechtlicher Vergehen von Gott verurteilt.«

Als aufstrebender Akademiker lehnte er die innere Geschlossenheit der Kultur seiner Kindheit mittlerweile ab. Entstanden war diese innere Geschlossenheit aus dem Glauben, aus der Religion der Frontier; jetzt stellte sie eine Bürde dar, auf die er lieber verzichtete. Er wünschte sich eine neue Welt, in der die Religion ihren Platz hatte wie alles andere auch. Doch zugleich wußte er, daß er damit einen Teil seiner Identität ablehnte.

»Die Church of Christ ist ganz hervorragend darin, traditionelle Werte mit christlichen Prinzipien zu verzahnen, mit universellen christlichen Prinzipien. Was dazu führt, daß jemand, der die Traditionen anzuzweifeln beginnt, nicht in der Lage ist, seinen Zweifel an den Traditionen von seinem Glauben an christliche Prinzipien zu trennen. Und das wird sehr verwirrend. Manchmal hält man diese Verwirrung kaum aus. Ich kann gut verstehen, daß Henry manchmal Schwierigkeiten hat, die richtigen Worte zu finden. Man fühlt sich schuldig, entfremdet, es kommt einem vor, als sage man sich von seinem Erbe los. Ich hatte massive Schuldgefühle. Die Schuldgefühle sind das Hauptproblem. Die Church of Christ flößt den Leuten ganz bewußt Schuldgefühle ein. Sie verhält sich extrem wertend. Es herrscht eine richtige Wagenburgmentalität – wenn man bestimmte Traditionen kritisiert, gilt das geradezu als Blasphemie. Ich sollte wohl dazusagen, daß ich mich als religiösen Menschen betrachte. Ich glaube sogar, daß ich heute religiöser bin als früher. Im ganz wörtlichen Sinne.«

Melvin empfand Trauer über den notwendigen Bruch mit den Südstaaten, wie er sie früher gekannt hatte.

»Die Südstaaten-Identität geht allmählich verloren, und das ist sehr bedauerlich. Südstaatler zu sein ist eine Geisteshaltung. Ich weiß, das klingt banal. Es ist eine bestimmte Auffassung vom eigenen Platz in der Welt, der hier klarer definiert ist als in vielen anderen Gegenden. Waren Sie schon mal in Kalifornien? Kalifornien ist alles, was die Südstaaten nicht sind. Und das Merkwürdige ist, daß viele Geschäftsideen aus Kalifornien stammen. Das Fastfood, die Interstate Highways, bestimmte Moden. Es liegt schlichtweg daran, daß kreative Menschen in den Südstaaten das Gefühl haben zu ersticken. Sie ziehen nach Kalifornien – aus den Südstaaten und auch aus anderen Gegenden. Kreative Menschen müssen die Südstaaten verlassen. Und es wird noch sehr lange dauern, bis dieses erstickende Gefühl verschwindet. Meine Generation wird die Verbindung kappen. Ich sage das ohne jeden Stolz. Aber auch ohne Scham. Ich werte es nicht. Es ist einfach eine Tatsache.«

War es nicht möglich, daß durch das Kappen der Verbindung eine neue Art von intellektuellem Leben, eine neue Kraft entstand?

Melvin hielt das für ausgeschlossen. Er kam wieder auf seine ursprüngliche Aussage zurück. »Die Leute meiner Generation kappen die Verbindung deshalb, weil sie diese Langeweile nicht mehr wollen – im Gegensatz zur Auseinandersetzung mit dem eigenen Gewissen. Wir sagen uns: ›Das muß ich mir nicht antun.‹ Und die Kirche schaut ratlos zu.«

Was Melvin sagte, wurde mir von einem anderen angesehenen Mann bestätigt. Dieser Mann erzählte mir, daß seine Nachbarn, beruflich hochqualifizierte, erfolgreiche Leute, die aus Kleinstädten stammten und dort den Baptisten oder der Church of Christ angehört hatten, inzwischen alle Presbyterianer waren. Zum einen deshalb, weil die presbyterianische Kirche (wie Reverend Ptomey schon angedeutet hatte) gesellschaftlich eher anerkannt war; zum anderen, weil sie milder war, weniger besitzergreifend, weniger fordernd, sich weniger einmischte. Die Religion bekam einen abgegrenzten Bereich zugewiesen, einen Platz in der Gesellschaft.

Die Frontier existierte nicht mehr. Und die Religionen, die sie hervorgebracht hatte, begannen dahinzuschwinden. Früher, als man sich, um Geistlicher zu werden, einfach nur selbst zu einem solchen erklären mußte, fanden sich die Menschen in denen – oft waren es ungebildete Männer – wieder, die das Wort Gottes auslegten. Durch diesen Charakter des Selbstgestrickten müssen die Religionen wie etwas gemeinschaftlich Geschaffenes gewirkt haben, persönlich, vertraut und unantastbar. Jetzt aber war eine gewisse Distanz gefragt.

Einer der erfolgreichsten Songautoren der Countrymusic ist Bob McDill. Die Südstaaten sind sein bestes Thema: Die Feier des Redneck-Lebens vor dem Hintergrund der harten Zeiten, die man als Mann mittleren Alters durchgemacht und von denen man seinen Kindern erzählt hat. McDills beste Songs haben etwas von Volksliedern.

Cotton on the roadside, cotton in the ditch
We all picked the cotton, but we never got rich.[2]

Er hatte ein Büro in einem Musikverlag in Nashville und war bekannt dafür, daß er jeden Werktag ins Büro ging, um seine Lieder zu schreiben. Dort besuchte ich ihn. Auf seinem Schreibtisch lag ein linierter gelber Block, auf den mit Bleistift ein Text geschrieben war, offenbar die Reinschrift eines fertiggestellten Songs. Sonst lagen keine Blätter auf dem Tisch. Doch es standen ein paar kuriose Ziergegenstände darauf, Andenken an London: ein roter Spielzeug-Doppelstockbus, ein Gardist, Beefeaters, ein Londoner Taxi.

---

2 Übersetzung im Anhang

Bob McDill war dreiundvierzig, groß und schlank. Er hielt sich gern im Freien auf, ging oft auf Entenjagd (hier der Sport der besseren Leute, wie Campbell mir erzählt hatte; echte Rednecks jagten Wild). Er war im östlichen Texas geboren und schrieb seit seinem fünfzehnten oder sechzehnten Lebensjahr Songs. Er habe sich immer für Dichtung und Musik, für Gitarre, Schlagzeug, Banjo, Klavier interessiert. »Nicht, daß ich das alles spielen – beziehungsweise gut spielen – könnte.«

Er erzählte, seine ersten Songs habe er einfach für sich geschrieben. »Erst mit Ende Zwanzig habe ich gelernt, für den Markt zu schreiben.« Diese professionelle Einstellung sei notwendig. Der Songkomponist schreibe für Sänger und habe eine spezielle Beziehung zu ihnen.

1967 war er für ein Jahr nach Memphis gegangen. »In Memphis habe ich versucht, für schwarze Musiker, schwarze Sänger zu schreiben. Ich war als Komponist bei einem Verlag angestellt und habe außerdem als zweiter Toningenieur in einem Studio gearbeitet.« Der Versuch, Songs für Schwarze zu schreiben, sei gescheitert. »Das hätte nur klappen können, wenn ich genug Zeit gehabt hätte, mir die schwarze Mentalität, die schwarze Herangehensweise an die Musik anzueignen. Es fing gerade so ein bißchen an, als ich wieder wegzog. Man muß etwas zum Ausdruck bringen, was der Sänger oder die Sängerin zum Ausdruck bringen will, etwas, womit sie sich identifzieren können. Als ich hierhergezogen bin, war es genauso. Ich mußte mir die hiesige Geisteshaltung aneignen. Die Subkultur hier, die nicht meine eigene ist. Das Vokabular ist sehr beschränkt. Man muß lernen, mit kleinen Worten Großes zu bewerkstelligen. Das gilt sowohl in der schwarzen Musik als auch im Country, aber im Country ganz besonders.«

Es war eine sehr spezielle Kunst, das Liederschreiben,

von meiner eigenen weit entfernt. Ich wollte ihr etwas näher kommen und bat ihn, über die Schwierigkeiten zu sprechen, die ihm ein Song gemacht hatte.

Er wählte »Somebody's always saying goodbye« [Einer sagt immer auf Wiedersehen].

Railroad stations, midnight trains,
Lonely airports in the rain,
And somebody stands there with tears in their eyes.
It's the same old scene, time after time.
That's the trouble with all mankind.
Somebody's always saying goodbye.

Taxicabs that leave in the night,
Greyhound buses with red taillights.
Someone's leaving and someone's left behind.
Well, I don't know how things got that way,
But every place you look these days
Somebody's always saying goodbye.

Take two people like me and you.
We could've made it. We just quit too soon.
Oh, the two of us, we could've had it all,
If we'd only tried.

But that's the way love is, it seems.
Just when you've got a real good thing,
Somebody's always saying goodbye.[3]

Bob McDill sagte: »Die Bridge – der Übergang von den Bildern der ersten beiden Strophen, von dieser Distanziertheit, zum Persönlichen – hat mir ziemliche Schwierigkeiten ge-

---

3 Übersetzung im Anhang

macht. Bis ich auf die Idee einer schlichten Unterhaltung gekommen bin. Durch die wird man als Zuhörer sanft hinübergeleitet. Aber es gab noch ein anderes Problem: Ich hatte die Situation zwischen den beiden Menschen, der Liebenden und dem, den sie verloren hat, noch nicht bestimmt. Das mußte ich in vier Zeilen tun. Jetzt erscheint es völlig offensichtlich. Aber Sie wissen ja, wie schwierig das Offensichtliche ist. Ich merkte, daß es nicht nötig war, das Verhalten der beiden in irgendeiner Weise zu bewerten. ›Einer geht immer fort.‹ Es klingt fast, als könnte sie selbst das sein, die Sängerin. Aber egal warum, sie weiß jetzt, daß es schrecklich war – daß er etwas Wunderbares einfach weggeworfen hat. Zwei Strophen mit allgemeinen Bildern, und dann muß man in sieben Zeilen all das Persönliche unterbringen.

Auch musikalisch hatte ich Probleme. Zwei lange, in sich geschlossene Melodieteile, ein-, zweimal. Dann braucht man Abwechslung – und da kam mir die Idee, nur die zweite Hälfte der Melodie des A-Teils zu wiederholen.«

Als er anfing, über das Texten zu sprechen, stand er auf und wandte den Blick ab.

»Manchmal fängt man mit einem Gefühl an, einer Empfindung. Manchmal mit einem Titel oder auch einer einzelnen Liedzeile. Und dann kommt die eigentliche Schwierigkeit. Man nimmt dieses kleine Stück, diese kleine Idee, und baut darauf auf, baut immer weiter darauf auf. Das ist die wahre Herausforderung. Man darf die Idee nicht verhunzen. Der Text ist so kurz, daß jedes Wort zählen muß. Vom ersten Wort an arbeitet man auf diesen Mittelpunkt hin.

Man schreibt Zeile für Zeile. Es gibt zwei Dinge, mit denen wir uns im Gegensatz zu echten Dichtern herumschlagen müssen, nämlich den Klangcharakter und die Singbarkeit. Man darf nichts Kompliziertes schreiben, nichts, was sich schwer aussprechen läßt. Der Text muß einfach auszusprechen und zu singen sein. Die Wörter müssen den Sängern leicht über die Lippen gehen.«

Ich bat ihn um ein Beispiel für eine Zeile, die korrigiert werden müßte. Aus seiner eigenen Arbeit fiel ihm keine ein.

»Der Computer in meinem Hirn verwirft ständig. Er verwirft alles, was schwerfällig und schlecht singbar ist.«

Letztlich gebe es keine Möglichkeit, zu definieren, was einen guten Song ausmachte. Es sei alles eine Frage des Gefühls.

»Wenn er sich gut anfühlt, wenn er etwas mit einem macht, dann ist er gut.«

Auch noch so gezieltes Fragen und noch so ausführliche Erklärungen, selbst von einem so auskunftswilligen Menschen wie Bob McDill, machten den Zauber nicht greifbar: dieses Heraufbeschwören und Erkennen von Impulsen, die oberflächlich gesehen schlicht erscheinen mochten, in Verbindung mit Musik und durch einen Refrain angereichert jedoch im Herzen und in der Erinnerung der Zuhörer etwas anrührten, das nicht näher bestimmbar war.

Mama said, don't go near that river.
Don't go hangin' round ole Catfish John.
But come the mornin' I'd always be there
Walkin' in his footsteps in the sweet delta dawn.[4]

Zunächst war da fast nichts. Aber dann kamen die Bilder und Assoziationen: Mama, Fluß, Wels, Fußstapfen, Dämmerung, Delta.

Bob McDill hatte gesagt, er habe sich die Subkultur erst aneignen müssen. Aber die Südstaatenbilder und -begriffe in seinen besten Songs sind von den konventionellen Motiven vieler Countrysongs weit entfernt. Und obwohl er die Tatsa-

---

4 Übersetzung im Anhang

che hervorhebt, daß er seine Lieder ganz nüchtern tagtäglich im Büro schreibt – zudem vielleicht, weil er so nüchtern darüber spricht, da sich das Geheimnis eben nicht beschreiben läßt –, darf man wohl vermuten, daß er, wenn er inspiriert ist, mit jenem persönlichsten Teil seiner selbst schreibt, mit dem Proust zufolge ernsthafte Schriftsteller schreiben.

Sein bester Song ist seiner Ansicht nach »Good Ole Boys like Me«.

When I was a kid Uncle Remus he put me to bed,
With a picture of Stonewall Jackson above my head.
Then Daddy came in to kiss his little man
With gin on his breath and a Bible in his hand.
And he talked about honor and things I should know.
Then he staggered a little as he went out the door. …
I guess we're all gonna be what we're gonna be.
So what do you do with good ole boys like me?[5]

Jede Einzelheit war wohlüberlegt. Sein Ziel sei es gewesen, sagte er, in wenigen Zeilen so viel wie möglich von der alten Südstaatenkultur unterzubringen. Und der Song ist berühmt geworden; viele der Leute, mit denen ich sprach, erwähnten ihn; sie fanden sich in der Stimmung des Songs wieder. Ein »good ole boy« war (wie ich Campbells Erläuterungen entnommen hatte) ein Redneck, aber zugleich war es auch eine allgemeinere Bezeichnung für einen alten Südstaatler, jemanden, der durch die alte Lebensweise geprägt worden war. Der Song mag zunächst ironisch, dann verherrlichend wirken. Doch im Kern ist er eine Elegie über den alten Süden, über seine Mythen und Geschichte, das alte Gemeinschaftsgefühl, den alten Glauben.

Die Southern Baptist Convention hatte sich bei ihrer Synode

---

5 Übersetzung im Anhang

in Saint Louis etwa zwei Wochen zuvor trotz beträchtlichen Widerstands der Moderaten per Abstimmung in eine extrem fundamentalistische Position manövriert. Die baptistischen Seminare sollten von Leuten gesäubert werden, die nicht an die wörtliche Auslegung der Bibel glaubten. In dem Lehrmaterial für die Sonntagsschule sollte sich die neue Strenge widerspiegeln.

Reverend Tom Ward, der Pastor der Christ Episcopal Church, sagte: »Je stärker die Baptisten sich bedroht fühlen, desto leidenschaftlicher werden sie.« Dem Presbyterianer Reverend Ptomey zufolge verkörperten diese neuen Maßnahmen die negative Seite der baptistischen Leidenschaft. »Die haben die politischen Prozesse innerhalb ihrer Glaubensgemeinschaft manipuliert, um Leute in die Schulämter zu hieven, die ihre Position zur wörtlichen Bibelauslegung teilen.«

Reverend Will Campbell, der stärker involviert war als diese beiden Männer, war außer sich. Will Campbell war ein berühmter baptistischer Pastor und geistlicher Berater aus der Gegend. Er hatte keine eigene Gemeinde. Er arbeitete außerkirchlich, von seiner vierzig Morgen großen Farm aus, die ganz in der Nähe von Nashville lag; nicht zuletzt wegen dieses außerkirchlichen Wirkens war er berühmt. Mochte seine Umgebung auch an Thoreau und sein Stil an die Frontierzeit erinnern, so hatte er doch eine reguläre theologische Ausbildung genossen, drei Jahre davon an der Yale Divinity School. Er war Anfang Sechzig.

Er war auf der Synode gewesen. Er sagte: »Ich könnte nicht darlegen, warum ich mit einer nahezu klinischen Depression da rausgekommen bin. Ich war nie der klassische Kirchenpastor – das habe ich vor dreißig Jahren hinter mir gelassen –, aber im historischen Kontext gesehen war der baptistische Ansatz wirklich rühmlich. Ein kleiner Trupp Linksgerichteter, wahrhaft Radikaler, die an die Trennung von Kirche und Staat glaubten. Heute glaubt kein Mensch mehr daran. Sie lehnten es ab, in den Krieg zu ziehen; sie lehnten es ab, einen Eid abzulegen oder als Geschworene zu dienen; sie lehnten es ab, ihre Säuglinge zu taufen; sie praktizierten das Gemeineigentum. Das alles gilt heute nicht mehr.

Ob Moderate oder Fundamentalisten, keine der beiden Gruppierungen heute ist traditionell baptistisch. Sie behaupten, die Bibel wörtlich zu nehmen – niemand nimmt die Bibel wörtlich. Wenn das einer behauptet, fragen Sie ihn mal: ›Sollen wir vielleicht anfangen, die Gefängnisse niederzureißen?‹

Ich bin mir bis heute nicht sicher, ob die ursprüngliche baptistische Idee tatsächlich je über den Atlantik gelangt ist. Der Geist, die Kultur der Frontier haben die Religion derart dominiert, daß eine bürgerliche Religion, eine kulturelle Religion entstand, eine Verschmelzung.«

Ich wandte ein: »Die den Leuten aber gute Dienste geleistet hat.«

»Das wohl. Aber den Glauben hat sie verraten.«

Will Campbell hatte eine spezielle Auffassung vom Glauben. »Religion sollte nicht konfessionell sein. Die große Kirche Christi entstand dadurch, daß das Leben Christi ignoriert wurde. Was ich in St. Louis gehört habe – und was mich so deprimierte –, war Doktrin; Doktrin und ihre Verteidigung. Von Jüngerschaft habe ich kaum etwas gehört. Die Kirchen bieten eine Theologie der Gewißheit an. Und das beunruhigt mich. Jeremias hat gesagt: ›Es ist nicht gut, sich Gottes zu gewiß zu sein.‹ Und selbst Christus rief kurz vor seiner Kreuzigung in großer Seelenqual, einer Seelenqual, die in der Übersetzung deutlich wird: ›Wenn es möglich ist, so gehe dieser Kelch an mir vorüber‹ Keine große Religion kann für alles die Antwort haben. Jesus hat den Leuten nicht gesagt, was sie denken sollen. Er hat kein Glaubensbekenntnis vorgeschrieben. Christus hat keine Konfession, keine spezielle Theologie vorgegeben.«

Er schien zu sagen, daß Gläubigkeit etwas war, wonach man ständig suchen, worum man sich ständig bemühen mußte. Als ich das so formulierte, meinte er, das komme hin. Aber Will Campbells Ideen waren kompliziert, und ich war mir nicht sicher, ob er nicht einfach nur höflich war.

Später kam mir der Gedanke, daß nur ein sehr frommer Mann und einer, der innerhalb der Glaubensgemeinschaft der Southern Baptists groß geworden war, anderen Menschen so viel abverlangen konnte. Seine unmittelbare Umgebung – die vierzig Morgen große Farm, die Blockhütte mit seinem Arbeitszimmer, wo er seine Besucher empfing – sagte etwas über diesen Mann aus. Durch ihn gewann man eine Vorstellung von der Macht der Prediger an der Frontier und von der Kraft des alten Glaubens.

Doch Will Campbell war nicht nur aus diesem Grunde berühmt, ja geradezu ein Monument der Südstaaten, wie jemand sagte. Er war berühmt für die politischen Überzeugungen, die aus seinem Glauben erwachsen waren. In der Bürgerrechtsbewegung hatte er Mut bewiesen. Doch er war nicht an diesem Punkt stehengeblieben. Der Glaube und sein Wunsch, mit der Geschichte der Südstaaten ins reine zu kommen, hatten ihn über das Engagement für die Schwarzen zum Engagement für die Rednecks geführt, die größten Gegner der Schwarzen. Beide Gruppen hatten in seinen Augen etwas Tragisches. Und eine Art Bekehrungserlebnis (im Rahmen seines ohnehin inbrünstigen Glaubens) brachte ihn dazu, Mitgliedern des Ku-Klux-Klan geistlichen Beistand anzubieten.

Zu dieser Bekehrung war es folgendermaßen gekommen: Ein Spötter hatte ihn eines Tages gefragt, was die christliche

Botschaft sei. Will Campbell hatte geantwortet, die Botschaft sei: »Wir sind alle Dreckskerle, aber Gott liebt uns trotzdem.« (Eine Version der Erleuchtung, die er in Yale gehabt hatte – »Gott ist es nicht egal, wenn sein Volk leidet« –, durch die er die rigiden Prinzipien seiner Erziehung hinter sich gelassen und zur Bürgerrechtsbewegung gefunden hatte.) Einige Zeit später erschoß ein Mitglied des Klans einen von Will Campbells Freunden. Woraufhin derselbe Spötter Will Campbell in seiner Trauer und seiner Wut über die Rednecks, den Klan, die Crackers, fragte: »Und welchen Dreckskerl liebt Gott nun am meisten?« Den Dreckskerl, der ermordet worden war, oder den, der den Mord begangen hatte und noch am Leben war? Will Campbell zweifelte nicht, wie die Antwort lauten mußte: Er hatte auch gegenüber dem lebendigen Mitglied des Klans eine Mission.

Die Geschichte dieser Bekehrung ist in Will Campbells Autobiographie *Brother to a Dragonfly* [*Bruder einer Libelle*] zu finden. Manches in diesem Buch ist nicht ganz klar. Die eigentliche Erzählung ist von vielen kleinen Geschichten durchsetzt und dadurch manchmal zu bruchstückhaft. Doch offenbar gewann Will Campbell durch seine Bekehrung ein umfassenderes, besonderes Verständnis der Geschichte der Südstaaten: Die armen Weißen, die zu einem großen Teil Nachfahren von Kontraktarbeitern waren und insofern mit den Schwarzen eine Vergangenheit in Knechtschaft teilten, hatten bis zum Bürgerkrieg in den Südstaaten keine Rolle gespielt. Dann aber brauchte man sie in diesem Krieg als Soldaten, also evangelisierte man sie und gab ihnen ihre Sache; und schließlich wurden sie als Rednecks und Mitglieder des Klans – immer noch arm, immer noch Opfer – für etwas verantwortlich gemacht und verhöhnt, was in Wirklichkeit der Rassismus der ganzen Gesellschaft war.

Die aus dem Bürgerkrieg hervorgegangene, um Frömmigkeit und Haß zentrierte Religion des Klans vergleicht Will Campbell mit dem Judaismus des Alten Testaments. Und in einem »schwungvollen« Lied des Klan wie dem folgenden entdeckt er eine Parallele zum 137sten Psalm (»Jerusalem, wollte ich deiner vergessen«):

You niggers listen now,
I'm gonna tell you how
To keep from getting tortured
When the Klan is on the prowl.
Stay at home at night,
Lock your doors up tight.
Don't go outside or you will find
Them crosses a-burning bright.[6]

Will Campbell erläutert die Ähnlichkeit zu »Vergesse ich dein, Jerusalem« mittels folgender Paraphrase oder Ersetzung: »Vergesse ich dein, o Atlanta, Vicksburg, Oxford, Donelson, so vergiss nicht, o Herr, den Yankees jene Nacht, in der sie das alte Dixie zugrunde richteten! Als Sherman sagte: ›Reißt es nieder, reißt es nieder, bis auf den Boden!‹ Wohl dem, der deine jungen Yankee-Kinder nimmt und sie zerschmettert am Stone Mountain.«

Bei unserem Treffen sprach Will Campbell nicht vom Ku-Klux-Klan. Er gab mir die Kopie eines Artikels, den er geschrieben hatte, »Die Welt der Rednecks«, in dem er seine Ansichten darlegte und den im Artikel abgedruckten Text des Klan-Songs analysierte. Auf sein Buch *Brother to a Dragonfly* verwies er mich nicht, ich las es von allein. Wir unterhielten uns über Religion und die Southern Baptist Convention sowie über die »liberale Wildnis«, in der er sich, wie er sagte, viele Jahre lang bewegt hatte. Vor allem aber

---

6 Übersetzung im Anhang

unterhielten wir uns über die gewaltige Vergangenheit der Südstaaten, die er, obwohl 1924 geboren, in sich trug und der er durch seine Umgebung – die Blockhütte hinter dem Haus auf seiner Farm – Tribut zu zollen schien.

Er stammte aus Mississippi. »Ich bin aus Mississippi gebürtig, in vierter Generation. Meine Familie hat sich, glaube ich, um 1790 unter dem Homestead Act in Mississippi niedergelassen. Damals war Mississippi noch Territorium. Es war Teil des Louisiana Purchase. Ein Territorium, noch kein Staat. Bürger aus Staaten wie Georgia konnten dorthin auswandern und Anspruch auf ein Stück Land erheben, wenn sie darauf leben wollten. Das Land gehörte der Bundesregierung. Und bald kam dann die Baumwolle. Über lange Zeit beruhte die gesamte Wirtschaft in Mississippi auf Baumwolle. 640 Morgen – das ist eine Menge Land für eine Familie. Aber sagen wir, eine Familie hatte zehn Kinder. Dann wurde das aufgeteilt. Sechzig Morgen. Im neunzehnten Jahrhundert konnte eine Familie auch davon noch leben. Aber teilen Sie das noch mal auf – so kam es, daß Familien sich trennten und übers Land verteilten.«

Will Campbell kaute beim Reden Tabak. Er war dafür bekannt; ab und zu spuckte er in einen Spucknapf. Ich hatte noch nie jemanden einen Spucknapf benutzen sehen. In den Südstaaten war ich immer mal wieder auf große Werbetafeln mit Reklame für den Kautabak »Granger Select« gestoßen: »Meet Up with a Cleaner Chew«. Dieser Slogan hatte mir Rätsel aufgegeben, bis mir jemand erklärte, daß das die Sprache der Rednecks war und »meet up«, treffen, hier für »kennenlernen, sich anfreunden mit« stand. Ich bat Will Campbell, mir seinen Kautabak zu zeigen. Es war Beech Nut, mit Lakritzgeschmack: »Ausgewogen und besser, milder und feuchter.« Er roch aromatisch und verlockend in seinem geschmeidigen Folienbeutel.

»Meine Vorfahren waren in Georgia Landbesitzer gewesen. Einer der Jungs prügelte sich beim Friseur mit einem Freund und brachte ihn um. Der Richter sagte zum Vater: ›Ziehen Sie in eins der Territorien, das ist Ihre einzige Chance.‹ Also packte die ganze Familie zusammen und zog im Planwagen nach Westen, bis sie in eine bestimmte Gegend im Südwesten von Mississippi kamen. Sie hatten wohl vor, noch weiter Richtung Westen zu ziehen, aber als sie morgens aufbrechen wollten, hörten sie einen Hahn krähen. Daran erkannten sie, daß es dort Siedler gab. Sie gingen zu diesen Leuten und redeten mit ihnen – fragten, ob die Indianer feindlich gesinnt seien, wie der Boden sei, wie die Winter seien und was sie anbauten. Und was ich wirklich interessant finde, ist, daß die Gegend, in der sie sich niederließen, genauso aussah wie die, aus der sie kamen. Wenn sie die Augen kurz zu- und dann wieder aufmachten, hätten sie meinen können, sie hätten Georgia überhaupt nicht verlassen.

Zu der Zeit, als meine Eltern erwachsen geworden waren, war auf dem Land nicht mehr genug Platz für uns. Meine Familie war in dieser ländlichen Gemeinde verwurzelt, insofern war es völlig absurd, daß es damals, als ich für die Bürgerrechtsbewegung zu arbeiten begann – als Friedensstifter im National Council of Churches, wobei mich einige eher als Unruhestifter ansahen –, daß es da hieß, Mr. Lee Campbells Sohn, der sich so in diesen ganzen Nigger-Kram reinhängt, ist ein Außenstehender. Aber in gewisser Hinsicht machte das die Sache gefährlicher. Ich will das nicht romantisieren – damals brauchte es nicht viel, damit man zum Radikalen abgestempelt wurde. Das einzige, was noch schlimmer war, als ein Außenstehender zu sein, war, ein Verräter zu sein, und als solcher wurde ich angesehen – als ein Verräter an der Familie Campbell-Webb-Parker-McMillan. Die Webbs waren die Familie meiner Großmutter. Das waren die, die sich unter dem Homestead Act dort niedergelassen hatten.

Meine Großmutter hat sich noch daran erinnert, wie sich ihr Vater auf dem Treck von Georgia ins Territorium Mississippi, als das Geld knapp wurde, einmal einem Siedler in Alabama als Freimaurer zu erkennen gab. Sie begrüßten sich mit dem geheimen Handschlag der Freimaurer, der geheimen Losung der Freimaurer; und der Siedler gab ihm Geld. Zehn Dollar. Das wären heute ungefähr tausend Dollar. Meine Großmutter hat das nie vergessen.«

Es war ein schönes und bewegendes Bild. Das sagte ich auch zu Will Campbell.

Er meinte: »Diese mündliche Überlieferung hat ihren Teil dazu beigetragen, daß mit solcher Zähigkeit an all den alten Gebräuchen festgehalten wurde – und dazu zählte auch die Rassentrennung. ›Will, du bist nicht so erzogen worden.‹ Wodurch man wiederum zum Verräter wird. Für sie war die Rassentrennung christlich motiviert: Gott hatte die Rassen erschaffen. Ich konnte ihnen nicht begreiflich machen, daß Gott nicht die Rassen erschaffen hat, sondern die Menschen. Und daß einige Menschen eben in den Norden gegangen waren, wo ihre Haut an Pigment verloren hatte, andere dagegen in die heißen Länder, wo ihre Haut eine starke Pigmentierung entwickelte. Nein, für sie hatte Gott die Weißen erschaffen – und Adam und Eva waren Weiße gewesen. Und der Fluch, mit dem Gott Ham belegte, bestand darin, schwarz zu sein. Aber sie waren und sind tiefreligiöse Menschen, und es war wichtig für sie, für alles eine religiöse Begründung zu haben.

Ich möchte dazu noch etwas sagen, was dem bisher Gesagten zu widersprechen scheint. Wenn ich ›sie‹ gesagt habe, meinte ich damit die größere Gemeinschaft. Meine Familie hatte nie ein persönliches Interesse an der Rassentrennung, denn sie waren keine Sklavenhalter. Sie waren Kleinbauern. Und es ist historisch erwiesen, daß auch ›meine Leute‹ als Kontraktarbeiter in dieses Land kamen. Viele der Kleinbauern sind ursprünglich als Kontraktarbeiter gekommen. Und später hatten wir dann schwarze Sklaven.

Ich leugne nicht, daß ich früher Rassenvorurteile hatte, damit aufwuchs. Es war nichts, worüber man sprach – Schwarze gingen nicht mit Weißen, heirateten keine Weißen. Man arbeitete auf der Farm zusammen. Auf den Feldern herrschte Gleichberechtigung. Wir waren sogar Spielkameraden. Als wir klein waren, spielten wir mit schwarzen Kindern. Aber ab einem gewissen Zeitpunkt wußte man, daß es Schwarze waren – wenn man in die Schule kam. Und man akzeptierte das.«

Er habe darüber ein Lied geschrieben, sagte er. Er griff zu der Gitarre neben ihm und begann zu singen. Darauf war ich nicht vorbereitet. Es kam völlig überraschend, und als Stimme und Gitarre nun die kleine Hütte erfüllten, hatte das eine regelrecht hypnotische Wirkung. Ich gab mich den Gefühlen des Sängers hin, der völlig in sein Lied versunken war.

Es war ein langes Lied, eine Ballade, mit viel gesprochenem Text. Es handelte von einem schwarzen und einem weißen Jungen, die auf einer Farm in den Südstaaten zusammen aufwuchsen, bis sie gemäß dem örtlichen Brauch getrennt wurden. Der Vater des schwarzen Jungen arbeitete für die Familie des weißen Jungen. Die schwarze Familie wohnte im Räucherhaus; die weiße Familie wohnte im Haupthaus, das kaum größer war. Als die Weltwirtschaftskrise kam, wurde der schwarze Arbeiter entlassen; er ging mit seiner Familie nach Memphis. Dann verlor die weiße Familie die Farm und mußte ebenfalls nach Memphis ziehen. Und dort begegnete eines Tages der weiße Junge, mittlerweile zum Mann geworden, dem schwarzen Jungen, nun ebenfalls ein Mann, und sie wurden wieder Freunde.

Zum Teil entspreche das Lied der Wahrheit, sagte Will Campbell, zum Teil sei es erfunden. Seine Familie habe die Farm nicht verloren, und sie sei nicht nach Memphis gezogen. Das Sentimentale an dem Lied, das, was es zur Fabel machte, ihm eine Moral gab, war also der erfundene Teil.

»Die Männer meiner Familie waren nicht bigott. Sie hatten Vorurteile, das schon, aber bigott waren sie nicht. Ich erinnere mich noch, wie eines Tages in Campbelltown – die Campbells wohnten alle auf einem Fleck, in einem Umkreis von anderthalb Kilometern – folgendes geschah. Ein alter Schwarzer, John Walker – er wohnte in der Nachbarschaft, war erst kürzlich aus dem Gefängnis entlassen worden: er hatte seinem Verpächter Mais gestohlen –, kam die unbefestigte Straße entlang. Wir spielten gerade auf dem ›stomp‹. Nicht auf dem Rasen. Es gab das Haus, den Hof, einen Palisadenzaun. Und auf der anderen Seite des Palisadenzauns war eine grasbewachsene Fläche, eine Art Wiese, das war der ›stomp‹. Da wurde nichts angebaut, es wurde nicht mal als Weide genutzt, es war eher wie ein Spielplatz. Im Hof wuchs kein Gras. Der wurde immer schön gefegt, mit einem Hartriegelbesen. Gras im Hof zu haben galt als gewöhnlich. Wir spielten also auf dem ›stomp‹, dieser Schwarze kam die Straße entlang, und wir hänselten ihn: ›He, Nigger! He, Nigger!‹ Er reagierte überhaupt nicht. Die herrschenden Sitten erlaubten ihm nicht, auf weiße Kinder zu reagieren.

Danach rief uns mein Großvater zu sich. Er saß auf einem Baumstumpf. Er nannte uns alle ›Herzchen‹. Und er sagte: ›Herzchen, es gibt keine Nigger, nirgends auf der Welt.‹ Worauf wir sagten: ›Doch, Grandpa. John Walker ist ein Nigger.‹ Wir konnten ihn auf der staubigen Straße immer noch sehen. Doch er sagte: ›Nein, die Nigger sind alle tot.

Jetzt gibt es nur noch Farbige.‹ Das war seine Art, uns zu erklären, daß der Bürgerkrieg vorbei war.«

(In *Brother to a Dragonfly* stand eine andere Version dieser Geschichte. Der Mais, den John Walker gestohlen hatte, war dort »ein Sack voll Zuckermaiskolben«. Und er war wegen des Diebstahls nicht im Gefängnis gewesen. Er hatte von ein paar Männern Prügel bezogen und auf humorvolle Weise davon erzählt – was die Jungen zu ihrem Spott ermuntert hatte. »Jawollja. Die haben mich ausgezogen, splitterfasernackt. Haben mich mit 'nem Treibriemen bearbeitet. Haben mich gepeitscht, daß ich mir fast in die Hose geschissen hab.« Die Geschichte, die mir Will Campbell in seiner Hütte erzählt hatte – daß der schwarze Mann alles schweigend über sich hatte ergehen lassen –, entsprach eher dem heutigen Zartgefühl. Die Version im Buch, wo der Schwarze über die empfangenen Prügel und vielleicht auch über den Diebstahl gescherzt hatte, kam mir echter vor.)

Will Campbell sagte: »Mein Großvater war ein Mann mit minimaler Schulbildung. Er konnte seinen Namen schreiben und wahrscheinlich auch lesen. Aber was für eine Sprache er benutzte! Ich hoffte immer, daß der Pfarrer ihn bitten würde vorzubeten. Wir waren Baptisten. Ich weiß noch, wie der alte Mann das Gebet mal mit den Worten beendete: ›Und wenn wir dereinst niederknien werden, um vom bitteren Quell des Lebens zu trinken ...‹ Mit dem ›bitteren Quell‹ meinte er den Tod ...

Das waren und sind also die vorherrschenden Einflüsse im Leben der weißen Landbevölkerung in den Südstaaten – eine Ortsverbundenheit, die aus der Entwurzelung herrührt, aus Kontraktarbeit und Migration, und die auf den Farmen, auf dem neu besiedelten Land, in der neuen Gemeinschaft entstand. Diese Verbundenheit mit dem Ort wurde den Leuten heilig.

Die Veränderungen in den Rassenbeziehungen stellten für diese Ortsverbundenheit eine Bedrohung dar. Und es war ja wirklich bedrohlich, plötzlich zu wissen, daß Dinge, die man für ewig und unveränderlich gehalten hatte, niemals mehr wie früher sein würden.

Ich habe meinen Kollegen – den Leuten in der Bewegung, die nicht aus den Südstaaten stammten – immer wieder zu erklären versucht, daß die Behauptung mancher Weißer, durch die Aufhebung der Rassentrennung würden die Schulen in der altbekannten Form zugrunde gerichtet, schlicht den Tatsachen entsprach. Ich habe früher oft das Beispiel von Abraham und Isaak verwendet. Die Leute sagten: ›Du verlangst von uns, daß wir unsere Kinder auf dem Altar der Rassenintegration opfern, den der Oberste Gerichtshof errichtet hat.‹ Und meine Antwort darauf war und ist: ›Ich verlange nur von euch, daß ihr dem Gott, zu dem ihr euch bekennt, treu seid. Für den Christen steht Gott jenseits der Idole, die wir geschaffen haben – Ort, Gemeinschaft, öffentliches Bildungswesen. Die opfern wir womöglich tatsächlich gerade. Abraham war bereit, sein Kind zu opfern. Wir legen unser Kind auf den Altar der Rassenintegration, legen das Reisig der Gerechtigkeit darunter. Doch das Kind wurde nicht geopfert – von Abraham. Am Ende wurde das Kind gerettet.‹«

Will Campbell fügte hinzu: »Vielleicht funktioniert die Analogie nicht. Aber damals fand ich sie passend.«

Er begann über sein Engagement in der Bürgerrechtsbewegung zu reden, in dem sich bereits jene Überlegungen abgezeichnet hatten, die später dazu führten, daß er sich als Kirchenmann dagegen wehrte, politisch benutzt zu werden.

Er sagte: »Das auslösende Moment für uns war nicht die Entscheidung des Obersten Gerichtshofs vom Mai 1954. Das auslösende Moment war etwas viel Elementareres. Die Zusammensetzung des Obersten Gerichtshofs verändert sich. Sie hat sich auch zu unseren Lebzeiten verändert. Das Motto der liberalen Bewegung war ›Recht und Ordnung‹. Doch als Mr. Nixon und andere die konservative amerikanische Mittelschicht für sich entdeckten, wurde der Ausdruck ›Recht und Ordnung‹ zu einem Synonym für ›Nigger‹. Und dann war es plötzlich die andere Seite, die auf Recht und Ordnung pochte. So daß Martin Luther King Jr. und andere als Unruhestifter und folglich als eine Gefahr für Recht und Ordnung betrachtet wurden.«

Er schilderte die Widersprüchlichkeit und Zwiespältigkeit des Erfolgs der Bürgerrechtsbewegung.

»Ich glaube, so wie ich aufgewachsen bin, hatte ich viel bessere Chancen, eine unabhängige und aufgeschlossene Haltung in der Rassenfrage zu entwickeln, als meine Kinder sie hatten. In meiner Kindheit wurden bestimmte Dinge einfach vorausgesetzt, da wurde gar nicht drüber diskutiert. Es stand nicht zur Debatte, ob Schwarze Geschworene sein oder mit uns in die Schule gehen oder mit uns zusammenwohnen sollten. Aber jeder, der nach dem Mai 1954 geboren ist, hat schon als Kind abwertende Diskussionen über Schwarze gehört. So daß wir jetzt eine Generation haben, die von Haß erfüllt und zugleich in der Lage ist, ihn in die Tat umzusetzen.

Ich halte das für extrem gefährlich, denn einen gewaltlosen Widerstand, wie wir ihn unter Dr. King und anderen erlebt haben, kann es heute nicht mehr geben.«

Wenn man früher fünftausend Schwarze vor einem Gerichtsgebäude habe demonstrieren sehen, so sagte er, und sie nach dem Grund ihres Protests gefragt habe, sei die Antwort gewesen: weil sie nicht als Wähler registriert würden. Habe man Schwarze vor einer Imbißbar demonstrieren sehen, hätten sie einem erklärt, daß sie demonstrierten, weil sie nicht in Imbißbars essen dürften. Damals sei das Anliegen völlig klar gewesen.

»Aber wie sollte ein gewaltloser, passiver Widerstand heute funktionieren? Die Probleme sind nicht mehr so klar umrissen. Wenn man heute fünftausend Schwarze demonstrieren sähe, könnten sie bloß sagen: ›Wir protestieren vor dem Gerichtsgebäude, weil wir für euch immer noch Nigger sind.‹

Ich erinnere mich an ein Lied, das damals in unseren Kneipen gesungen wurde: ›Move Them Niggers North‹ [Schafft die Nigger in den Norden].

Move them niggers north.
Move them niggers north.
If they don't like our Southern ways,
Move Them Niggers North.[7]

Er hatte den Text zunächst nur gesprochen, war dann aber in einen rhythmischen Singsang verfallen.

Hinterher sagte er: »Ich weiß noch, wie ich das mal in einem Rasthaus im Norden Alabamas hörte, in dem erst kurz zuvor die Rassentrennung aufgehoben worden war. Ich war mit einem schwarzen Freund da reingegangen, und der Song lief in der Jukebox. Das zielte eindeutig auf uns ab. Als wir gingen, sagte mein Freund – den das verletzt hatte –: ›Es gibt wohl kein Gesetz dagegen, Musik in einer Jukebox abzuspielen.‹ Woraufhin ich sagte: ›Noch nicht. Und ich hoffe, es wird auch nie dazu kommen.‹«

Er wiederholte die Antwort, die er seinem schwarzen Freund gegeben hatte. Mir war nicht klar, was Will Campbell damit sagen wollte, und ich erfuhr erst später aus seinem Artikel »Die Welt der Rednecks«, daß es sich um ein Lied

---

7 Übersetzung im Anhang

des Ku-Klux-Klan handelte. Auf diese etwas vage Weise hatte er das Gespräch auf den Ku-Klux-Klan, auf die Benachteiligung und Tragik des Rednecks und auf seine Jahre in der »liberalen Wildnis« gebracht.

Er saß auf einem Hocker an einem hohen Tisch, den Spucknapf zu seinen Füßen. In einer Ecke der Blockhütte, in der Nähe der Klimaanlage, stand ein Friseurstuhl. Es gab außerdem einen Schaukelstuhl, eine an der Wand stehende Couch, einen Teppich und einen Couchtisch mit einer polierten oder lackierten Baumstammscheibe als Platte. An einer Wand hingen ein Banjo oder eine Ukulele sowie Fotos, Zeichnungen und Originale von Karikaturen. Auf einem hohen Sims stand ein altes Reklameschild aus Blech: *Say Goo-Goo. A nourishing lunch for five cents. 5c.* Goo-Goo war der Name einer Süßigkeit, für die in der Radiosendung »Grand Ole Opry« nach wie vor geworben wurde. Durch diese alte Blechreklame begann ich in dem scheinbar beliebigen Sammelsurium in der Blockhütte eine Sammlung von Gegenständen aus dem Volk zu erkennen.

Will Campbell sagte: »In gewisser Weise bin ich wieder zu meinen Anfängen zurückgekehrt. Ich bin in einem fundamentalistischen Umfeld aufgewachsen – wobei man das damals nicht so nannte. Alle waren Baptisten. Und nach deren Weltsicht bedeutete Christ zu sein, nicht zu rauchen, nicht zu trinken, samstagabends keinen Unfug zu machen.« Er habe jedoch mehr von der Religion gewollt, und sein Glaube habe sich mit dem Studium entwickelt. »Ich interessierte mich für ethische Fragen.« Das habe in den Südstaaten direkt zur Rassenfrage geführt und damit zu seinem Engagement in der Bürgerrechtsbewegung. »Ich bin immer noch gegen den Krieg, gegen die Rassentrennung, gegen die schlechte Bezahlung der Arbeiter. Aber ich begriff irgendwann, daß ich einen legalistischen Verhaltenskodex gegen einen anderen eingetauscht hatte. Der Liberalismus meiner mittleren Jahre hat mir keine besseren Dienste geleistet als der Fundamentalismus meiner frühen Jahre. Die Botschaft des Christentums ist, daß wir als freie Menschen geschaffen sind und niemand das Recht hat, mehr von uns zu fordern, als Jesus es tat. Und Jesus hatte kein spezielles Bekenntnis, keine Ideologie. Ich stellte fest, daß das soziale und liberale Bekenntnis genauso doktrinär war, wie es das fundamentalistische religiöse Bekenntnis gewesen war. Jesus hat uns aufgefordert, uns unseres Nächsten anzunehmen.«

Und für Will Campbell war dieser Nächste der – seiner Meinung nach verachtete – Redneck: ein Mensch wie er selbst. Er haßte das Wort »Redneck«. Er fand, es dürfe nur von Menschen wie ihm benutzt werden.

»Die Tragik des Rednecks ist, daß er sich den falschen Feind ausgesucht hat. Ich kenne einen guten Song, ›Rednecks, White Socks and Blue Ribbon Beer‹. Wollen Sie ihn mal hören? Ich bin zwar kein Musiker, aber ich mag die Lieder aus dem Volk.«

Er stand von seinem hochbeinigen Hocker auf, griff nach der Gitarre und setzte sich auf die Couch. Ein glänzend schwarzer Hund war in die Hütte gekommen. Als Will Campbell begann, Gitarre zu spielen und zu singen, setzte sich der Hund aufrecht hin, die glitzernden Augen auf die schlagende Gitarrenhand gerichtet, und lauschte reglos der Stimme seines Herrn.

No, we don't fit in with that white-collar crowd.
We're a little too rowdy and a little too loud.
But there's no place that I'd rather be than right here,
With my red neck, white socks and Blue Ribbon Beer.[8]

---

8 Übersetzung im Anhang

Will Campbell sagte: »Es ist ein Lied über Entfremdung. Da steckt viel drin: ›Wir sind ein bißchen zu rowdyhaft, ein bißchen zu laut.‹«

Ich fragte: »Wer hat es geschrieben?«

»Bob McDill. Wenn Sie da genau hinhören, können Sie eine Menge lernen.«

Doch man konnte die Geschichte des Südens, die Will Campbell derart beschäftigte, auch ignorieren, genauso wie man in gewissen Kreisen den alten, zu stark fordernden Glauben ignorierte.

Fünfundzwanzig Autominuten von der Innenstadt Nashvilles entfernt, in der kleinen Ortschaft Smyrna, befand sich das riesige Montagewerk von Nissan. Es waren eigentlich drei Fabriken in einer, auf einem 800 Morgen großen Gelände. Das Fabrikgebäude war flach und langgezogen, grau, geradezu unauffällig auf dem flachen Land. Es beeinträchtigte die Landschaft ringsum kaum. Doch im Innern war es eine eigene Welt: achtundsiebzig Morgen Land unter einem einzigen Dach, das, wenn man darunter stand, höher wirkte, als wenn man es gegen den Himmel sah. Die Fabrik wurde nach japanischen Grundsätzen geführt, mit Arbeitern aus den Südstaaten, Weißen und Schwarzen, sowie ein paar Asiaten, Männern und Frauen, die in kleinen quasi-militärischen Einheiten mit eigenen Führungskräften, Zielen und Loyalitäten zusammengefaßt waren.

Knapp fünfzig Kilometer südlich von Nashville, in Spring Hill, war ein noch größeres Projekt im Gange: auf elfhundert Morgen Land wurde das Saturn-Werk von General Motors gebaut, ein Produktionsbetrieb (im Gegensatz zu dem Montagewerk von Nissan). Die Fabrik sollte 3,6 Milliarden Dollar kosten und die größte Industrieanlage werden, die in den Vereinigten Staaten je gebaut worden war. Trotz Automation und dem Einsatz von Robotern würde Saturn rund sechstausend Arbeitskräfte beschäftigen. Von der Straße aus würde jedoch nichts von der Fabrik zu sehen sein. General Motors ließ das Gelände derzeit landschaftsgärtnerisch gestalten und einen niedrigen, kaum ins Auge fallenden Hügel aufschütten, der die Fabrik verbergen sollte. Das Land entlang der Straße, ebenfalls im Besitz von General Motors, sollte landwirtschaftlich genutzt werden, so daß es im Vorbeifahren wie Farmland wirkte. Doch Saturn würde die Gegend in einem Umkreis von vielen Kilometern sowohl äußerlich als auch kulturell verändern. Bei General Motors ging man davon aus, daß durch den Ausstrahlungseffekt des neuen Werks vierzehn- bis fünzehntausend neue Arbeitsplätze im mittleren Tennessee geschaffen werden würden: neue Häuser, neue Einrichtungen, eine neue Arbeiterschaft.

Vorerst war nicht viel zu sehen. Aber die ganze Gegend stand auf der Schwelle zu einem Umbruch. Die Bodenpreise waren gestiegen. In Nashville hatte ich Geschichten über die »Gier« einiger Einheimischer gehört, über die Bereitwilligkeit, mit der alteingesessene Südstaatler angesichts der Aussicht auf Reichtum alte Farmen und alten Landbesitz veräußert und sich von der Vergangenheit abgekappt hatten, die ihnen gerade noch so heilig gewesen war.

Frank Bumstead, ein Geschäftsmann aus Nashville, der die Gegend gut kannte und mich eines Morgens dort herumfuhr, urteilte weniger harsch. Frank war Anfang Vierzig, ein Selfmademan aus Texas, dessen Vorfahren aus Georgia stammten; ein Basketball-Stipendium hatte ihm das Studium finanziert. Aufgrund seiner zahlreichen Geschäftsbeziehungen wußte er über die Gegend außerordentlich gut Bescheid; und er hatte einen scharfen und analytischen Verstand.

Frank sagte: »Tatsache ist, daß sich 1985 – und heute noch

ganz genauso – ein tüchtiger Farmer mit einem Familienbetrieb glücklich schätzen konnte, wenn seine Landwirtschaft die laufenden Kosten deckte – Saatgut, Futter, Chemikalien, Benzin, Arbeitskräfte und so weiter. Wenn sein Land oder seine Maschinen mit Schulden belastet sind, steckt er in ernstlichen finanziellen Schwierigkeiten. Für ihr Land oder ihre Maschinen können Farmer nicht aufkommen. Sie können nur hoffen, ihre laufenden Kosten zu decken. Warum also sollten sie nicht verkaufen?

Tatsächlich sind viele der Einheimischen damals erstarrt wie das Kaninchen vor der Schlange. Sie erlebten, wie die Preise stiegen, und hatten furchtbare Angst, sie könnten zu früh oder zu billig verkaufen. Das kann man natürlich als Gier interpretieren. Man kann es aber auch als eine massive Angst davor deuten, etwas, das einem lieb und teuer ist – für einen Farmer stehen nur seine Frau und Gott über seinem Land –, für zu wenig Geld zu verkaufen. Viele dieser Leute verkauften schließlich Farmen, die seit mehreren Generationen im Besitz der Familie gewesen waren.

In vielen Fällen haben die Leute, die verkauften, das Geld benutzt, um ihre Schulden zu tilgen. Ich kenne einen Farmer, der ungefähr 120 Morgen Land besaß. Das Grundstück grenzte nicht direkt an das Firmengelände, es war etwa fünf Kilometer davon entfernt. Er verkaufte es für 350 000 Dollar. Davon zahlte er 300 000 an die Bank. Nachdem er den Anwalt bezahlt hatte, blieben ihm vielleicht noch zwanzig-, fünfundzwanzigtausend Dollar übrig.«

Er sprach über die Bodenpreise. »General Motors hat das Saturn-Projekt 1985 angekündigt. Ein halbes Jahr zuvor rangierten die Preise für Farmland in Maury County, wenn man es überhaupt los wurde – es gab praktisch keinen Markt dafür –, zwischen vier- bis fünfhundert und tausend bis fünfzehnhundert Dollar pro Morgen, je nachdem, was für Land es war: Weideland war billiger als Ackerboden. Einen Monat nach Ankündigung des Saturn-Projekts verkaufte sich das Land im Norden von Maury und im Süden des weiter nördlich gelegenen Williamson für einen Tiefstpreis von zweitausendfünfhundert Dollar pro Morgen. Zum Teil wechselte Land, schlichtes Farmland, für bis zu zehntausend Dollar pro Morgen den Besitzer. Angeblich hat es auch ein paar Verkäufe im Bereich von zwanzig- bis fünfundzwanzigtausend Dollar pro Morgen gegeben. Mit anderen Worten: Es war der pure Wahnsinn. Die Spekulationen gingen in einem nicht unbeträchtlichen Maß auf das Konto von texanischen Landaufkäufern, die den Landboom in Dallas und Houston erlebt hatten und auf diesem Markt nun mit einem Abschwung konfrontiert waren – um nicht zu sagen, einer Depression.

Hier in der Gegend sind über Nacht unglaubliche Vermögen gemacht worden. Ich kenne jemanden, der, nachdem er seinen Radiosender und seinen Anteil an einem erfolgreichen Kabelfernsehsender verkauft hatte, etwa einen halben Kilometer südlich von Franklin City dreihundert Morgen Land kaufte, größtenteils an der Straße gelegen. Er zahlte – ein halbes bis dreiviertel Jahr vor der Ankündigung von Saturn – im Schnitt dreitausend Dollar pro Morgen. Nach der Ankündigung verkaufte er das Land für siebzehntausend Dollar pro Morgen – da hatte er es keine anderthalb Jahre besessen. Dabei hatte er sich die Farm eigentlich als Alterssitz gekauft. Was mal wieder zeigt, daß man nicht nur clever sein, sondern auch Glück haben muß.«

Mit Frank besuchte ich an einem anderen Vormittag auch das Nissan-Werk in Smyrna; aus dem grünen Tennessee ging es zunächst in eine Flucht von Büros in Grau und Chrom mit auffällig dicken, weichen Teppichen. Viele Leute hier trugen Uniform: dunkelblaue Hosen und ein hellblaues

Hemd mit dem maschinengestickten Schriftzug NISSAN über der linken und dem jeweiligen Vornamen über der rechten Brusttasche.

Die Public-Relations-Frau, die uns begleitete, sagte irgendwann im Korridor: »Das eben war der Direktor.« Auch er trug die Nissan-Uniform.

In einem offenen Bürobereich sahen wir einen Hauspostroboter. Es war ein kleiner Wagen, der auf einer in den grauen Teppich eingelassenen speziell präparierten Spur fuhr. Der Hauspostroboter machte die Runde durch die Büros und hielt an bestimmten Stellen an, von denen aus er erst weiterfuhr, wenn jemand einen Streifen auf seiner Oberseite berührte. Wenn ihm jemand in den Weg kam, piepte der Roboter.

Das dreiteilige Montagewerk hatte die Form eines E, dessen Rückgrat über anderthalb Kilometer lang war; eine Straße, flach und schnurgerade, führte an beiden Enden in die Ferne. Frank hatte schon früher so große, ja noch größere Industrieanlagen gesehen; ich noch nie. Wir legten die großen Entfernungen in einem Elektrowagen zurück, der von der plaudernden PR-Frau gesteuert wurde. Japaner waren nirgends zu sehen (es gab nur elf unter den dreitausendfünfhundert Beschäftigten); die japanisch aussehenden Leute waren amerikanische Chinesen oder andere amerikanische Orientalen. In offenen Bereichen in verschiedenen Teilen der Fabrik waren Basketballkörbe und Tischtennisplatten aufgestellt. Die Idee mit den Tischtennisplatten hatten die Arbeiter, die vor der Eröffnung der Fabrik in Japan ausgebildet worden waren, von dort mitgebracht. An vielen Stellen befanden sich Monitore, die ständig Produktionsdaten, Arbeitspläne und gelegentlich auch wichtige nationale oder internationale Nachrichten zeigten.

Eine reale Welt, eine in sich geschlossene Welt. Doch ich

empfand es als Erleichterung, hinauszutreten und in der Ferne ein Überbleibsel der alten Welt zu sehen: einen Wellblechschuppen vor einigen Bäumen.

In meiner Jugend auf Trinidad hatte ich nie als Angestellter arbeiten wollen. Ich wollte immer ein freier Mann sein. Das war unter anderem auf meine bäuerliche indische Herkunft und die koloniale, landwirtschaftliche Gesellschaft Trinidads zurückzuführen. Und es war zwar am Anfang nicht leicht gewesen, aber ich war ein freier Mann geblieben. Dementsprechend hatte ich mit der Arbeitswelt des zwanzigsten Jahrhunderts kaum Erfahrung und konnte nur schwer ermessen, welche Anpassungsleistung dort erbracht wurde. Hier im Nissan-Werk wurden die Leute gut behandelt und gut bezahlt; es herrschte durchaus eine gewisse Freiheit und auch Würde. Doch dafür, so schien mir, bewegten sich die Leute in einem sehr begrenzten Raum.

Ein paar Tage später bat ich Frank, mir als Geschäftsmann und Südstaatler zu beschreiben, was wir seiner Ansicht nach gesehen hatten.

Er sagte: »Das erste, was einem dort ins Auge fiel, war die Unternehmenskultur von Nissan. Es ist eine fortschrittliche Unternehmenskultur mit Schwerpunkt auf der Teilnahme der Arbeiterschaft an der Weiterentwicklung des Produktionsprozesses. Und ein weiterer Schwerpunkt ist das Wohl der Arbeiter. Die durchschnittliche Arbeitskraft ist hochqualifiziert, sehr gut bezahlt und nicht gewerkschaftlich organisiert. Nach dem japanischen Prinzip der Unternehmensführung wird die gesamte Belegschaft in kleine Arbeitseinheiten aufgeteilt, und diesen Arbeitseinheiten wird jeweils eine bestimmte Verantwortung übertragen. Innerhalb der Gruppe wird eine eigene Führungskraft gewählt, es werden wiederum Verantwortungen zugewiesen, und alle sind permanent darum bemüht, die Arbeitsabläufe effizienter und produktiver zu gestalten. Es ist Bestandteil der Unternehmenskultur, die Arbeiterschaft zu ermuntern, zur Steigerung der Qualität und Effizienz, der Sicherheit am Arbeitsplatz und der eigenen Zufriedenheit beizutragen. Sie haben ja die Tischtennisplatten gesehen.

Diese Unternehmenskultur wurde aus verschiedenen Gründen übernommen. Die Löhne sind attraktiv. Die Fabrik ist sauber, modern, gepflegt und für eine Produktionsanlage ein sehr angenehmer Arbeitsplatz. Nissan bietet viele Lohn-Nebenleistungen. Zum Beispiel ›Wellness‹ – ein neues Wort in unserem Wörterbuch: die Pflege von Gesundheit und Wohlbefinden. Dann die Sportanlagen. Und das Team-Image.

Der Direktor ist in seiner Uniform, mit seinem Vornamen über der Hemdtasche, an uns vorbeigelaufen. Das Tragen der Uniform ist freiwillig, aber fast alle hatten sie an. Jedem wird das Gefühl vermittelt, zum Team zu gehören. Und die Unternehmenskultur von Nissan beinhaltet auch substantielle finanzielle Anreize für herausragende Leistung. Diese Anreize sind gerecht und gleichmäßig über die Arbeiterschaft verteilt, und – noch wichtiger – sie sind realistisch gesetzt.

Und es waren noch zwei Aspekte der Unternehmenskultur zu sehen, die es wert sind, erwähnt zu werden. Zum einen arbeiten hier Menschen, die mit so etwas keinerlei Erfahrung haben, Seite an Seite mit Robotern – es sind Südstaatler, Menschen, die im Land und in den Farmen verwurzelt sind. Und zum anderen prallen hier insofern Kulturen aufeinander, als Nissan ein gut organisiertes, sehr mächtiges, extrem großes Unternehmen ist, das mitten in einer Kultur agiert, die traditionell vorwiegend landwirtschaftlich, unorganisiert und informell ist.

Für mich steht Nissan an vorderster Front in einem Konflikt, der hier in den Südstaaten über die nächsten zwanzig

Jahre in den mittelgroßen Städten und ihren Einzugsgebieten wüten wird – in Nashville; in Lexington, Kentucky; in Raleigh-Durham und Charlotte in North Carolina. In diesem Konflikt geht es schlicht und einfach um die Industrialisierung. Dem Geld steht die Opferung eines bestimmten Lebensstils gegenüber. Wir genießen hier in den Südstaaten eine sehr hohe Lebensqualität, und selbst wenn wir eine vernünftige Industrialisierung betreiben, sind Opfer unvermeidlich: ein gesteigertes Verkehrsaufkommen und die damit einhergehenden Spannungen; die Zunahme der Bevölkerung und die wiederum damit einhergehenden Spannungen. Kriminalität. Und der wachsende Druck auf die lokalen Verwaltungen, weiteres Wachstum zu ermöglichen.

Die Arbeiterschaft des Montagewerks besteht zu fünfunddreißig Prozent aus Frauen. Im Süden sind die Frauen früher nicht arbeiten gegangen. Die Arbeit einer Frau war zu Hause.

Nissan hatte keine Auswirkungen auf die Bodenpreise. Es wurde viel spekuliert, und viele Leute haben Geld verloren. Da es sich um ein Montagewerk handelt, gab es keinen wirtschaftlichen Ausstrahlungseffekt. Und Nissan hat Ortsansässige eingestellt, Leute, die bereits hier waren. Die meisten Arbeiter für General Motors werden aus dem nördlichen Teil des Mittleren Westens kommen. Sie werden Häuser brauchen. Sie sind keine Südstaatler. Wir wissen, daß das nicht ohne Wirkung bleiben wird. Sie sind gewerkschaftlich organisiert. Auch hier wird es einen Zusammenprall geben: Lebensstandard gegen Lebensqualität.

Meinem Eindruck nach neigt die obere und mittlere Mittelschicht dazu, sich Wachstum und Veränderung zu widersetzen, besonders wenn die Leute einen angemessenen Arbeitsplatz haben, ein schönes Haus, gute Schulen. Die Oberschicht profitiert vom Wachstum. Und die ganz Reichen fördern das Wachstum, weil es gut fürs Geschäft ist. Die Armen werden zu reinen Schachfiguren.«

Der Juli ging seinem Ende entgegen. Ich fuhr für einige Zeit auf ein Anwesen im Nordwesten Georgias und sah diese Gegend jetzt mit anderen Augen als zu Beginn meiner Reise.

Damals war ich aus südlicher Richtung von Atlanta gekommen, und die Gegend war mir wie eine fast indianische Wildnis erschienen. Jetzt kam ich aus dem nordwestlich gelegenen Chattanooga, einer halb verfallenen Industriestadt. Keine Spur hier von den Fastfoodrestaurants der Highways mit ihren aufragenden Standarten und bunten Livreen; stattdessen ein Pfandleihhaus nach dem anderen, Wahrsager, die aus der Hand oder aus den Karten lasen, kleine Büros, die Kredite vergaben, teils mit Wimpelgirlanden geschmückte Verkaufsgelände für Wohnwagen. Außerhalb von Chattanooga sah ich die Wohnwagen dann, schmuddelig und ohne Fähnchen, an ihrem heimatlichen Standort. Ich sah die kleinen Häuser, sah den gehorteten Schrott in manchen Gärten: das Georgia der Crackers; und hie und da in einem Garten eine irritierende kleine schwarze Figur, die genau das sein sollte, wonach sie aussah, ein »künstlicher Nigger«, eine für die Gegend typische Dekoration, eine Erinnerung an die Vergangenheit.

Fort Oglethorpe war der nächstgelegene Ort; James Oglethorpe war der Gründer von Georgia gewesen. Es gab eine neue Straße nach Fort Oglethorpe, durch die Berge. Doch man konnte auch eine andere Route nehmen, durch die Stadt Lafayette (hier »Laf'ette« ausgesprochen) und dann durch den Chickamauga Battlefield Park – der Krieg als Konglomerat aus Denkmälern, pathetischen Worten und komplizierter Strategie: Chickamauga war der letzte große Sieg der Südstaaten über die Nordstaaten gewesen.

Normalerweise fuhr ich durch die Berge nach Fort Oglethorpe, es war der schnellere Weg. Als ich eines Tages von dort aus nach Chattanooga weiterfuhr, sah ich von dem Slum rund um den Rossville Boulevard aus – und ich traute zunächst meinen Augen kaum – die Muster der weißen Grabsteine auf dem einstigen Schlachtfeld, dem Soldatenfriedhof: getupfte weiße Bögen, ordentlich und gleichmäßig, auf den Hügeln jenseits der schwarzen und weißen Slums, von denen aus ich während der Fahrt nun immer mal wieder einen Blick auf den Friedhof erhaschte. Ich kannte die Gegend nicht; ich hatte nicht damit gerechnet, hier einen Friedhof zu sehen, schon gar keinen so großen, diese Muster aus getupften weißen Linien; Chickamauga war nicht mehr als ein Name für mich gewesen, bis ich hierhergekommen war, doch jetzt schockierte es mich weit mehr – war doch der zweite Tag der Schlacht, wie ich später in Memphis von Shelby Foote, dem Bürgerkriegshistoriker, erfahren sollte, wahrscheinlich der blutigste des ganzen Krieges gewesen – als der Friedhof in Canton, Mississippi. Wichtig, dieser Krieg, und notwendig; doch heute erschien er vergangen und vorbei, eine Vergeudung.

Und als ich die armen Schwarzen und armen Weißen (mit ihren flotten Baseballkappen) in dieser verfallenen Stadt sah – »reine Schachfiguren« –, hatte ich eine flüchtige Vision von der Welt, die Will Campell sah; und wieder sah ich die Geschichte in leicht zu erfassenden Lagen: Indianerland, Schwarze (manchmal künstliche), Krieg, Industrie, Slums; und weit im Westen, in Nashville, der Beginn einer neuen Ordnung, von der niemand wußte, wohin sie führen würde.

7. *Chapel Hill*

Tobak

Es war von Anfang an heiß gewesen, das heißt von Mitte April an, als ich mit Howard in den Süden gereist war, um mir die Gegend anzuschauen, die er als seine Heimat betrachtete, und von den Farben des Frühlings in Carolina überrascht gewesen war, dem frischen Grün der Bäume, den violetten Blumen im Gras am Straßenrand, den gelbweißen Blüten des Hartriegels, und ebenso überrascht von der Schönheit – in Rostrot, Holzgrau, Fahlgrün und Indischrot – verlassener Tabakscheunen und baufälliger Farmhäuser oder Scheunen mit spitzen, ausladenden Wellblächdächern.

Die Hitze oder Wärme, die ich an jenem Osterwochenende erlebte, verband ich – nach über fünfunddreißig Jahren in England – nicht mit dem Frühling. Und es hatte einen Vormittag Mitte Mai in South Carolina gegeben – immer noch der Südstaatenfrühling –, der mir schier unerträglich gewesen war: einen dunstigen, brütend heißen Vormittag auf dem Grundstück eines Herrenhauses, am Ufer eines schlammigen Flusses unter einem weißen Himmel, die Luft so voll von stechenden Frühlingsinsekten, daß man beim Öffnen der Autotür gleich Dutzende hereinließ.

Doch dann, nach Tallahassee und Tuskegee, hatte ich mich akklimatisiert. Die modernen Klimaanlagen – nicht die Einzelgeräte in den Zimmern, die einen durch ihren Lärm und die kalte Zugluft genauso schwächten wie die Hitze, die sie hinauspumpten – hatten es möglich gemacht. Der Sommer wurde zu etwas, womit man zu leben gelernt hatte. Bis eines Tages im Nordwesten Georgias, ungefähr eine Woche nach meiner Ankunft dort, ganz plötzlich die große Hitze kam, mit Temperaturen um 38 Grad. Und diese erste Hitzewelle dauerte drei Wochen an.

Am ersten Tag fiel mir noch gar nicht auf, daß die Hitze gekommen war. Durch die Klimaanlagen im Haus, im Auto und in den Läden war man auf starke Temperaturkontraste eingestellt. Doch dann heizten der Boden und die Luft sich auf. Jeder den Temperaturen ausgesetzte Gegenstand strahlte Hitze ab. Im Freien zu sein bedeutete, heiße, feuchte Luft einzuatmen, die die Atemwege reizte.

Das Haus, in dem ich wohnte, stand auf einem von Feld und Wald umgebenen Hang. Außerhalb des Anwesens gab es viele kleine Häuser. Von der Straße aus hätte man sich in einer reinen Cracker-Gegend wähnen können. Doch der Ausblick, der sich von dem Anwesen bot – und er reichte sehr weit –, zeigte kein anderes Haus, nichts Schäbiges oder Störendes. Von dem Haus und den ringsum stehenden Kiefern ging es sanft abwärts, über eine unebene offene Wiese zu einem angelegten Teich und dem von Zweigen übersäten Ufer eines Baches oder Flusses. Durch die dicht gruppierten Bäume auf der anderen Seite erhaschte man hie und da einen Blick auf weitere Felder und Wiesen; und in der Ferne sah man bewaldete Berge, eine Kette um die andere, Blautöne, die in Grau übergingen.

In den Bäumen rings ums Haus hatte es schon vorher kaum Vögel gegeben. Jetzt, in der Hitze, schien es gar keine mehr zu geben. Die Grillen dagegen stimmten wie üblich spätnachmittags vor Einbruch der Dämmerung ihr stetes Schrillen an, das nun aber zwischendurch hin und wieder seltsam abebbte. Die Wiesen, sowohl die vor dem Haus als auch die in der Ferne, waren innerhalb von zwei oder drei Tagen braun geworden; die Bäume, nah und fern, wirkten grüner und dunkler. Dann wurden die Blätter einiger der großen Bäume rings ums Haus gelb und segelten in Massen herab, minutenlang, als wäre es schon Herbst.

Die Haushunde, die vorher aufdringlich Spaziergänge oder menschliche Gesellschaft eingefordert hatten, blieben nun tagsüber eher für sich, hoben zur Begrüßung den Schwanz, ließen ihn wieder sinken und liefen dann mit hochgezogenen Schultern, gesenktem Kopf und eingeklemmtem Schwanz zu den Kuhlen, die sie sich im Boden unter der Veranda gegraben hatten. In einem Teich neben der Straße nach Fort Oglethorpe stand Vieh bis zum Bauch im Wasser – man hätte in Indien sein können.

Ab und zu verfinsterte sich in der Ferne der Himmel. Aber tagelang schienen immer nur andere Gegenden den Regen abzukriegen. Eines Tages jedoch kam er dann, mit Wind. Auf dem Wasser im Swimmingpool sah ich ihn zuerst. Außerhalb, auf dem Betonrand des Pools, dem sandigen Boden und den Holzschindeln des Hauses, trocknete er fast so schnell wieder weg, wie er fiel. Doch genau wie die ersten Schneeflocken zunächst oft schmelzen, bevor der Schnee dann liegenbleibt, begann der Regen nach einer Weile die Holzschindeln zu durchfeuchten und so heftig auf den Rand des Pools herunterzuprasseln, daß er nicht mehr verdunsten konnte. Bald sah man die Nässe.

Ich öffnete die Tür, um den Regen zu hören und riechen.

Es roch nach hartgebackener Erde – jener Geruch des ersten Regens, den manche Parfumhersteller in Indien mit Hilfe einer Art Lehm auf Sandelholz-Öl-Basis nachbilden, um einen Monsun-Duft zu komponieren. Hinzu kam ein intensiver Kieferduft von den nassen, abkühlenden Balken des Hauses.

Nach dem Regen waren die Hunde überall sehr lebhaft, sie liefen in den vollgestellten Höfen oder verzierten Gärten von kleinen Häusern und Wohnwagen herum oder trabten zielstrebig die Straße entlang, als müßten sie, so lang ans Haus gefesselt, bei diesen kühleren Temperaturen auf den Beinen sein, und als wären sie alle von dem Erdgeruch, den der Boden nun abgab, hinausgelockt worden. Der Boden dampfte noch lange nach dem Regen.

Das Thermometer fiel innerhalb weniger Stunden um mehr als zehn Grad. Doch es war nur eine kurze Atempause, denn bald war die Hitze wieder zurück und legte einen genauso lahm wie strenges Winterwetter im hohen Norden. Man konnte sich kaum vorstellen, wie die Menschen vor der Erfindung der Klimaanlage und des Fliegengitters hier zurechtgekommen waren. In den Zeiten, als das Reisen noch nicht so einfach war, müssen sich die Menschen bei solchem Wetter in sich selbst zurückgezogen haben, so wie sich ja angeblich auch die Skandinavier im hohen Norden im Winter in sich selbst zurückziehen. Und vielleicht war dieses sechsmonatige Sommerwetter, diese Hitze, die sich zu noch größerer Hitze steigerte, auch einer der Gründe für die nach wie vor offensichtliche Degeneriertheit eines Teils der örtlichen weißen Bevölkerung (die Pinelanders, die Fanny Kemble studiert hatte, mußten ja Nachkommen haben); vielleicht war sie auch einer der Gründe für die geradezu indisch anmutende Besessenheit, mit der man sich in den Südstaaten der Religion, der Vorstellung eines Lebens jenseits der Sinne widmete.

Im Westen harrte Nashville beziehungsweise das Umland von Nashville der Veränderungen, die das Saturn-Werk bringen würde. Im Osten, in North Carolina, lag das durch die Universitätsgelände von Chapel Hill, Raleigh und Durham begrenzte sogenannte Research Triangle, wo im Laufe von fast dreißig Jahren ein riesiger, 7500 Morgen großer Industriepark entstanden war: dreißigtausend neue Arbeitsplätze, das ärmliche Kiefernland von North Carolina in eine dezente Industrielandschaft verwandelt, viele der Namen aus der modernen Technologie und Pharmazie in Form neuer Gebäude vertreten, langer, niedriger Bauten aus Backstein oder Beton und Glas, die einen Eindruck von Geräumigkeit, Ordnung und Eleganz vermittelten; die von ländlicher Armut geprägte Gegend war ihrer neuen Funktion angepaßt, den Südstaaten scheinbar enthoben worden, so wie auch Huntsville, Alabama, die Stadt der Weltraumforschung, den Südstaaten enthoben zu sein schien.

In Huntsville hatte mich mein Begleiter, ein aus den Südstaaten gebürtiger Geschäftsmann, auf ein Baumwollfeld hingewiesen – mehr als eine Kulturpflanze: ein Relikt aus der Vergangenheit –, das direkt gegenüber einem Hightech-Gebäude lag: Baumwolle, die einem, wie der Geschäftsmann sagte, die Hände und den Rücken kaputtmachte (die Pflanzen waren klein, und die Baumwolle ernten hieß, sich den ganzen Tag bücken).

Auf ähnliche Weise wurde ich Ende August am Rande des Research Triangle Park in North Carolina auf ein kleines gepflegtes Tabakfeld hingewiesen: Tabak, die berühmte alte Kulturpflanze North Carolinas, die die Namen einiger der Städte hier – Winston, Salem – als Namen von Zigarettenmarken berühmt gemacht hatte.

Als ich zu Ostern mit Howard in seine Heimat gefahren war, hatte ich gesehen, wie die Tabaksetzlinge ausgepflanzt wurden. Ich kannte die Pflanze als solche nicht, und obwohl ich danach noch öfters Tabak gesehen haben muß, wußte ich nie, was ich da sah – bis jetzt, da die Größe der Blätter unübersehbar geworden war. Man hatte mir gesagt, daß die große Hitze zwischen Ende Juli und Mitte August für Baumwolle gut gewesen sei, und ich nahm an, daß dieselbe Hitze – die in den Wäldern die Blätter hatte gelb werden lassen – die Ränder der weiter unten sitzenden Tabakblätter verbrannt hatte. Aber die Tabakblätter waren nicht vertrocknet, sondern sie reiften. So nämlich reifte Tabak, von unten nach oben.

Tabakblätter durften nur reif gepflückt oder geschnitten werden, deshalb wurde jede Reihe mehrmals abgeerntet. Die untersten Blätter der Pflanzen, die wir betrachteten, waren bereits abgeschnitten worden. Die Tabakernte mußte nicht nur in gebückter Haltung, sondern auch in der größten Hitze durchgeführt werden. Die Furchen und Raine dieses Tabakfeldes waren so unkrautfrei und sauber wie ein gefegter Hof. Dieses kleine Feld, an dem man leicht achtlos hätte vorbeifahren können, zeugte von langwieriger intensiver Arbeit, genauso strapaziös wie der Baumwollanbau.

Der Mann, der mir für all dies die Augen öffnete, war James Applewhite. Er stammte aus einer alten Tabakfamilie im Osten North Carolinas, war zweiundfünfzig Jahre alt. Er unterrichtete an der Duke University in Durham – der Universität, deren Gründung und weiterer Finanzierung ein Tabakvermögen zugrunde lag. Außerdem war er Dichter. Und obwohl er selbst der Tabakkultur des östlichen North Carolina nicht mehr angehörte und von ihr sprach, als sei sie räumlich weit entfernt (dabei waren es nicht mehr als zwei Autostunden), war sie Thema seiner Gedichte, wie auch das einstige mehr oder weniger ländliche Familienleben.

Ich kannte seine Gedichte nicht, als ich ihn kennenlernte.

Doch seine persönlichen Qualitäten wurden mir deutlich, als er anhielt, um mir das Tabakfeld zu zeigen: die Empfindsamkeit des Dichters, die Hingabe des Farmers und das ruhige Auftreten des Akademikers. Er war ein schlanker Mann mit schmaler Taille, körperliche Bewegung war ihm wichtig. Er nahm meine Fragen ernst, sprach aufrichtig, unaffektiert, mit der Nüchternheit des Farmers, und ließ mich, sobald er merkte, daß ich dafür empfänglich war, an Gedanken teilhaben, die sicher über längere Zeit in ihm gereift waren.

Durham sei nicht seine Landschaft, sagte er; er habe erst kürzlich begonnen, sie in seine Dichtung einzubeziehen. Keine Landschaft reiche an die heran, die man als erstes erlebt habe. Darüber ließ er sich ausführlicher aus; er konnte nicht ahnen, wie unmittelbar er mich damit ansprach (die fast unerträgliche Vorstellung von den Anfängen existierte nur noch in meinem Herzen; im verwüsteten und wieder bevölkerten Trinidad von heute fand sie sich nicht mehr wieder). Ich konnte gut verstehen, daß die Vergangenheit, der er nachsann, mochte sie auch räumlich so nah sein und in Wilson County immer noch Bestand haben, gedanklich für ihn in weiter Ferne lag.

Er fuhr mich auf Nebenstraßen zu sich nach Hause. Nachdem wir an einem Mann vorbeigekommen waren, der den Rasen in seinem Garten mit einem Rasentraktor mähte, erzählte er, wie früher die Höfe gefegt worden seien. Der Boden sei sandig gewesen, und man habe mit Besen aus Hartriegelschößlingen gekehrt. »Und die Besenspuren ließ man absichtlich auf dem Boden, damit jeder sah, daß der Hof gekehrt und sauber war.« Ob das Bedienstete gemacht hätten? Nein. »Die Frau des Hauses hat selbst gefegt, und zwar voller Stolz, denn es bewies ihre ordentliche Haushaltsführung.«

Das stieß etwas in meiner Erinnerung an. Aber zunächst fielen mir bloß die afrikanischen Hütten mit ihren sauberen gelbbraunen Höfen am Ufer des Kongo beziehungsweise Zaire ein, die ich zwölf Jahre zuvor von einem Dampfer aus gesehen hatte. Damals hatte man mir gesagt, die Höfe würden so peinlich gefegt, um Schlangen fernzuhalten. Jim Applewhite meinte, das klinge plausibel, auch für die Südstaaten. Und das wiederum erinnerte mich an Will Campbells Geschichte über den »stomp« außerhalb des kahlen, sauberen Hofes des Hauses seiner Familie in der Nähe von McComb, Mississippi.

Doch da war noch etwas. Und später kam es mir in den Sinn: ein Bild aus einer unbestimmten Zeit in meiner Kindheit, die Spuren eines *cocoye*-Besens im dunklen Sand, eines Besens, der aus den harten mittleren Stielen – oben hart, doch unten dünn und biegsam – der Blätter eines Kokoswedels gefertigt war. Diese Kehrspuren in einer Ecke des Hofs eines indischen Hauses auf Trinidad standen tatsächlich für die Ordnung und Reinlichkeit, ja fast die Frömmigkeit eines Hauses, für die Wahrung der alten Sitten. Das Fegen hatte in indischen oder hinduistischen Familien wie der meinen in meiner Kindheit auf Trinidad etwas Rituelles. Es mußte gleich am Morgen erledigt werden, war Teil der Reinigung des Hauses für die Gebete. Und es gab eine Art heiliges Verbot, nach Einbruch der Dunkelheit zu fegen (zweifellos, weil wertvolle Gegenstände hätten weggefegt werden und verloren gehen können). Vielleicht lag ja auch dem japanischen gefegten Garten eine ähnliche Vorstellung von Religion und Frömmigkeit zugrunde.

Farmer, Kind und Dichter vereinten sich in Jim Applewhites Betrachtungen über die äußeren Umstände seiner Kindheit und in seinen ernsthaften, ausführlichen Erzählungen.

Er wohnte auf dem Land, in einem Haus, das mit ein paar anderen Häusern in einer Sackgasse in einem Wäldchen stand. Es war ein Holzhaus. Die Rückwand des Wohnzimmers bestand aus breiten alten Planken, die diagonal verbaut waren. Hinten am Haus befand sich eine nicht überdachte Terrasse mit Blick auf den Wald – ein Lebensstil, der in anderen Ländern nur wenigen Menschen offenstand, hier in den Vereinigten Staaten jedoch vielen.

Er gab mir ein Exemplar seines neuen Buches, *Ode to a Chinaberry Tree* [*Ode an einen Paradiesbaum*], das 1986 bei der Louisiana State University Press erschienen war. Während er Tee kochte, sah ich mir »A leaf of tobacco« [Ein Tabakblatt] an.

Ist mit mulattenbraunen Händen geädert

Dann wurden die Blattadern als Flüsse beschrieben – »ein Flußnetz, das ein ganzes Stromgebiet entwässert« –, in denen die ganzen historischen Trümmer der Südstaaten abtransportiert wurden. Und zugleich hieß es:

Parfümiert und gesüßt mit Rum und Melasse
Zu Zigaretten gerollt oder zu dicken Würfeln gepreßt,
Inhaliert oder gekaut, eine Geschichte wie dickflüssiger
Schwarzgebrannter, durch den Autokühler destilliert,
So daß die Salze dich erblinden lassen. Speichel beginnt
Im Körper zu fließen. Wir bringen uns um für diese
Blätter.

Die Kulturpflanze, die soviel Arbeit erforderte, ob von Sklaven oder Freien, die Kulturpflanze, die der Region einen eigenen Kalender und eine eigene Kultur beschert hatte, war eine Droge, eine Gefahr für den Menschen. Wirtschaftlich betrachtet war die Zeit des Tabaks vorbei – wieder eine kleine Katastrophe für die Südstaaten. Jim Applewhite rauchte nicht, er hatte nur vor vielen Jahren einmal über einen kürzeren Zeitraum geraucht. Aber die Kultur war ihm so nahe, daß das Produkt Tabak in seinem Gedicht fast wider seinen Willen verlockend wirkte. Der Gedanke an Rum, Melasse und Tabak, an Süß und Bitter, erinnerte mich an Will Campbells aromatischen, feuchten, mit Lakritze gesüßten Kautabak, Beech Nut, und an die in Zellophan oder Klarsichtfolie eingewickelten Tabakwürfel, so dunkel und reichhaltig wie Früchtekuchen, die in den Südstaaten an den Kassen der Supermärkte auslagen.

Jim Applewhite mochte den Tabak als Kultur, wegen der Konventionen rund um Anbau, Trocknung und Verkauf. Und als ich später am Abend in meinem Hotelzimmer in seinen Gedichten las, stellte ich fest, daß sie durch das, was er erzählt und was ich gesehen hatte, bereichert wurden und mir schon halb vertraut waren.

In »For W. H. Applewhite« schrieb er über seinen Großvater (ich sah beim Lesen das Tabakfeld am Rand des Research Triangle Park vor mir, das er mir gezeigt hatte).

Er grub grauen Mergel in der Nähe des Sumpfes, setzte
Tabak von Hand, brach Seitentriebe und Spitzen,
Bevor sie blühten, ließ ein paar für die Saat,
Schnitt das breite Sandblatt, tief gebückt
Das Gesicht in heißer schwerer Luft überm regennassen
Boden.

»Wie man ein Schwein bereitet«, ein Loblied auf den »Schweineschmaus« am Ende der Tabakernte, ist zugleich auch ein Loblied auf den Mann, der das Schwein »bereitete« beziehungsweise grillte, einen gewissen Dee Grimes, der nach wie vor als Pächter oder Teilpächter auf der alten Farm der Applewhites lebte.

Es stammt von zu Hause, von damals,
Als Tabak mit Holz getrocknet wurde und Mais
In der Asche des Brennofens röstete.
Das Schwein kam als letztes. Das Fest
Im Lagerhaus, wenn die Ernte eingebracht war.
In seinem Duft lag der Herbst
Wie rote Blätter und Geld.

Das Leben einer agrarischen Gemeinschaft wird von den Pflanzen, die sie anbaut, bestimmt und mit einem Kalender versehen, und die Herkunft oder urspüngliche Nutzung der Pflanze wird unwichtig: Reis auf Java, Tabak in North Carolina, früher das Zuckerrohr auf Trinidad. Das im Gedicht beschriebene Fest am Ende der Ernte – einer mühsamen Ernte, ursprünglich Sklavenarbeit – rief mir sehr vage Erinnerungen an das sogenannte »crop-over« auf Trinidad ins Gedächtnis: wenn das Zuckerrohr geschnitten war, wurden die Hörner der schwarzen Wasserbüffel, die die Karren gezogen hatten, geschmückt, und eine Art Musik erklang auf der Hauptstraße des kleinen Landstädtchens, in dem wir wohnten, direkt am Rande der sich über viele Morgen erstreckenden Zuckerrohrfelder, Schauplatz solch bitterer Mühsal – Erinnerungen, die Schnappschüssen aus jener fernen Vergangenheit ähnelten, als ich sechs oder sieben war, Erinnerungen, die sich über eine scheinbar lange Zeit, tatsächlich aber vielleicht nicht mehr als eine Woche erstreckten.

Die gewaltigen Ausmaße des Landes, die Entfernungen zwischen einzelnen Orten – das war einer der Bereiche, in denen sich die Weltsicht von Jim Applewhite als Kind von meiner in Trinidad unterschieden haben muß. War das früher manchmal bedrückend oder beängstigend gewesen? Hatten sich die Menschen verloren gefühlt? Das fragte ich ihn einige Tage später, als er mich in meinem Hotel besuchte.

Er sagte: »Für meinen Großvater war die Fahrt mit dem Pferdewagen nach Wilson, dem Zentrum des Counties und der Tabakverkäufe, je fünfzehn Kilometer hin und zurück, eine Tagesreise.«

Davon wußte ich schon aus einem der Gedichte:

In seiner Erinnerung lebt eine frühere Ära: Ein Dampfschiff
Zur Messe in New York, Ruß schwärzte seinen Hut.
Liebeswerben mit dem Pferdewagen, als fünfzehn Kilometer hin und zurück
einen Tag ausmachten.

»In den zwanziger Jahren tauchten die ersten Automobile in der Gegend auf, und elektrisches Licht. Die Elektrifizierung folgte meist den Straßen. Meine Schwiegermutter hat vor einiger Zeit mal erzählt, wie das war, als auf dem Land die Elektrizität kam. Ja – die Leute haben sich hier verloren gefühlt. Das Bedürfnis, sich ein Leben zu schaffen, das seine eigenen Regelmäßigkeiten, seine eigenen Konventionen hatte – das war einer der Gründe, warum die Religion hier diese Gestalt gewann. Und deshalb waren auch die Konventionen des Tabakanbaus so wichtig.«

Ich fragte ihn nach dem Tabakfeld, das er mir gezeigt hatte. Als ich es sah, war ich erst kurz zuvor angekommen und geographisch noch nicht richtig orientiert.

»Wir waren an der Grenze zwischen den Countys Orange und Durham. Auf der alten Straße von Durham nach Chapel Hill. Ganz in der Nähe wurde auch ein bißchen Soja angebaut. Was in dieser Gegend derzeit stattfindet, ist die Ablösung der agrarischen Wirtschaft durch eine andere Wirtschaftsform. Daher war diese Farm so ungewöhnlich.

Sie lag vielleicht zehn Kilometer vom Campus der Duke University entfernt.«

Dann sprach er über die Konventionen des Tabakanbaus.

»Der Tabak war mit einer älteren Lebensweise verbunden. Und für mich war er mit meinem Großvater verbunden, mit einer Art ritualisierter, zyklischer Ordnung, in der der Jahreskreislauf durch das Besäen des Pflanzbeets, die Vorbereitung der Felder im Frühling, das Auspflanzen der Setzlinge im Frühsommer, die Ernte im Mittsommer markiert wurde. Und im August irgendwann war man dann mit dem Trocknen und Sortieren fertig.«

»Sortieren?«

»Sortieren hieß, die Blätter entsprechend ihrer Blattposition voneinander zu trennen. Und damit entsprechend verschiedener Reifegrade. Der beste Tabak wurde zusammengefaßt, zu Büscheln gebunden, die dann bei der Auktion die höchsten Preise erzielten. Vielleicht drei oder vier Tabakfirmen – in Hochzeiten auch mal fünf – boten für den Tabak, dessen Qualität sie bevorzugten. Die Käufer fuhren zu verschiedenen Märkten. Es gab da eine Art Reihenfolge. Der Markt wurde im Süden eröffnet und wanderte dann, mehr oder weniger mit der Reifung und Ernte des Tabaks, Richtung Norden.

Ich glaube, in seiner besten Ausprägung war der Tabak eine Art Volkskunst. Eine Kunst, die manche Leute außerordentlich gut beherrschten, wobei sie möglicherweise zugleich weder lesen noch schreiben konnten. Ich weiß noch, als andere Gegenden, Kanada und Rhodesien zum Beispiel, mit dem Tabakanbau anfangen wollten, da haben sie Leute nach North Carolina geschickt, zu diesen Experten aus dem Volk – die vielleicht nicht mal ihren Namen schreiben konnten, aber wußten, wie man Tabak erntet, trocknet und sortiert.

Die Kunst am Tabakernten ist, zu wissen, wann ein Blatt gepflückt werden sollte. Wenn es zu früh oder zu spät gepflückt wird, trocknet es nicht richtig. Und in mancher Saison kommt kein perfektes Blatt zustande. Deswegen hat Tabak auch einen Jahrgang, wie Wein.«

»Sind Sie Fachmann?«

»Nein, nein. Ich weiß einfach, worauf es ankommt. Ich war während meiner Jugend von alldem umgeben. Ich glaube, mich hat vor allem die ästhetische Komponente des Tabakrituals beeindruckt. Das Pflanzen mußte zum richtigen Zeitpunkt erfolgen, von Hand, jede Pflanze einzeln. Eine Form der landwirtschaftlichen Produktion, die auf Handarbeit basierte. Heute ist der Vorgang viel stärker mechanisiert. Aber der Aspekt der Handarbeit gründete auf den billigen Arbeitskräften in den Südstaaten zu einer Zeit, als die Südstaaten wirtschaftlich benachteiligt waren.

Üblicherweise gehörte das Land Grundbesitzern, die nicht mehr auf ihrer Farm wohnten. So wie mein Großvater zum Beispiel. Leuten, die aus den Farmen und Wohnhäusern, die ihre Großeltern oder Urgroßeltern vor dem Bürgerkrieg gebaut hatten, in die Stadt gezogen waren oder in kleine Weiler wie den, in dem ich geboren bin. In dem Haus auf der Farm wohnte dann ein Pächter, ein Teilpächter. Er konnte schwarz oder weiß sein. Nach meiner Erfahrung waren es üblicherweise Weiße. Es war eine Halbpacht, das heißt, der Pächter behielt die Hälfte des Rohertrags. Dafür stellte der Grundbesitzer Inventar und Kapital. Oft wohnten auch noch ein, zwei schwarze Familien in kleineren Häusern auf der Farm, mietfrei. Sie waren nicht in die Teilpacht einbezogen, sondern arbeiteten als eine Art entfernte Bedienstete. Sie arbeiteten für Geld, und mit ihren großen Familien stellten sie die nötigen Arbeitskräfte für die Einbringung des Tabaks.«

»Einbringung?«

»Das bezog sich auf den gesamten Vorgang: den Tabak vom Feld ins Trockenhaus zu schaffen und danach ins Lagerhaus, wo er aufbewahrt wurde, bis er auf den Markt kam. Es war wichtig, ein gutes Lagerhaus zu haben, das möglichst nicht feucht und vor allem nicht undicht war – der getrocknete Tabak durfte nicht naß werden. Wenn er zuviel Feuchtigkeit abbekam, wurde er ›modrig‹ und verlor rapide an Wert.

An der Einbringung waren diverse Gruppen von Leuten mit unterschiedlichen hierarchischen Positionen und unterschiedlicher Verantwortung beteiligt. Die Pflücker, also diejenigen, die die Blätter von den Stengeln brachen, waren in gewissem Sinne die wichtigsten. Sie hatten zwei schwierige Aufgaben. Zum einen mußten sie die wirklich harte Arbeit verrichten, zum anderen mußten sie entscheiden, welche Blätter gepflückt werden sollten. Und sie mußten sehr schnell arbeiten. Normalerweise gingen zwei, drei, vier von ihnen durch das Feld und brachen die Blätter. Am schwierigsten war es, die Blätter ganz unten am Stengel zu pflücken. Dazu mußten sie den ganzen Tag bei der größten Hitze gebückt arbeiten.

Manche bewegten sich auch auf den Knien durch die Reihen, um sich nicht bücken zu müssen. Aber auch das ist mühsam. Ein von einem Muli oder Traktor gezogener ›Tabakkarren‹ folgte den Pflückern. Das waren kleine Holzwagen mit hölzernen Rädern. Sie hatten Stangen an den Ecken und Seitenwände aus Rupfen, da wurde der Tabak hineingelegt.«

Ich erzählte ihm, was Howard über den Teer an seinen Händen gesagt hatte und daß Hetty, seine Mutter, erzählt hatte, ihr sei von dem Tabakgeruch schlecht geworden.

»Die meisten Arbeiter klagten über das Harz auf ihren Händen und Armen. Daß jemandem von dem Nikotin schlecht wurde, passierte nur, wenn der Tabak naß war.«

Hetty hatte genau das Gegenteil gesagt. Sie hatte erzählt, sie und ihr Mann seien extra frühmorgens zum Arbeiten aufs Tabakfeld gegangen, wenn die Blätter noch von Tau bedeckt waren, um den Geruch zu vermeiden.

»Ebenfalls sehr wichtig waren die Binderinnen, die in den Trockenschuppen arbeiteten. Sie banden die Tabakblätter mit Zwirn an Stangen, die dann quer auf Gestelle gelegt wurden, so daß die Blätter mit dem Stiel nach oben herunterhingen. Auch das mußte schnell gemacht werden. Diese Arbeit wurde immer von Frauen erledigt, zum Beispiel von der Frau des Teilpächters. Und es gab Leute, die dafür zuständig waren, den Binderinnen die Blätter von den Tabakkarren zu reichen.

Heute sieht man öfters, daß so ein Tabakwagen mitsamt Rädern zum Couchtisch umfunktioniert wurde. Ein altmodischer Tabakkarren war vielleicht anderthalb mal so groß wie ein Couchtisch. Sie wurden extra klein gebaut, damit sie zwischen den Reihen durchpaßten. Und wenn so ein Wagen anderthalb Meter hoch mit Tabakblättern beladen war, war er wahrscheinlich ganz schön schwer, für einen einzelnen gerade noch handhabbar. Tabak ist schwer, bevor er getrocknet ist.

Die Binderin bekam fünf oder sechs Tabakblätter mit den Stielen voran in die linke Hand und band die Stiele dann mit ein paar schnellen Handgriffen fest zusammen. Und dann beförderte sie das Bündel mit einer schwungvollen Bewegung« – er machte eine Geste, aber es war nicht ganz einfach, dem Vorgang, den er beschrieb, zu folgen – »auf die Stange, so daß es beiderseits davon herunterhing. Es war sehr wichtig, daß die Blätter nicht von der Stange fielen, denn wenn mehrere Blätter auf dem darunter verlaufenden verzinkten Flammrohr landeten, konnte ein Feuer ausbrechen, und dann konnte innerhalb von fünfzehn oder zwanzig Minuten der ganze Trockenschuppen abbrennen.«

»Ist das häufig passiert?«

»Es war nicht ungewöhnlich, daß eine Tabakscheune brannte. Mit ein oder zwei pro Saison konnte man schon rechnen.«

Er sprach noch einmal von den verschiedenen Aufgaben im Tabakbau. Dann sagte er: »Es ergab sich eine gewisse soziale Schichtung daraus. Die Söhne und Töchter der Besitzer wurden zur Stadtjugend. Die Söhne und Töchter der Teilpächter wurden zur Landjugend. Wir sind zusammen zur Schule gegangen. Ich habe die Jungs und Mädels vom Land immer bewundert, weil sie härter gearbeitet haben als ich.«

Ich fragte nach den Auswirkungen der Mechanisierung. Seine Antwort überraschte mich.

»Die technischen Neuerungen, durch die ein Großteil der harten Arbeit wegfiel, haben die Qualität des Tabaks beeinträchtigt. Heute bindet man den Tabak nicht mehr zu Büscheln. Die Blätter werden in modernen Trocknungsanlagen mit Klemmen zusammengefaßt und so getrocknet.« Er betonte das Wort »Trocknungsanlage«, als vermittle schon der Begriff an sich das Empörende dieser neuen Methode. »Der Tabak wird auch nicht mehr sortiert. Die Blätter werden einfach in Leinwand gewickelt und verkauft.«

In seiner Abscheu vor den neuen Methoden, die dem Menschen Unannehmlichkeiten ersparten, aber für den Tabak schlecht waren, kam die Zwiespältigkeit seiner Einstellung zum Tabak zum Ausdruck. Ich sagte ihm das. Er stritt es nicht ab.

Er sagte: »Es ist ein Rätsel und ein Paradox. Für mich schwingt in dem ganzen Phänomen Tabak noch etwas anderes mit, und das ist vom Paradox der Zivilisation schlechthin nicht weit entfernt. Daß diese in erster Linie giftige Substanz die Grundlage einer Lebensweise war, die so viele positive Aspekte hatte – den durch Konventionen markierten Jahreszyklus etwa, wo jeden Herbst, wenn die Stengel abgeschnitten waren, das Land in seinen ordentlichen, gleichmäßigen Furchen dalag. Oder das Spektakel des Tabakmarktes mit diesen Bergen aromatischer goldener Blätter, die für wirklich beträchtliche Summen verkauft wurden.«

Auch Jim Applewhites Frau stammte aus einer Tabakfamilie. Sie hätten sich kürzlich über Tabak unterhalten, sagte er, und seine Frau habe gesagt, früher sei es möglich gewesen, an der Art und Weise, wie ein Büschel Tabakblätter gebunden war, zu erkennen, wer es gebunden habe – so unterschiedlich sei der Stil der Binderinnen gewesen.

»Tabak war ein Produkt, das den Südstaaten zu einer Zeit ziemlich massiver wirtschaftlicher Benachteiligung Geld aus dem ganzen Land und sogar aus dem Ausland einbrachte. Keine andere Nutzpflanze brachte so viel Geld pro Morgen und war im Verhältnis zu der investierten Arbeit so lukrativ. Ich glaube, daß es mir als Dichter, der noch nicht wußte, daß er einmal ein Dichter werden würde, wohl gefiel, daß dieses Produkt nicht funktionell war, eine Volkskunst. Die schließliche Verwendung des Tabaks war eine gesellschaftliche Geste. Von der Produktion bis zur Konsumierung war der Tabak Ausdruck eines Stils. Der Lebensstil hat sich verändert. Ich glaube nicht, daß die Südstaaten diese giftige Substanz unbedingt noch produzieren müssen.

Für mich ist der Tabak eine Art alttestamentarischer Aspekt einer früheren Lebensform, einer traditionellen, konservativen, gefallenen Welt, einer Welt, die durch die Ursünde gezeichnet ist, für die wiederum der Tabak eine Art Symbol darstellte.«

Ich fragte ihn, ob in seiner Familie jemand rauchte.

»Vater hat ein bißchen geraucht. Nicht viel. Das ist Teil des Paradoxes. Die Arbeiter haben fast alle geraucht. Von den Pächtern, die seit meiner Jugend die Farm meiner Familie bewirtschaftet haben, sind zwei an Lungenkrebs gestorben.«

Diese Todesfälle bekümmerten ihn. Er hatte schon bei unserem ersten Treffen mit einigem Gefühl davon gesprochen, fast zeitgleich damit, daß er mir den reifenden Tabak auf dem Feld neben der alten Straße nach Chapel Hill zeigte. Doch wie in all seinen Äußerungen hatte das Gift auch diesmal noch eine andere Seite.

»Man könnte argumentieren, daß die meisten Aspekte des Tabakanbaus für jede erfolgreiche Landwirtschaft kennzeichnend sind. Aber in bezug auf die Handarbeit beim Tabakanbau, die Sortierung, das Aroma, den Verkauf durch Auktion gilt das eben nicht. Die Qualität, die nach Farbe, Duft und Geschmack bestimmt wurde, war beim Tabak wesentlich. Beim Wein gibt es regionale Charakteristika, und beim Tabak ist es in gewisser Weise genauso: auch da gibt es regionale Charakteristika.«

Er sagte, er habe mir in seinem Haus eigentlich noch etwas zeigen wollen, es aber vergessen. »Ich habe die Wandbretter einer Tabakscheune von der Farm meiner Familie in meinem Wohnzimmer. Und die Deckenbalken waren in der Scheune Pfeiler.«

Aber mir waren die Bretter an der hinteren Wand selbst aufgefallen: breite Planken, diagonal verbaut.

Er sagte, sie seien aus Kiefernholz, das durch die jahrelange Hitze des Trocknungsvorgangs so hart geworden sei, daß er nur mit Hilfe einer Bohrmaschine Nägel hineinbekommen habe.

»Als die Filterzigarette aufkam, hat die Industrie andere Wünsche angemeldet. Die klassische Zigarette war früher die Lucky Strike oder Chesterfield oder Old Gold ohne Filter. Für diese Sorte Zigarette wollten die Firmen den schönsten Tabak, den schönsten zitronengelben ›Bright Leaf‹. Als dann der Filter aufkam, wollten sie einen schwereren Tabak, keinen so hellen, keine so gute Qualität. Die Prämie für das Bright Leaf mit dem schönsten Goldgelb sank. Die ganze Produktionsweise ist durch eine veränderte Nachfrage, am eklatantesten aber durch veränderte Anbaumethoden verdorben worden. Heute werden Chemikalien eingesetzt, um Seitenaustriebe zu hemmen und die Masse zu erhöhen, das Gewicht des Blattes. MH 30 heißt das Zeug. Es wurde in North Carolina entwickelt. Und natürlich können vom mechanisierten Tabakanbau nicht mehr so viele Leute leben. Früher hat der Tabakanbau ganze Landstriche ernährt. Er war die Hauptgeldquelle sowohl für die auf dem Land lebenden Nachkommen der Sklaven als auch für weiße Südstaatenfarmer, die kein eigenes Land besaßen, als auch für die Landbesitzer. Heute gibt es einfach viel mehr Geld, und die Bedeutung des Tabaks hat sich verringert.«

Seine Vergangenheit war mehr oder weniger abgeschafft worden. Und doch war es ebendiese Vergangenheit, die ihm die Augen für die Landschaft öffnete, in der er jetzt lebte – auch wenn es eine Landschaft wie die erste nicht noch einmal geben konnte.

»Inzwischen kann ich über die Landschaft von Durham County schreiben. Aber mir ist klar, daß das nicht zuletzt daran liegt, daß diese Landschaft in meiner Vorstellung durch die Spuren einer älteren Agrarwirtschaft, die ich noch in ihr finde, historisiert worden ist, durch Spuren aus einer Zeit, bevor das Land wieder von Bäumen bewachsen war.

Wenn man in den Südstaaten ein Feld sich selbst überläßt, wächst es zunächst mit Bartgras zu, und nach ein paar Jahren lugen dann hier und da junge Kiefern aus dem Gras. Nach zwanzig oder dreißig Jahren ist das Land wieder bewaldet.« Im Schatten der Kiefern wuchsen Hartholzbäume empor, und diese zerstörten die Kiefern. Er lebe in einer

Landschaft nachgewachsenen Waldes mit achtzig bis hundert Jahre alten Bäumen. »Aber an manchen Stellen sieht man noch die alten Ackerfurchen der Farmen, wie kleine Wellen in einer von der Zeit überfrorenen Bucht. Es sind die Furchen der letzten Feldfrucht, die irgendein Farmer im letzten Jahrhundert oder vielleicht auch Anfang dieses Jahrhunderts dort angebaut hat. Und tief im Wald sieht man umgestürzte Schornsteine und Stellen, wo im Frühling die Narzissen sprießen – wo früher einmal ein Hausgarten war. Hie und da ein paar alte Grabsteine. Buchen, in deren Rinde man noch eingeritzte Namen und Daten von 1908 oder 1911 oder 1914 erkennen kann. Das ist ungefähr die Zeit, zu der die Veränderungen, über die wir geredet haben, losgingen – Elektrizität, Straßen, Autos.«

Jede Phase der Geschichte durch kleine Ruinen markiert, eine Landschaft kleiner Ruinen – das war mein erster Eindruck von den Südstaaten gewesen, als ich zu Ostern mit Howard hergekommen war, um mir die Gegend anzuschauen, die ihm Heimat war, nicht weit von hier.

Jim Applewhite sagte: »Die Landschaft des östlichen North Carolina ist für mich immer eine Landschaft der Vergangenheit gewesen. In meinem eigenen Leben gab es eine Art Zweiteilung durch meinen Vater einerseits und meinen Großvater andererseits. Mein Großvater wurde in dem Farmhaus aus der Epoche des Bürgerkriegs geboren, und er war für mich immer mit der agrarischen Lebensweise verbunden. Mein Vater hatte eine Tankstelle, glaubte an den Fortschritt und hat einige Jahre lang auch Elektroartikel verkauft. Er war immer in Eile. Mein Großvater war nie in Eile.

Zu den rituellen Anlässen, die das Jahr eines Farmers markierten, sind wir immer in das Haus meines Großvaters gegangen, das unserem direkt gegenüberlag. Mein Großvater verkörperte für mich Beständigkeit. Er hatte eine Wurstküche, da wurde das Fleisch haltbar gemacht. Schinken und Schweineschultern. Wunderbare Sachen haben sie da gemacht, Schmalz ausgelassen, Würste hergestellt. Sehr harte Arbeit. Aber konventionalisiert, denn die Menschen erlebten die Notwendigkeiten, die ihr Handeln bestimmten, ganz unmittelbar. Die Schweine mußten an einem sehr kalten Tag im Winter getötet werden. Sonst verdarb das Fleisch. Mais und Bohnen mußten eingemacht werden, wenn sie reif waren, sonst hielten sie nicht.«

Einmachen
In Küchen mit Töpfen so groß wie Fässer
Schürzen und Haut verkrumpelt vom Dampf
Im Dezember hängte man Schweine an Balken
Ihr Blut dampfte in der Kälte wie Geister.

»Man hat diese romantischen Vorstellungen, aber wenn man genau hinsieht, zeigt sich, daß sie durchaus realistisch sind. Das gibt es alles. Vierhundert Meter vom Farmhaus meines Großvaters entfernt ist ein Friedhof, auf dem die Eltern meines Großvaters und noch ein paar Leute begraben liegen.«

Man vermutet, daß sich das englische Wort *tobacco* von Tobago herleitet, der Neben- beziehungsweise Schwesterinsel von Trinidad. Und bevor in England »Virginia« die gängige Bezeichnung für Tabak wurde, nannte man diesen manchmal auch »Trinidado«, nach der Insel Trinidad, die seit ihrer Entdeckung durch Kolumbus 1498 zum Spanischen Weltreich gehörte. Tabak war eine Kulturpflanze der Indianer. Doch nach der Entdeckung und Plünderung Mexikos in den Jahren 1519–20 sowie Perus fünfzehn Jahre später interessierten sich die Spanier nur noch für Gold und Silber; Tabak war für sie uninteressant. Es waren die Engländer, Niederländer und

Franzosen, die nach Trinidad kamen, um Tabak zu laden. Im sechzehnten und siebzehnten Jahrhundert hielten sich selten mehr als fünfzig Spanier zugleich in Trinidad auf.

Der zwischen Trinidad und Venezuela gelegene Golf von Paria, ein riesiger, sicherer Hafen, war fast immer voll ausländischer Schiffe. Ein englischer Entdecker und Diplomat, Sir Thomas Roe (der später als diplomatischer Vertreter von King James an den Hof des Moguls im indischen Agra ging), fand einmal fünfzehn englische, französische und niederländische Schiffe im Golf von Paria vor, die »Tobak übernahmen«. Und ein anderer englischer Beamter vermeldete, daß der Tabakhandel womöglich einmal mehr wert sein könne als das gesamte spanische Gold und Silber aus Amerika.

Doch der Handel war illegal – obwohl der Anbau auf Trinidad in Komplizenschaft mit dem spanischen Gouverneur betrieben wurde. Nach spanischem Recht durfte nur Spanien mit einer spanischen Kolonie Handel treiben. Gelegentlich kämmte die spanische Marine den Golf von Paria gezielt nach Eindringlingen ab; ausländische Kapitäne und Seeleute, die erwischt wurden, durften auf der Stelle erhängt werden. Und die indianischen Tabakfelder – Tabak, der doch, wie ich in North Carolina erfahren hatte, solch sorgfältiger Pflege bedurfte – wurden dem Erdboden gleichgemacht: Teil des Prozesses, durch den innerhalb von dreihundert Jahren auf Trinidad sowohl die einheimische indianische Bevölkerung als auch der Tabak ausgerottet werden sollten.

Die Insel, die dann die Briten 1797 eroberten (ohne einen einzigen Schuß abzugeben), war eine Sklavenkolonie, in der Zuckerrohr angebaut wurde. Und die Inder, die rund dreißig Jahre nach der 1834 erfolgten Abschaffung der Sklaverei im britischen Weltreich als Kontraktarbeiter nach Trinidad geholt wurden, sollten auf den Zuckerplantagen arbeiten. Es war das Zuckerrohr, das dem Leben der indischen ländlichen Gemeinden einen Rhythmus vorgab. Tabak wurde nicht mehr angebaut.

Als Kind hätte ich mit Unglauben und Freude reagiert, hätte man mir erzählt, daß Trinidad einmal für seinen Tabak bekannt war. Für mich war Tabak etwas Fernes, Faszinierendes, aus England (in unfaßbar luxuriösen luftdichten Dosen) oder Amerika (in weichen, aromatisch duftenden Zellophanpackungen), etwas aus einer Reklame in *Life*.

Sie hatte ein Namensschild an der Bluse – Paula, in weißer Schrift auf schwarzem Plastik –, das den Blick auf sich zog und ihre flache Brust betonte. Sie bediente in einem relativ neuen »Salat und Quiche«-Schnellrestaurant in einer der reichen Städte des Research Triangle.

Sie fragte: »Hätten Sie gern einen Cocktail oder einen Drink vor dem Essen?« Es war reine Form. So wie sie es sagte, hatte es nichts Einladendes. Sie schien den Feinheiten der Restaurantkultur genausowenig abgewinnen zu können wie ich nach all den Monaten in Hotels und Restaurants. »Unsere Tagesempfehlungen heute sind ...« Mechanisch leierte sie die Empfehlungen herunter.

Am Anfang meiner Reise, vielleicht den ersten Monat lang, hatte ich diesen Vorträgen in Restaurants lächelnd zugehört: sie schienen ironisch gemeint, eine Art Scherz zwischen Bedienung und Gast. Doch der Vortrag war immer vollkommen ernst: die Bedienungen taten, oft geradezu verbissen, was man ihnen aufgetragen hatte.

Paula kam ans Ende dessen, was sie zu sagen hatte. Erst dann wurde ihre Stimme ganz überraschend lebendig. Sie sagte: »Ich höre heute auf.«

»Hier, im Restaurant?«

»Nach dieser Schicht. Ich gehe hier weg. Aus der Stadt. Ich gehe nach Wilmington. Morgen.«

»Haben Sie denn schon gepackt? Viel Zeit haben Sie jetzt ja nicht mehr.«

»Ich schmeiß einfach alles in den Chevy. Das ist so'n Kleinwagen. Wie der Pinto.«

»Warum leihen Sie sich denn nicht von U-Haul einen Möbelwagen?«

»Ich schmeiß jetzt schon seit 'nem Monat oder so Sachen weg. Man schmeißt weg und schmeißt weg, und dann stellt man fest, daß man immer noch Zeug hat, das man gern wegschmeißen würde.«

»Glauben Sie wirklich, daß Sie alles in den Chevy kriegen werden?« Das war eine meiner eigenen kleinen Sorgen bei diesem Leben auf Reisen und im Hotel geworden – der Anruf beim Hoteldiener, die Leerung des Safes, das Verstauen des Gepäcks, die Überlegung, ob auch alles im Auto war, ob es am anderen Ende einen Portier geben würde, der mir mit meinen Siebensachen helfen würde, mit all den Büchern und Papieren und Ordnern, all den Tüten und Taschen, die sich mittlerweile angesammelt hatten.

Sie sagte: »Na ja, wissen Sie – mein Mann und ich hatten vor einem Monat einen ziemlichen Streit. Und da hat er die Hälfte von unseren Sachen mitgenommen, und ich, na ja, ich hatte halt die andere Hälfte. Aber Gott hat mir die Kraft gegeben, das durchzustehen.«

»Was werden Sie denn in Wilmington tun?«

»Peter ist da. Ich werde bei ihm sein.«

»Ihr Mann?«

»Gott hat das Wunder vollbracht. Ich hole Ihnen jetzt mal Ihren Salat.«

Als sie den Salat brachte, sagte ich: »U-Haul hat eine Niederlassung hier. Habe ich gestern gesehen.«

»Wir haben noch eine Menge Rechnungen offen. Die will ich erst mal bezahlen. Es wird schon alles in den Chevy passen.«

»Rechnungen. Ich weiß, wovon Sie reden.«

»Das war eine der Sachen, über die wir uns immer wieder gestritten haben. Ein paar hat er bezahlt. Aber bei anderen hat er sich schlicht geweigert.«

»Warum denn das?«

»Meine Worte. Er hat behauptet, er wäre errettet. So wie ich.«

»Sind Sie errettet?«

Ihre Stimme zitterte. »O ja. Aber er ist dann nicht, na ja, gewachsen. In Jesus gewachsen, wie es so schön heißt.« Dieser Zusatz und der Ton, in dem sie ihn äußerte, klangen ein kleines bißchen spöttisch oder distanziert. Aber sie sprach in vollem Ernst, genau wie bei den Tagesempfehlungen.

Sie trug billige Jeans in einem kräftigen fabrikneuen Blau. Der Körper unter dem dicken blauen Stoff war schmal. Im Gesicht das üppige Make-up der Südstaatlerinnen: rosige Wangen unter großen getönten Brillengläsern und über einem dünnen weißen Hals. Eine kleine, abgearbeitete Frau mit ländlichem Dialekt: ihre ganze Schwäche und ihr Kampf, ihr ganzer Überlebenswille steckten in diesem kleinen Körper.

Sie brachte mir die Quiche: alt, matschig, vom langen Herumstehen grau.

Sie sagte: »Wir haben uns ständig gezankt. Jeden Tag. Wir haben uns gestritten, und dann wollte er weg, und ich habe ihn angefleht zu bleiben.«

»Waren Sie da schon lange verheiratet?«

»Drei Jahre.«

»Sie haben nicht geglaubt, daß Sie noch mal jemand anders finden würden?«

»Ich hatte Angst vor dem Alleinsein. Aber diesmal hat Gott mir die Kraft gegeben. Diesmal habe ich ihn nicht gebeten zu bleiben. Ich habe ihn gehen lassen. Und Gott hat in unseren Herzen das Wunder vollbracht.«

»Wie wurden Sie errettet?«

»Einfach so.«

»Hatten Sie einen Pastor? Sind Sie einem Prediger gefolgt?«

»Nein, nichts dergleichen. Ich hatte schon ein paar Jahre lang das Gefühl, daß ich irgendwas machen muß. Das Gefühl, daß, wenn ich nichts tun würde –«

»Daß Sie dann unzufrieden mit sich wären?«

»Noch unzufriedener. Aber ich hatte das Gefühl, daß sich der Gott der Welt oder des Universums oder was weiß ich wohl kaum für jemand so Unwichtiges wie mich interessieren könnte. Und ich habe nichts unternommen.«

»Und niemand hat Ihnen einen Rat gegeben?« Viele der Worte, die sie benutzte, schienen ihr von jemandem in den Mund gelegt worden zu sein, der sich mit der Rettung von Seelen auskannte.

»Es gab da so einen Geistlichen.« Sie nannte den Namen einer fundamentalistischen Kirche. »Und eines Tages, ich weiß nicht, was über mich kam – jedenfalls war ich während des Gottestdienstes plötzlich auf dem Weg nach vorne zum Altar, und da habe ich dann irgendwas gesagt – was, weiß ich nicht mehr –, und ich wußte, ich bin errettet. Ich habe einfach Gottes Liebe in mir gespürt. Danach habe ich dann Peter kennengelernt.«

»War er schon errettet?«

»Er wurde nach mir errettet. Als ich ihm davon erzählte. Aber Satan hat mich mit einem Ex-Freund in Versuchung geführt.«

»Nach Ihrer Heirat?«

»Nach meiner Heirat. Da hat Peter dann auch aufgehört, Rechnungen zu bezahlen, und angefangen, wegen dem Zehnten Ärger zu machen. Überhaupt Ärger zu machen. Und wir hatten üble Streits.«

»Sind Sie Satan erlegen, als er Sie in Versuchung geführt hat?«

»Nur im Kopf.«

»Haben Sie sich mit Ihrem Ex-Freund getroffen?«

»Nein, nie. Er war nicht an mir interessiert. Er wollte mich sowieso nie. Das war das Problem.«

»Was war denn an Ihrem Ex-Freund so anziehend?«

»Ich kann es nicht sagen. Ich weiß es nicht. Es war einfach da. Die Versuchung durch Satan.«

»Ich kann verstehen, daß Ihr Mann darüber nicht glücklich war.«

»Ich mache Peter keinen Vorwurf. Aber der Zehnte und die Rechnungen, besonders der Zehnte – das hatte mit alldem überhaupt nichts zu tun. Aber letzten Monat, als er gegangen ist, hat Gott mir die Kraft gegeben. Ich bin nicht vor ihm niedergefallen und habe nicht seine Knie umklammert und ihn angefleht, nicht zu gehen. Ich hatte einfach die Kraft. Ich wußte nicht, was ich tun würde, was mit mir passieren würde. Ich habe einfach die Kraft gespürt, die Gott mir gab. Und jetzt ist es in Ordnung.«

»Wie oft beten Sie?«

»Jeden Morgen. Ungefähr zwanzig Minuten lang.«

»Sprechen Sie in Gedanken mit Gott? Haben Sie das Gefühl, daß irgendeine körperliche Geste nötig ist? Knien Sie nieder?«

»Manchmal spreche ich in Gedanken mit Gott. Manchmal auch laut.«

»Macht es Ihnen Spaß?«

»Auf jeden Fall. Und die Gebete werden erhört. So wie

eben Peter und ich wieder zusammengefunden haben. Das ist Beten. Das ist Gott. Aber er erhört Gebete nur, wenn sie seinen Wünschen entsprechen.«

»Woher wissen Sie, wann die Gebete seinen Wünschen entsprechen?«

»Ich habe oft darum gebetet, daß ich meinen Ex-Freund wiederkriege. Aber das hat Gottes Wünschen nicht entsprochen.«

»Wann haben Sie darum gebetet, daß Sie Ihren Ex-Freund wiederkriegen? Nach Ihrer Errettung?«

»Nach meiner Errettung.« Sie lächelte über diese Kühnheit.

»Lieben Sie Ihren Mann jetzt?«

»Deshalb fahre ich ja zu ihm. Ich liebe ihn. Ich liebe ihn. Gott hat in unseren Herzen das Wunder vollbracht.«

»Und Ihr Ex-Freund?«

»Dem habe ich vergeben.«

Sie hätte auch sagen können, sie habe ihn vergessen.

Satan und Gott, die um Paulas Seele kämpften, während Paula selbst für die Regungen ihrer Leidenschaft nicht verantwortlich war, hilflos, nur dazu in der Lage, sich für die Rettung ihrer Seele zu entscheiden und Gott zu bitten, seinen Willen zu offenbaren: eine mittelalterliche Vorstellung vom Chaos, von der Einsamkeit und Hilflosigkeit des Menschen und der Notwendigkeit der Erlösung. Doch wir befanden uns nicht in einer mittelalterlichen Welt der Seuchen und Krankheiten und Entbehrungen, der herrscherlichen Willkür und Ergebenheit der Armen. Wir waren in einer Stadt im Research Triangle, und die Themen dieser Kultur waren Überfluß und Vielfalt, die absolute Vorrangstellung des Individuums (und sei es nur als Konsument) und Schönheit, Luxus und die Befriedigung der Sinne als jederzeit verfügbare Optionen.

Überfluß und Vielfalt waren selbst in diesem kleinen Restaurant das Leitmotiv, wo große Farbfotos von Brotlaiben und Ähren und fleckenlosen Gläsern voll durchscheinendem Rotwein an der Wand hingen und Paula noch an ihrem letzten Tag pflichtbewußt die Tagesempfehlungen aufzählte.

»Wie alt sind Sie?«

»Zweiunddreißig.«

»Ich habe Sie für viel jünger gehalten.«

Das stimmte. Die orangefarbene Zickzacknaht im Schritt ihrer Jeans hatte weniger wie eine erotische Zierde als wie ein erster Stilversuch einer Anfängerin gewirkt, ein Zeichen der Unerfahrenheit und Zerbrechlichkeit des dahinter verborgenen Körpers – des Körpers, der letztlich das Kapital und die Last dieser zweiunddreißigjährigen Frau war. Die große getönte Brille verbarg ihre Augen, und das dicke, grelle Südstaatlerinnen-Make-up versteckte die Haut ihrer Wangen. Sie sah aus wie verkleidet.

Sie sagte im typischen Südstaatentonfall: »*Danke*! Danke. Als ich das alles durchmachte, habe ich viel älter ausgesehen. Unmöglich habe ich ausgesehen.«

Ich hatte Jim Applewhite gefragt, ob sich die Menschen auf dem Land früher nicht verloren gefühlt hätten. Er hatte geantwortet: »Ja – die Leute haben sich hier verloren gefühlt. Das Bedürfnis, sich ein Leben zu schaffen, das seine eigenen Regelmäßigkeiten, seine eigenen Konventionen hatte – das war einer der Gründe, warum die Religion hier diese Gestalt gewann.«

Richtung Osten ein Land der kleinen Farmen, nirgends extrem ländlich, keine großen Städte. Der Mais stand hoch und braun auf den Feldern. Die großen dicken Tabakblätter, die jetzt schnell reiften, waren hellgelb; und für mich war es, als hätte ich dadurch, daß ich ein bißchen mehr über die Pflanze erfahren hatte, auch gelernt, ihre Schönheit zu sehen: das Hellgelb und Gold des Bright Leaf vor dem Braun und Grün anderer Felder, dem Grün von Kartoffeln oder Sojabohnen, niedrig wachsenden Pflanzen, die von weißen und violetten Blüten übersät waren – den Blüten von Winden, wie mir Jim Applewhite später erzählte.

Überall standen alte Tabakscheunen, hohe, quaderförmige, versiegelte Bauten, manchmal außen mit (ursprünglich zur Abdichtung gedachter, nun aber vielfach zerrissener) grüner Dachpappe verkleidet, die von eng stehenden senkrechten Latten festgehalten wurde. Die Latten und die zerfetzte Dachpappe ließen aus der Ferne manchmal den Eindruck einer bis aufs Gerippe verfallenen alten Scheune entstehen. Wildwuchs und kleine Bäume reichten bis an die verlassenen Wohn- und Farmhäuser heran; Ranken wanden sich um Schornsteine; Lagerströmien zeigten an, wo früher Wege und Gärten gewesen warten.

Kleine Felder, kleine Häuser, kleine Ruinen, Kirchen, kleine Städte, anstatt der Freeways in der Mitte des Staates hier nun stark befahrene, gefährliche zweispurige Straßen – das Land zeugte vom Wesen seiner Einwohner, unabhängige kleine Farmer, konservativ oder fundamentalistisch im Glauben, konservativ von der politischen Einstellung her.

Man hatte mir gesagt, die Politik in dieser Region sei »Tabakpolitik«, eine Politik, die auf die kleinen Farmer ausgerichtet war und in der das Versprechen, den Tabakanbau weiter zu subventionieren, gewissermaßen auch als Versprechen verstanden werden konnte, die Schwarzen in ihren Schranken zu halten.

Doch Reverend James Abrahamson, der Pastor der Chapel Hill Bible Church, fand es dumm, den Konservatismus des östlichen North Carolina lächerlich zu machen oder herunterzuspielen.

Er sagte: »Den fundamentalistischen politischen Impuls gibt es hier schon immer. Aber seit den 1930ern wird er unterdrückt, und zwar in erster Linie deshalb, weil die Universitäten ihn nicht unterstützen. Ideologisch betrachtet haben die Universitäten ihre Zelte hier abgebrochen und sie woanders wieder aufgebaut. Ideologisch betrachtet haben sie sich von einer Weltsicht, die einen christlichen Gott beinhaltete, auf eine Ebene begeben, auf der nur die materielle, meßbare, wissenschaftlich erklärbare Realität anerkannt wird. Sie – die Fundamentalisten – tauchen in erster Linie deshalb wieder auf, weil sie den Druck der säkularen Gesellschaft gespürt oder erkannt haben.

Dieser Konservatismus im östlichen North Carolina wird von vielen als eingefleischte Redneck-Haltung betrachtet. Als unverantwortlich, ja geradezu fanatisch, und rückständig. Man spricht diesen Leuten das ab, was ich ›die drei I‹ nenne – Intelligenz, Informiertheit und Integrität. Aber letztlich haben sie den überzeugenderen Standpunkt. Es ist leicht, sie auszulachen, und beliebt werden sie nie sein. Möglicherweise wird unsere Kultur sich selbst zerstören, bevor sie Gelegenheit hatten, dem gesunden Menschenverstand, den sie verkörpern, klar Ausdruck zu verleihen und für eine Kultur zu werben, die auf mehr als dem Ich und dem Materialismus beruht.«

Jim Abrahamson – so hatte er sich am Telefon vorgestellt – stammte aus dem Mittleren Westen. Er war selbst Fundamentalist und meinte, seine Bible Church decke in Chapel Hill einen Bedarf. In seiner Gemeinde gab es mehrere Promovierte, und seine Kirche wuchs. Als ich ihn besuchte, waren umfassende Bauarbeiten im Gange. Die amerikanische Gesellschaft, sagte er, sei auf einer religiösen Grundlage erbaut worden. Sie könne nicht einfach frei schweben. Eine kürzlich durchgeführte Umfrage habe ergeben, daß jeder dritte Amerikaner ein wiedergeborener Christ sei. »Das sind ganz schön viele.«

Aber er hatte seinen eigenen Konflikt mit den Fundamentalisten North Carolinas.

»Meiner Ansicht nach gibt es starke, triftige und, ja, ewige Prinzipien, die in jedem Fall immer wieder in Erscheinung treten würden. Aber die Menschen, die für diese Prinzipien kämpfen, sind nicht in der Lage, sie in einer akzeptablen Weise zu artikulieren. Die religiöse Rechte scheint die Weltsicht der Linken beziehungsweise der weltlichen Intelligentsia nicht zu begreifen. Sie neigen dazu, sie als Gotthasser oder Ungläubige abzutun. Und sie haben Schwierigkeiten damit, religiöse Ideale in eine politische Strategie umzusetzen.«

Das war auch das Problem des Islam – schließlich war der islamische Staat von seinem Gründer nie definiert worden –, ein Problem, das in vielen Ländern den Fundamentalismus beförderte: wie konnte man in einer Zeit großer Veränderungen die Wahrheit erkennen und seine Seele bewahren?

Es war eigenartig, daß auch in einer zurückgebliebenen Gegend der Vereinigten Staaten – die ja wohl *der* Motor für weltweite Veränderungen waren – diese Frage existierte, dieses Bedürfnis nach Sicherheit.

Sicherer in seinem Glauben und seiner politischen Einstellung als Barry McCarty konnte man allerdings nicht sein. Bei ihm ergaben Politik und Glauben ein Ganzes. Er war erst dreiunddreißig, hatte aber schon zu beeindrucken gewußt, und bei denen, die den politischen Geschehnissen im Staat folgten, galt er als Vertreter der jungen Generation führender Neuer Rechter, als ein Mann, dessen Zeit in zehn oder fünfzehn Jahren kommen würde.

Studiert hatte er Theologie und Rhetorik. (Genau wie viele fundamentalistische Führer in islamischen Ländern: Auch hier wieder diese seltsame Konvergenz zweier gegensätzlicher Kulturen.) 1975 hatte er einen ersten Abschluß in Bibelkunde am Roanoke Bible College gemacht, 1977 dann seinen Magister in Sprache und Rhetorik an der Abilene Christian University und 1980 schließlich seinen Doktor in Rhetorik und Debatte an der University of Pittsburgh. Seit 1980 lehrte er Rhetorik an seinem alten College.

Das Roanoke Bible College war eine Institution der Church of Christ. Es befand sich in Elizabeth City, einer kleinen Stadt weit im Osten, an der Küste, rund dreihundert Kilometer von Raleigh und der angelegten Kiefernlandschaft des Research Triangle entfernt.

Jenseits des Flusses Chowan wurde das Land, schon vorher ohne Hügel oder besondere Merkmale, zu flachem Deltaland unter einem hohen Himmel. Der Albemarle Sound (den ich bis dahin nicht einmal dem Namen nach gekannt hatte) vermittelte einen grandiosen Eindruck vom kontinentalen Charakter der Küste North Carolinas, so daß ich es fast bedauerte, nicht früher davon erfahren zu haben, und den Wunsch verspürte, noch einmal herzukommen und einen Tag in dieser Weite zu verbringen. Es war einer jener Orte, an denen man sich gut die Begeisterung der frühen Entdekker vorstellen konnte, als sie sich in dieser wahrhaft neuen Welt wiederfanden.

Barry McCartys Büro war ein kleines Zimmer im oberen Stockwerk eines um die Jahrhundertwende errichteten Holzgebäudes. An einer Wand hingen gerahmte und signierte Farbfotos von Präsident Reagan und Senator Jesse Helms. Unter diesen Fotos hingen, ebenfalls gerahmt, die diversen Eintrittskarten zum Parteitag der Republikaner in Dallas 1984, die Barry McCarty als Delegierter erhalten hatte. Die Schätze eines jungen Politikers. Er lenkte meine Aufmerksamkeit außerdem auf eine Fahne, die ausgebreitet an einer anderen Wand hing: zwei rote und ein weißer Querstreifen sowie in der linken oberen Ecke ein Kreis aus sieben Sternen auf blauem Grund. Er fragte mich, ob ich die Fahne kenne. Die sieben Sterne gäben einen Hinweis. Ich kannte die Fahne nicht. Er sagte, das seien die »Stars and Bars«, die erste Fahne der Konföderierten.

Er war klein und untersetzt, ruhig, kontrolliert, hatte ein rosiges Gesicht und trug eine Brille. Er war in Schlips und Kragen und sah ausgesprochen sauber und ordentlich aus, so ordentlich wie sein Büro, seine Bücherregale, seine Fotos, seine Aktenordner. Er sah aus wie ein gebildeter Mittelständler aus einer Kleinstadt, nicht wie ein Politiker, ein Mann, der sich von anderen abheben will.

Er verehrte Jesse Helms. Als er mich am Telefon zu überreden versuchte, die dreihundert Kilometer nach Elizabeth City zu fahren, hatte er gesagt (als würde mich das ausreichend belohnen): »Wir sind Jesse-crats hier unten.«

Ich fragte ihn, was ein Jesse-crat sei.

Er sagte: »So nennt man einen konservativen Demokraten aus North Carolina, der Jesse Helms und Leute *wie* Jesse Helms wählt. Sie verkörpern die konservativen Werte des Alten Südens. Den Glauben an Gott. Wenig Staat. Freies Unternehmertum. Individuelle Freiheit und individuelle Verantwortung – zwei Prinzipien, die zusammengehören.«

In diesen Grundsätzen war seine gesamte Politik enthalten, das ganze konservative Programm. Er zeigte mir den Text – es war ein Typoskript oder Computerausdruck, in Versalien gesetzt und handschriftlich korrigiert – einer Lobrede auf Jesse Helms, die er bei einem Dinner für den Senator gehalten hatte. »Es ist eine der ehrenvollsten Aufgaben meines kurzen Lebens, Ihnen heute einen der bedeutendsten lebenden Amerikaner vorzustellen.« Und dann umriß die Rede, die den Senator pries und Kritik an seinen Gegnern übte, kurz und knapp das konservative Programm in den Bereichen Steuern, Soziales, Staatsausgaben, Bildungswesen und Kommunismus und verknüpfte es sodann mit den Themen Freiheit und Religion.

Die Rede enthielt auch eine Anekdote über den Senator: »Einmal war ich dabei, als er für eine Nacht in einem Hotel eincheckte. Die Dame an der Rezeption fragte den Senator, ob er mit Kreditkarte zahlen wolle. Er schaute sie an und sagte: ›Junge Dame, vorher stecke ich mir eine Klapperschlange in die Tasche.‹ Und bezahlte bar.«

Ob das mit dem Senator und den Kreditkarten immer noch zutreffe?

Barry McCarty lächelte. »Inzwischen hat er eine. Aber das ist die Geisteshaltung eines Menschen, der sorgsam mit seinen Finanzen umgeht.«

1985 hatte der Gouverneur von North Carolina Barry McCarty für die vierjährige Amtszeit zum Vorsitzenden der staatlichen Social Services Commission ernannt.

»Wir versuchen seit einer Weile, anstelle der *welfare*, der Sozialhilfe, die *workfare* durchzusetzen. Die Grundidee der *workfare* besteht darin, daß Sozialhilfeempfänger, die arbeiten können, auch arbeiten müssen, um weiterhin ihr Geld zu bekommen. Es ist Teil des Arbeitsethos der Südstaaten.

Sie dürfen nicht vergessen, daß die Mehrheit der Gründerväter dieses Landes hier aus dem Süden kam. Die erste englischsprachige Kolonie an dieser Küste wurde 1584 von Sir Walter Raleigh gegründet, auf Roanoke Island, keine hundert Kilometer von hier. Sie ist auch als ›die verlorene Kolonie‹ bekannt, weil Walter Raleigh sie gründete, das Proviantschiff dann aber, als es das nächste Mal dort vorbeikam, die Kolonisten nicht mehr fand.«

(Walter Raleigh verfolgte zu dieser Zeit allerdings auch noch andere Projekte. Der Mythos El Dorado hatte es ihm angetan. 1595 überfiel er mit einer großen Streitmacht die Insel Trinidad. Er ließ die kleine, halbverhungerte spanische Garnison töten und den spanischen Gouverneur gefangennehmen, einen wahnsinnigen alten Soldaten, der mit der Suche nach El Dorado sein ganzes Vermögen durchgebracht hatte. Raleigh wollte Trinidad zu seiner Basis für die Suche nach El Dorado machen, der gekidnappte Gouverneur sollte ihm als Führer dienen, und die Indianer Trinidads und Guianas – im Orinoko-Delta – sollten seine Verbündeten sein. Er brachte ein paar Indianer nach England mit, um zu belegen, wo er gewesen war, und im selben Jahr, 1595, schrieb er ein Buch mit dem Titel *The Discovery of the Large, Rich and Beautiful Empire of Guiana*, das den Eindruck vermittelte, er habe El Dorado und dessen Goldminen gefunden, ohne daß er das je explizit sagte. Er sprach von einem in Südamerika gelegenen englisch-indianischen Reich namens Raleana. Doch nichts passierte. Er hatte die einheimischen Indianer gegen die Spanier aufgebracht, aber er konnte nichts für sie tun; sie wurden von den Spaniern grausam unterdrückt. 1617 wurde er – jetzt selbst dem Wahnsinn verfallen, so wie jener Spanier, den er zweiundzwanzig Jahre zuvor entmachtet hatte – aus dem Londoner Tower entlassen, damit er die Goldminen suchte, von denen er gesprochen hatte – die er nie gesehen hatte und die es gar nicht gab. Auf dieser unredlichen Suche starb sein Sohn; Raleigh gab einem alten Freund die Schuld an der Katastrophe und trieb diesen Freund in den Selbstmord. Es ist eine erbärmliche Geschichte. Aber da man Raleigh hauptsächlich durch seine Schriften kennt, bleibt er eine romantische Kostümfigur – im Carolina Inn in Chapel Hill hängt ein sehr schöner Wandteppich von ihm im Kostüm der Zeit.)

Barry McCarty sagte: »Das Land hat tatsächlich hier im Süden seinen Anfang genommen. Und wenn Sie sich mal die führenden Köpfe des Verfassungsgedankens in den USA ansehen, werden Sie feststellen, daß eine ganze Reihe von ihnen aus den Südstaaten kamen – Jefferson, Washington, Patrick Henry, Randolph, die Madisons.

Die Sklaverei war nicht der eigentliche Streitpunkt im ›Krieg zwischen den Staaten‹. Der eigentliche Streitpunkt war die Macht der Zentralregierung über die Einzelstaaten. Das Mißtrauen gegenüber einer zentralen Macht, die eifersüchtige Verteidigung bestimmter Einzelrechte, die schon die Gründerväter dazu bewegt hatten, die Bill of Rights zu fordern – genau dieser Geist führte auch dazu, daß sich die Südstaaten in den Punkten, die zum ›Krieg zwischen den Staaten‹ führten, dem Norden widersetzten.«

Ob das heute noch von Bedeutung sei?

»Wir haben hier einen Mann – Jesse Helms –, der findet, daß die Macht der Zentralregierung strikt begrenzt werden sollte. Für den einzelnen sollte die wichtigste Regierung diejenige sein, die ihm am nächsten ist. Je weiter eine Regierung entfernt ist, desto weniger sollte sie mit dem Leben des einzelnen zu schaffen haben.«

»Woher rührt Ihre Leidenschaft für die Politik? Geht sie auf Ihren Vater, Ihre Familie zurück?«

»Der erste Impuls war möglicherweise die Religion. Die Bibel lehrt, daß Regierungen nötig sind, um in der menschlichen Gesellschaft Ordnung und Gerechtigkeit herzustellen.«

»Das lehrt die Bibel?«

»Römer, 13. Da lehrt der Apostel Paulus, daß die Obrigkeit von Gott verordnet ist.«

(Im Hotel las ich später das Kapitel in der Bibel nach. Ich fand, daß es voller Wiederholungen und von Befürchtungen durchzogen war, das Werk eines Mannes, der eine klare Vorstellung von der Macht des Römischen Reiches hatte und nicht wollte, daß seine kleine Gruppe zerschlagen würde. Es war mehr als »dem Kaiser geben, was des Kaisers ist«: Paulus schien eine eigene Theologie für seine Zwecke zu entwikkeln.

»Jedermann ordne sich der obrigkeitlichen Gewalt unter; denn es gibt keine Gewalt, die nicht von Gott ist. Die bestehenden (Gewalten) sind von Gott angeordnet. Wer sich daher der Gewalt widersetzt, widersetzt sich der Anordnung Gottes; die sich aber widersetzen, ziehen sich selbst das Gericht zu. Nicht das gute Werk hat Grund, die Obrigkeit zu fürchten, sondern nur das böse. Du willst die Gewalt nicht fürchten müssen? Dann tue, was recht ist, und du wirst ihr Lob erhalten. Denn sie ist für dich Gottes Dienerin für das Gute. Wenn du aber Böses tust, so fürchte, denn nicht umsonst trägt sie das Schwert. Ist sie doch Dienerin Gottes, Rächerin zum Zorn für den, der Böses tut. Darum ist es geboten, sich zu unterwerfen, nicht nur um des Zornes, sondern auch um des Gewissens willen. Deshalb bezahlt ihr ja auch Steuern ...«

Der Brief hätte zur Verteidigung aller möglichen Standpunkte herangezogen werden können. Barry McCartys Interpretation, die die Dinge auf den Kopf zu stellen schien [»Regierungen sind nötig, um Ordnung und Gerechtigkeit herzustellen«], war die eines Gläubigen. Wobei der Befehl, Steuern zu zahlen, den politischen Überzeugungen des Jessecrats ja wohl eher zuwiderlief. Überhaupt schien das ganze Kapitel seinen Ansichten zum Staat eher entgegenzustehen. Aber ich las den Text erst später. Im Gespräch mit Barry McCarty konnte ich diese Einwände noch nicht vorbringen.)

Er fuhr in seinen Überlegungen zum 13. Kapitel des Römerbriefes fort und sagte: »Dieser Lehre zufolge ist es die erste Pflicht der Regierung, Ordnung zu schaffen und Gesetzesbrecher zu bestrafen. Aber so etwas wie Wohltätigkeit wird nirgendwo in der Bibel der Regierung als Pflicht auferlegt. Dem einzelnen wird diese Pflicht eindeutig auferlegt, aber nie der Regierung. Das heißt, ich bin persönlich dazu verpflichtet, den Armen Essen, Obdach und Kleidung zu spenden.«

»Sie?«

»Ja. Denjenigen Armen, denen zu helfen in meiner Macht steht. Es gibt noch eine andere in der Bibel verankerte Überzeugung, die meine Leidenschaft für eine strikt konstitutionelle Regierung geprägt hat. Die Bibel lehrt, daß wir alle gefallene Geschöpfe sind, daß der Mensch von Natur aus sündig ist. Die konstitutionelle Regierung bietet Abhilfe durch das Prinzip der *checks and balances*, das heißt, indem es die kollektive Macht durch Gewaltenteilung kontrolliert. Meiner Meinung nach besteht der grundlegende Unterschied zwischen den Liberalen und den Konservativen darin, daß die Liberalen glauben, der Mensch sei vervollkommnungsfähig.

Die Konservativen glauben, daß die Menschen gefallene Geschöpfe sind, deren kollektive Macht durch Gewaltenteilung kontrolliert werden muß. Schauen Sie sich die Sozialausgaben in diesem Staat an. Die Liberalen glauben, wenn man den richtigen Leuten genug Geld gibt, kann man die Armut aus der Welt schaffen. Ich glaube nicht, daß das je passieren wird. Die Leute, die das Geld und die Macht haben, werden immer das Sagen haben, und weil sie menschlich sind, also in gewisser Weise sündige Kreaturen, werden sie eine Möglichkeit finden, ihr Geld und ihre Macht zu mißbrauchen.

Ich stelle die Moralität der staatlichen Sozialhilfe grundsätzlich in Frage. Wenn Sie Hunger haben, und ich gebe Ihnen bei mir zu Hause etwas zu essen, dann ist das Nächstenliebe, denn ich bin aus freiem Willen wohltätig. Wenn mich aber die Bundesregierung durch die Besteuerung ganz legal ausplündert, um Ihnen etwas zu geben, dann betrachte ich das als unmoralisch.«

Er hatte bisher keine Neigung gezeigt, persönliche Fragen zu beantworten. Und er hatte seine Ansichten ohne jegliche persönliche Einfärbung vorgebracht. Auf der menschlichen Ebene hatte sich mir sein politischer Elan daher noch nicht erschlossen. Jetzt versuchte ich es noch einmal. Ich wußte, daß er nicht in North Carolina geboren war, sondern aus Atlanta dort hingezogen war. Ich fragte ihn nach seiner Herkunft.

Er antwortete nicht direkt. Er sagte, er habe eine aktuelle Kurzbiographie im Computer. Und während er lächelnd und unter kurzem Kopfschütteln sagte, wie seltsam es für jemanden wie ihn sei, einen Computer zu benutzen, setzte er sich vor das Gerät, drückte ein paar Tasten und reichte mir wenig später den Ausdruck. Es war ein förmlicher Text, eine Kurzdarstellung seiner Ausbildung und seines beruflichen Werdegangs, seiner politischen Aktivitäten und seiner Tätigkeit als Geistlicher der Church of Christ.

Ich legte das Blatt zu den anderen Papieren, die er mir gegeben hatte, und fragte, was sein Vater gemacht habe.

»Mein Vater war Feuerwehrmann. Er hat im Zweiten Weltkrieg in der Navy gedient, und während meiner ersten elf Lebensjahre arbeitete er als Feuerwehrmann in East Point, einem Vorort von Atlanta. Danach hat er dann bis zu seinem Tod 1981 als Sicherheitsingenieur in einer Versicherungsfirma gearbeitet.

In der Kirche bin ich zum ersten Mal gewesen, als ich zwei Wochen alt war. Ich bin praktisch in der Church of Christ groß geworden. Ich gehöre dem Zweig der Kirche an, der Musikinstrumente im Gottesdienst zuläßt. Unsere Leute teilen nicht die calvinistische Überzeugung, daß man irgendein wunderbares Zeichen erhalten muß, um Christ werden zu können. Unser Ansatz ist rationaler.«

»Gab es bei Ihnen auch diese Wochenendzeltlager?«

»Ich habe als Junge an christlichen Freizeiten teilgenommen.«

»Jemand hat mir erzählt, er habe diese Freizeiten immer langweilig gefunden.«

»Einige meiner schönsten Kindheitserinnerungen und Freundschaften gehen auf die christlichen Freizeiten zurück, an denen ich teilgenommen habe.«

Er war mit achtzehn aus Atlanta ans Roanoke College gekommen. In seiner Familie war er der erste, der ein College besucht hatte, und mit dem Studiengang, für den er sich entschieden hatte, schrieb er quasi den Glauben seiner Familie fort. Er war stolz auf seinen Doktortitel von der University of Pittsburgh. Als ich ihn nach den Fächern fragte, in denen er promoviert hatte – Rhetorik and Debatte –, sagte er: »Ich habe irgendwann festgestellt, daß mich die ganz grundlegenden Fähigkeiten des Denkens und Sprechens interessieren. Sie sind der Schlüssel zu mehr oder weniger jedem Bereich menschlichen Strebens.«

Ich erzählte ihm, was ich in Nashville über die Church of Christ erfahren hatte. Ob er je gezweifelt habe, so wie die beiden Männer, die ich dort getroffen hatte?

»Ich habe die Erfahrung gemacht, daß jedesmal, wenn ich meinen Glauben in Frage stellte, meine Überzeugungen durch die Gegebenheiten nicht entkräftet, sondern bestätigt wurden. Eine echte Krise hatte ich, glaube ich, nie. Ich erlebe es als einen lebenslangen Wachstumsprozeß. In dem Maße, wie mein naturwissenschaftliches Wissen wuchs, hat sich mir die Welt als ein immer komplexeres, komplizierteres Phänomen dargestellt, und das bestärkt mich nur in meinem Glauben.«

Verlangte die Kirche seiner Ansicht nach zu viel von den Menschen?

»Wir leben in einer säkularen Gesellschaft, und es wird

immer schwieriger, sich dem Christentum wirklich ganz zu verschreiben. Aber das sagt noch gar nichts darüber aus, ob das Christentum wahrhaftig ist.«

Ich fragte ihn, wie stark die Church of Christ in der Region sei.

»Die Bewegung entstand Anfang des neunzehnten Jahrhunderts aus der Tätigkeit eines schottischen presbyterianischen Predigers, Alexander Campbell. Campbell sagte damals, er wolle einfach nur Christ sein. Er lebte in West Virginia. Von dort breitete sich die Bewegung nach Westen und Süden aus.« In North Carolina war sie also noch relativ neu. Das College der Church of Christ in Elizabeth City war 1948 gegründet worden, »um Geistliche und christliche Führer für das östliche Küstenland auszubilden«.

Es war ein eindrucksvoller Gebäudekomplex, der sich über zwei Blocks in einer der laut Barry McCarty schönsten Wohngegenden der Stadt hinzog. Die meisten Gebäude waren Holzhäuser aus der Zeit um die Jahrhundertwende. Das College hatte außerdem achtzehn Morgen Land auf der anderen Straßenseite gekauft, am Fluß Pasquotank. Das sei ein indianischer Name, sagte Barry McCarty, er bedeute: »Wo sich die Strömung teilt.« So wie er das sagte, konnte man den Eindruck gewinnen, er hege romantische Gefühle für die indianische Vergangenheit an dieser imposanten Küste. Doch dem war nicht so, er hatte die Information schlicht dem *North Carolina Manual* entnommen. Auf dem Gelände am Pasquotank waren kürzlich zwei Wohnheime aus Backstein gebaut worden. Derzeit gab es hundertsechzig Studenten am College. In fünf Jahren hoffte man zweihundert zu haben.

Barry McCarty hatte sich während seines gesamten Berufslebens mit der Religion und verwandten Themen beschäftigt und es nie langweilig gefunden.

»Für mich ist das Leben als Christ ein Abenteuer. Gott zu erfahren und dazu beizutragen, daß andere ihn erfahren, ist die spannendste Entdeckungsreise, auf die sich ein Mensch nur begeben kann. Wobei ich sagen würde, daß meine Ansichten strenger sind als die vieler anderer Menschen. Das gebe ich zu.«

Ich bat ihn, die Menschen der Region zu beschreiben.

»Die meisten Leute hier sind sehr traditionsbewußt und sehr konservativ. Und im allgemeinen europäischer Abstammung.«

»Hauptsächlich schottisch? Das habe ich gehört.«

»Nein, nicht schottisch. Die wenigsten Leute können das so weit zurückverfolgen. Sie sind sehr amerikanisch. Überzeugte Südstaatler. Was Sie hier öfters hören können oder vielleicht auch mal auf einem Autoaufkleber sehen, ist der Ausspruch: ›Amerikaner von Geburt, Südstaatler von Gottes Gnaden‹. Die Leute aus dieser Gegend sind stolz darauf, Amerikaner und Südstaatler zu sein. Es sind kleine Farmer, viele mit ein- oder zweihundert Morgen Land. Einige sind auch Fischer. Ein paar arbeiten im Tourismus. Es gibt kaum Schwerindustrie. Die Leute sind hier enger mit dem Land verbunden als in Raleigh oder Charlotte. Ich mag diese kleinstädtische Atmosphäre. Der Vorort, in dem ich aufgewachsen bin, hatte etwas sehr Kleinstädtisches, man kannte seine Nachbarn.«

»Was ist Ihrer Ansicht nach der Unterschied zwischen den Menschen hier und Städtern?«

»Ich wäre als jemand mit einem Doktortitel von einer namhaften amerikanischen Universität wahrscheinlich zum Yuppie geeignet. Aber ich achte die alten Werte der Südstaatenkultur. Geld zu verdienen ist in meinem Leben nicht das wichtigste. Die Menschen hier geben mehr auf Prinzipien als auf den Profit. Der Materialismus ist der Hauptunterschied.

Den Städtern sind materielle Güter wichtiger als Ideale. Die Menschen hier dagegen empfinden Bewunderung für einen Staatsmann, für einen Mann mit Prinzipien.«

»Aber sie wissen es doch durchaus zu schätzen, wenn sich jemand ihrer wirtschaftlichen Interessen annimmt?«

»Helms geht es um das Recht des einzelnen, sich in seinem Heimatstaat seinen Lebensunterhalt zu verdienen. Der kleine Farmer, der kleine Unternehmer.«

Aber wie sollten die kleinen Farmen überleben? Die Zeit des Tabaks war vorbei.

Er stimmte mir zu. Den Tabak zu subventionieren halte er selbst nicht für sinnvoll, und er glaube, die meisten Farmer akzeptierten, daß die Zeit des Tabaks vorbei sei. »Ich kenne viele Leute hier in North Carolina, die sich ihren Lebensunterhalt nicht allein mit dem Ackerbau verdienen. Sie werden hier Leute finden, die Farmer und Tischler sind oder Farmer und Mechaniker oder Farmer und sonstwas. Farmer und Holzfäller. Ich habe inzwischen keinen Holzofen mehr, aber früher habe ich mein Holz immer von einem Mann gekauft, der im Sommer das Land bestellte und im Winter Holz machte. Der durchschnittliche Einwohner des östlichen North Carolina – ›down east‹ sagen sie hier – ist nicht reich. Es sind Arbeiter.«

Und wie sah deren Zukunft aus?

»Ich bin nicht in der Lage, die Zukunft der kleinen Farmen vorauszusagen. Aber ich möchte zwei Anmerkungen machen. Zum einen gibt es auf diesem Kontinent, in Amerika, seit Jahrhunderten anständige, einfache Leute, die arbeiten und über die Runden kommen. Ich betrachte die meisten Leute hier im östlichen North Carolina als die Söhne von Pionieren. Die Leute, die dieses Land aus der Wildnis herausgehauen haben, haben das durch einfache, ehrliche Arbeit getan, und damals gab es kein gigantisches bundesstaatliches System, das sich um jeden gekümmert hat – die Leute auf Roanoke Island und später in Jamestown.

Die zweite Anmerkung ist die, daß diese einfachen, ehrlichen Menschen hier keineswegs so hinter der Zeit herhinken, wie es den Anschein haben mag. Sie sehen dieselben Fernsehsendungen wie die Leute in Chicago oder New York oder Atlanta. Und viele von ihnen schicken ihre Kinder in Chapel Hill oder Vanderbilt oder Raleigh aufs College. Ich will damit sagen, daß der Konservatismus und die Werte, die man hier hochhält, aus freiem Willen hochgehalten werden und nicht aus Unwissenheit darüber, was die moderne Welt zu bieten hat. Es sind zeitlose Werte, dauerhafte Werte.

Wenn man hier im östlichen North Carolina von der Zukunft redet, dann redet man über etwas, das nur Gott wirklich kennt. Und Gott wiederum kennen die Leute hier ziemlich gut.«

»Wie würden Sie ihre Gegner beschreiben?«

»Leute, die den Staat für das Allheilmittel halten.«

»Und auf der regionalen Ebene?«

»Glühende Liberale wird man hier kaum finden.«

»Beschreiben Sie mir die Region.«

»Es ist eine der Gegenden, wo die alten Südstaatenwerte noch regieren. Eine schöne Landschaft, grün, mit viel Wasser. Die Menschen hier sind eng mit dem Land verbunden, auch diejenigen, die nicht auf einer Farm leben. Und viele Leute genießen es, am Wasser zu sein. Es wird gefischt, gejagt. Es ist gutes Land.«

Die Schönheit des Landes, das Leben im Freien – ich hatte das schon so manches Mal gehört, von vielen verschiedenen Menschen.

Barry McCarty jagte auch. Er ging auf Entenjagd, und momentan freute er sich auf die Eröffnung der Taubenjagd-Saison. Und ohne daß ich ihn darauf gebracht hätte, begann er von seiner Verärgerung über die staatlichen Waffengesetze zu reden. Er vertrat die konservative Ideologie wirklich vollständig, bis hin zu diesem, ihrem verwirrendsten Aspekt: dem Recht, Waffen zu besitzen.

Er sagte: »Ich stelle fest, daß ich mir, zum ersten Mal, seit ich mit Ihnen rede, fast Gedanken darüber mache, wie ich Ihnen meine Einstellung vermitteln soll.« Diese Formulierung gefiel mir, daß er sich »fast Gedanken machte«, womöglich kam das aus seiner Sprech- oder Rhetorikausbildung. Er fuhr fort: »Südstaatler werden oft als waffentragende Rednecks und Rassisten dargestellt, und wenn einem Südstaatler sein Recht, eine Schußwaffe zu besitzen, wirklich wichtig ist, heißt es gleich, er sei in Wirklichkeit Mitglied des Ku-Klux-Klan. Das schließt an unser Thema von vorhin an, die Bill of Rights. Gemäß Artikel 2 darf in das Recht des Volkes, Waffen zu tragen, nicht eingegriffen werden. Sie werden feststellen, daß die Südstaatler, da sie nun mal eifersüchtig auf all ihre konstitutionellen Rechte bedacht sind, genauso eifersüchtig auch auf das Recht bedacht sind, Waffen zu besitzen und zu tragen.

Ich will und werde im Frieden mit meinen Nachbarn leben. Aber ich werde nicht zögern, mich selbst, meine Frau und meine Familie vor einem Eindringling zu beschützen. In so einer Situation ist eine Schußwaffe die letzte Verteidigungsmöglichkeit des zivilisierten Mannes gegen einen Unzivilisierten.«

Ich sagte, in Mississippi hätte man mir erzählt, die Jagdgebiete für die einfachen Leute würden immer kleiner. Ob das hier genauso sei?

»Noch nicht. Die Welt verändert sich permanent. Wir müssen uns anpassen. Man muß bereit sein, seine Lebensweise zu verteidigen. Es gibt Werte, die sich niemals ändern.«

»Aber die konkrete Welt verändert sich.«

»Ja. Früher habe ich mit dem Füller geschrieben. Jetzt benutze ich einen Computer.«

Wie er seine Lebensweise verteidige?

Er werde die Kosten für die Ausbildung seiner Kinder an einer christlichen Privatschule auf sich nehmen. Pro Kopf seien das hundert Dollar im Monat. Bei drei Söhnen gehe das ins Geld. »Aber wir werden es trotzdem tun.« Was ihn zu seinem anderen Punkt führte. »Übermäßige Steuern gefährden meine Lebensweise.«

Seine Leidenschaft und Direktheit berührten mich, und ich las ihm vor, was mir Jim Abrahamson von der Chapel Hill Bible Church über die religiöse Rechte gesagt hatte. Es sei leicht, sich über diese Leute lustig zu machen, aber sie verkörperten einen gesunden Menschenverstand, der notwendig sei.

Barry McCartys Augen hinter den Brillengläsern wurden sanft. Er war überrascht und angetan von dem, was ich ihm vorgelesen hatte; mit einem so weitgehenden Verständnis hatte er nicht gerechnet. Er wurde philosophisch.

»Bis zum siebzehnten Jahrhundert war die westliche Zivilisation im Prinzip christlich. Innerhalb dieser Weltsicht hatte der Kosmos und alles, was er beherbergte, inklusive der Menschen, einen Sinn und Zweck. In der modernen Sichtweise ist die Welt einfach nur eine beliebige Folge von Ereignissen. Eine grauenhafte Weltsicht. Und letztlich eine, mit der die Menschen nicht leben können. Sie kann nicht überdauern. Sie wird sich selbst zerstören.

Wenn Sie sich die Gemälde der niederländischen Meister und anderer Maler anschauen, die durch die Reformation in Nordeuropa geprägt waren, werden Sie darin eine Welt widergespiegelt sehen, die von Gott erschaffen ist und die er unter Kontrolle hat. Eine Welt, in der der einzelne Mensch Freiheit und Würde besaß, weil er nach Gottes Ebenbild geschaffen war. Deshalb malte Rembrandt zum Beispiel eine Frau, die einen Fisch säuberte oder Brot aufschnitt. Denn für Gott hatte diese Frau unendlichen Wert – sie war nach Gottes Ebenbild geschaffen.«

Es solle leicht sein, sich über Konservative wie ihn lustig zu machen? Er habe eine namhafte Universität besucht, er habe Philosophie studiert, er kenne die moderne Welt. Und das wüßten die Leute über ihn.

Er sagte: »Deshalb haben die Leute das Gefühl, daß sie diesen Mann, einen Mann, der sich die neue Welt angesehen und sie verworfen hat, fürchten müssen.«

Die Augen, die einen Moment zuvor noch sanft gewesen waren, wurden hart. Und ich spürte – ganz plötzlich –, daß in seinem Innern, hinter der korrekten Kleidung und dem korrekten Verhalten, ein Feuer brannte.

Als wir telefoniert hatten, um unser Treffen zu arrangieren, hatte ich ihn gebeten, sich irgend etwas Lehrreiches, Erhellendes in Elizabeth City zu überlegen, das er mir zeigen könnte. Er hatte es nicht vergessen. Am Ende unseres Treffens fuhr er mit mir zum Confederate Memorial im Court Square. Es war 1911 von der Ortsgruppe der Daughters of the Confederacy errichtet worden, einer Ortsgruppe, die, wie er sagte, möglicherweise gar nicht mehr existierte. Er zeigte mir das Denkmal: die Säule (die nach Massenproduktion aussah), den Soldaten obendrauf. Er sagte nichts weiter dazu, sagte nichts, während ich es mir ansah. Und dann war es Zeit, ihn wieder zum Bible College zurückzufahren.

Ich fragte ihn nach den Schwarzen von Elizabeth City. Er sprach bekümmert und mit einer gewissen Ratlosigkeit über sie. Die meisten von ihnen hätten das Arbeitsethos der Südstaaten, sie seien, was ihre Werte und ihr tägliches Leben angehe, Konservative. Doch sie wählten nicht konservativ, sondern sie wählten schwarze Kandidaten.

Es war ein langer Tag gewesen, und auch die Rückfahrt war lang. Rund achtzig Kilometer hinter Elizabeth City war auf der schmalen überfüllten Straße ein scheußlicher Unfall passiert: ein Auto war völlig zusammengedrückt, ein anderes hatte sich überschlagen, Leute rannten zur Unfallstelle, und dann hörte man die Sirene eines nahenden Notarztwagens.

Das beschäftigte mich eine Weile. Und erst ein oder zwei Tage später fiel mir auf, daß Barry McCarty unser Treffen damit eingeleitet hatte, daß er mich auf die »Stars and Bars« in seinem Büro aufmerksam machte, und es abgeschlossen hatte, indem er mir das Confederate Memorial zeigte.

Die Vergangenheit wurde umgewandelt, über die tatsächliche Geschichte erhoben und mit einem fast religiösen Symbolismus versehen: politischer und religiöser Glaube wurden eins. Man hatte mir gesagt, die Konservativen in North Carolina sprächen eine verschlüsselte Sprache. Manchmal war diese Verschlüsselung leicht zu durchschauen: »Tabak ist eine Lebensweise« etwa war ein Appell der kleinen Farmer an die Subventionsbereitschaft der Regierung. Doch in diesem Land der kleinen Felder und kleinen Ruinen gab es auch Gefühle, die zu tief waren, um in Worte gefaßt zu werden.

Eines Tages fuhr Jim Applewhite mit mir zur Farm seiner Familie, die in Wilson County, im Herzen des Tabaklandes des östlichen North Carolina lag. Zunächst steuerten wir Wilson an, die wichtigste Stadt des Countys. Sie lag fünfzehn Kilometer von der Farm entfernt – das wußte ich aus den Gedichten und aus Jims Erzählungen.

Wilson war eine ansehnlichere Stadt, als ich es erwartet hatte. Die Wohngegend, durch die wir fuhren, sah reich und etabliert aus, mit großen Häusern in baumbestandenen Gärten. Das Geld in Wilson war früher in erster Linie vom Tabak gekommen. Auf der anderen, industriellen Seite der

Stadt (durch die wir nachmittags auf dem Rückweg fuhren) standen die Tabaklagerhäuser.

Wir hielten vor einem Supermarkt an, um Nüsse und Obst zum Mittagessen zu kaufen. Vor mir an der Kasse stand ein betrunkener junger Schwarzer mit ein paar Bierdosen. Seine Sprache, durch die Südstaaten-Sprechweise ohnehin schon langsam, wurde durch den Alkohol noch langsamer, und er schien eher private Laute als Worte von sich zu geben. Die Kassiererin, eine Weiße, verhielt sich korrekt, gab vor, nichts zu merken, und bedankte sich mit der üblichen Formel, nachdem sie sein Geld erhalten und ihm das Restgeld herausgegeben hatte. Der Platz vor dem Supermarkt war weniger ansprechend: Einkaufswagen, ein paar herumlungernde Schwarze. Kein Ort, um im Auto eine Kleinigkeit zu sich zu nehmen.

Jim sagte: »Fahren wir zur Farm.«

Wir überquerten die Bahngleise. Früher hatten sie den schwarzen vom weißen Teil der Stadt getrennt. Es gab immer noch eine Amtrak-Bahnstation, und auf der ehemals weißen Seite stand noch das alte Hotel. Wie eine einfache Filmkulisse: Bahnstation, Gleise, das kleine Hotel.

»Hier haben die Handelsvertreter übernachtet«, sagte Jim.

»Was für ein Leben.«

»Einigen von ihnen hat es sicher gefallen.«

In dem nach wie vor schwarzen Stadtteil jenseits der Schienen standen Shotgun Houses, dicht an dicht, schmal wie Wohnwagen. Das Wilson der großen Häuser schien bereits weit entfernt.

Die fünfzehn Kilometer bis zur Farm hatten wir schnell zurückgelegt. Überall standen alte Tabakscheunen, manchmal drei oder vier auf einem Feld. Und bevor ich mich innerlich auf die Farm eingestellt hatte, waren wir abgebogen und hatten auf einer freien Fläche zwischen einem zweistökkigen alten Holzhaus und mehreren Farmgebäuden aus verzinktem Blech geparkt. Im Hof standen zwei ältere Autos; sie trugen zu dem metallischen Gesamteindruck des Hofes bei. Jenseits der Straße lagen Felder, die zur Farm gehörten.

Jim hatte mir von Haus und Farm der Familie erzählt, vom Umzug der Familie in das kleine, nahe gelegene Stantonsburg, von der Teilpächterfamilie und den schwarzen Arbeitskräften. Aber ich hatte mir nicht alles gemerkt. Ich war durcheinander, weil ich so viel erzählt bekommen hatte, und als wir in dem Hof parkten, wußte ich nicht sicher, wo wir waren. Ich nahm an, daß in diesem alten Holzhaus Jims Familie wohnte, und stellte mir den Teilpächter als eine Art Angestellten vor.

Als Jim ausstieg und ins Haus ging, öffnete ich die Büchse mit den Nüssen und goß mir Orangensaft in einen Pappbecher. Die Nüsse in der einen Hand, den Orangensaft in der anderen, den Ellbogen gegen den neben mir stehenden Saftkarton gedrückt, um ihn vorm Umkippen zu bewahren – so saß ich da, als ein schwerer, rosig-weißer Mann Ende Vierzig mit dunkelblauer Hose, kariertem Hemd und Brille lächelnd auf das Auto zukam.

Er sagte mit einem gewissen Selbstvertrauen: »Ich bin Dee Grimes.«

Ich kannte den Namen gut. Er war der Mann, der in dem Gedicht »Wie man ein Schwein bereitet« gefeiert wurde. Seine Sprache, sein Leben mit dem Tabak war in Dichtung umgewandelt worden.

Er wartete darauf, daß ich ausstieg – man hatte ihm gesagt, daß ich kommen würde. Aber ich war gehandikapt. Ich konnte die Autotür in diesem Moment nicht öffnen, und ich fand auch keine Worte, um meine Lage zu erklären. Er wurde verlegen, sagte irgend etwas, das ich nicht verstand, von »Mr. Jim« und trat einen Schritt zurück.

Endlich sagte ich, ich hätte ein Gedicht über ihn gelesen.

Das gefiel ihm. Er sagte, jemand anders, der das Gedicht gelesen habe, habe ihn gebeten, etwas für ihn zu kochen.

Erst nach einer Weile begriff ich – obwohl Jim es mir ja schon gesagt hatte –, daß Dee Grimes, der Teilpächter, im Haus der Applewhites wohnte – einem von Jims heiligen Orten.

Es steht noch, die obere Veranda mit der Brüstung
Vor schmalen Fenstern, ihre alten Scheiben aufrecht
Und offen zu den säuberlichen Furchen hin.
Das mundgeblasene Glas zeigt Linien unvollkommen
Als hätte luftspiegelnde Hitze seit dem Bürgerkrieg
Wellen eingebrannt.

Zwischen dem Haupthaus und der Küche, die ein eigenes Gebäude war, verlief ein breiter überdachter Gang, der sogenannte *breezeway*, offen bis auf das Fliegengitter an den Seiten. (Früher hätte ein solcher Gang laut Jim keine Fliegengitter gehabt.) Dort saßen wir dann schließlich, obwohl Dee Grimes lieber in das klimatisierte Haus gegangen wäre.

Er redete – ich konnte ihm nur mit Mühe folgen: er saß auf der anderen Seite eines Tisches und in einiger Entfermung davon – über die Trockenheit. Es habe keinen, aber auch gar keinen Regen gegeben. Er habe versucht, einen Brunnen zu graben, sei aber nicht auf Wasser gestoßen. Ein bißchen redete er auch über Dan, einen Nachbarn. Dan habe eine Bewässerungsanlage, er habe diesen Sommer schon dreimal bewässert. Dan habe auch eine Tabak-Erntemaschine, für die er vor ein paar Jahren 35 000 Dollar bezahlt habe. Gerade heute sei er dabei, Tabak einzubringen – die Maschine pflückte die reifen Blätter, und seine Leute brachten den Tabak dann in die Trockenscheunen ein.

Er redete über das Haus: ihm sei gesagt worden, daß ich

es vielleicht gern sehen würde. Eine der bemerkenswertesten Eigenschaften dieses Hauses sei, daß man beim Bau größtenteils Holzstifte verwendet habe, sogar bei den Dachsparren des *breezeway*. Er führte uns ins Haus. Es war geräumiger, als man von außen vermutet hätte. Der Boden fühlte sich solide an, in diesem Holzhaus klang nichts hohl, hallte es nirgends. Die Vorderzimmer waren sehr schön proportioniert, sie waren fast quadratisch, fünf Meter zehn mal fünf Meter vierzig, und hoch. Als wir wieder draußen waren, schauten wir uns die Backsteinkamine an den Seiten des Hauses und die beiden mit Brüstung versehenen Veranden an, die auf die Straße und die Felder dahinter hinausgingen.

Jim sagte: »Es ist ein wunderbares altes Haus. Ein vornehmes Haus, in seiner schlichten, volkstümlichen Art. Besonders die hohen Fenster gefallen mir. Obwohl ich tatsächlich nie von der oberen Veranda auf die Felder hinausgeschaut habe, empfinde ich sie als Aussichtspunkt.«

Die Trocknungsanlagen für den Tabak befanden sich auf der anderen Seite des Hofes. Es waren drei oder vier nebeneinander, wie kleine Container. Die Hitze in ihrem Innern wurde elektrisch erzeugt, und die Luft rund um die Schuppen roch nach heißen grünen Tabakblättern. Als Dee die Tür eines der Schuppen öffnete, kam sehr heiße Luft heraus, die ziemlich unangenehm roch. Die äußeren, bereits braunen Blätter auf dem Gestänge waren ausgefranst. Dee zufolge lag das an der kälteren Luft, die, jedesmal wenn er die Tür öffnete, an ihnen vorbeistrich; die weiter innen trocknenden Blätter sähen besser aus.

Im Lagerhaus – wo der getrocknete Tabak aufbewahrt wurde, nachdem er befeuchtet worden war, damit die getrockneten Blätter nicht brüchig wurden und zerfielen – sahen wir die klägliche Ernte dieses Jahres. In dem großen Raum lagen nur ein paar in Sackleinen eingeschlagene Bündel der goldgelben

Blätter. Ein warmer, intensiver Geruch hing in der Luft, und die Dielen glänzten vom Harz vieler Jahre. Unaufgefordert band Dee ein paar traditionelle Büschel: er nahm etwa sechs Blätter, hielt sie mit dem Stiel nach oben und band sie dann (erst nach dem Prinzip des Kummerbunds, dann nach dem des Lendenschurzes) mit einem zwei- oder dreimal gefalteten Blatt von guter Qualität fest zusammen.

Dees Frau – sie war unterwegs gewesen und gerade erst zurückgekehrt – kam herein. Sie stand schweigend bei uns und sah zu, wie Dee die Büschel band.

Der alte Maultierstall stand noch, eines der metallenen Gebäude im Hof – er erinnerte an eine andere Mühsal der Vergangenheit. Jetzt gab es keine Maultiere mehr zu versorgen, aber von denen, die es einmal gegeben hatte, waren noch Spuren zu sehen: die oberen Bretter der Boxen waren wellig abgenagt.

Am Ende des Hofs stand ein erstaunliches Vehikel. Es war ein Tabakpflückfahrzeug mit Dach. In geringer Höhe waren vier Metallsitze für Tabakpflücker angebracht: wenn dieses Gefährt von einem Traktor durch die Reihen gezogen wurde, konnten die sitzenden Tabakpflücker so die reifen Blätter von den Tabakstengeln brechen, ohne sich mühevoll bücken oder auf den Knien vorwärts bewegen zu müssen. Wenn man allerdings die Arbeiter mit einrechnete, die die gepflückten Blätter weiterreichten beziehungsweise banden und aufhängten, wurden elf Leute benötigt, um dieses Gefährt nutzen zu können. Harte Arbeit, und das im Hochsommer – ein Stückchen entfernt, man sah nur das Dach und den oberen Rand der Mauern, stand das kleine einstöckige Haus, in dem die schwarzen Lohnarbeiter gewohnt hatten.

Das Farmhaus, die alten und neuen Schuppen, hinten das Haus für die Lohnarbeiter – es war eine Anordnung von großer Schlichtheit, genau wie die Bahnstation, die Gleise und das kleine Hotel in Wilson. Doch ein Dichter hatte sich diesen Hof lange angesehen, und für ihn war hier alles von einem inneren Glanz erfüllt. Was mir deutlich wurde, als Dee und seine Frau, kurz bevor wir wieder fuhren, von der Gefahr sprachen, daß von den Eichen neben dem Farmhaus Äste abbrechen und herunterfallen könnten.

Dee und seine Frau wollten, daß die Bäume beschnitten wurden. Jim reagierte besorgt: die Bäume sollten nicht zu stark beschnitten werden, ihr derzeitiges Aussehen nicht verlieren. Und so unterhielten sie sich eine Weile, jede Seite mit ihren eigenen Interessen.

Schließlich brachen wir auf und fuhren als nächstes in das kleine Städtchen Stantonsburg. Dort war Jim Applewhites Großvater hingezogen, nachdem er das Farmhaus der Familie verlassen hatte. Und dort war auch Jim geboren. Es war nicht weit.

Jim sagte: »Die Applewhites kamen aus England, aus Suffolk, und sind offenbar in Barbados an Land gegangen. In Barbados sind Applewhites oder Applethwaites bezeugt. Das nächstemal sind sie dann im achtzehnten Jahrhundert in Virginia bezeugt, und schließlich in North Carolina. Wahrscheinlich waren sie in Stantonsburg, bevor die Stadt 1818 inkorporiert wurde.

Angeblich hat den Applewhites einmal das ganze Land beidseits der Straße zwischen Stantonsburg und Saratoga, der nächsten kleinen Stadt, gehört.«

Da war sie wieder, die wiederkehrende Südstaaten-Erzählung von einstigem großem Reichtum (die ganze Insel Trinidad, ein Drittel einer englischen Grafschaft, eine Truhe voll Gold, aus der eine Wolke Goldstaub aufstieg, als sie ausgeleert wurde). Doch an dieser Geschichte war wohl etwas dran: den Applewhites hatte sowohl die Gemischtwarenhandlung als auch die Sägemühle von Stantonsburg gehört.

Die Stadt war eine Miniaturausgabe von Wilson. Es gab sogar eine Bahnlinie, die die schwarze von der weißen Stadt, die dicht stehenden Shotgun Houses von den Holzhäusern mit den großen Rasenflächen trennte. Wir kamen am ehemaligen Laden der Applewhites vorbei. Es war ein niedriges weißes Holzgebäude mit einem Schutzdach über dem Bürgersteig. Es sah leer aus.

Jim erzählte: »Da gab es alles, was man zum Einbringen der Ernte und fürs tägliche Leben brauchte. Diese Läden funktionierten mehr oder weniger wie betriebseigene Läden. Das heißt, der Farmer bekam alles, was er brauchte, auf Kredit, und bezahlte dann, wenn er seine Ernte verkauft hatte. Und als mein Großvater viel Land besaß, besorgten die Pächter ihre Sachen dort und bezahlten sie später.«

In diesem Moment, als wir an dem leeren Laden vorbeifuhren, fiel mir auf, daß meine Reise – ohne daß ich es darauf angelegt hätte – fast so endete, wie sie angefangen hatte. Zu Ostern war ich mit Howard nach Bowen gefahren und hatte seinen heimatlichen Stadtbezirk sozusagen von der anderen Seite der Bahngleise gesehen. (Ich erinnerte mich noch sehr gut an mein merkwürdiges Gefühl, als wir an jenem Sonntagmorgen zu der schwarzen Kirche gelaufen waren und drei Weiße im Auto angehalten hatten, um uns nach dem Weg zum Country Club zu fragen.) Diese Stadt hier entsprach Bowen in Größe und Aussehen, und die Applewhites hatten früher (wie ich später, allerdings nicht von Jim, erfuhr) Sklaven besessen, bis zu vierzig. (Und wie eigenartig war es doch, daß man, sobald man mit der Idee der Sklavenhaltung lebte, Reichtum auf eine ganz andere Art, nämlich in Sklaven bemaß.)

Hetty, die Tochter eines schwarzen Teilpächters, hatte mich zu einem Höflichkeitsbesuch bei Mr. Bowen mitgenommen. Danach war sie mit mir zu dem schwarzen Friedhof gefahren, wo ihr Vater begraben lag. Sie hatte mir das mittlerweile verfallene, mit kleinen Bäumen und Ranken zugewachsene Farmhaus gezeigt, in dem ihr Vater als Teilpächter gelebt hatte. Sie hatte einen ganz eigenen Blick – während unserer Fahrt übers Land war ihr Singsang gewesen: »Schwarze, Schwarze, Weiße, Schwarze. Auf dieser Seite nur Schwarze, auf der Seite nur Weiße.« Sie hatte erzählt, wenn auch relativ spät, da sie nur ungern in die düstere Vergangenheit eintauchte, daß der Tabak (den sie sowohl zusammen mit ihrem Vater als auch mit ihrem Mann angebaut hatte) sie zum Weinen gebracht hatte.

In Bowen, im Frühling, waren die Blumen im Gras am Straßenrand lila gewesen. Jetzt, in Stantonsburg, fast am Ende des Sommers, waren die Blumen gelb, kleine gelbe Margeriten. Und mit Jim Applewhite betrachtete ich jetzt eine andere Art von Vergangenheit; eine Vergangenheit, in der das Kind Vollständigkeit erlebt hatte, sogar in dem – auf Pächter ausgerichteten – Warenbestand der Gemischtwarenhandlung seines Großvaters: Maultierkummete, Tabakzwirn, sogenannte Zehn-Cent-Nägel (»wahrscheinlich bekam man zehn für einen Cent«), Damenhüte, Kinderschuhe.

»Ich hatte wirklich das Gefühl, daß der Laden eine vollständige Welt enthielt. Nicht zuletzt deshalb, weil die Häuser damals ohne Architekten, ohne ausgebildete Bauhandwerker gebaut wurden und ich die Vorstellung entwickelte, daß die Fähigkeit, Häuser zu bauen, in all diesen Gegenständen im Laden enthalten war.«

Das Haus der Applewhites lag in einem Wohngebiet, in einer Straße mit zwei oder drei Kirchen. Vor der Baptistenkirche arbeiteten ein paar Schwarze und ein Weißer. Die Straße war voller Kinder, viele davon schwarz, und aus irgendeinem Grunde hielten sie alle große Eistüten in der Hand.

Der alte Mr. Applewhite saß im Wohnzimmer vor einem

großen Fernseher und schaute Football. Er war achtzig, und sein Alter erfüllte ihn mit einem gewissen Stolz. Er war viel kleiner als sein Sohn und stämmiger, hatte den Körperbau eines einst sehr kräftigen Mannes. Er erklärte uns, was es mit den Kindern und dem Eis auf sich hatte. Ein Laden in der Stadt feierte sein fünfundsiebzigjähriges Bestehen und verkaufte Eis für fünf Cent – soviel hatte ein Eis dort 1912 gekostet.

Auf dem Tisch im Eßzimmer stand etwas zu essen für uns. Und der alte Mann hatte eine Zeitschrift für mich hervorgeholt, *Tabakanbau und Heißlufttrocknung*, zusammen mit einer Broschüre für Tabakfarmer, *Wie man ihn zur Reife bringt.*

Jim aß. Ich unterhielt mich mit seinem Vater.

Er fragte: »Hat mein Pächter Ihnen schönen Tabak gezeigt? Das ist die jämmerlichste Ernte seit fünfunddreißig Jahren, diesen Sommer. Dreizehn Wochen hat es nicht mehr geregnet.«

Er erzählte, die Farm sei zwischen 150 und 175 Jahre alt, und zeigte mir eine eingerahmte Bescheinigung, der zufolge das Farmhaus ins »Register historischer Bauten« aufgenommen war. Er fand, Dee hätte mit seinem Brunnen weitermachen und noch sechs Meter tiefer graben sollen – er kenne jemanden, der in fünfundvierzig Metern Tiefe auf Wasser gestoßen sei.

Dann wurde er philosophisch, religiös. »Wir können uns nicht beklagen. Bis zu diesem Jahr ist die Farm sehr gut gelaufen. Wenn man seine Mitmenschen anständig behandelt, geht schon alles seinen rechten Gang. Mein Vater stand finanziell besser da als sonst irgendwer. Und er hat sozusagen das getan, was heute die über Sozialhilfe läuft. Er war gesegnet.«

Später saßen Jim und ich in einem anderen Zimmer,

durch dessen Fliegentür man auf den schattigen Rasen hinterm Haus und auf das Nachbarhaus sah, unterhielten uns, und ich schrieb mit.

Er hatte von Anfang an so gesprochen, als habe er sich von seiner Vergangenheit gelöst, einen weiten Weg zurückgelegt. Doch hier, nur ein paar Stunden von Durham entfernt, existierte diese Vergangenheit noch, zumindest so weit, wie ein Zweiundfünfzigjähriger es ernsthaft erwarten konnte. Doch er hatte einen Weg zurückgelegt; und es hatte einen Bruch gegeben.

»Als ich sechs war, wurde ich mit einer Krankheit ins Bett gesteckt, die als rheumatisches Fieber diagnostiziert wurde. Meine Mutter hat mir damals den gesamten *Huckleberry Finn* vorgelesen. Ich lag ein Jahr im Bett. Ein paar Jahre lang lebte ich behüteter als meine Mitschüler. Es hat mich von den anderen abgesondert. Irgend etwas in der Art passiert künftigen Schriftstellern immer.

Ich glaube, mir ist stets bewußt, daß ich der Welt, die ich Ihnen hier gezeigt habe, nicht wirklich angehöre. Ich habe nie im Tabakanbau gearbeitet. Dee Grimes gehört dieser Welt wirklich an. Ein echter Tabakmann, wenn Sie so wollen. Er ist durch eine harte Schule gegangen, hat durch Nackenschläge und Erfahrung gelernt. Wenn ich mit ihm zusammen bin, empfinde ich eine Art Verwandtschaft und zugleich eine Art Trennung.«

»Trennung?«

»Vermutlich hat das mit dieser Trennung in meiner Kindheit zu tun, als ich von denen abgesondert war, die ganz unbefangen ihre Rolle in der Welt des östlichen North Carolina spielten – einer Welt der Taten, nicht der Gedanken.«

Ein Gefühl der Trennung und der Verwandtschaft. Der Name Applewhite stand nicht mehr auf den Schaufenstern des Ladens. Aber für Jim existierten die Buchstaben auf der

Scheibe – sie waren golden gewesen, bogenförmig angeordnet – »auf eine gespenstische Weise« immer noch.

»Ich erinnere mich, daß ich während meiner ersten Collegejahre noch gelegentlich hierher zurückkam und etwas spürte, was ich inzwischen fast vergessen habe – dieses Gefühl, an einem Ort absolut zu Hause zu sein, ein Teil davon zu sein, ja sich geradezu eins mit dem Ort zu fühlen.

Andererseits hat es etwas Trennendes, teils doch ein fremder Beobachter in meiner Heimat zu sein. Das ging zeitweise so weit, daß mich die Idee der Präexistenz der Seele absolut faszinierte. Besonders fasziniert hat mich das ursprüngliche Buch von Edgar Rice Burroughs, *Tarzan bei den Affen*, das erste und beste der Tarzan-Bücher. In diesem Buch gerät der künftige Tarzan dadurch in den Dschungel, daß das Flugzeug seiner Eltern abstürzt. Diese Vorstellung – daß jemand aus einer anderen Kultur aus dem Himmel in einer tropischen Umgebung abgesetzt wird – hatte etwas Faszinierendes für mich.«

Es war wirklich erstaunlich. Nicht nur schien Jim Applewhite (wie schon mehrmals zuvor) für mich zu sprechen, nicht nur drückte er Gefühle aus, die auch ich als Kind und Jugendlicher auf Trinidad gehabt hatte. Er redete außerdem – obwohl er von der anderen Seite der Bahngleise kam – wie Howard, Hettys Sohn. Am Flughafen in New York hatte Howard über die Gegend, die ihm Heimat war, gesagt: »In meiner Jugend habe ich die Gegend gehaßt – wegen der Kontinuität.« Ich hatte über das Wort Kontinuität gerätselt. Es hatte sich auf all die alten Dinge bezogen, alte Gebäude (wie etwa Tabakscheunen oder Farmhäuser), die immer noch standen und der Landschaft etwas Tristes gaben. Doch wie sich später herausstellte, hatte es sich auch auf die fortbestehenden alten Sitten und Gebräuche bezogen. Als wir nach unserem Wochenende in den Südstaaten nach New York zurückflogen, hatte Howard gesagt: »Ich bin einfach anders. Ich habe mich schon an der Highschool anders gefühlt. Was man denkt und wie man sich fühlt – das ist es, was einen unterscheidet. Ich habe mich immer anders gefühlt. Deshalb glaube ich auch, daß ich am falschen Ort geboren wurde. So wie viele Menschen.«

Jim Applewhite sagte jetzt: »Ich hatte damals ein Gefühl von Dualität, das daher rührte, daß ich mich körperlich in der Welt befand, mit der ich mich identifizierte, diese aber zugleich eine andere Seite meiner Psyche oder Seele komplett aussparte. Eine gewisse kulturelle Vermittlung – von ganz woanders her – fand schon statt, über die Kirche, die Kirchenlieder, Texte wie Musik, die Poesie der Psalme in der Bibel, und über Bücher. Im Sommer war meistens mein Onkel bei uns. Er war Junggeselle. Er war vermutlich mein erster literarischer Einfluß. Als ich sechs war, hat er mir Geschichten erzählt, die, wie ich später herausfand, aus der *Odyssee* stammten.

Ich habe als Kind und Jugendlicher mit zwei Welten gelebt, was für einen Menschen mit künstlerischen Neigungen wahrscheinlich nicht ungewöhnlich ist, aber dadurch mit einer außergewöhnlichen Spannung aufgeladen wurde, daß so viele Leute in dieser kleinstädtischen Welt jegliche Werte, die ihrer Welt fremd waren, mit größter Entschiedenheit ablehnten – all die kulturellen Werte eben, die von außen vermittelt wurden. In den Südstaaten herrscht ein Gefühl von Autarkie – man ist, wer man ist, man kennt sich, man ist sich selbst genug. Dieses Gefühl der Autarkie, die von außen bedrängt wird, kann zu außerordentlicher Sturheit führen. Es kann dazu führen, daß die Dummheit hochgehalten wird, das Unvernünftige, das Irrationale.

Und ich gierte nach Erläuterungen. Ich weiß noch, wie ich zu den Sternbildern hochschaute und ihre Namen nicht kannte. Oder auch die Namen bestimmter Bäume. Heute habe ich mein Teleskop, aber damals hatte ich es noch nicht.

Letztlich strebte man bewußtes Denken an, das Recht, wahrzunehmen oder zu benennen, in Sprache, harmonischer Sprache, oder in Musik – Dinge zu benennen oder einfach nur zu nennen. Kunst ist eine Art göttliche Nutzlosigkeit. Das ist einer der Gründe, warum ich mich zum Tabak so hingezogen fühle. Er ist nicht praktisch. Er wird für nichts verwendet, was zu irgend etwas nutze ist.«

Von Dee Grimes und Jim Applewhites Vater hatten wir viel über den Nachbarn Dan gehört, den Glücklichen mit der Bewässerungsanlage und der Erntemaschine, der an diesem Tag Tabak einbrachte. Und von Stantonsburg aus fuhren wir nun zu Dan.

Er war ein freundlicher, sportlich wirkender Mann mittleren Alters mit Brille, hellbrauner Kleidung und einer dunkelbraunen Baseballmütze (»Tabak – unser Stolz«; er selbst rauchte allerdings nicht). Seine Hände waren schwarz vom Öl, aber auch vom Teer des Tabaks, den er einbrachte – dem Teer der grünen Tabakblätter, von dem mir zuerst Howard erzählt hatte.

Seine Erntemaschine – die von einem Schwarzen gesteuert wurde – war im Einsatz. Es war faszinierend, dieser mehrere Reihen überspannenden, klobig wirkenden, aber differenzierten Maschine zuzusehen, die der elenden Schinderei des Tabakpflückens ein Ende gesetzt hatte. Die Räder der Erntemaschine liefen in den Furchen; an ihren beiden Seiten erfaßten je zwei längliche Gummiwalzen mit geringem Zwischenraum die Tabakstengel und zogen bis zu einer bestimmten Höhe die Blätter davon ab. Die abgezogenen Blätter fielen in Behälter, aus denen sie von schnell laufenden

Fließbändern zum Blätterkorb hinauftransportiert wurden. Die Tabakstengel mit den nicht abgepflückten oberen Blättern schnalzten wieder in die aufrechte Position zurück, und zum Schluß lag nur hier und da noch ein gelbgrünes Blatt auf dem Boden und wies darauf hin, daß die Erntemaschine vorbeigefahren war.

In dem Schuppen vor Dans Trocknungsanlagen nahmen vier Schwarze, zwei Männer und zwei Frauen (Gelegenheitsarbeiter, nach ihrer relativ guten Kleidung zu urteilen – keine Latzhosen), die Blätter aus dem Korb, befestigten sie an Metallklemmen und schoben diese auf das Gestänge in den Trocknungsanlagen. In die Trocknungsanlagen ließ sich der Tabak leichter einbringen als in die alten, hohen Trockenscheunen, wo man auf eine Leiter hatte steigen müssen, um die Stangen auf die oberen Halterungen zu legen. Vor einigen Jahren, erzählte Jim, war Dee Grimes ganz oben von der Leiter gestürzt und hatte sich die Hand gebrochen. Die aufgehängten Blätter in den Trocknungsanlagen sahen aus wie riesige grüne Salate.

Die Trocknungsanlagen erleichterten die Arbeit. Aber die Rituale von früher, die der Junge auf der Farm der Applewhites noch beobachtet hatte, waren zum Teil verlorengegangen – die vielen schwarzen Frauen, die die Tabakblätter auf die Stangen gehängt hatten, die geheizten Scheunen, die nachts bewacht wurden; die in der Glut röstenden Maiskolben; das gegrillte Schwein.

Das Feld mit dem alten Familienfriedhof der Applewhites war nicht mehr im Besitz der Familie. Aber es besteht ein Wegrecht zu Friedhöfen, und von der Straße aus führte ein grasiger Pfad hin. Es war eine kleine Einfriedung, ungefähr sechs mal neun Meter groß. Der schmiedeeiserne Zaun war von Unkraut und orange blühendem Trompetengeißblatt überwuchert. Der älteste Grabstein, fast nicht mehr zu entziffern, war 1849 errichtet worden. Kleine Steine markierten die Gräber von Kindern. Es gab auch zwei hölzerne Gedenktafeln.

Jim sagt: »Wahrscheinlich aus dem Kernholz von Kiefern. Sogenanntes Kienholz. Vielleicht liegt da ein Sklave. Sklaven bekamen manchmal Gedenktafeln aus Holz.«

Diese sahen versengt aus. Ich vermutete, daß es am Alter lag, aber Jim meinte, vielleicht habe es auf dem Feld einmal gebrannt. Das weichere Holz an den Rändern war verwittert.

Gegenüber dem Graspfad zum Friedhof lag ein Tabakfeld, die geäderten, elastischen, schirmartigen Blätter nach der wochenlangen Trockenheit etwas schlaff. Diese kleinen Felder und rostenden alten Tabakscheunen – malerisch, als ich sie zum ersten Mal gesehen hatte – zeugten jetzt von harter, intensiver Arbeit. Und auf dem Friedhof mitten im Feld war es leicht, sich vorzustellen, wie eingeschränkt das Leben früher gewesen sein mußte, bevor es Straßen und Autos und Elektrizität gab und als es zum fünfzehn Kilometer entfernten Landstädtchen Wilson eine Tagesreise gewesen war.

> *... Von Meilen eingeschlossen,*
> *Die durch Sandwege, Kiefernödnis, Sümpfe*
> *Der Neugier Schranken setzten. Das Sternenlicht,*
> *Die King James Bible und Wesleys Kirchenlieder,*
> *aus gleicher Ferne gekommen, unhinterfragt.*

Doch nun gab es einen komfortablen Weg nach Durham.

Durch die intensive Beschäftigung mit der konkreten Welt seiner Kindheit – ein Akt, durch den ich mich ihm nahe fühlte, obwohl seine Welt ganz anders als meine gewesen war – und sein Getrenntsein von dieser ersten Welt hatte Jim den Glauben seines Vaters und Großvaters hinter sich gelassen und einen Sinn für »die Heiligkeit der kleinsten Gesten« entwickelt.

Es war eine phantasievolle, poetische Lösung, die sich in ihrer Ruhe, Tragweite und positiven Kraft sehr von dem Gefühl unterschied, das Barry McCarty als Politiker und Geistlicher der Church of Christ für die Schönheit des einfachen Lebens hegte – einem Gefühl, das für ihn offenbar mit der Vorstellung einer Welt verbunden war, die außer Kontrolle zu geraten drohte.

Sie waren so verschieden, diese beiden Männer, und doch hatten sie gewisse wichtige Dinge gemeinsam. Sie waren aus derselben Geschichte hervorgegangen. Und es war dieses Gefühl einer besonderen Vergangenheit, der Vergangenheit als einer Wunde, das ich fast unmittelbar vermißte, als ich Richtung Norden nach Virginia fuhr, nach Charlottesville.

Auch dort gab es jede Menge Geschichte – Jefferson, Monticello, die University of Virginia. Aber es war Geschichte als eine Feier, die Geschichte des Urlaubsorts, eine Geschichte, die zu einer enormen Zunahme der Bauparzellen (und Wohnsiedlungen) in Virginia geführt hatte und sogar die Fuchsjagd bedrohte (schon jetzt wurden die Jagdhunde dazu abgerichtet, auf speziellem, gepachtetem Fuchsgelände mit tief eingelassenen Zäunen Füchse und sonst nichts zu jagen, und die Jäger wußten, wo all die Füchse auf »ihrem« Land waren, und impften die Fuchsjungen gegen Tollwut).

Ich hatte bis dahin – und vielleicht hatten mir die Menschen im Süden und Südosten der USA deshalb so zugesagt – mit Menschen zu tun gehabt, die sich mit einem desperateren Anteil an der Geschichte der Neuen Welt arrangieren mußten, und einem ärmeren Land, das diese Geschichte widerspiegelte – die Geschichte, die Jim Applewhite in seinem Gedicht »Southern Voices« [Stimmen des Südens] als »Niederlage« – kursiv gesetzt – beschreibt, jene Niederlage, die er in der Sprache der Südstaatler hört:

Dieser farblose Klang, wie Mehl
auf den Wangen, ist der Puder armer Weißer,
Der die Minstrel-Silben im unteren Register
Verbergen soll, aus einem braungesichtigen Fluß.

Anhang

S. 369

Now I pour whiskey, break the ice
Put my feet up, close my eyes,
And try hard to listen to what my heart might say,
Try to find the rhyme to take me back in time,
To be with you here, late in the day.

Ich gieß einen Whiskey ein, zerstoße das Eis,
Leg die Beine hoch, mach die Augen zu,
Und versuche zu hören, was mein Herz mir sagen will,
Versuch den Reim zu finden, der mich zurückversetzt,
damit du wieder hier bei mir bist, spät am Abend.

S. 390

Cotton on the roadside, cotton in the ditch
We all picked the cotton, but we never got rich.

Baumwolle am Straßenrand, Baumwolle im Graben,
wir alle haben die Baumwolle gepflückt, doch keiner ist reich geworden.

S. 392

Railroad stations, midnight trains,
Lonely airports in the rain,
And somebody stands there with tears in their eyes.
It's the same old scene, time after time.
That's the trouble with all mankind.
Somebody's always saying goodbye.

Taxicabs that leave in the night,
Greyhound buses with red taillights.
Someone's leaving and someone's left behind.
Well, I don't know how things got that way,
But every place you look these days
Somebody's always saying goodbye.

Take two people like me and you.
We could've made it. We just quit too soon.
Oh, the two of us, we could've had it all,
If we'd only tried.

But that's the way love is, it seems.
Just when you've got a real good thing,
Somebody's always saying goodbye.

Bahnhöfe, Züge um Mitternacht,
Einsame Flughäfen im Regen,
Und jemand steht mit Tränen in den Augen da.
Immer wieder das gleiche Bild.
Das ist bei uns Menschen das ewige Problem.
Einer sagt immer Auf Wiedersehen.

Taxis fahren nachts davon,
Die Rücklichter von Greyhound-Bussen leuchten rot.
Einer fährt und einer bleibt zurück.
Ich weiß nicht, wie es so gekommen ist,

aber wohin man dieser Tage auch blickt,
Einer sagt immer Auf Wiedersehen.

Nimm zwei Menschen wie dich und mich:
Wir hätten es schaffen können, wir haben nur zu schnell aufgegeben.
Ach, wir beide hätten alles haben können,
Hätten wir uns nur bemüht.

Aber so spielt die Liebe anscheinend nun mal.
Immer wenn man etwas richtig Gutes hat,
sagt einer Auf Wiedersehen.

S. 394

Mama said, don't go near that river.
Don't go hangin' round ole Catfish John.
But come the mornin' I'd always be there
Walkin' in his footsteps in the sweet delta dawn.

Mama sagte: Geh nicht an den Fluß.
Treib dich nicht beim alten Catfish John herum.
Doch jeden Morgen war ich wieder dort,
folgte seinen Spuren, in der zarten Dämmerung des Deltas.

S. 395

When I was a kid Uncle Remus he put me to bed,
With a picture of Stonewall Jackson above my head.
Then Daddy came in to kiss his little man
With gin on his breath and a Bible in his hand.
And he talked about honor and things I should know.
Then he staggered a little as he went out the door. …

I guess we're all gonna be what we're gonna be.
So what do you do with good ole boys like me?

Als ich klein war, brachte mich Uncle Remus ins Bett,
ein Bild von Stonewall Jackson über mir an der Wand.
Dann kam Daddy und gab seinem kleinen Mann einen Kuß.
Er roch nach Gin und hatte eine Bibel in der Hand.
Und sprach von Ehre und andren Dingen, die ich wissen sollte.
Dann ging er leicht schwankend aus dem Zimmer …
Wir werden wohl alle, was wir werden.
Was macht man also mit alten Knaben wie mir?

S. 400
You niggers listen now,
I'm gonna tell you how
To keep from getting tortured
When the Klan is on the prowl.
Stay at home at night,
Lock your doors up tight.
Don't go outside or you will find
Them crosses a-burning bright.

Ihr Nigger, hört mal her,
ich werd euch sagen, wie ihr
vermeiden könnt, gequält zu werden,
wenn der Klan auf Pirschjagd ist.
Bleibt abends schön daheim,
Schließt die Türen fest zu.
Geht nicht raus, sonst werdet ihr sehn,
Wie die Kreuze lichterloh brennen.

S. 409

Move them niggers north.
Move them niggers north.
If they don't like our Southern ways,
Move them niggers north.

Schafft die Nigger in den Norden.
Schafft die Nigger in den Norden.
Wenn ihnen unsre Südstaaten-Art nicht paßt,
Schafft die Nigger in den Norden.

S. 411

No, we don't fit in with that white-collar crowd.
We're a little too rowdy and a little too loud.
But there's no place that I'd rather be than right here,
With my red neck, white socks and Blue Ribbon Beer.

Nein, wir passen nicht zu diesem Angestelltenvolk.
Wir sind ein bißchen zu rowdyhaft, ein bißchen zu laut.
Aber ich wollte nirgendwo anders sein als hier,
Mit meinem roten Nacken, meinen weißen Socken und meinem »Blue Ribbon«-Bier.